復堂師友手札菁華

【上】

錢基博 整理編纂

人民文學出版社

圖書在版編目(CIP)數據

復堂師友手札菁華:全3册/錢基博整理編纂.—北京:人民文學出版社,2014
ISBN 978-7-02-009654-1

Ⅰ.①復 Ⅱ.①錢… Ⅲ.①譚獻(1832~1901)—書信集 Ⅳ.①K825.6

中國版本圖書館CIP數據核字(2014)第204340號

責任編輯 胡文駿 李 俊
裝幀設計 黄雲香
責任印製 蘇文強

出版發行 人民文學出版社
社 址 北京市朝内大街166號
郵政編碼 100705
網 址 http://www.rw-cn.com

印 刷 北京瑞禾彩色印刷有限公司
經 銷 全國新華書店等

字 數 300千字
開 本 889毫米×1194毫米 1/16
印 張 83.25 插頁3
印 數 1—3000
版 次 2015年1月北京第1版
印 次 2015年1月第1次印刷

書 號 978-7-02-009654-1
定 價 1080.00圓(全三册)

《復堂師友手札菁華》原封面

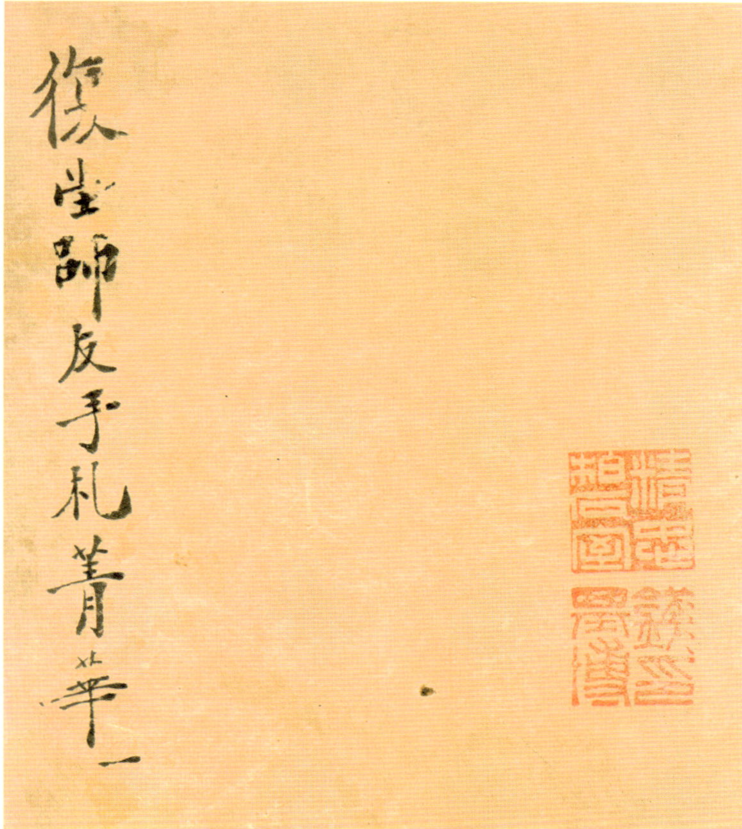

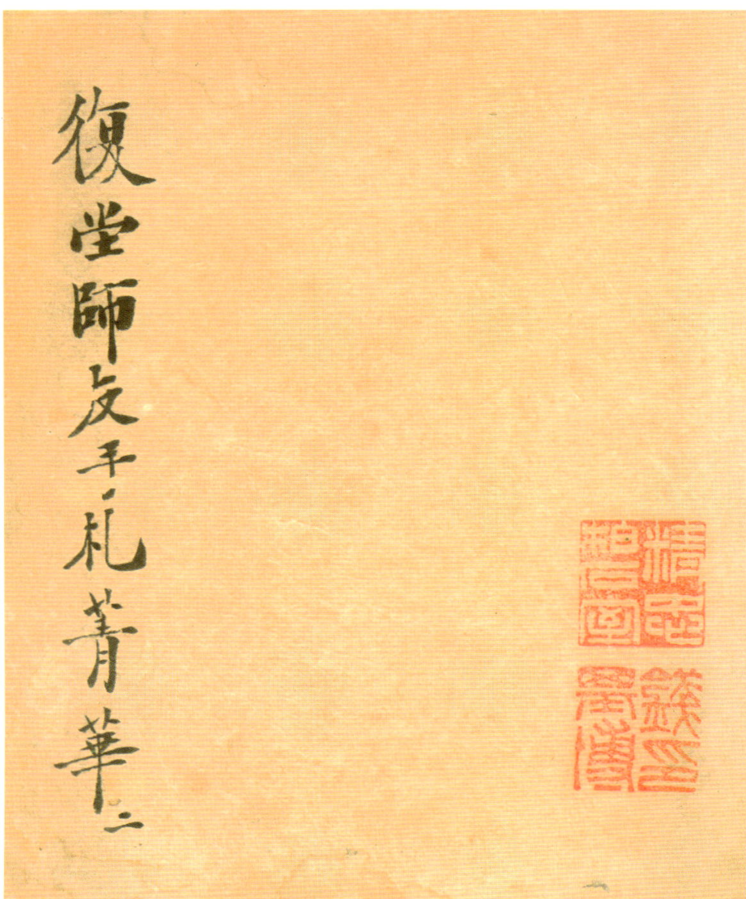

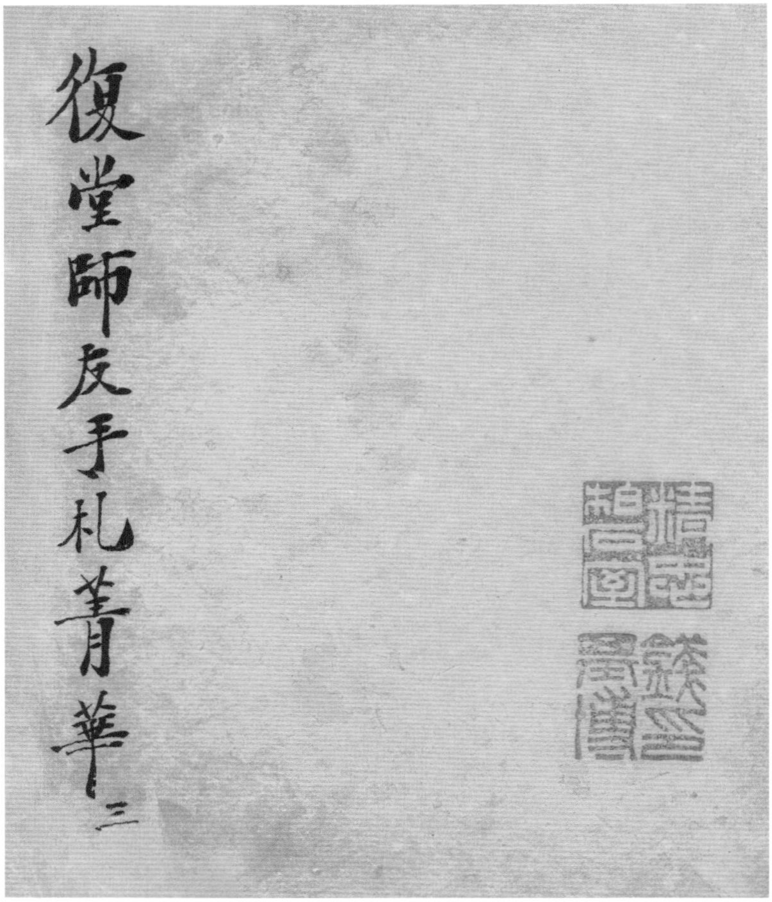
復堂師友手札菁華
三

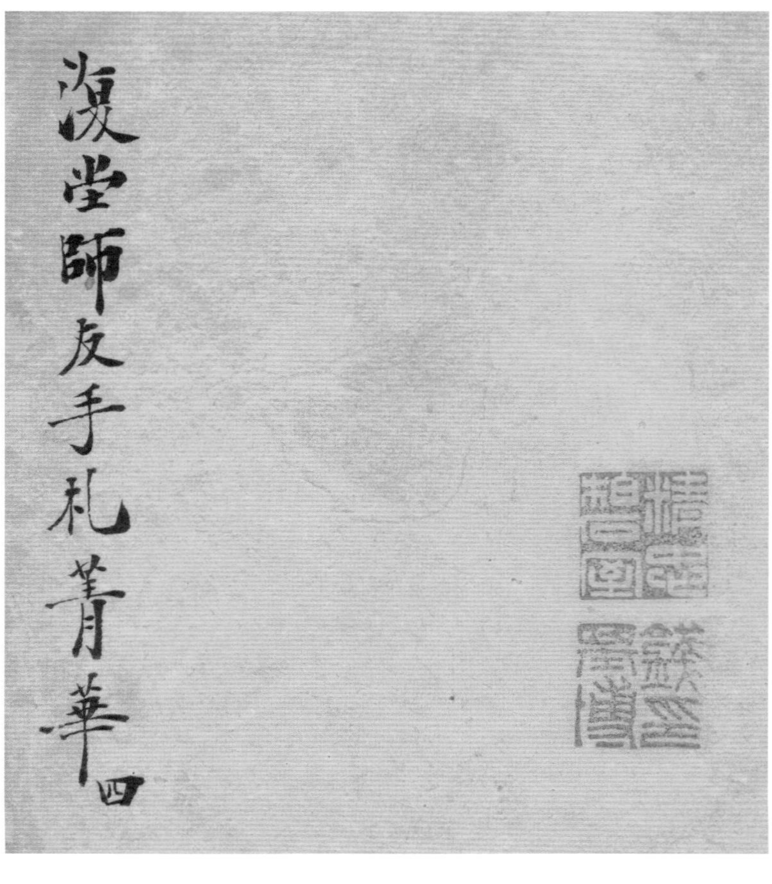
復堂師友手札菁華
四

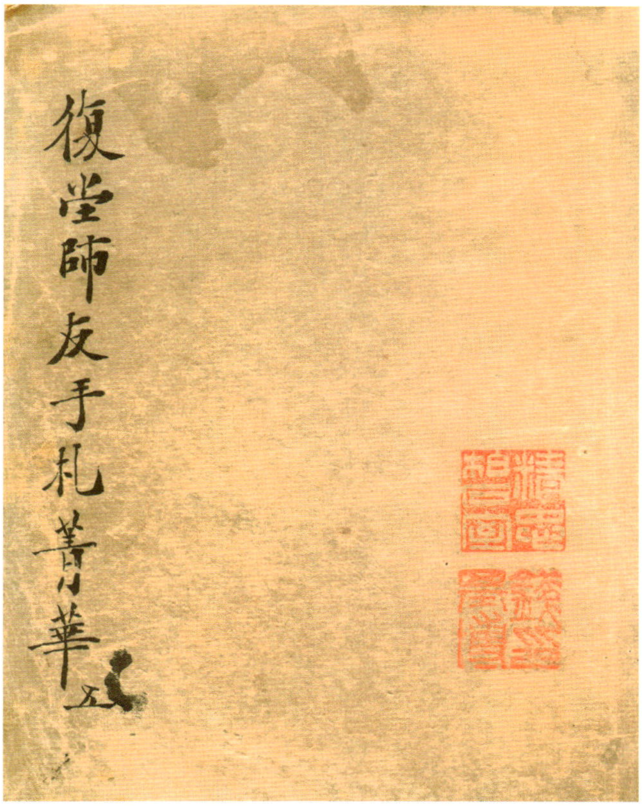
復堂師友手札菁華 五

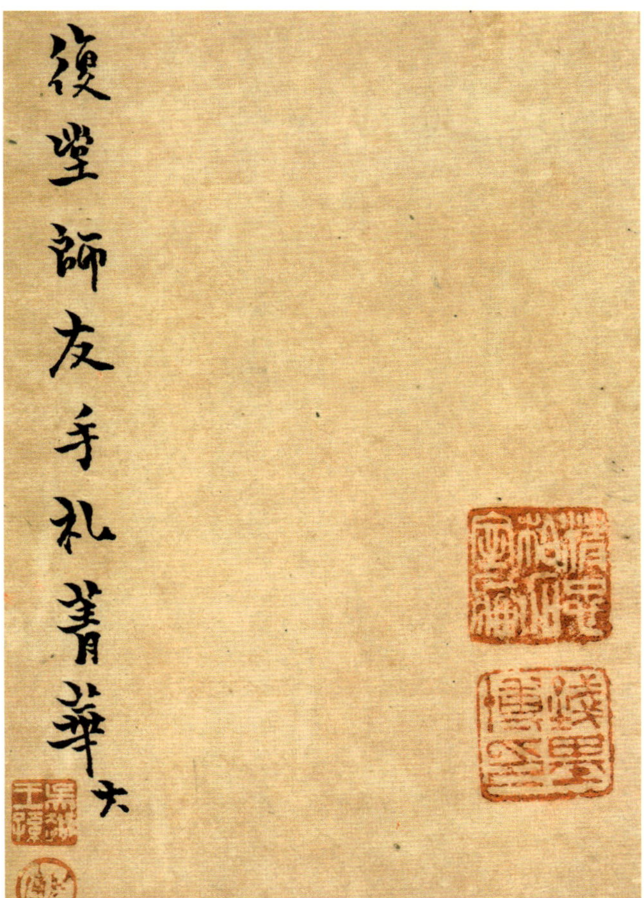
復堂師友手札菁華 六

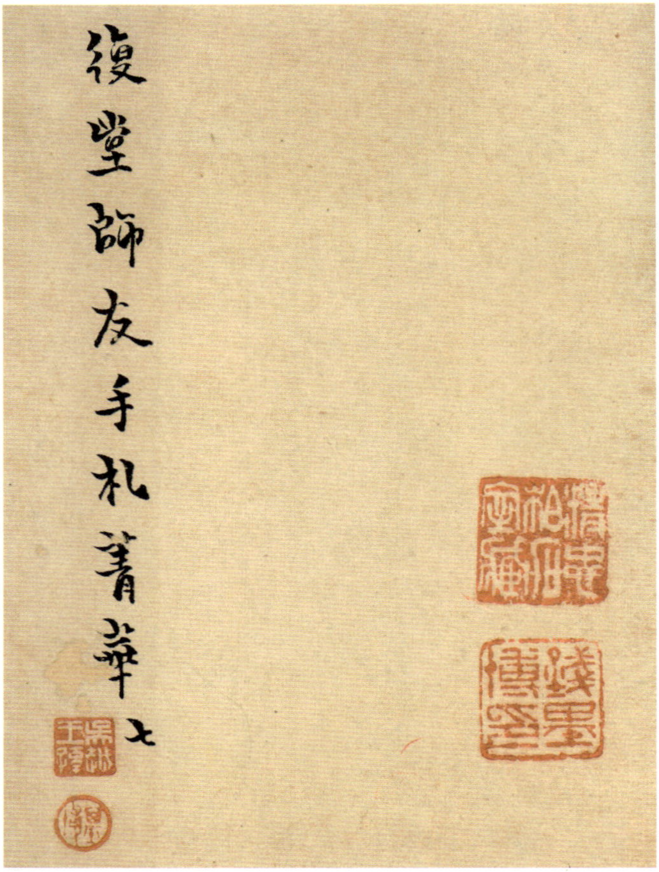
復堂師友手札菁華
七

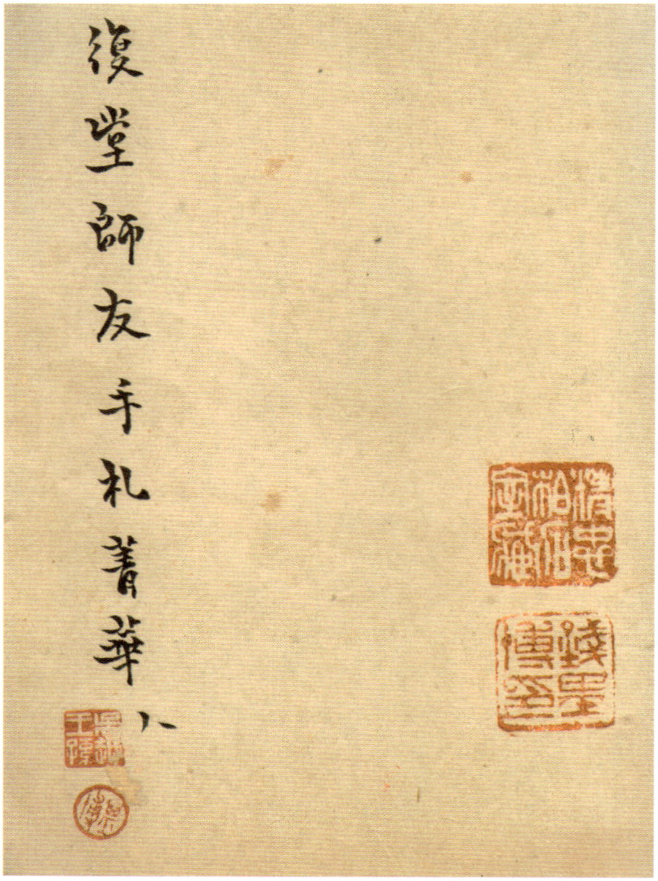
復堂師友手札菁華
八

手札若干紙失竊啟事

楊絳

手札若干纸失窃启事

《復堂师友手札菁华》是我公公钱子泉老先生整理编纂的一部手稿。手札前面的"记"，相当于序文。他口述，由儿子鍾書代笔。手札一张一张贴在毛边纸的簿子上，每一面贴手札一纸，大纸折叠，小纸偶一面二张。毛边纸簿大本五册，每册二百面；小本三册，每册一百面。大小共八册。

这八册手稿由钱鍾书收藏。第五册曾有人借阅并转借他人。最近我因这部手稿将捐赠，请人民文学出版社影印出版，发现第五册有好多空白面，上面贴的手札已被剥掉，一处竟剥出四个窟窿，一处剪去四面，一处剪去十面。共缺失二十六面左右。这第五册归还时，钱鍾书没有检点，所以没有觉察。我记得他曾说："他们想复制，但信纸红色，印不出来。""他们"不知是谁。钱锺书和借阅者皆已去世，事隔二、三十年，已无从查究。缺失的手札如有人觅得交我，当有酬谢；一旦如在市场出现，那就是贓物出手了！请大家注意。

楊絳敬啟

二〇〇五年三月二十一日

手札若干紙失竊啟事

《復堂師友手札菁華》是我公公錢子泉老先生整理編纂的一部手稿。手札前面的『記』，相當於序文。他口述，由兒子鍾書代筆。手札一張一張貼在毛邊紙的簿子上，每一面貼手札一紙，大紙折疊，小紙偶一面二張。毛邊紙簿大本五冊，每冊二百面；小本三冊，每冊一百面，大小共八冊。

這八冊手稿由錢鍾書收藏。第五冊曾有人借閱並轉借他人。最近我因這部手稿將捐贈，請人民文學出版社影印出版，發現第五冊有好多空白面，上面貼的手札已剝掉，一處竟剝出四個窟窿，一處剪去四面，一處剪去十面，共缺失二十六面左右。這第五冊歸還時，錢鍾書沒有檢點，所以沒有覺察。我記得他曾說：『他們想複製，但信紙紅色，印不出來。』『他們』不知是誰。錢鍾書和借閱者皆已去世，事隔二三十年，已無從查究。缺失的手札如有人覓得交我，當有酬謝；一旦如在市場出現，那就是贓物出手了！請大家注意。

楊絳敬啟

二〇〇五年三月二十一日

題記

錢基博

辛未之春袁爽秋太常泉大人年六十正矣徐君薇生以譚紫
鏐之請序予為文壽之而以余不受潤金因檢紫鏐所藏先德譚
復堂先生獻師友往札一百束相授以為報忽忽二十年未暇理而次
君墓草宿矣今夏杜門謝一月之力裝帖成冊凡九百餘頁以人為彙
其中則有名臣如楊昌濬吳佩仲張蔭桓陶模端照袁昶薛福成梁
鼎芬樊增祥之倫皆以名士而為達官儒林則有楊峴戴望李慈銘
孫詒讓陶方琦莊棫章炳麟皆以文士而為學人其他經生則有俞樾黃以周
循吏則有陳豪李宗唐才士文人則有薛時雨華名王為倪周星譽周星詒
中馬賡良王詒壽孫德祖秦緗業金安清葉衍蘭鄭襄三多校讎目
錄則有陸心源楊守敬蒲穆嚴而英為皆一冊之選而師友先輩則有秦緗
業薛福成鄭濂之人與為其深論學問故以見胸臆之風且石校
讎學所未畢具其詞采則自存之莊論諧謔以為之戲笑怒罵皆不成
文章而復翁之性情學術之精微見大抵復翁是君士先以學人為蘊士則
接耶以自命風流為仕宦則疏近以希冀一為薛時雨良師以諧以循分守素
陳豪為友也勸其從嚴簡飲起著書而陳代規復翁書謂其性不耐寂寞即
在都中亦以歡樂園為煩惱因此卒不能使其身告不得而之他甚至窮
怨之極心志特不說國此宦為晉大不若士窮暇不獨復翁現身說法以告而
然之以告讀者二十二年八月二十九日錢基博記
李宗唐朱字陳豪汪緩之陶模數十百札寫外省官候補情形可為官場現
形記讀而陳三立寄易實甫許札章炳麟自序與康有為關一札則儒林外史材

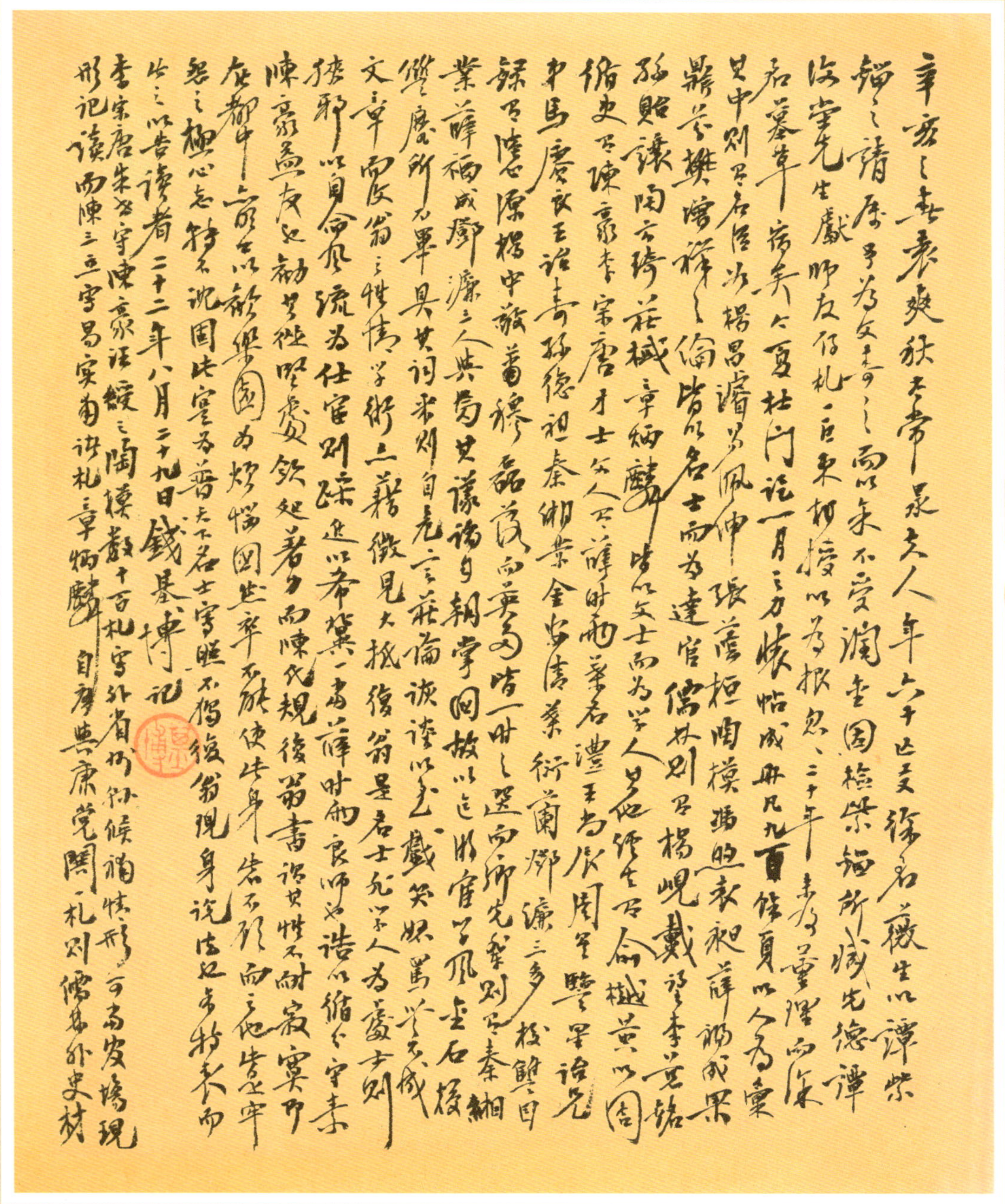

斠江著博又記
陳豪綢繆之故詞氣爽亮勁善規過尤見風誼著博又記
張蔭桓識上下之交天挺霸才觀詞卓犖想見其人著博又記
楊守敬論著體孤本詞出於談不及蒹葭詩增之詞氣謹篤懇然君子人也然
守敬英氣逼筆亦自此一面過人著博又記
同一經生而戴望於說已甚不免學士黃以周朴儒其詞自是純儒著博又記
袁昶畢鼎其詞筆雅令行草英逸翰札之美亦見辭英以視勢摛常之碌碌
觀詞蹤步儗賢何之實跋龍之與獻驥著博又記
莊忠棫之一時振奇之士也胸中抑鬱勃之氣踈之似墨外拂拂自十指中出曾入曾
文正公幕府謂同事諸公多人冬烘之妄自以為宋元者然之之怒三年之意加卿
所任任者惟雨中人可悟則個員而已當合肥之將至滬讀也湘卿本未東主
於合肥而合合肥外竟無人敢至滬讀而合肥竟列五等矣乃知貴卿金梅生輩
之竟不可厚非又云白下四年錢塞臧延初謂湘卿必可以稍竟用乃湘卿之意別
有所在欲使學歸老屬茶一道同風在下者不敢有所作為在上者可以驅使
於意未嘗不謀同之墨合肥之孟薦矣曾文正一時稱雪相而忠棫慕討
中人微之諷剌不憚有以發其隱其此乃知威名之下其實難副著博又記
戴望莊忠棫皆極稱劉開生理書稱開老於與向大原委了如指掌於是
務上詞明利病人則粹然儒者所著书尤為許生之陰闌意度擬之味經先
生或有有差似矣子之薪東南人物無過毘陵之人士首推開老雖弟之所見
於中白忠甫孟星三君皆當今第一流而皆自以為不及也所論极物無親李代

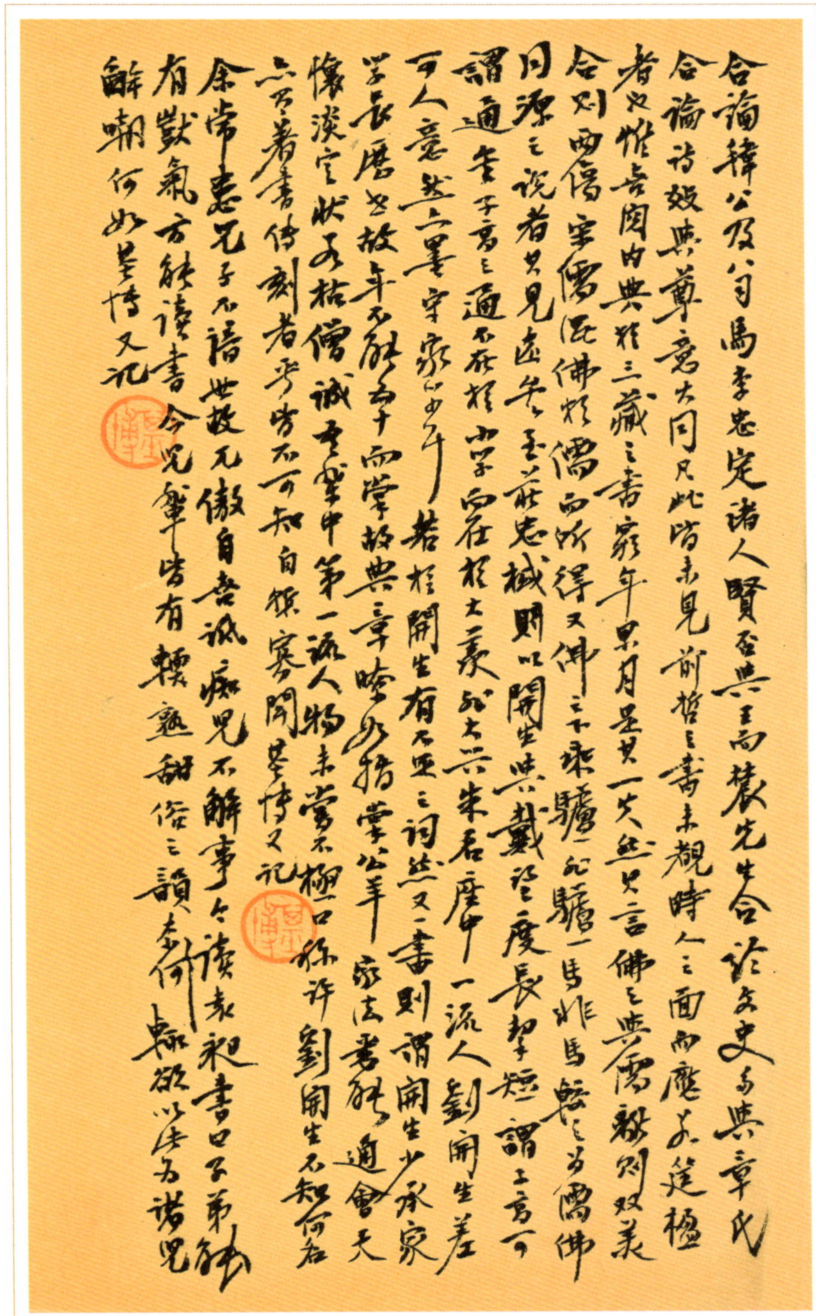
合論韓公及司馬李忠定諸人賢否與王而裁先生合論文史与與章氏
合論詩娛與葉意大同凡此皆未見前哲之書未觀時人之面而應不違極
者也惟吾國內典於三藏之書窮年累月是其一生然只言佛之與儒雖別雙美
合則兩傷宋儒既佛於儒而所得又佛之下乘驢一非驢一馬非馬騾之為儒佛
同源之說者其見遠矣至若忠誠則以開生與戴子度長絜短謂王言下
謂通全宗言之通不存於小學而存於大義故大與朱君座中一流人劉開生差
可人意然六書家以為斥　若於開生有不足之詞然又一書則謂開生少承家
學長歷世故年不能五十而學與章之吟風弄掌公羊家法書能適會天
懷淡定狀不枯僧識要書中第一流人物未嘗不極口稱許劉開生不知何名
六書者書傳刻者多皆不可知自領寥闊甚博又記
余常惡兄子不語世故兄傲自喜諷痴兒不解事今讀袁昶書曰子弟能
有獸氣方能讀書今兒輩皆有粳氣翻俗之韻泰御　蟲欲以示諸兒
解嘲何如甚博又記

釋　文

辛亥之春，袁爽秋太常昶夫人年六十，亡友徐君薇生以譚紫鏐之請，屬予為文壽之。而以余不受潤金，因檢紫鏐所臧先德譚復堂先生獻師友存札一巨束，相授以為報。忽忽二十年未及董理，而徐君墓草宿矣。今夏杜門，訖一月之力，裝帖成册，凡九百餘頁，以人為彙。其中則有名臣如楊昌濬、易佩紳、張蔭桓、陶模、馮煦、袁昶、薛福成、梁鼎芬、樊增祥之倫，皆以名士而為達官；儒林則有楊峴、戴望、李慈銘、孫貽讓、陶方琦、莊棫、章炳麟，皆以文士而為學人。其他經生有俞樾、黄以周，循吏有陳豪、李宗唐（庚），才士文人有薛時雨、葉名澧、王尚辰、周星譼星詒兄弟、馬賡良、王詒壽、孫德祖、秦緗業、金安清、葉衍蘭、鄧濂、三多，校讎目録有陸心源、楊守敬、蕭穆，磊落而英多，皆一時之選。而鄉先輩則有秦緗業、薛福成、鄧濂三人與焉。其議論自朝掌國故，以迄游宦學風、金石校讎，靡所不畢具。其詞采則自危言、莊論、詼談以至戲笑怒罵，無不成文章。而復翁之性情學術亦藉徵見。大抵復翁是名士，非學人，為處士則狹邪以自命風流，為仕宦則躁進以希冀一當。薛時雨，良師也，誥以循分守素；陳豪，益友也，勸其從堅處斂處著力。而陳氏規復翁書謂其『性不耐寂寞，即在都中，亦明明以歡樂園為煩惱國，然卒不能使此身此心不顧而之他，此是牢怨之極，心志轉不沈固』。此寔為普天下名士寫照，不獨復翁現身說法也。余特表而出之，以告讀者。二十二年八月二十九日錢基博記。

李宗唐（庚）、朱世守、陳豪、汪綬之、陶模數十百札，寫外省州縣候補情形，可當《官場現形記》讀。而陳三立寫易實甫諸札，章炳麟自序與康黨閧一札，則《儒林外史》材料也。基博又記。

陳豪綢繆世故，詞氣爽亮，勸善規過，尤見風誼。基博又記。

張蔭桓纚纚千言，天挺霸才，麗詞卓犖，想見其人。基博又記。

楊守敬論舊籍孤本，詞出矜誕，不如蕭穆、許增之詞氣謹竺；慤然君子人也，然守敬英氣遒筆，亦自咄咄逼人。基博又記。

同一經生，而戴望矜誕已甚，不免秀士；黄以周朴僿其詞，自是純儒。基博又記。

袁昶、梁鼎芬詞筆雅令，行草英逸，翰札之美，弁冕群英，以視錢振常之碌碌麗詞，跬步傾躓，何啻跛鼈之與麒驥。基博又記。

莊忠棫亦一時振奇之士也，胸中鬱勃之氣，躍躍紙墨，如拂拂自十指中出。曾入曾文正公幕府，謂『同事諸公多冬烘，妄自以為宋、元者，然與之處三年，意湘鄉所信任者惟湘中人耳，餘則滿員而已。當合肥之將至滬瀆也，湘鄉本未專意於合肥，而舍合肥外竟無人敢至滬瀆，而合肥竟列五等矣。乃知貴鄉金梅生輩竟不可厚非』。又云『白下四年，銷聲滅迹，初謂湘鄉必可以稍為見用，乃湘鄉之意別有所在，欲使盡歸於庸茶一道。同風在下者不敢有所作為，在上者可以駈使如意，未嘗非謀國之深心，合肥盖鹵莽矣』。曾文正一時稱聖相，而忠棫幕府中人，微言諷刺，不憚有以發其隱，其此乃知盛名之下，其實難副。基博又記。

戴望、莊忠棫皆極稱劉開生，望書稱『開老於學問大原委了如指掌，於世務亦洞明利病，人則粹然儒者，所著書高寸許，文之波瀾意度，擬之味經先生，幾有有若似夫子之歎。東南人物無過毗陵，毗陵人士首推開老，雖弟之所見如中白、惠甫、孟星三君，皆當今第一流，而皆自以為不及也。所論格物與顏、李氏合；論韓公及八司馬、李忠定諸人賢否，與王而農先生合；論文史多與章氏合；論詩教與尊意大同。凡此皆未見前哲之書，未覯時人之面，而應若筳楹者也。惟喜閲内典，於三藏之書，窮年累月，是其一失。然其言佛之與儒，離則雙美，合則兩傷，宋儒混佛於儒，而所得又佛之下乘，驢非驢，馬非馬，較之為儒、佛同源之說者，其見遠矣』。至莊忠棫則以開生與戴望度長挈短，謂『子高可謂通矣。子高之通不在於小學，而在於大義，非大興朱君座中一流人』；『劉開生差可人意，然亦墨守家學耳』。若於開生有不足之詞。然又一書則謂『開生少承家學，長歷世故，年不能五十而掌故典章瞭如指掌，《公羊》家法，悉能通會。天懷淡定，狀若枯僧，誠吾輩中第一流人物』，未嘗不極口稱許。劉開生不知何名，亦有著書傳刻者乎？皆不可知。自慙寡聞。基博又記。

余常患兒子不諳世故，兀傲自喜，詆癡兒不解事。今讀袁昶書，曰子弟能有猷氣方能讀書。今兒輩皆有輭熟甜俗之韻，奈何！輒欲以此為諸兒解嘲，何如？基博又記。

目録

楊昌濬 一通

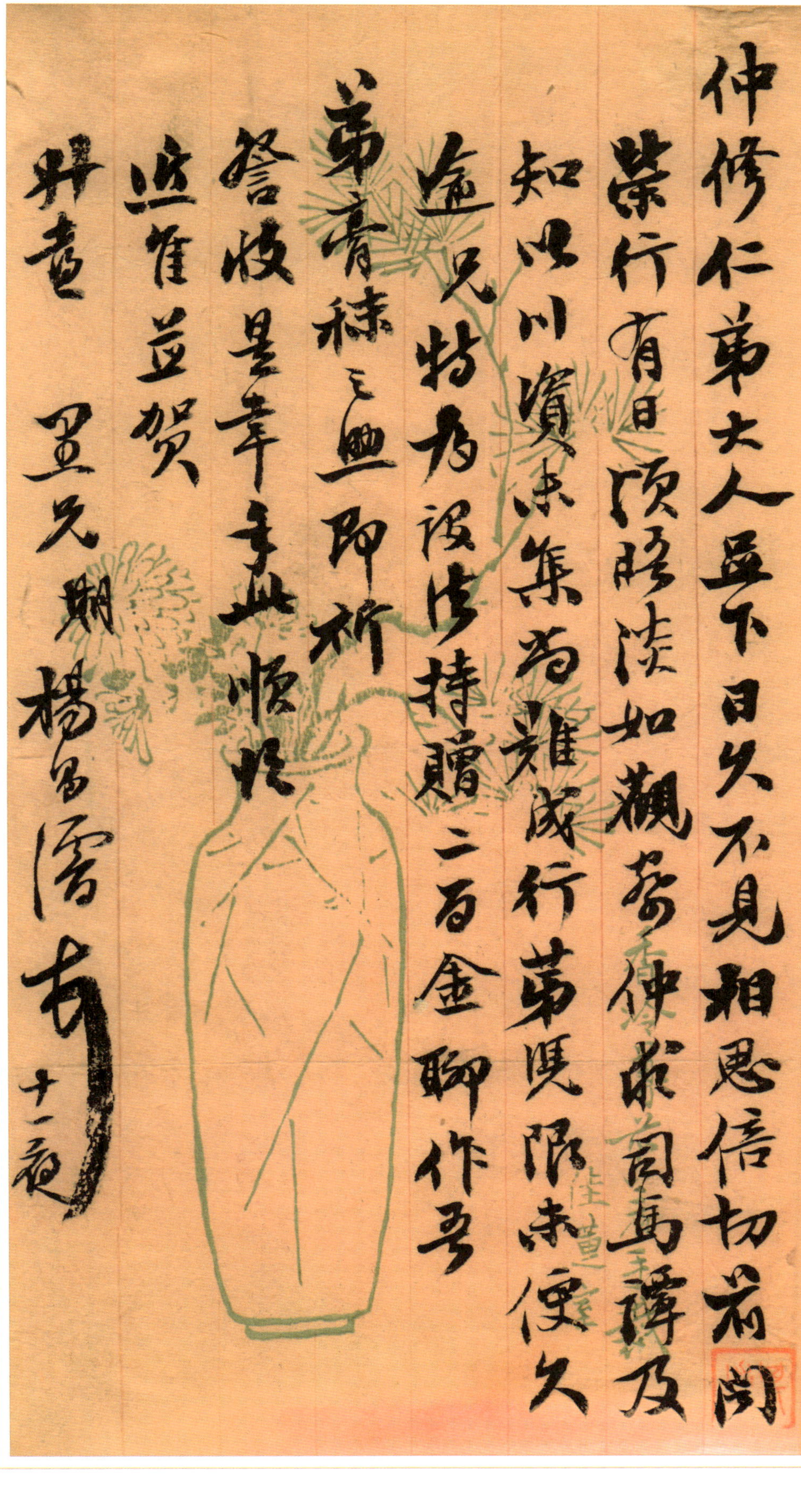

仲修仁弟大人足下：日久不見，相思倍切。前聞
崇行有日，頃聆渡如觀察、仲英司馬譚及，
知以川資未集為難，成行第限，未便久
逗。兄特為設法，持贈二百金，聊作吾
弟膏秣之需，即祈
晉收是幸。手此，順頌
近佳，並賀
升喜。
愚兄期楊昌濬頓首 十一夜

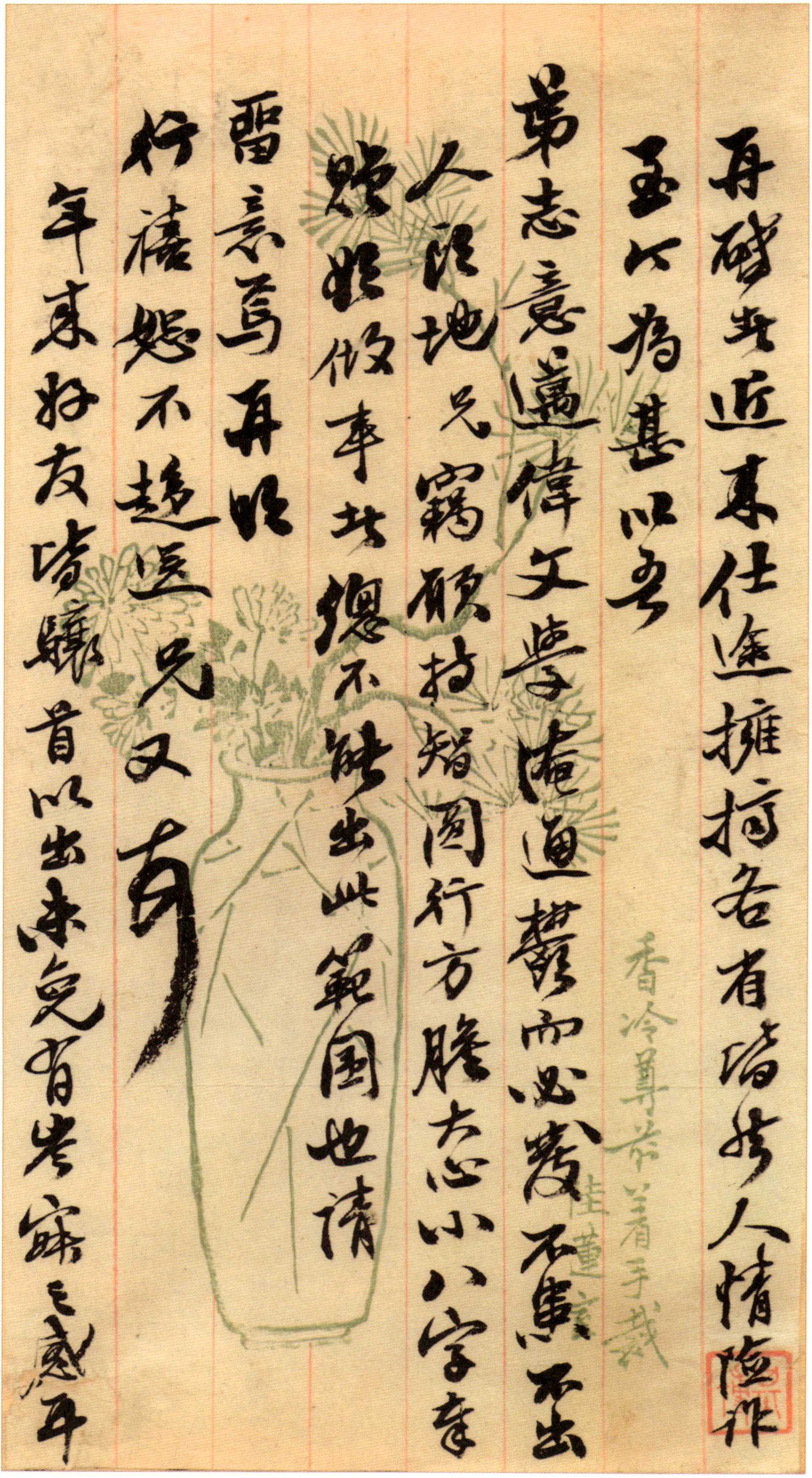
再啟者，近來仕途擁擠，各有請托人情，險作至以為甚。以吾
弟志意邁偉，文學淹通，藝而必發，不患不出人頭地。兄竊願持智圓行方、膽大心小八字奉贈，雖做事未總不能出此範圍也。請
留意焉。再頌
行禧。恕不趨送。兄又有
年來好友皆職，昔以出來免有岑寂之感耳。

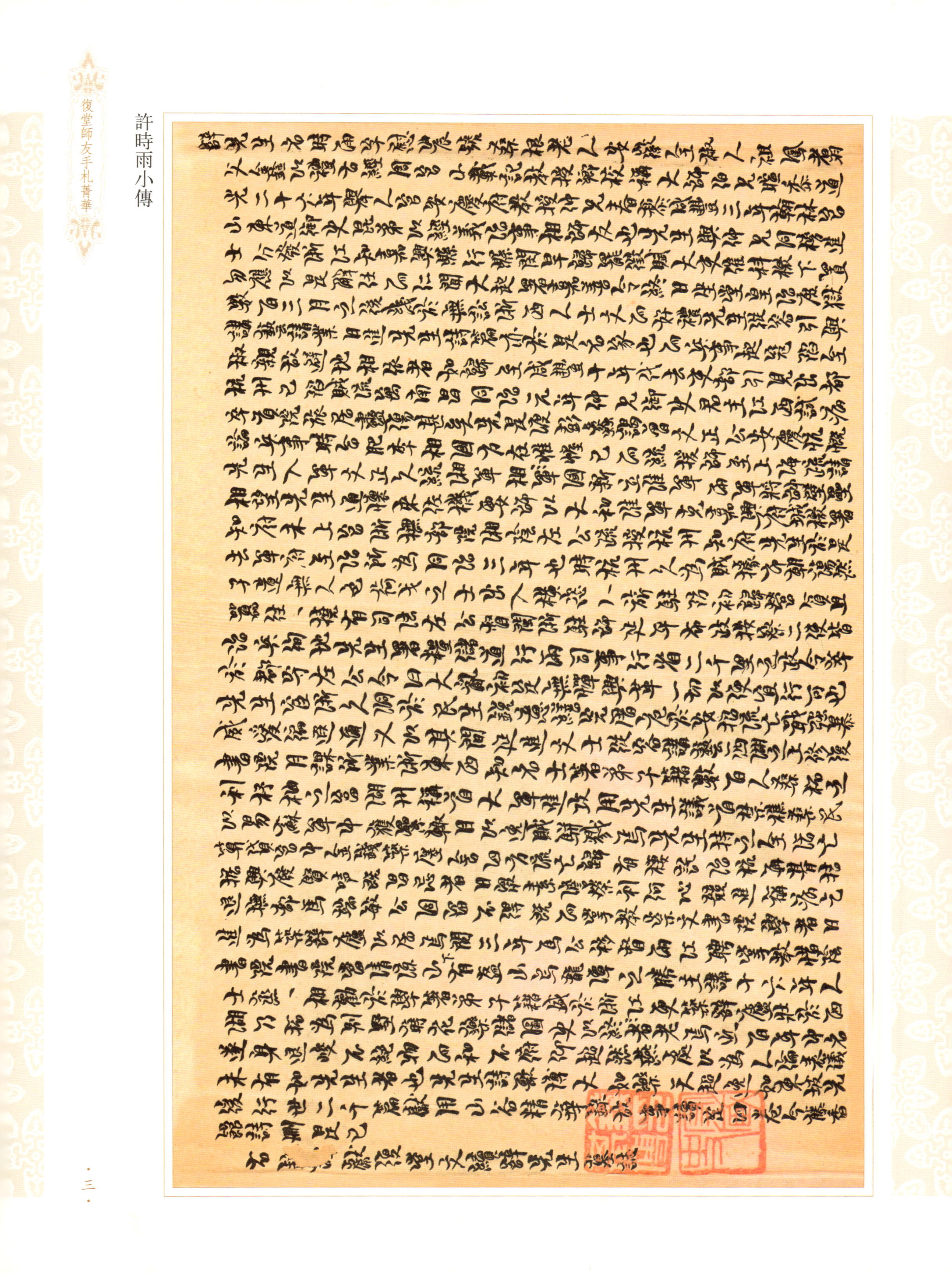

許時雨小傳

[illegible]

許時雨　一通

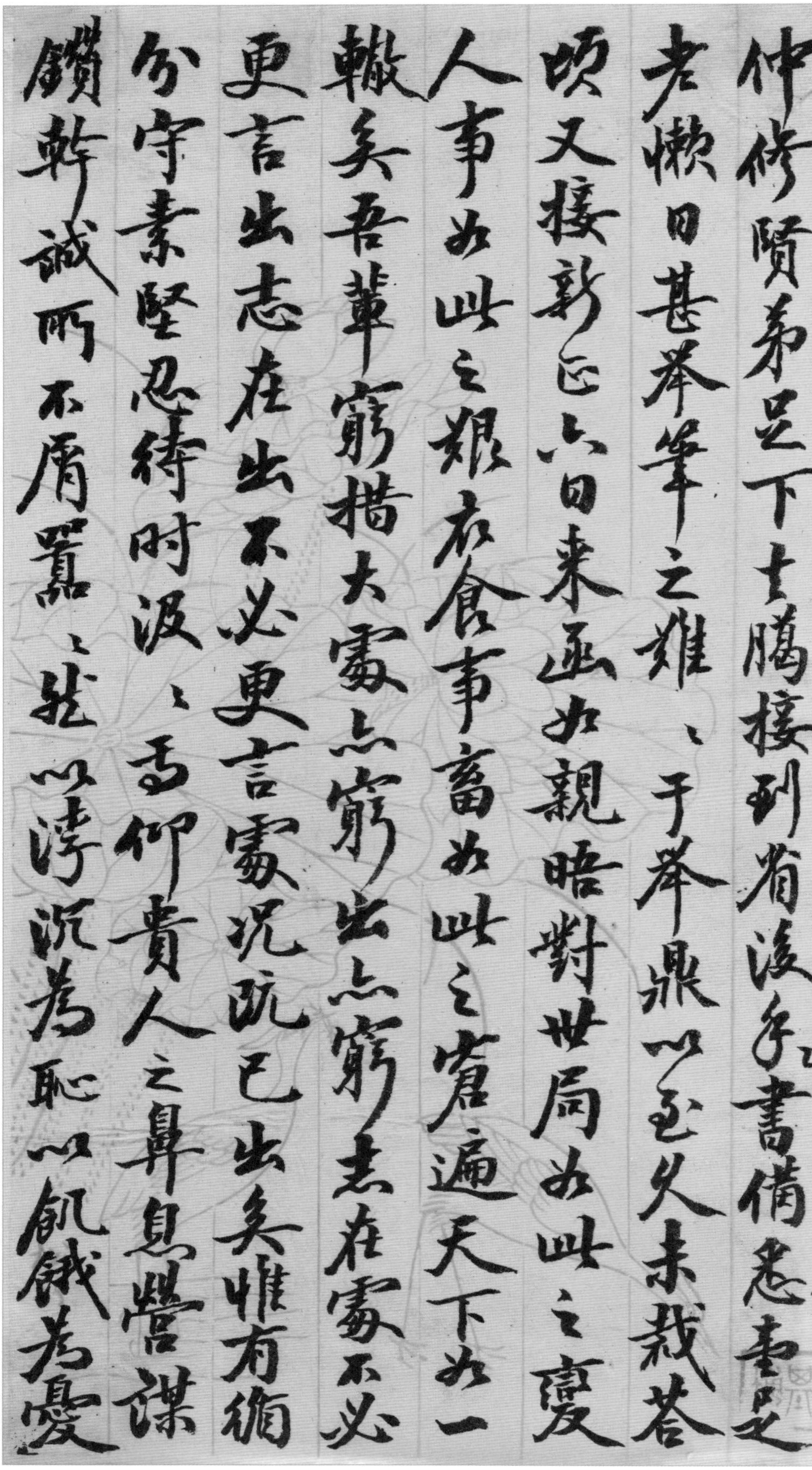
仲修賢弟足下士騰接到省後手書備悉壹是
老懶日甚舉筆之難難于舉鼎以至久未裁荅
頃又接新正六日來函如親晤對世局如此之變
人事如此之艱衣食事畜如此之窘遍天下如一
轍矣吾輩窮措大處亦窮出亦窮志在處不必
更言出志在出不必更言處況既已出矣惟有循
分守素堅忍待時汲汲焉仰貴人之鼻息營謀
鑽幹誠所不屑囂囂然以浮沉為恥以飢餓為憂

甫经出場即欲偃旗息鼓裂袍毁笏息影窮廬婁
巷之中誓生平不再作登場伎倆思之非士君子致
用之本心也人生飲啄尚有一定况食祿乎差委之
難莫難于今日差委之濫亦莫濫于今日貧而不均
誠為大患然以鄙人臆見度之韞玉而輝自露懷
珠而媚自呈吾
弟聲誉幾于海内知名矣名者造物之所忌此番
丁貴作風塵吏衆方且笑之詈之欺侮而狎玩之

敬而惜之者無幾人也殆即韜光養晦時乎毋自儗承皖省官場局面甚窄雖有江山之勝而市廛湫隘偶一流覽絕無生趣需次者聽鼓之外無可消遣而其風俗儉約食品俱不甚昂貴此則較蘊洲稍勝者莫若將眷口全行移往以免顧此失彼且不至時作挂冠之計此亦堅忍之一助也瑞安以作霞之難與鄙性畧同然冬兩信俱未答鄙人深知其懶故亦畧不介懷藍洲上書數

千言纏綿懇摯由雨霎封發所以為吾
弟道地者甚切雨並求撰重建醉翁亭碑並求
書丹俱不報銜參附炊代從之並需全銜以三月
内須刊為妙藍洲常有信來伊得釐局文案
薪水六十千文以其半自贍以其半寄撫孀
能俞然知足可長信來政績卓然可敬也孫帥芬
往楚北需次路過金陵為雨帥診病雨帥留
住督署一月以來病勢減去十之七八雨帥大悅

堅留再住數十日，日思有以酬之。人生遇合，豈有定數？
弟事已與飛芬熟計，擬請飛芬預埋一根於
國服滿後，鄙人見面再行設法，回內趕即寓書飛
芬，尚來得及。時雨精神興致似未大減，自問
國卹之後，積陰匝月，新年氣象愁慘，燈節風
雪連綿，山居本岑寂，加以此等境況，遂覺憂從
中來，不可斷絕。頗思返里一遊，而王妾已近坐草
之期，上年遭大驚險，今年即不能不預爲之計。

閑門枯坐殊無意味故鄉來信內人男孫尚好楹兒七七秋回里又復大病幾至不起貽擱歲試未應近於復原今年仍令來院肄業月初當可到院矣楹於都中覓狀一一盡卷恰在鄙人意料之中然初不料其謬妄至此門祚衰薄令人浩歎現請家校圍禁室中勿令出門游蕩德於孫偉掇一芹而其覓乃更猶於乃叔衰年所見如此心境尚堪問耶景鄉時有信來其差使甚勞苦亦不如意白門近

事無可述者去冬歸自吳門齋居遣興即柬吳門諸友共詩四首其末首云白門吟社久荒蕪襴袖方巾客太迂知己有時推女伎論交無奈到屠沽鵲巢安穩容身窄鶴背高寒託興孤我有遙情寄天末每因聞笛念吳歈亦可想其大概矣贊侯以文章飾吏治亂後吾邑之循吏也敬甫篤交非同恒泛均堪代候春水方生江舟遙盼幸勿爽約此頌升祺兄時雨頓首

正月二十日

葉名澧小傳

葉名澧字潤臣湖北漢陽人祖繼雯官給事中家多金石文史名澧於書無所不讀少與兄名琛齋名名琛由翰林累官兩廣總督晉男爵拜大學士而名澧僅以道光丁酉舉人官内閣中書歷史館玉牒館纂修轉侍讀以貲出爲浙江試用道居恒好爲詩刊所爲敦夙好齋詩清微遒厚優入唐人之室

葉名澧

五通

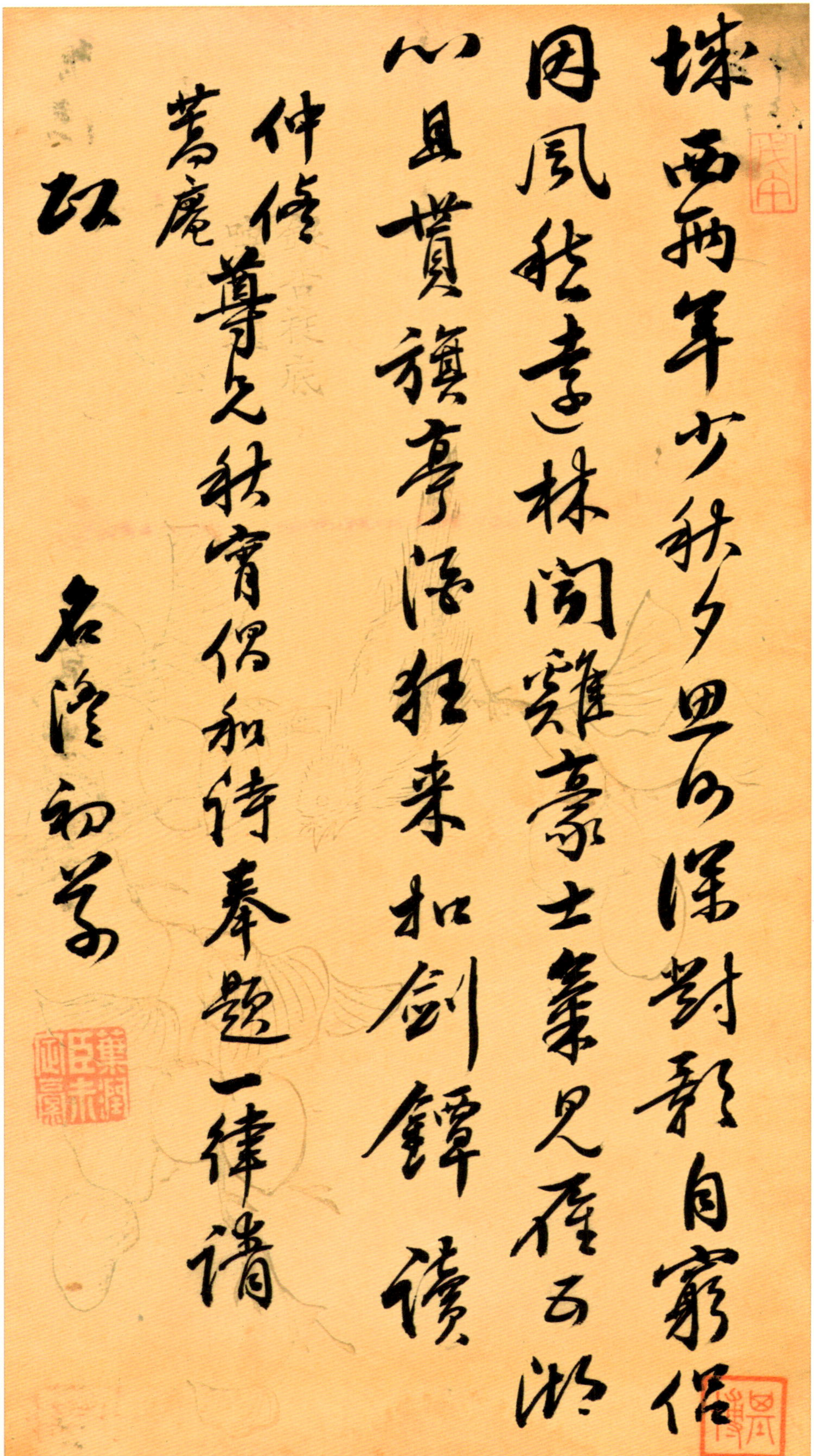

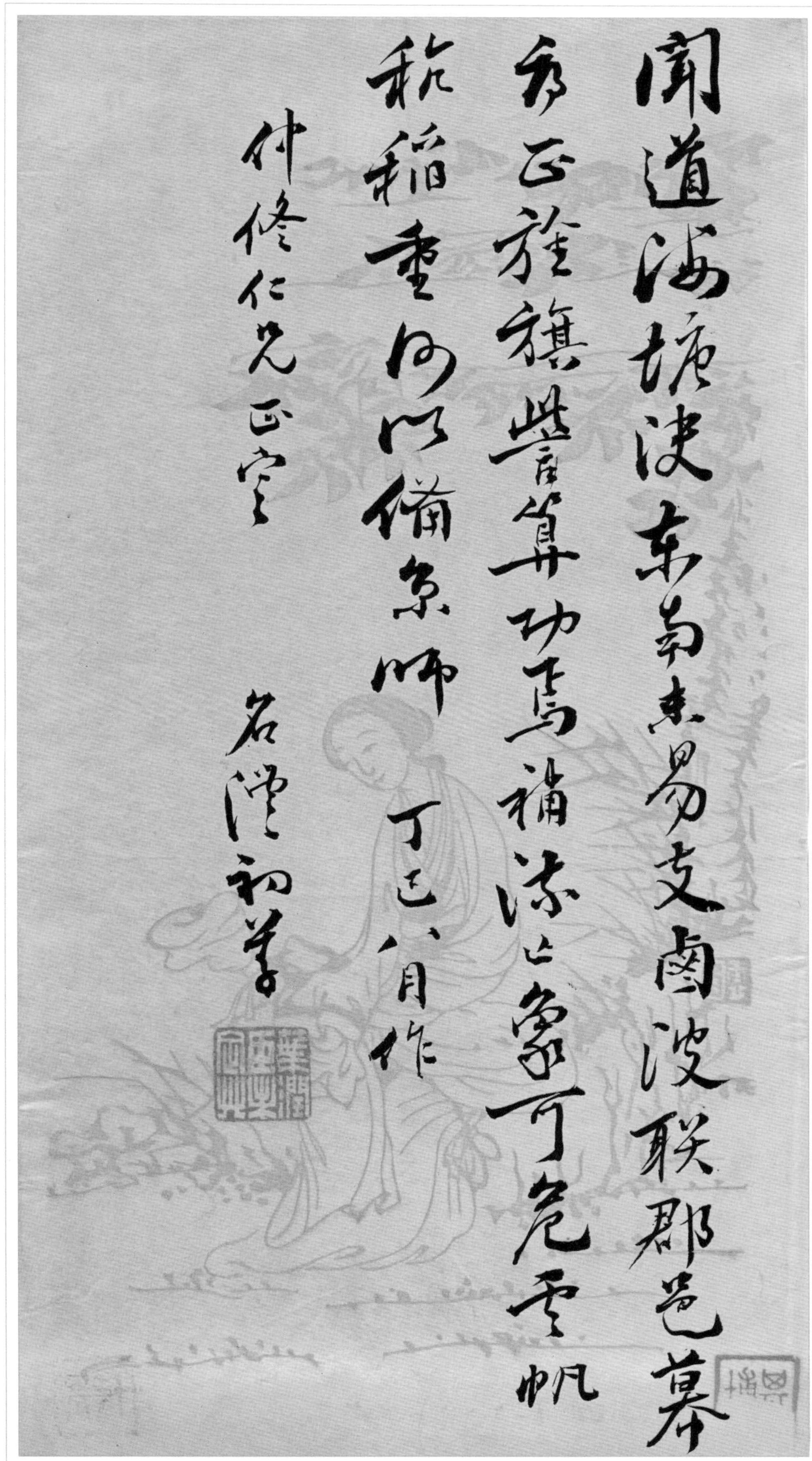
闻道海塘浃东南东易支卤波联郡邑暮
务正旌旗兴筹功焉补涤々象可危要帆
秔稻重何以备粜师
丁巳八月作
仲修仁兄正定
石潭初草

市樓何亭亭，俯視萬景豁。高謀縱一擲，那惜十千買。
座客歡同聲，庸俗去且駭。追續九日歡，賓主定模楷。
賴茲素心人，聊以紫萸解。旅蹤懷露霏，鄉思阻
持蟹殘燈渺無光清尊未盡瀾蒼月東出峯
杯望漢海

庚辰重陽日市樓集飲，詩海秋即席以蒼月東出
句同人分韻，足成之，余得買字。

子珍
仲修 等兄正之

名澧弟稿

葉潤臣印

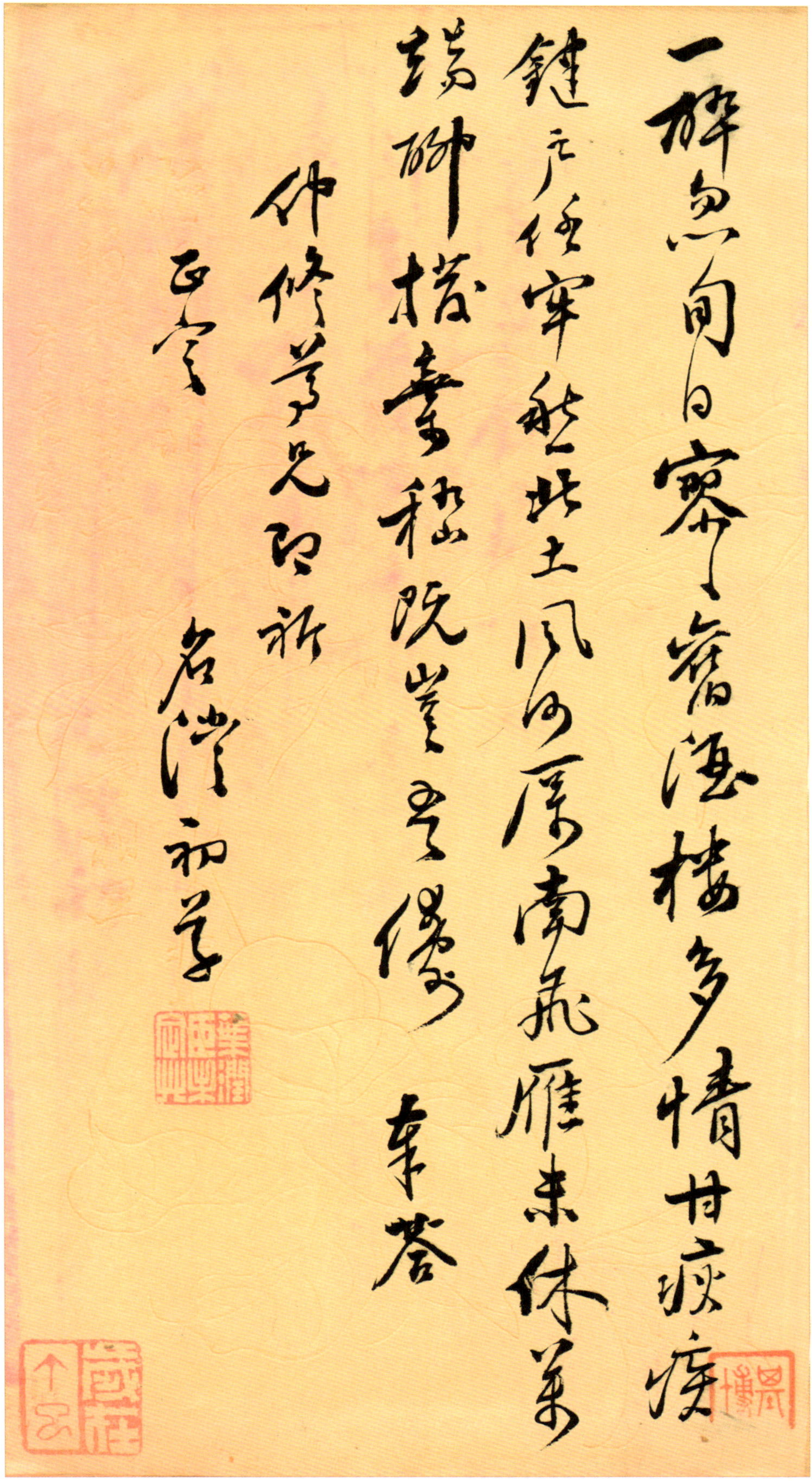
一瓣心向日寒簷海樓多情甘瘦疾
鍵之之任窮秋北土風河南飛雁未休茉
璘瑚樹壽稱院豈安儀 東荅
仲修尊兄印祈
正字 名澂初草

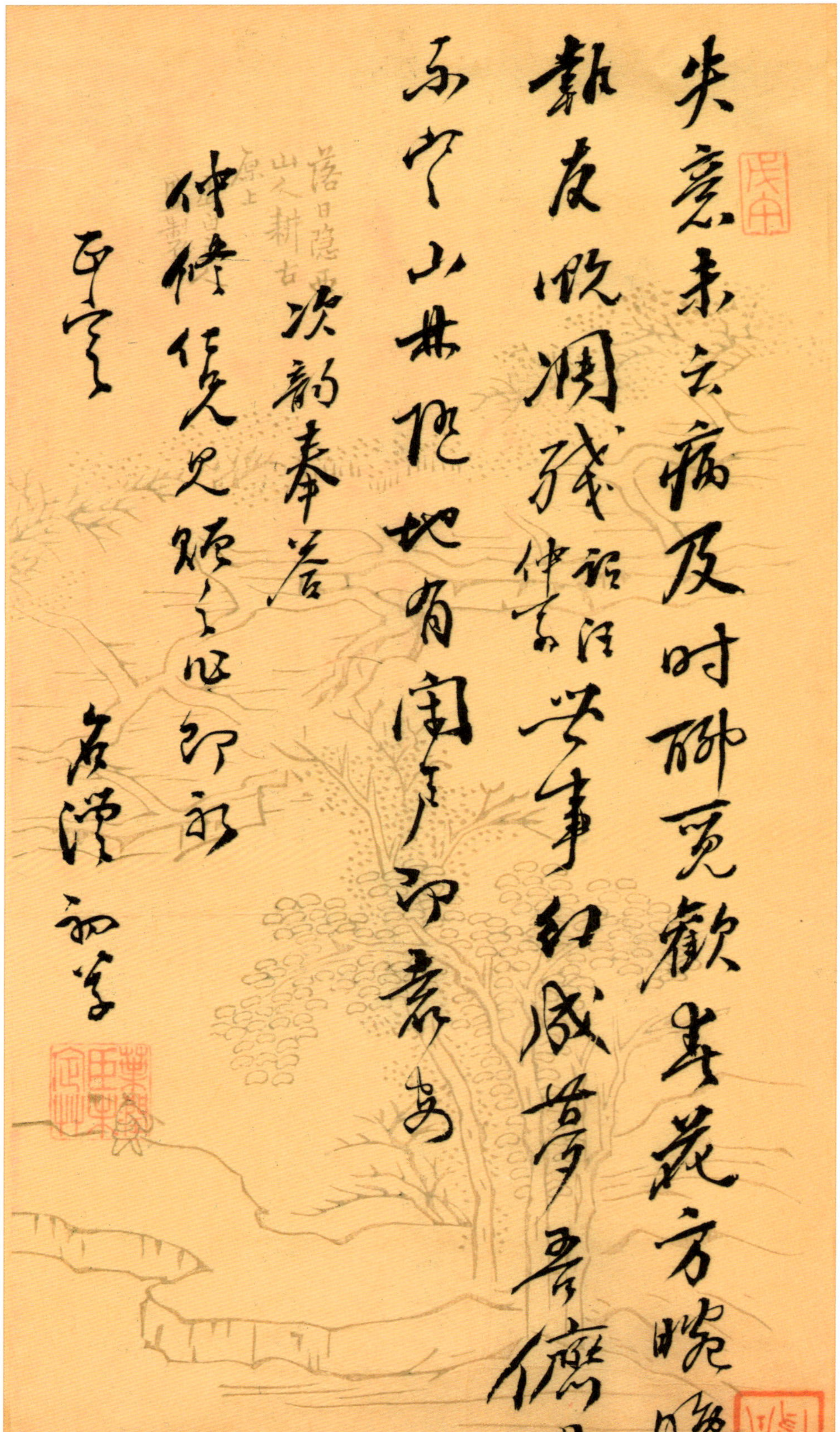
失意未云病及時聊覓歡來花方曉晚
數夜暇潤殘 仲言詔注 世事紅塵夢吾儕唱
而實山林隱地有閒人即喜安
次韻奉答
仲修作見贈之作即和
平寰
右濱和草

張蔭桓小傳

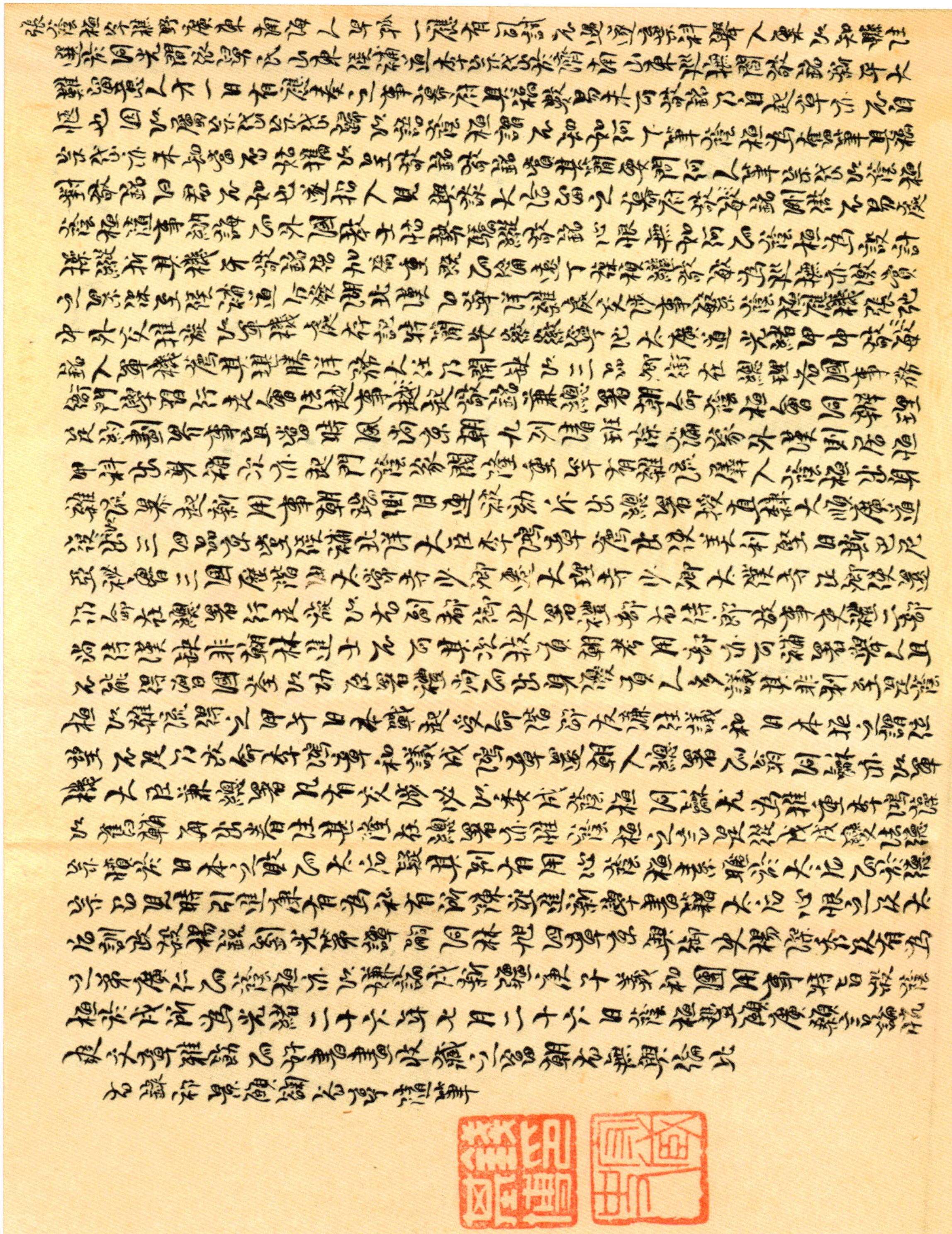

張蔭桓　二通

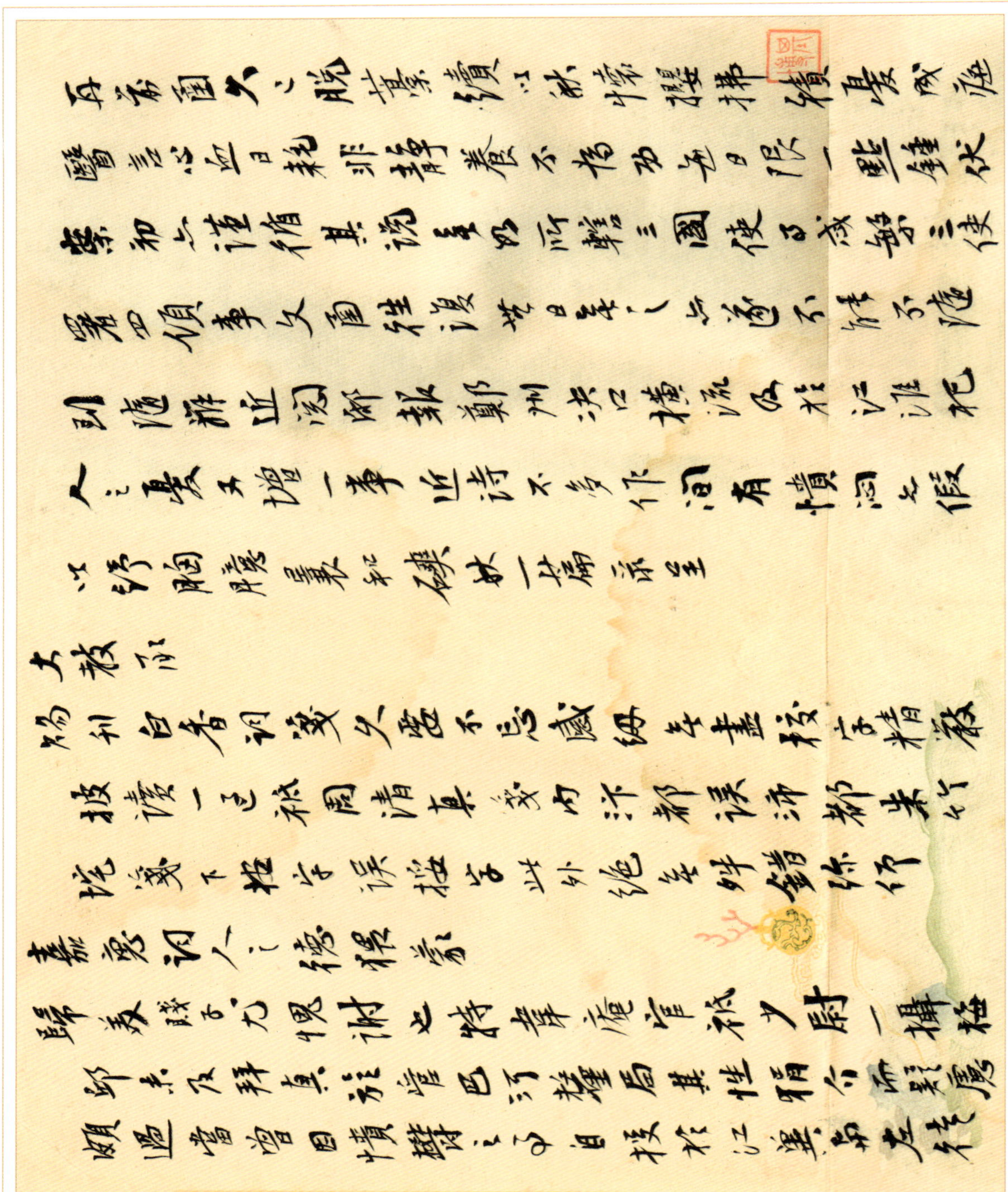

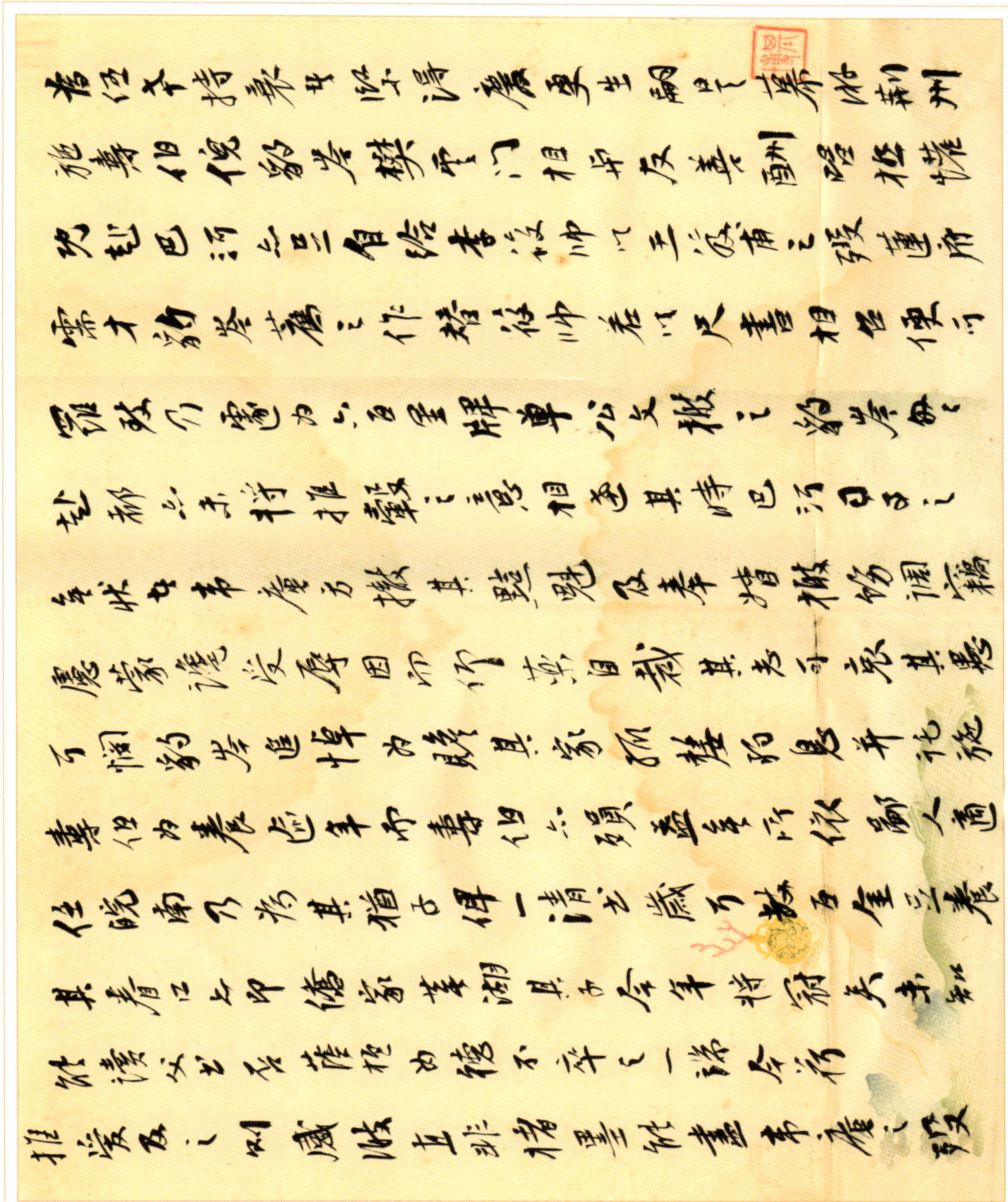

晷似到彥芳安得
大文表彰之也李君一叙清麗可喜特於七峯庵官
瀾未真乞
賜跋刊俾彼之放古者毋竊評也又板藏何處刊資
幾何寄還
尊處以何交付均求
示悉蔭桓六月歐洲返美明年春夏之交東歸
秘魯小程廿一日其地有瘴氣冬暖夏寒行
復探方孫之意趣
紫補金山郵到在何時
願任并求
賜閱以政
惠書用郵寄加圅面上海招商局由揚文報處王
心如轉寄不誤此圅託何嘯翁轉交計必得達
手泐不盡所云敬承
道履安福　愚弟蔭桓再叩　丁亥長至前三日美使館

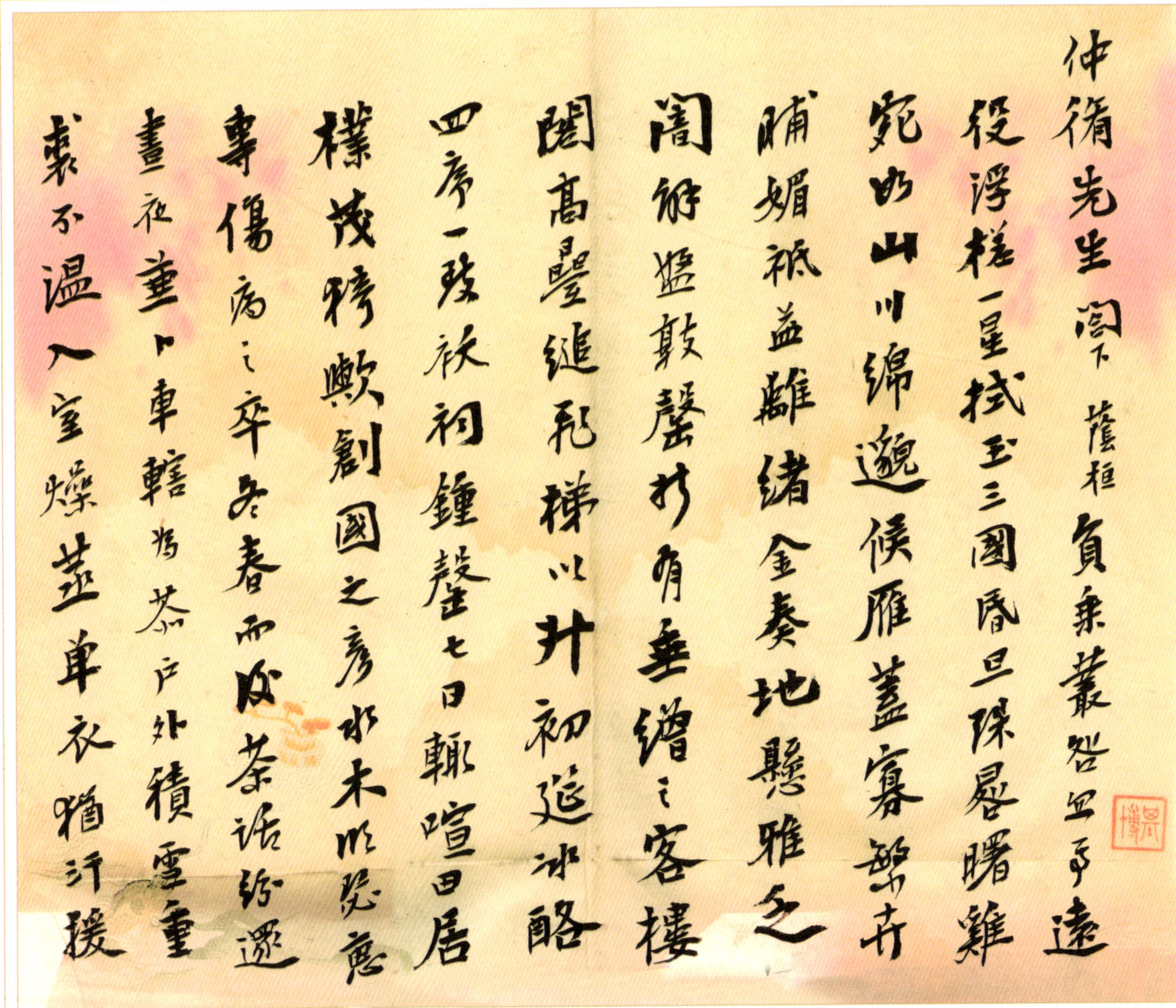

仲脩先生閣下：蔭桓負乘叢咎，出予遠
役，浮槎一星，拭玉三國，昏旦殊晷，曙難
宛如。山川綿邈，候雁蓋寡，絜亦
晡媚，祇益離緒。金奏地懸，雅乏
閣斯盤敦，鑿枘有乖。繒繒客樓
闔高疊，繼飛梯以升，初逭冰酪
四序一致，秋祠鍾磬，七日輒喧。田居
樸茂，稍歎創國之彥，求木所發意
專傷。病病卒冬春而改，茶話紛遝
畫夜堇卜車轄，為茶戶外積雪重
裘不溫，入室爍蓋單衣猶汗。揆

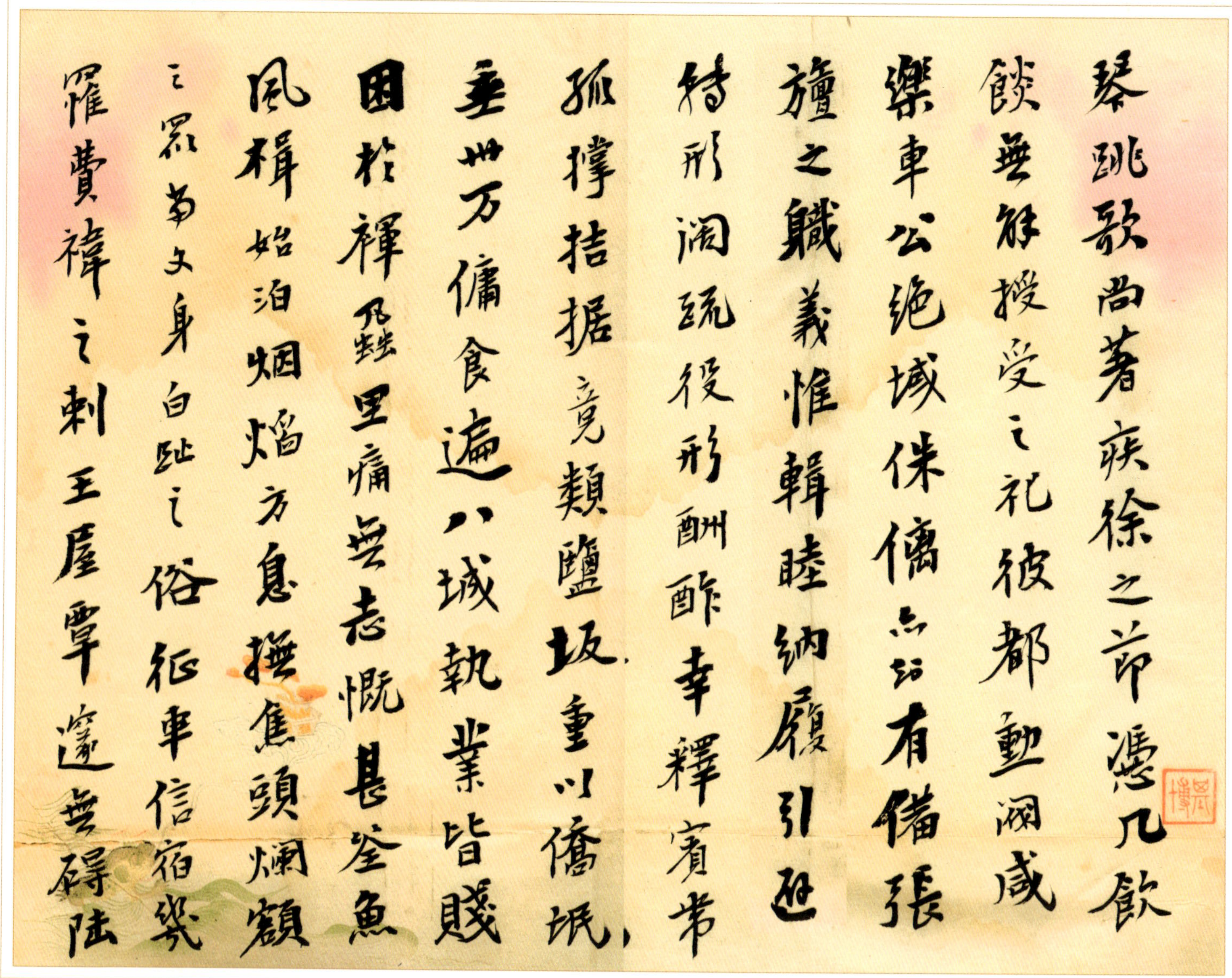
琴跳歌尚著疾徐之節憑几飲
餤無解授受之禮彼都動洞咸
樂車公絕域侏儒亦知有備張
旛之職義惟輯睦納履引迎
特形洞疏役形酬酢幸釋賓常
孤撐拮据竟類蹣跛重以僑氓
垂卌万傭食遍八域執業皆賤
田於禪蝨里痛無志慨甚筌魚
風楫始泊烟焰方息撫焦頭爛額
之眾黃文身白趾之俗征車信宿幾
羅費禕之刺王屋覃邃無礙陸

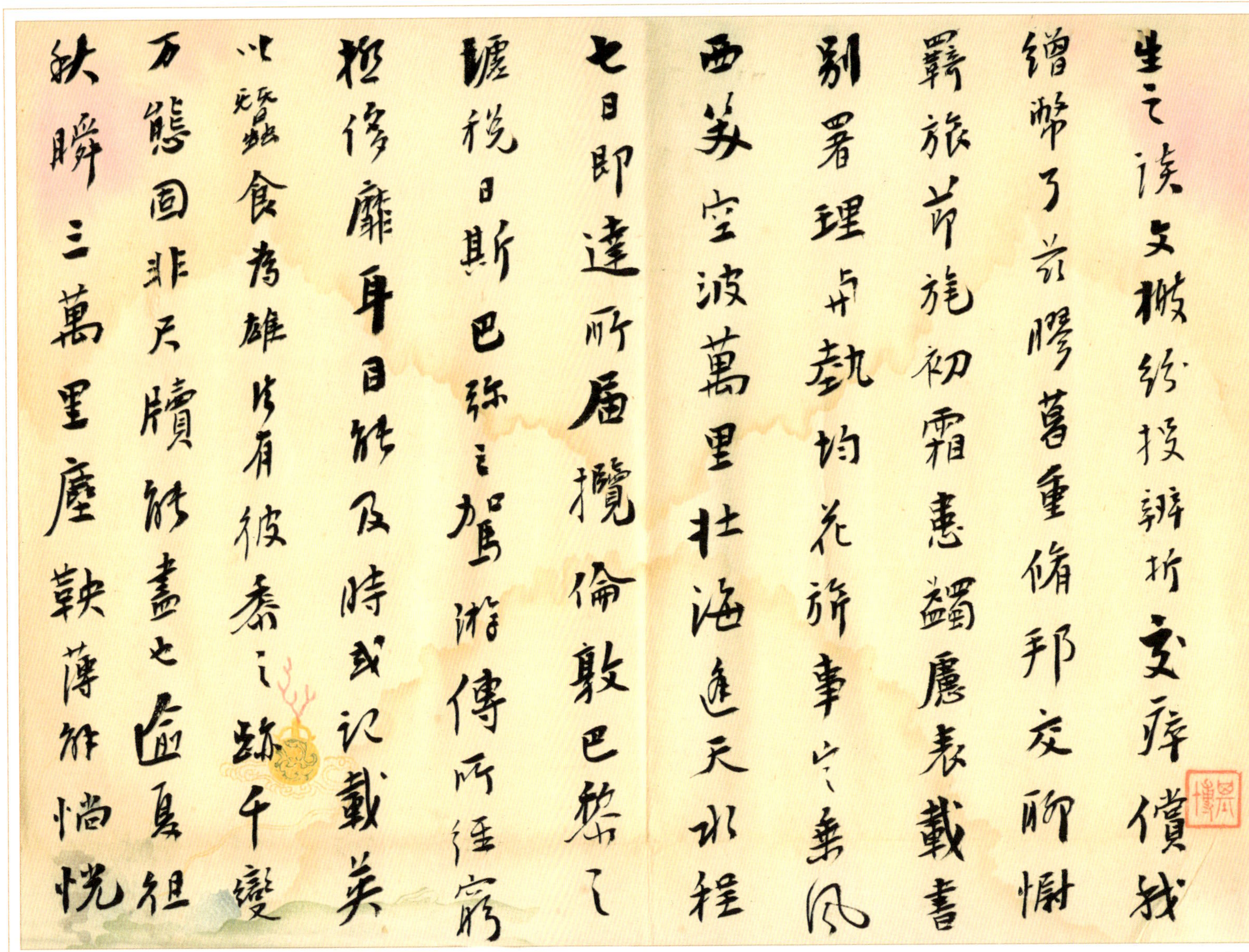
生之談文概綜授辨析文辭償我
繒幣了前膠葛重脩邦交聊樹
羈旅節旄初霜惠蠲慶表載書
别署理舟執均花旂事之乘風
西笑空波萬里壯海進天水程
七日即達所届攬倫敦巴黎了
躔稅日斯巴彌之駕游傳所經窮
搜靡耳目能及時或記載矣
以蠶（先）食為雄昔有彼泰之跡千變
萬態固非尺牘能盡也適夏徂
秋瞬三萬里塵鞅薄解惝怳

無俚七月七日得四月朔日

書兼

貺大集不罔珠域光墜瓌寶[illegible]之行

昭儵緦嘉蔭沈博絕麗偉於鄉

嬛之都纏綿悱惻以覿睆之之

座復級

帝諸克鑴謝箋等

大鈞之鑄物

推雅惠於已友

高誼古懽世難其再里昔樅陽已傷

寡鮮無情江水橫被牽綴鐵

駙重創陛莫愁而理棹潄筍

奚蔑莠葭蕩蕩嗚桴腐鼠鵷
鶵囂然曰嚇螳螂黃雀曾不一
悟既落井而投石猥浮湘而射景
憬然前塵甚難索解竊謂酸
鹹殊耆無逾呂蒙之城涼薄
可哀共慨謝公之宅
先生嘗群疑衆謗之會堅久要
不忘之志極諸海外殺然一石交
空山之鐘異地聆應德以為鏡屢
照不疲懿惟
根核道義夫豈勳績翰墨已乎　蔭桓

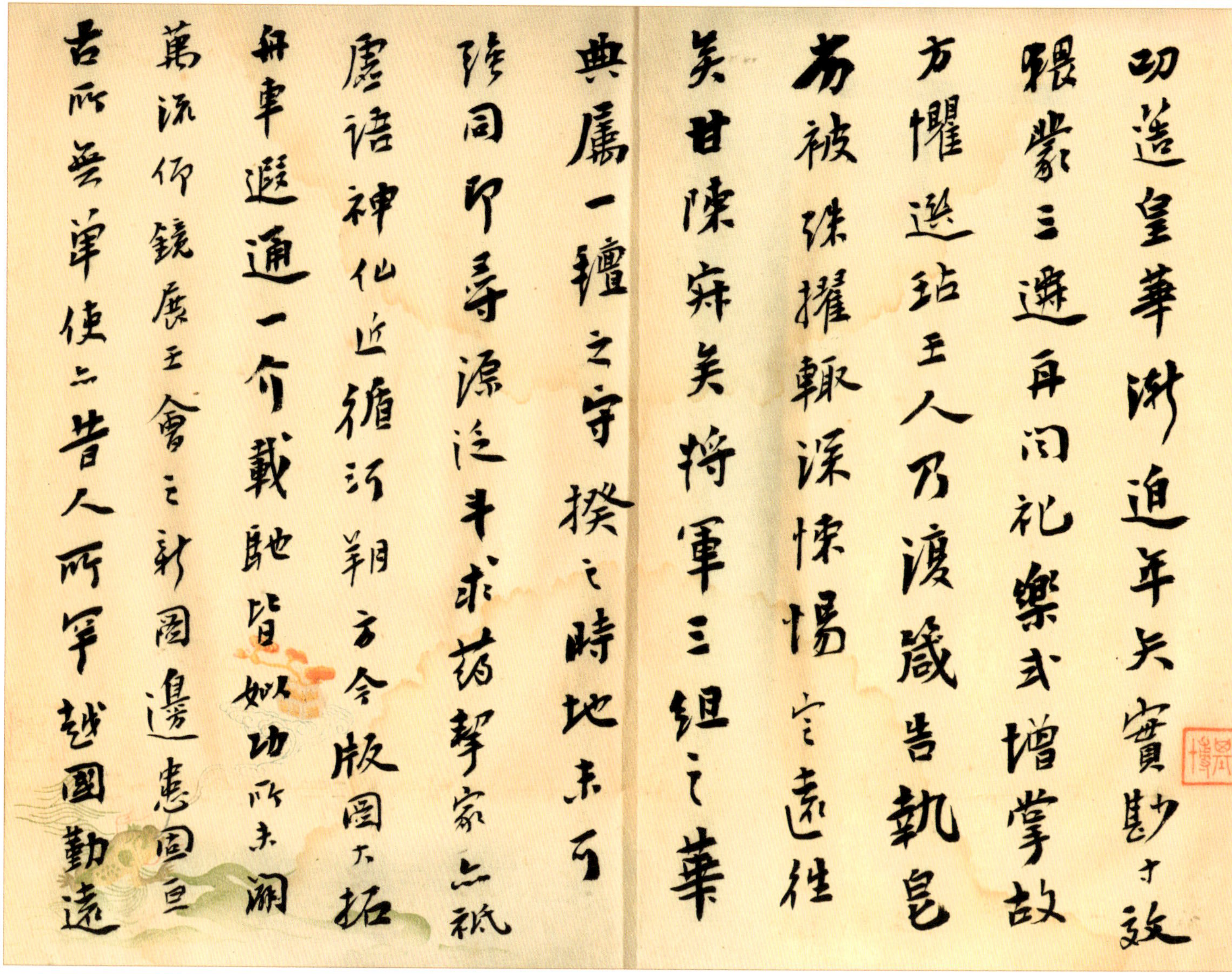
功邁皇華澍追年矢實勘寸致
艱蒙三遊再同祀樂式增掌故
方懼遊玷王人乃渡藏告軌邑
方被殊擢輒深悚惕宦遠往
矣甘陳并美將軍三組之華
典屬一鐘之守揆之時地未可
殊同印尋源泛斗求藥挈家亦祇
虞諳神仙近循汀翔方今版圖大拓
舟車遐通一介載馳皆如功所未闢
萬流仰鏡屢主會之新圖邊患回且
古所無單使亦昔人所罕越國勤遠

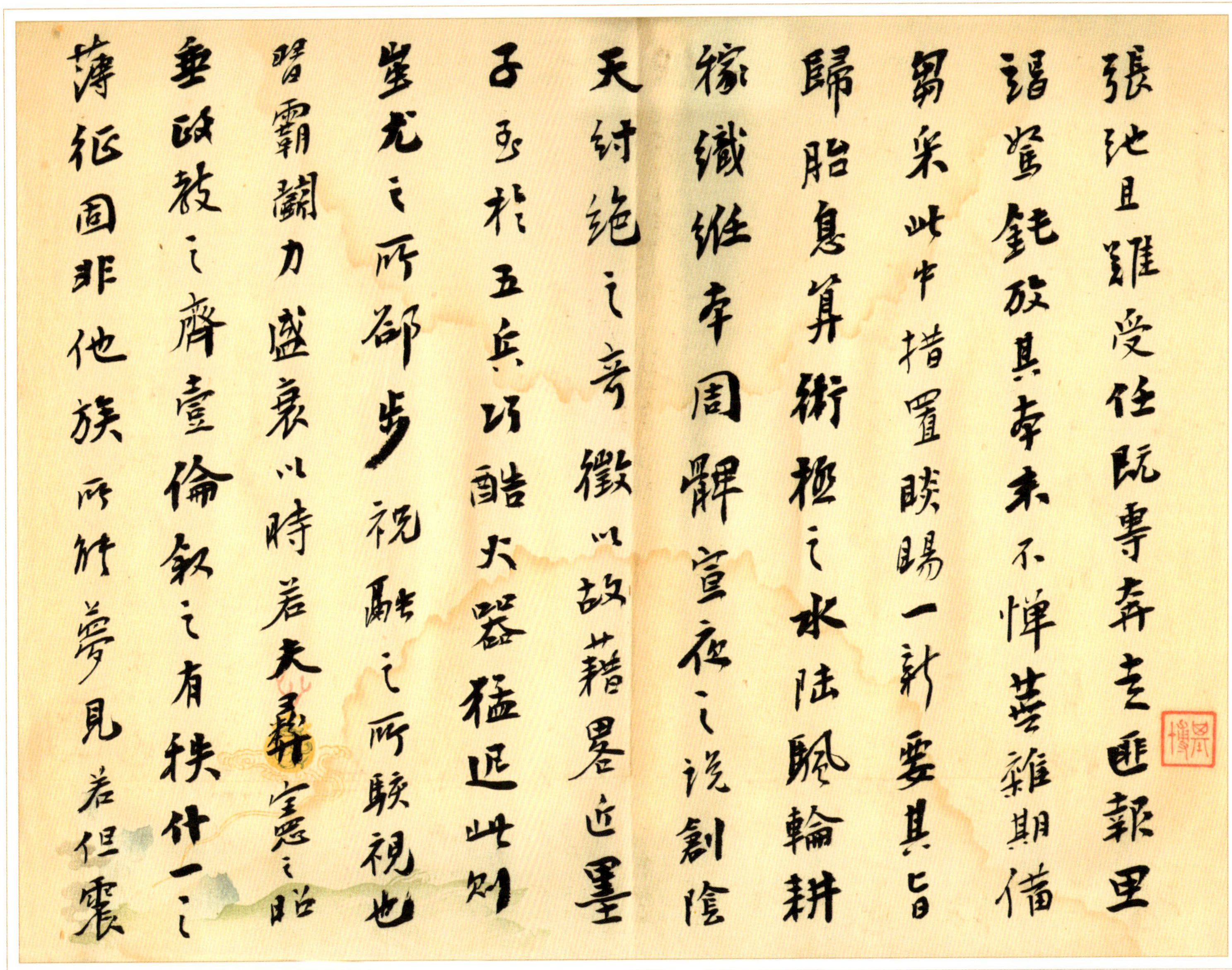
張弛且雖受任既專奔走匪躬里謂駑鈍於其本末不憚甚雜期備蜀采此中措置睽暘一新要其旨歸胎息算術極之水陸颿輪耕稼織維李周髀宣夜之說劇陰天討絕之旁徵以故籍略近墨子亟於五兵巧酷大器猛迅此則蚩尤之所卻步祝融之所駭視也晉霸鬭力盛衰以時若夫彝憲之昭垂政教之齊壹倫叙之有秩什一之薄征固非他族所能夢見若但震

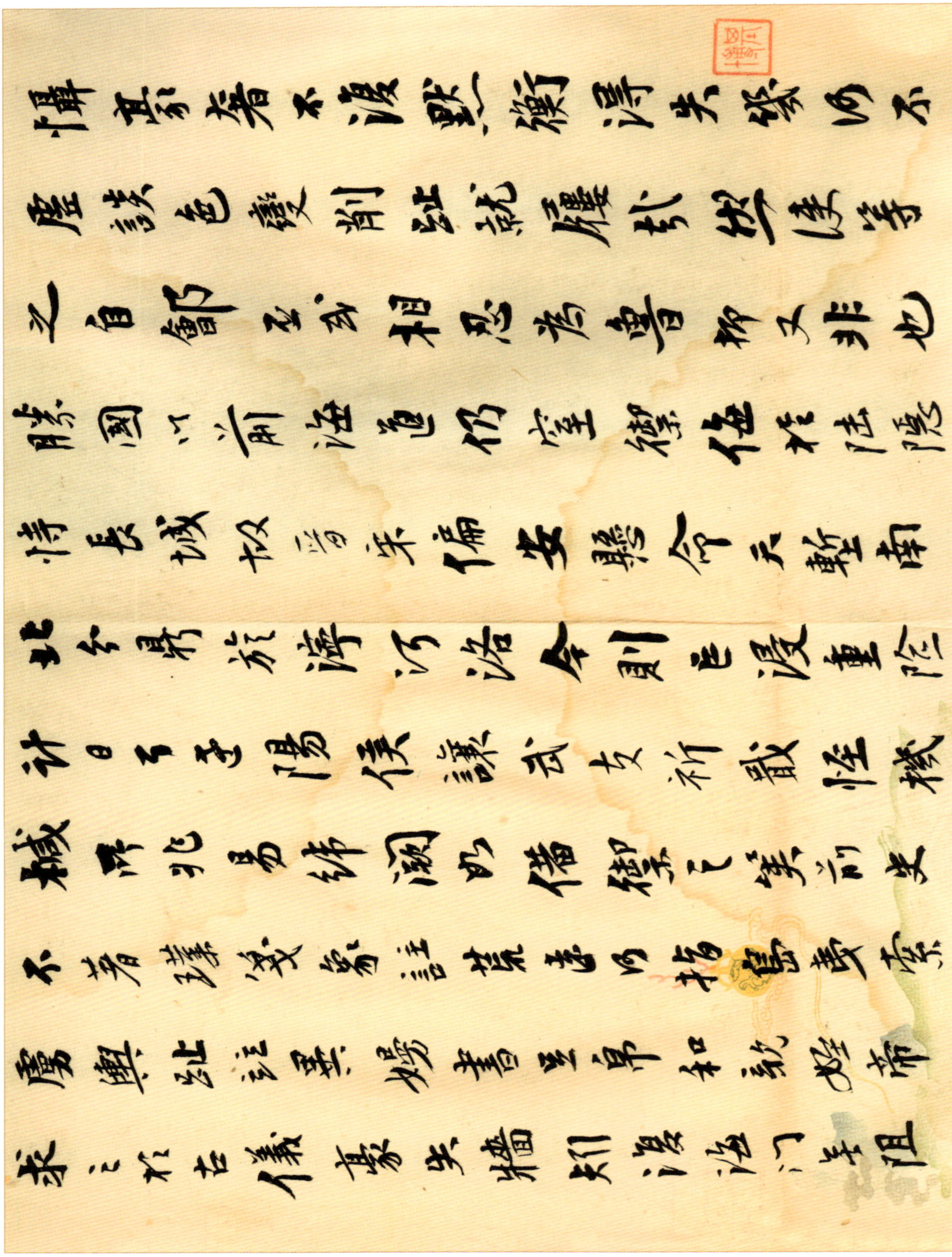

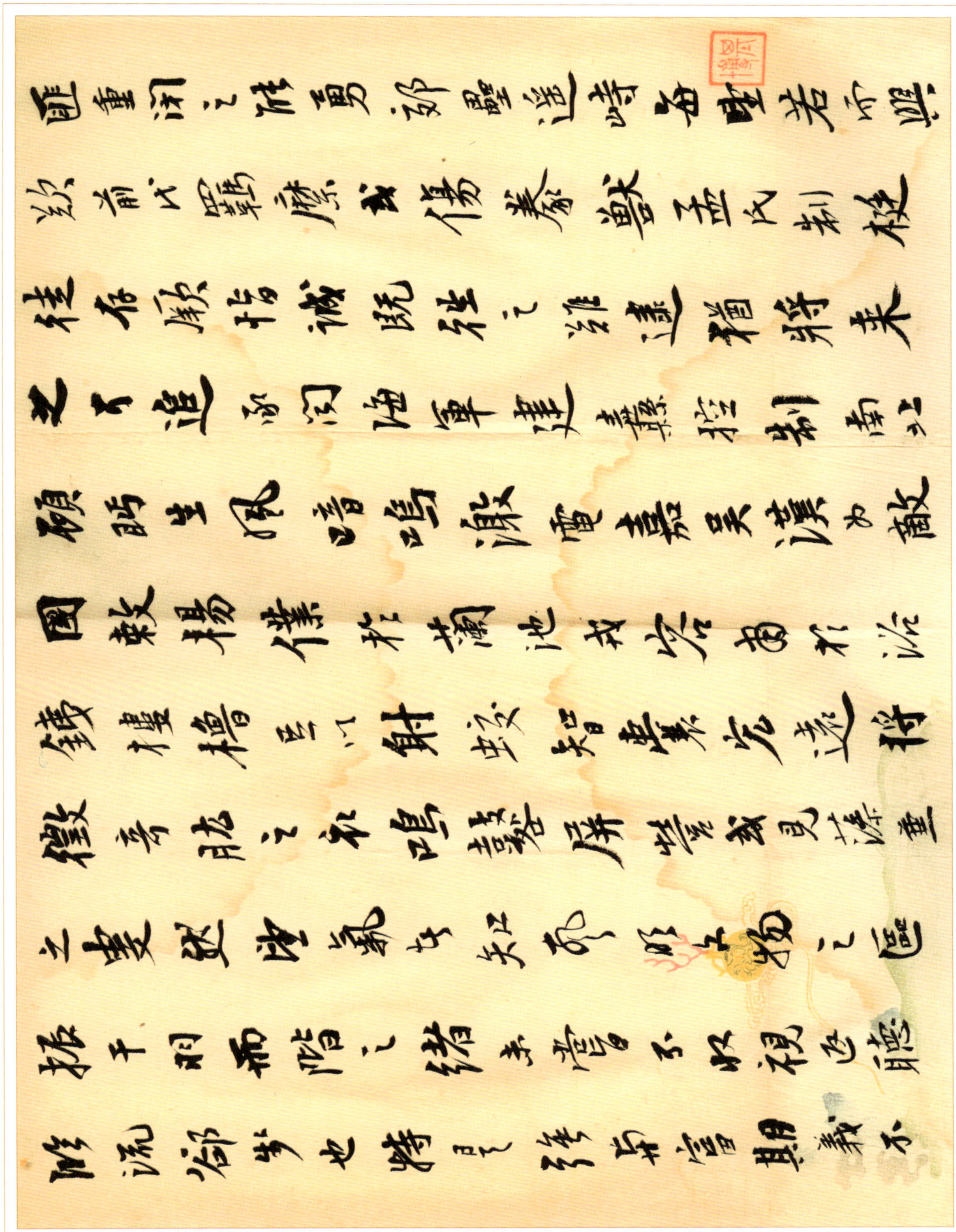

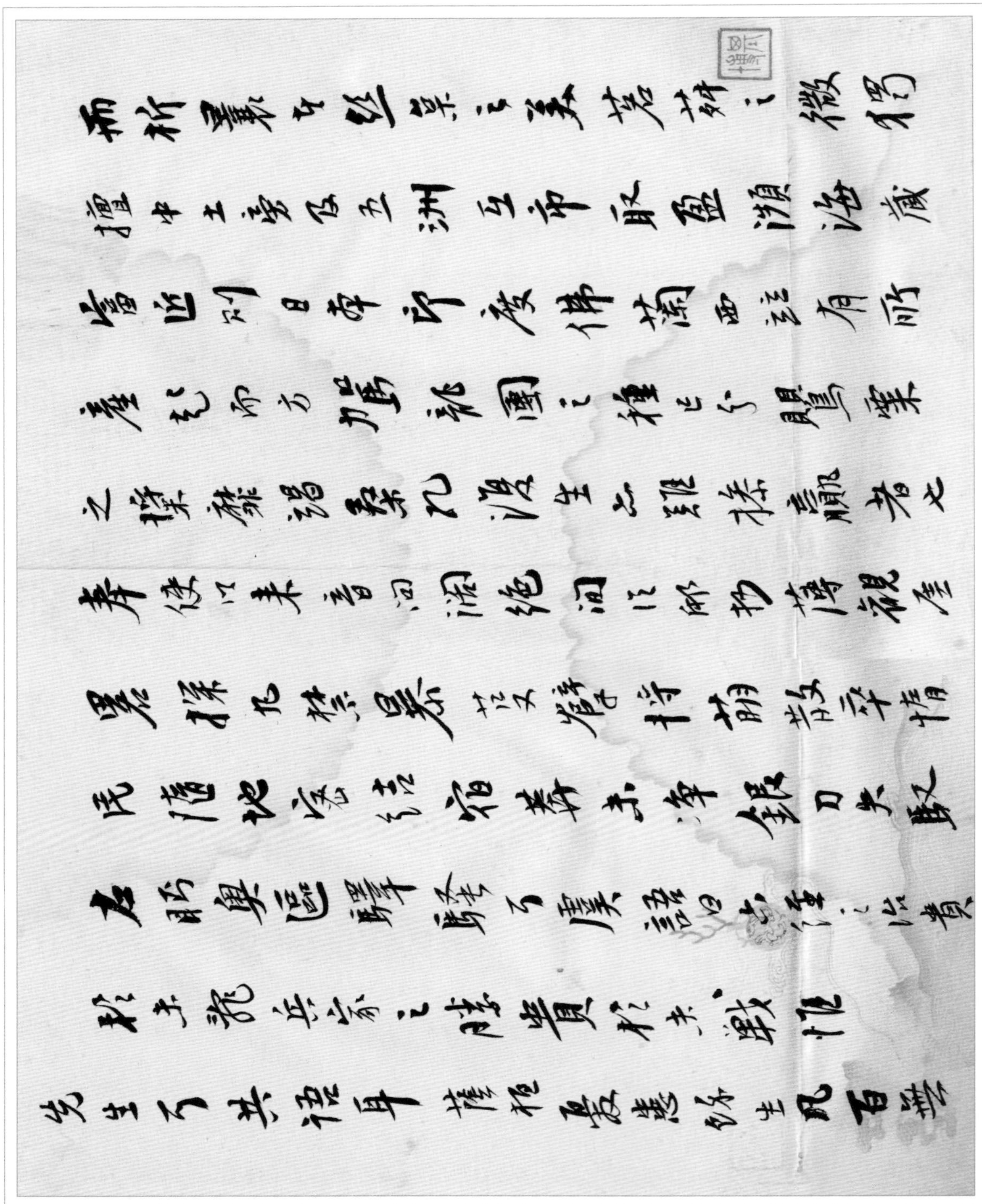

補猥然異國，坐處漢臘，稗乎非類。且
至談客，畧可怡悅，唯有蠹紙山海
跋涉三遠，安備齒髮，搖落雙瞳，已
昏陸蒲柳於將秋，撫桑蓬而增慨。
結璘穆穆，依稀庾樓，墜明點點，蹁蹐
壺室，發言無所與陳，問義無所與聞，
歷年之境，循復過之。遠辱
明教，聊攄積悰，受代尚餘兩年，後會期
諸江上，澹舟亭壖勞
遲矣。奏聞有雜著，行當就
政，其他瑣屑，别紙具箋，敬頌
道履，不宣。愚弟張蔭桓謹狀

光緒丁亥七月三十日
美都使館

易佩紳　四通

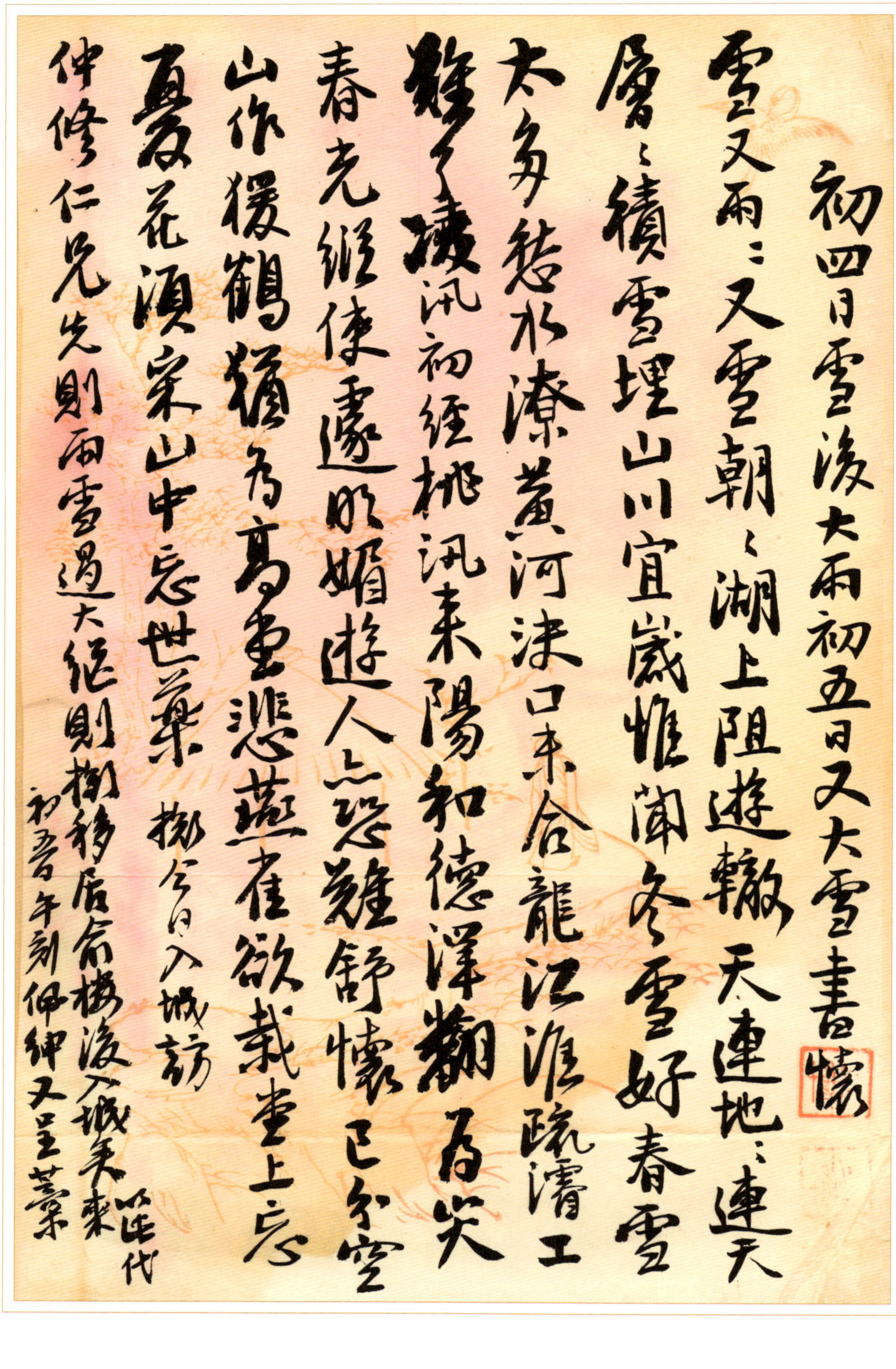

初四日雪後大雨初五日又大雪書懷
雪又雨雨又雪朝朝湖上阻遊轍天連地地連天
層層積雪埋山川宜歲惟聞冬雪好春雪
太多愁水潦黃河津口未合龍江淮疏濬工
難乎續汛初經桃汛來陽和德澤翻為災
春光縱使還明媚遊人已總難舒懷已分空
山作猿鶴猶為高堂悲燕雀欲栽堂上忘
憂花須採山中忘世草　擲今日入城訪
仲修仁兄先則雨雪過大繼則擲移居俞樓後入城矣來以此代
初五日午刻佩紳又呈草

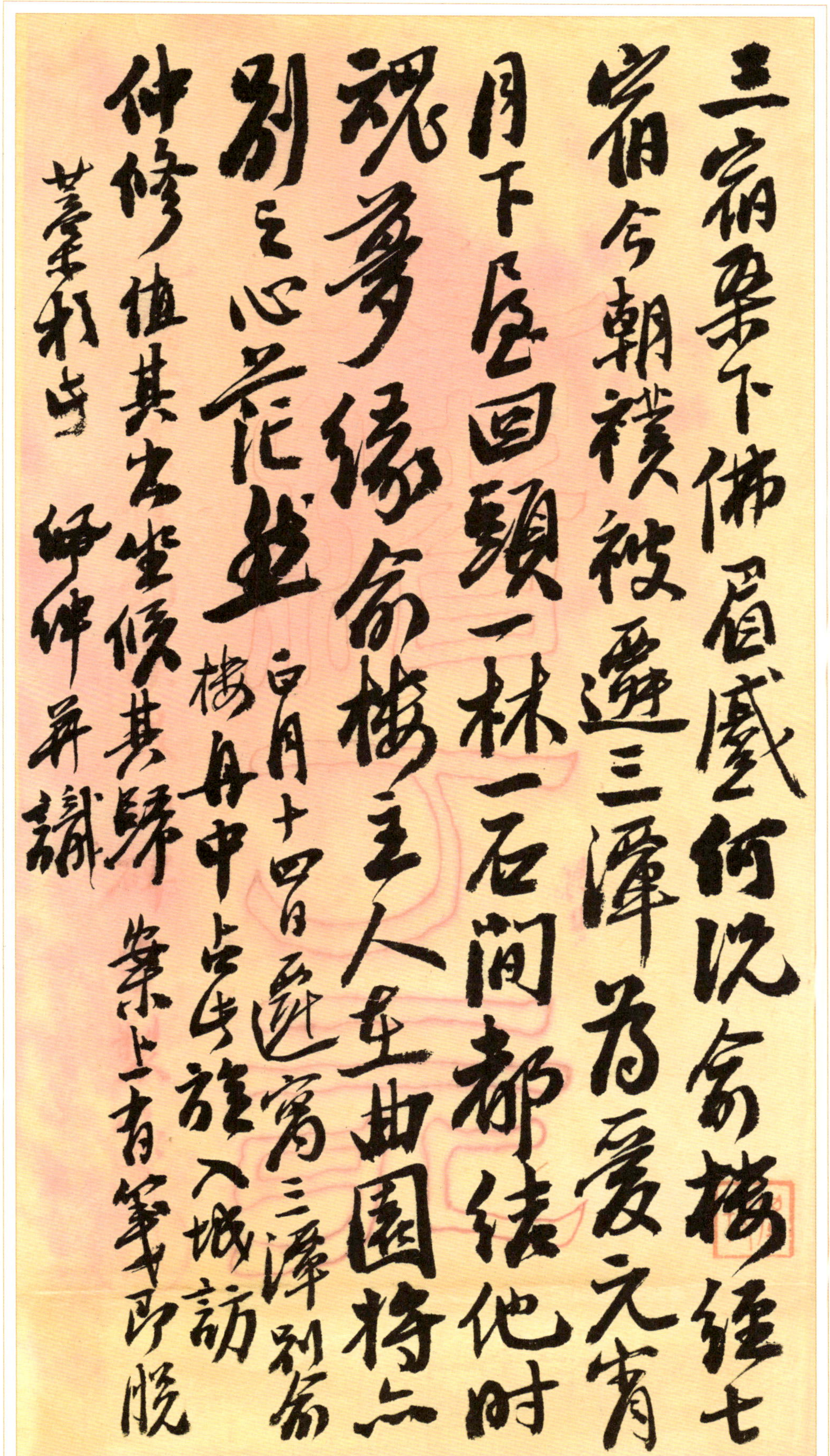
三宿桑下佛眉蹙何況俞樓經七
宵今朝襆被遊三潭爲度元宵
月下坐回頭一林一石間都結他時
魂夢緣俞樓主人曲園詩云
别之心花然
正月十四日遊宿三潭别俞
樓舟中燈旋入城訪
仲修值其出坐候其歸案上有筆即脫
草率於此　仲仲并識

喜將晤

仲修因而有感即以呈　教

自別京華三十年東西南北各茫然

幸離惡道登初地君曾寄書鄭贊侯論及鄙人謂此老作官為未墮惡道嗟乎而今而後始知免耳

喜備遊蹤共一天菜市

橋頭雲滿徑達日問君居不得今始知居菜市橋也武林門外

雪堆船千春眼淚曾乾否明日相詢此

最先咸豐戊午　君與莊蒿庵自都南旋余餞別於廣慧寺酒酣大哭後余寄　君書有云廣慧寺三副眼淚可以千春

光緒戊子正月四日易佩紳燈下呵凍

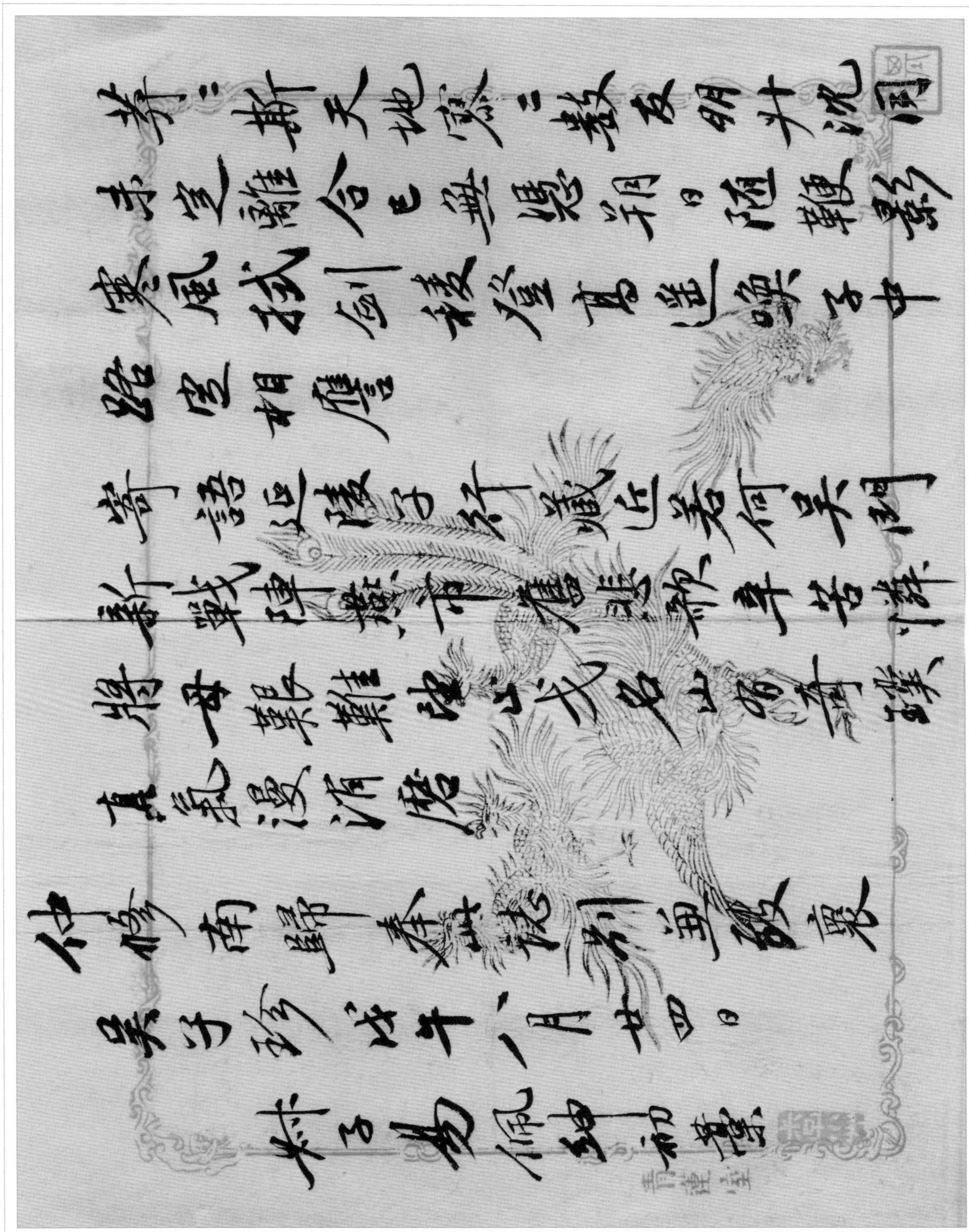

楊峴小傳

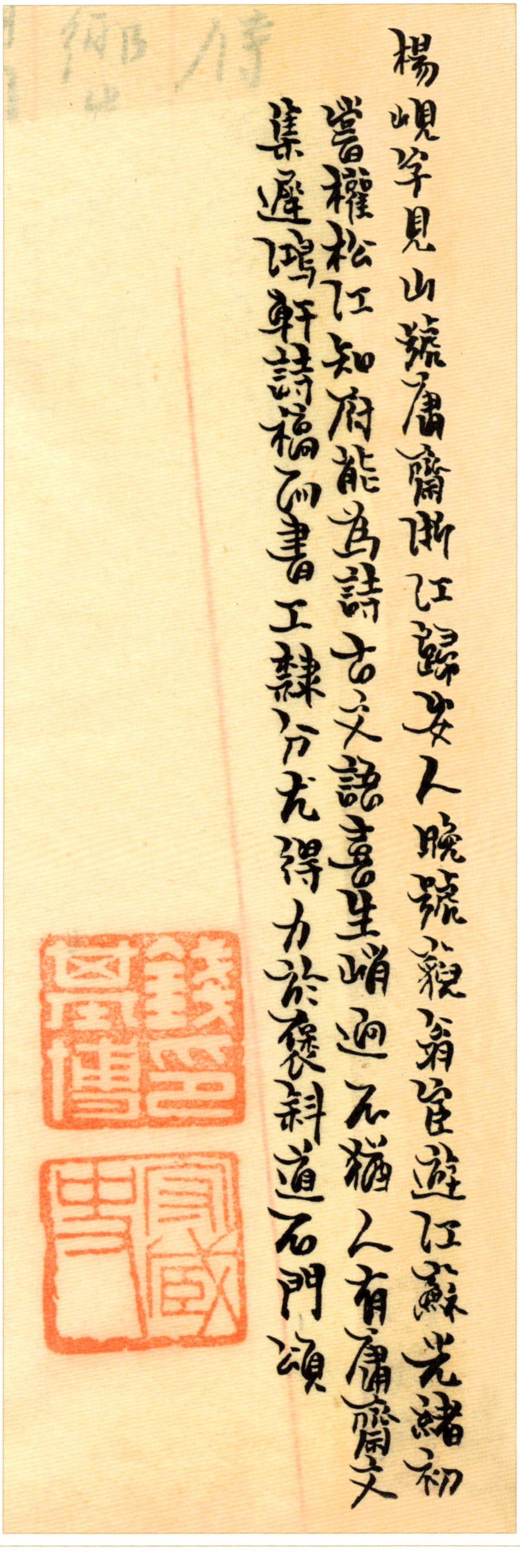
楊峴字見山號庸齋浙江歸安人晚號藐翁宦遊江蘇光緒初
嘗權松江知府能為詩古文詞喜生峭迥不猶人有庸齋文
集遲鴻軒詩稿所書工隸分尤得力於褒斜道石門頌

楊峴　一通

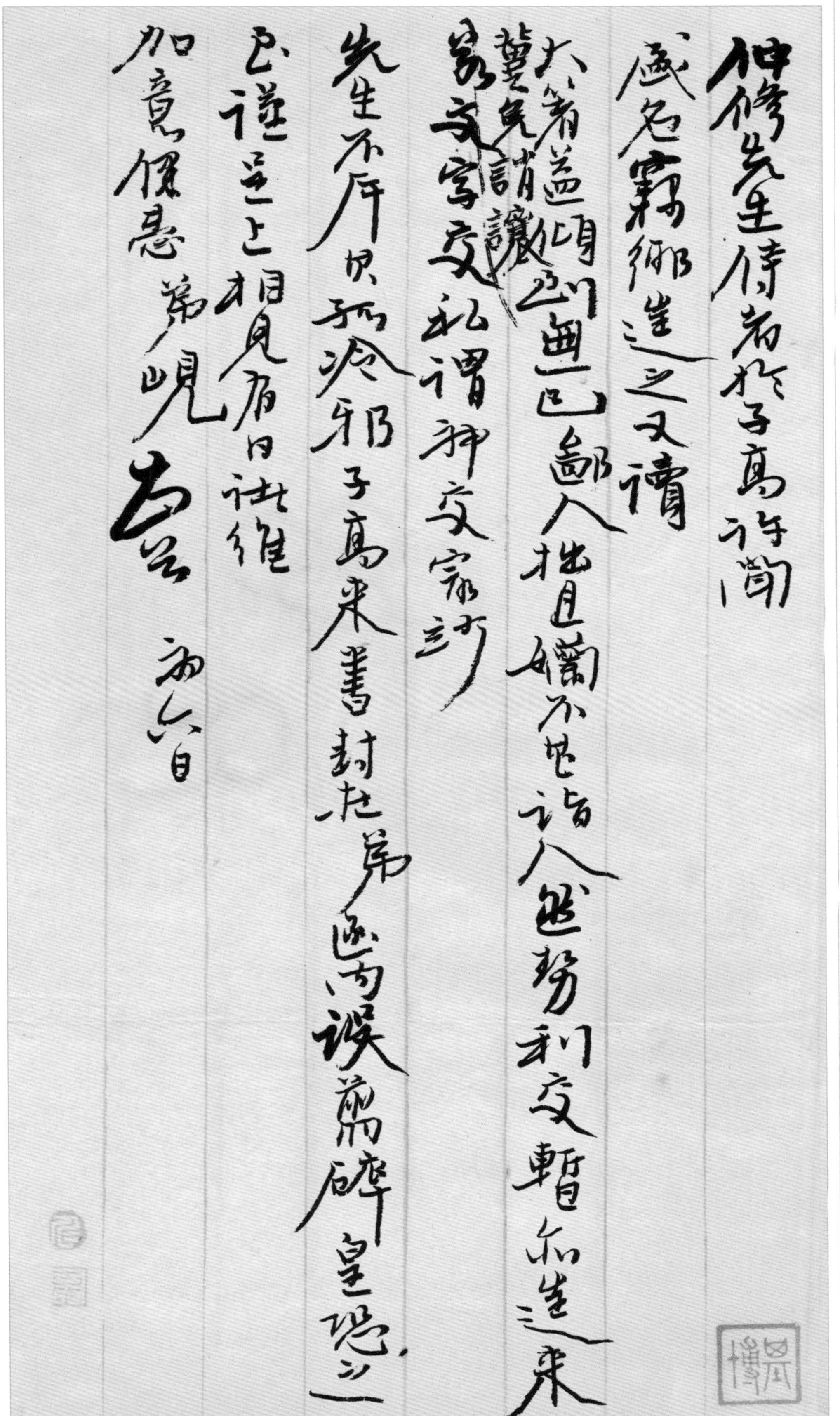

仲修先生侍右：於子高許聞
盛名，竊鄉往之。又讀
大箸，益明幽邃。鄙人拙且孏，不能諧人，然勢利交暫，知先生之來
蒙見請讓
爲文字交，私謂神交家訪之
先生不斥，因孫洨邨子高來書封於弟，迺向誤，篤碑皇恐皇恐。
已謹呈上，相見有日，諸維
加意保愛。弟峴頓首　初六日

王尚辰

三十六通

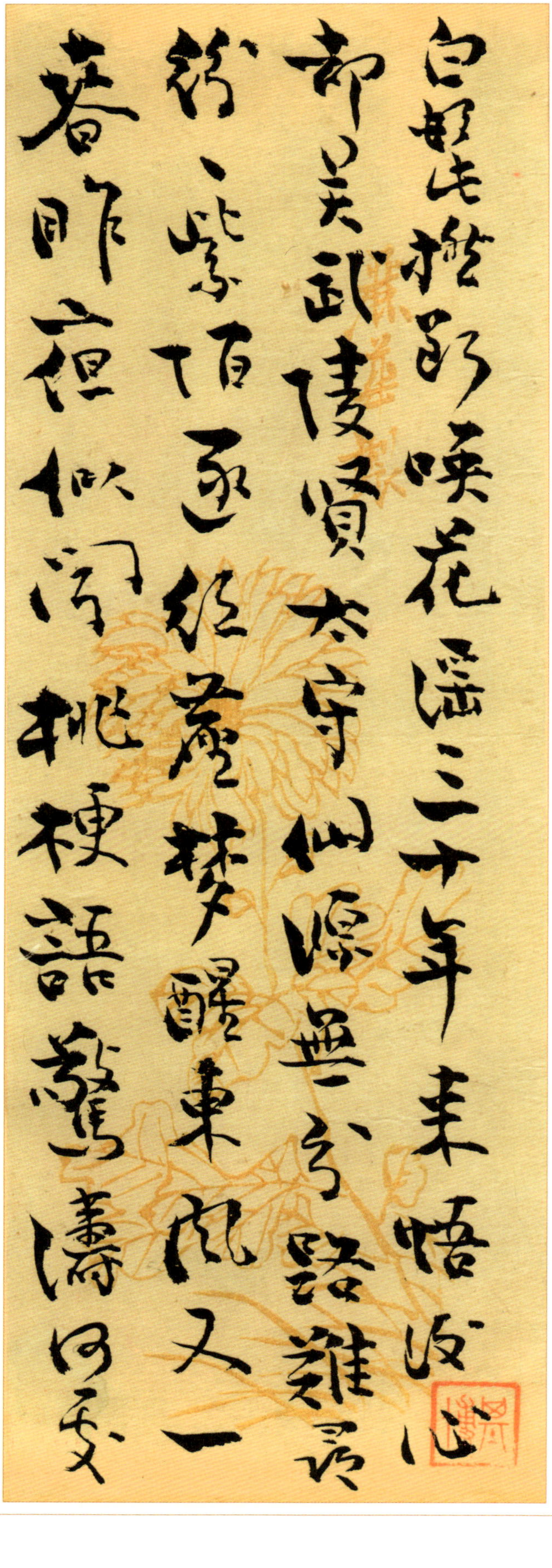
白眼老撚鬚嘆花謡三十年來悟後心
卻笑武陵賢太守仙源無分路難尋
紛紛紫百丁逐維摩夢醒東風又一
春眠恒似聞桃梗語驚濤何受

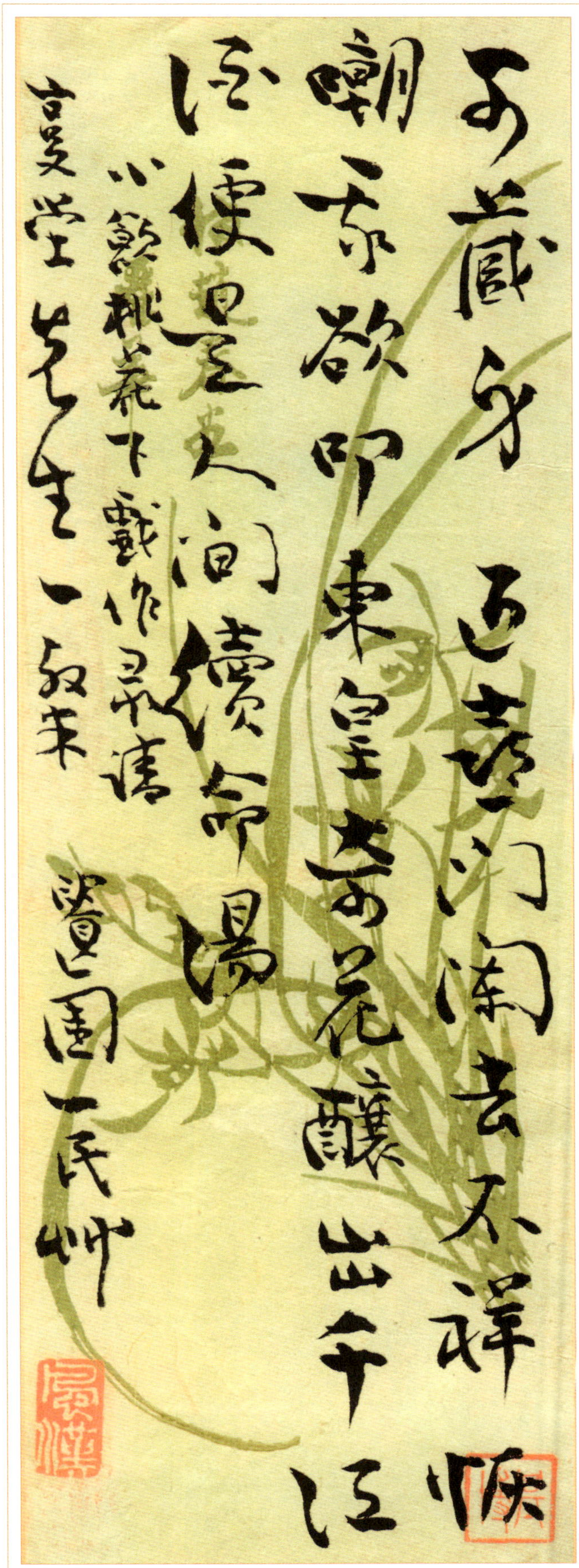
所藏冊子 送覽閱去不詳悵
朝京欲叩東皇若花釀出午泛
泛便足是大消閒遣命觴
以歡桃花下戲作和請
夏堂先生一叙來　覺園一民草

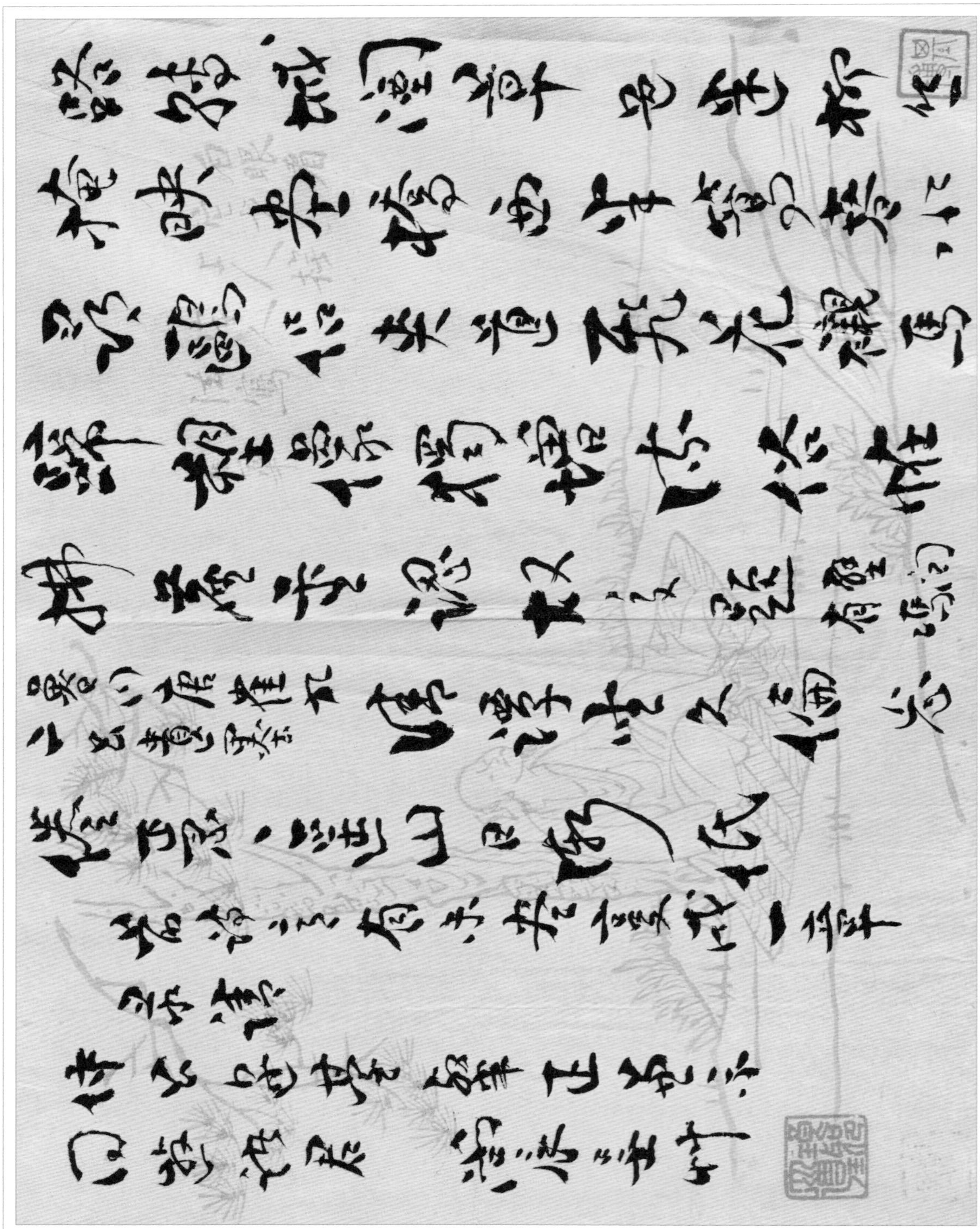

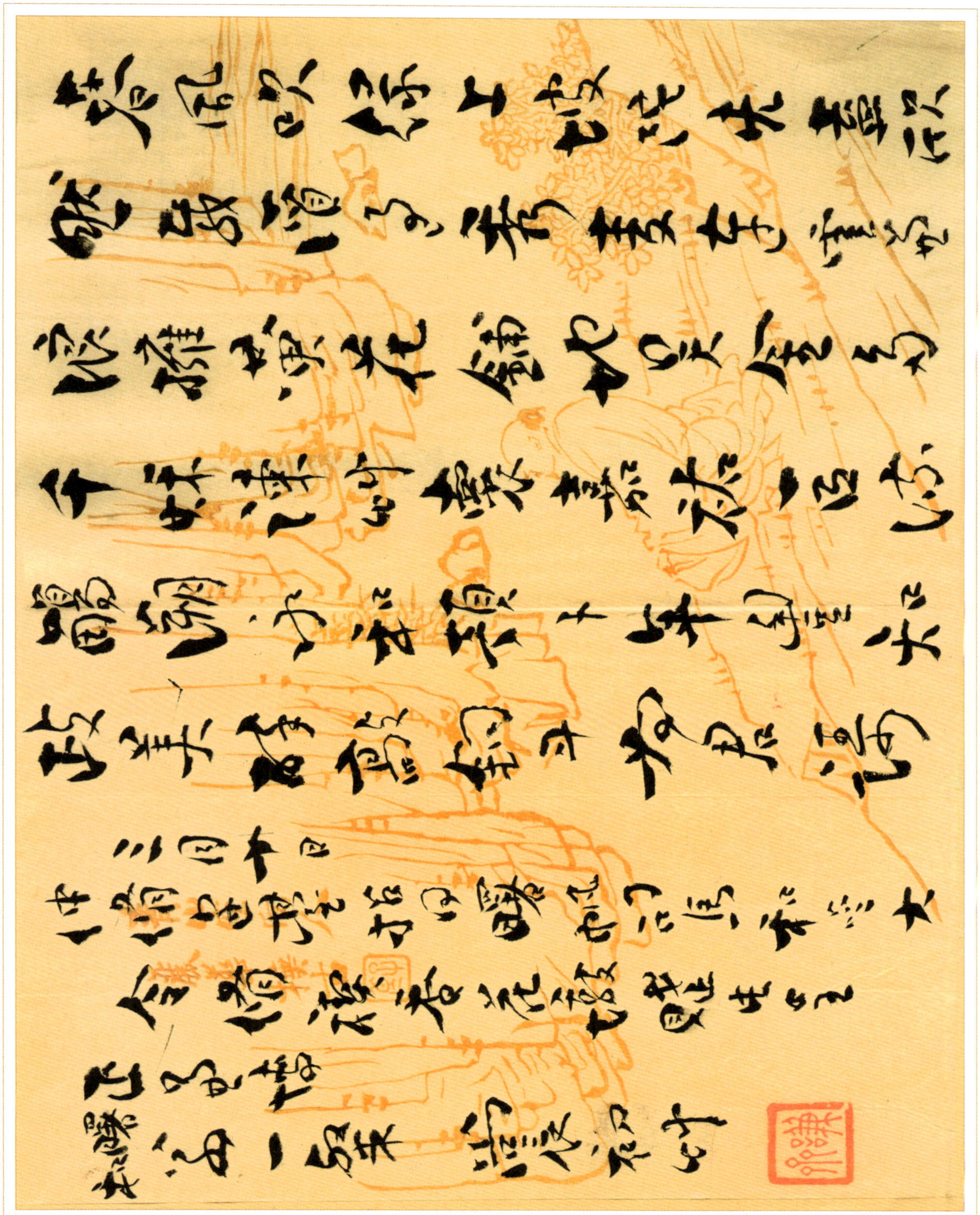

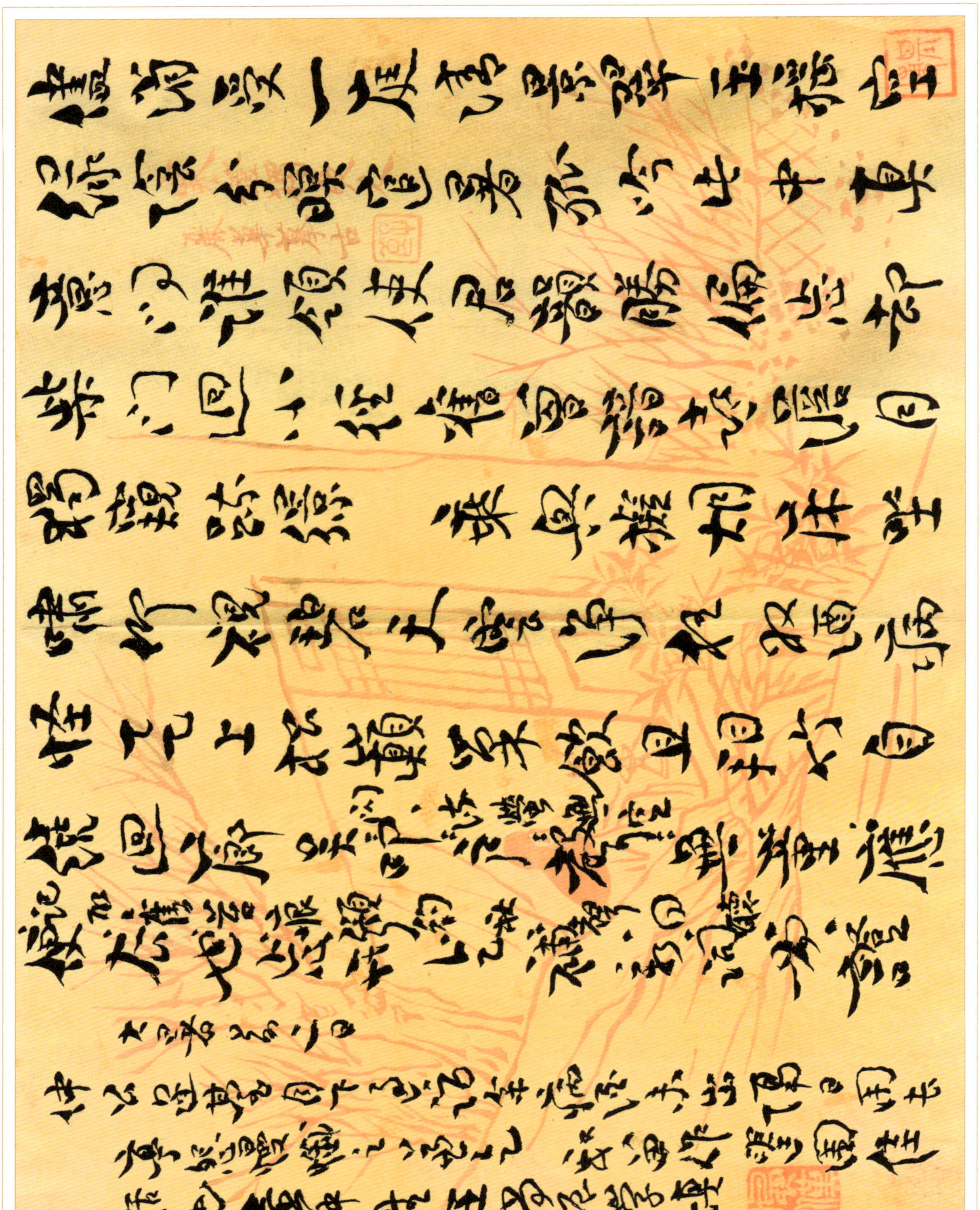

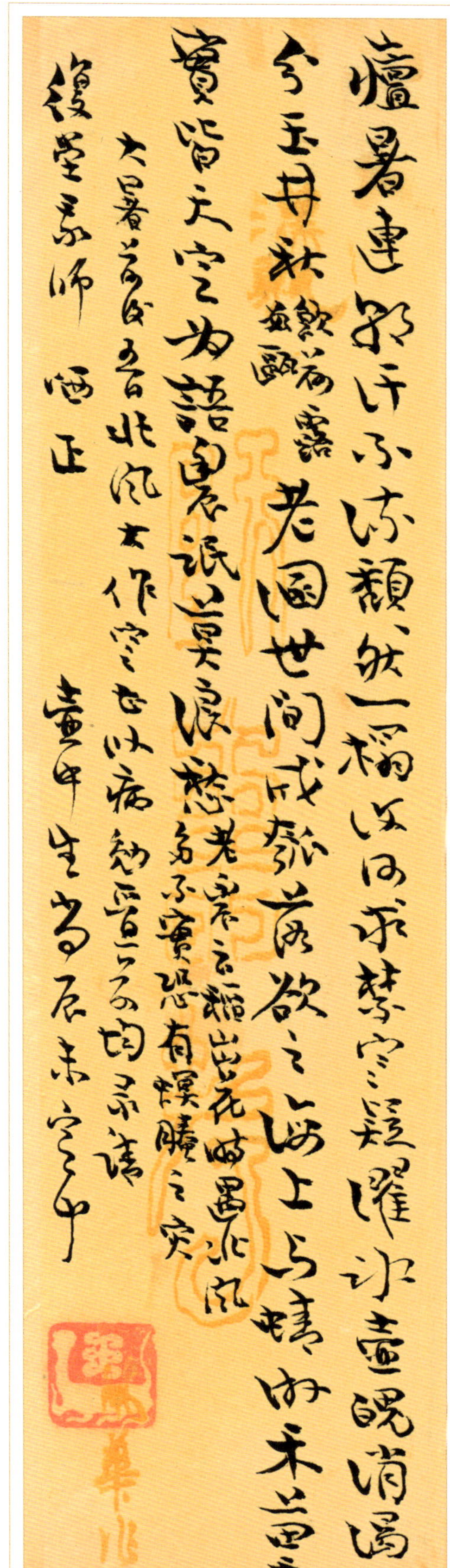
爐暑連朝行不得頗然一榻以何求禁它它疑羅以冰壺既消渴也
今玉母秋飲荷露無甌老圃世間成蔡茂欲之海上之蟠桃未足秀
實皆天宮為語自從說莫浪愁光宸云稻出花時遇北風多不實恐有螟螣之災
大暑前後吾北風大作空空以病勉書一二句求請
復堂宗師兩正
壺中生為辰未空中

木樨禪悅家同心鼻觀香參功德林願種先花千萬樹纔無錐地亦鋪金一作書叢世界處處鋪金是拈金粟悟前身摩頂居然有石麟謂子錫昆仲地日香分蠟屐裡白頭兩悟淡是花人

園桂作花成此送

仲脩老學賦先生誨正

[illegible]長呈艸

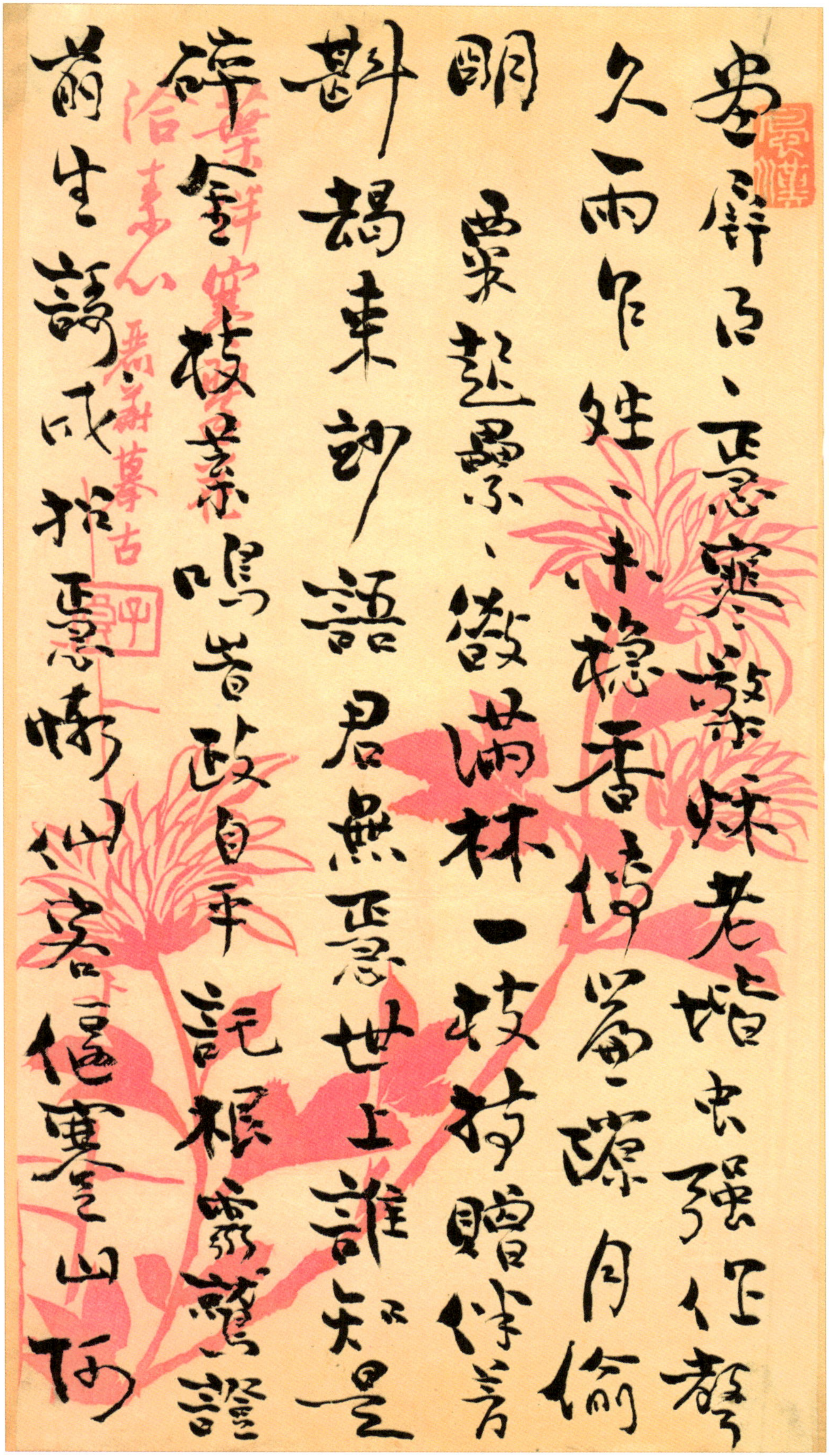

安舒已已、正憲寒漿妹老始忠張作聲
久雨乍晴、小穗香傳籬際月偷
明。叢起蠹蠹、徵滿林一枝持贈伴吾
斟酌來即語君無正憲世上誰知是
碎金枝葉鳴者政自平託根露鷺證
前生詩成招正憲睎仙客偪寒雲山阿

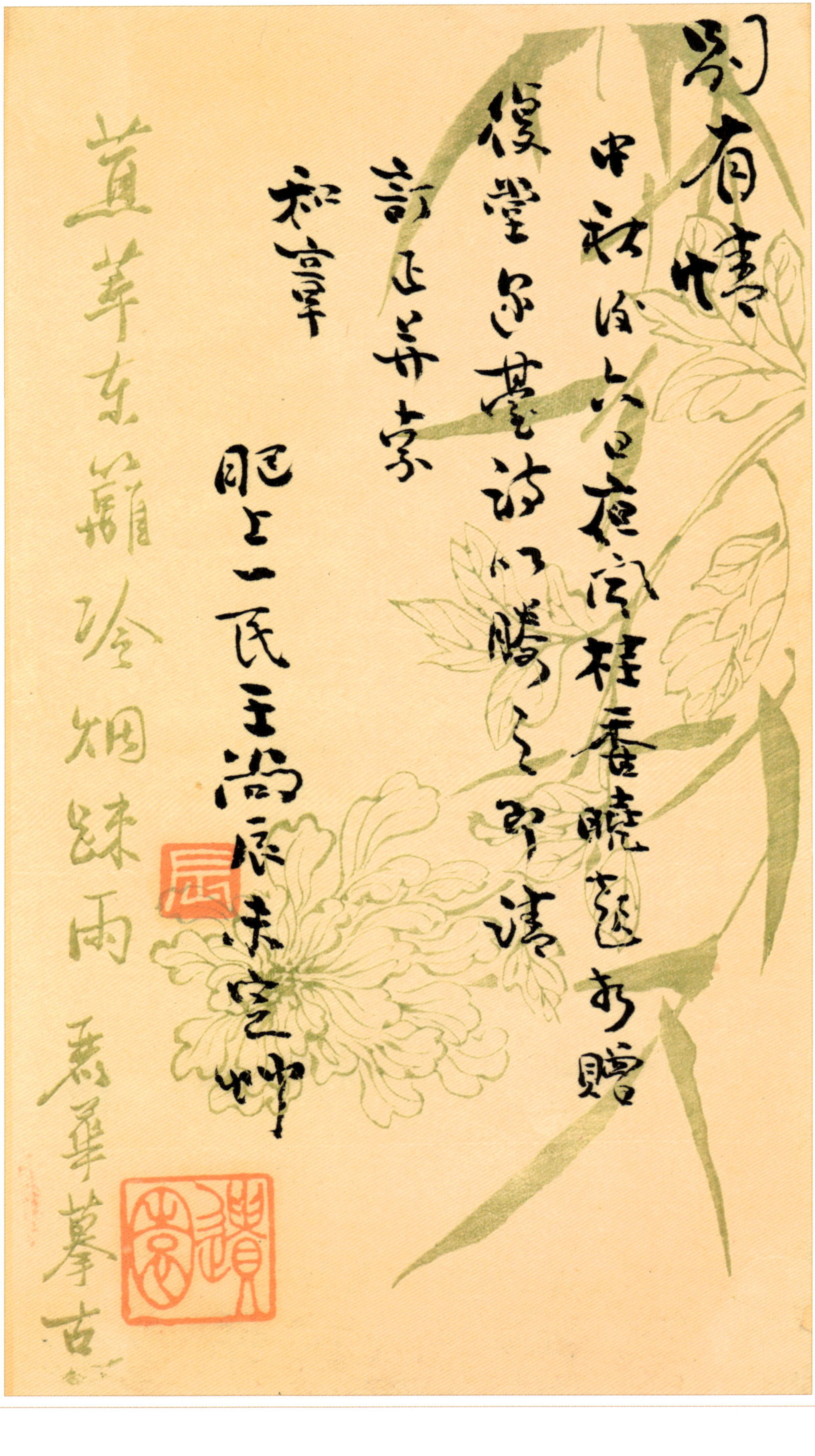

別有情

中秋後六日夜聞桂香曉題新贈

復堂兄臺詩以騰之即請

誨正并索

和章

肥上一民王尚辰未定艸

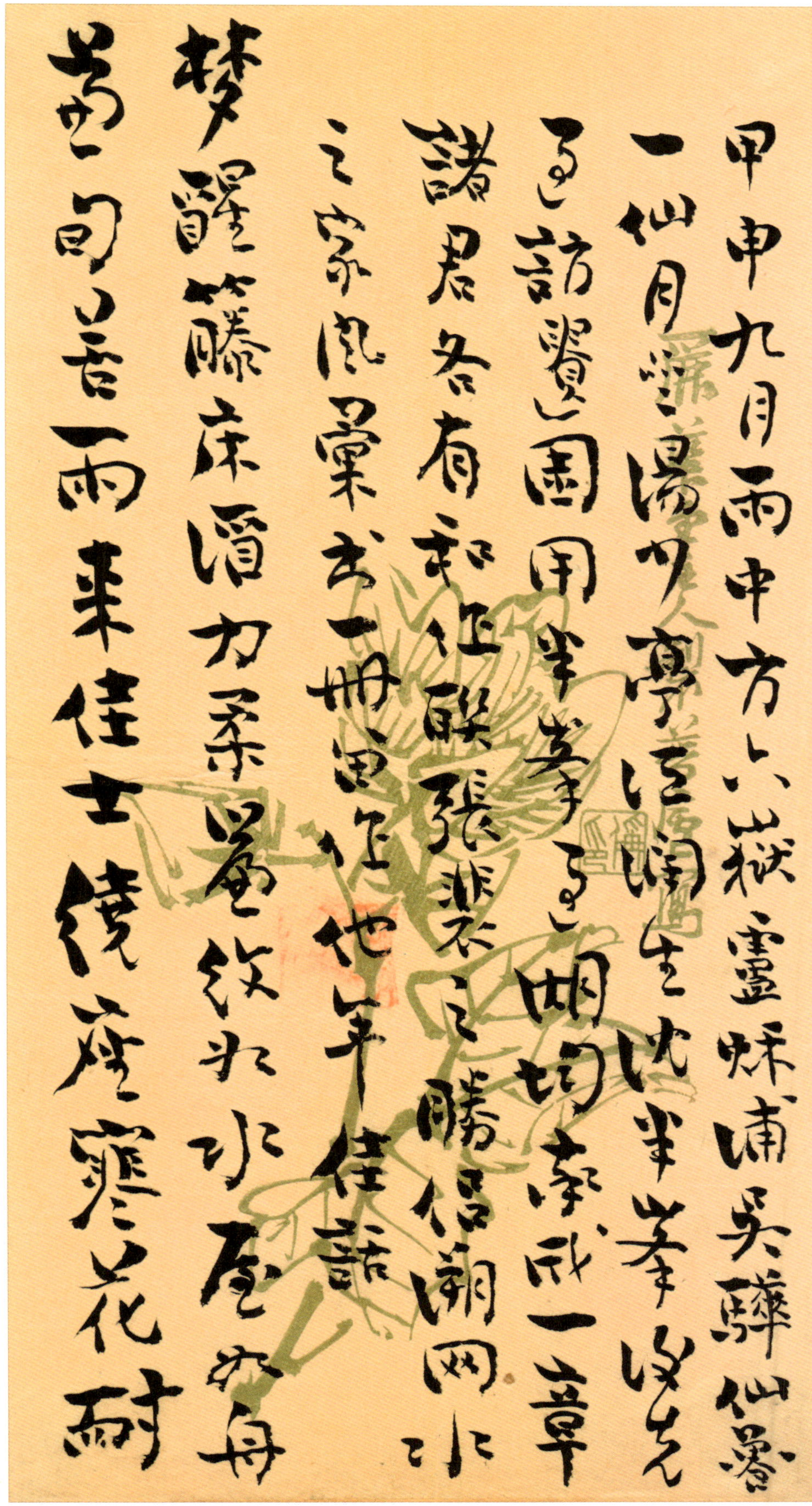

甲申九月雨中方六嶽靈妹甫吳驛仙墨
一仙月溪湯少亭汪閬生沈半峯後先
至訪覺園用半峯至姻切奉戒一章
諸君各有和作聯張裝之勝侶湖网之
之家風彙為一冊因作也年佳話
夢醒藤床酒力柔墨紋冰底夜每
苟也同音一雨來佳士續庭寒花耐

晚秌舊好稀跡悲蓁莽戲花潭吴小軒林春村張振軒均化去老衰層嵩与天伴蟠花下見重陰迴驚起昏鴉噪樹頭逆〻布帆低曳櫓聲柔咿、烟波湖上舟十載青山曾識面一林黄花葉又吟秌藍田別業閒新社白石清詞謂之神曲 詰庵

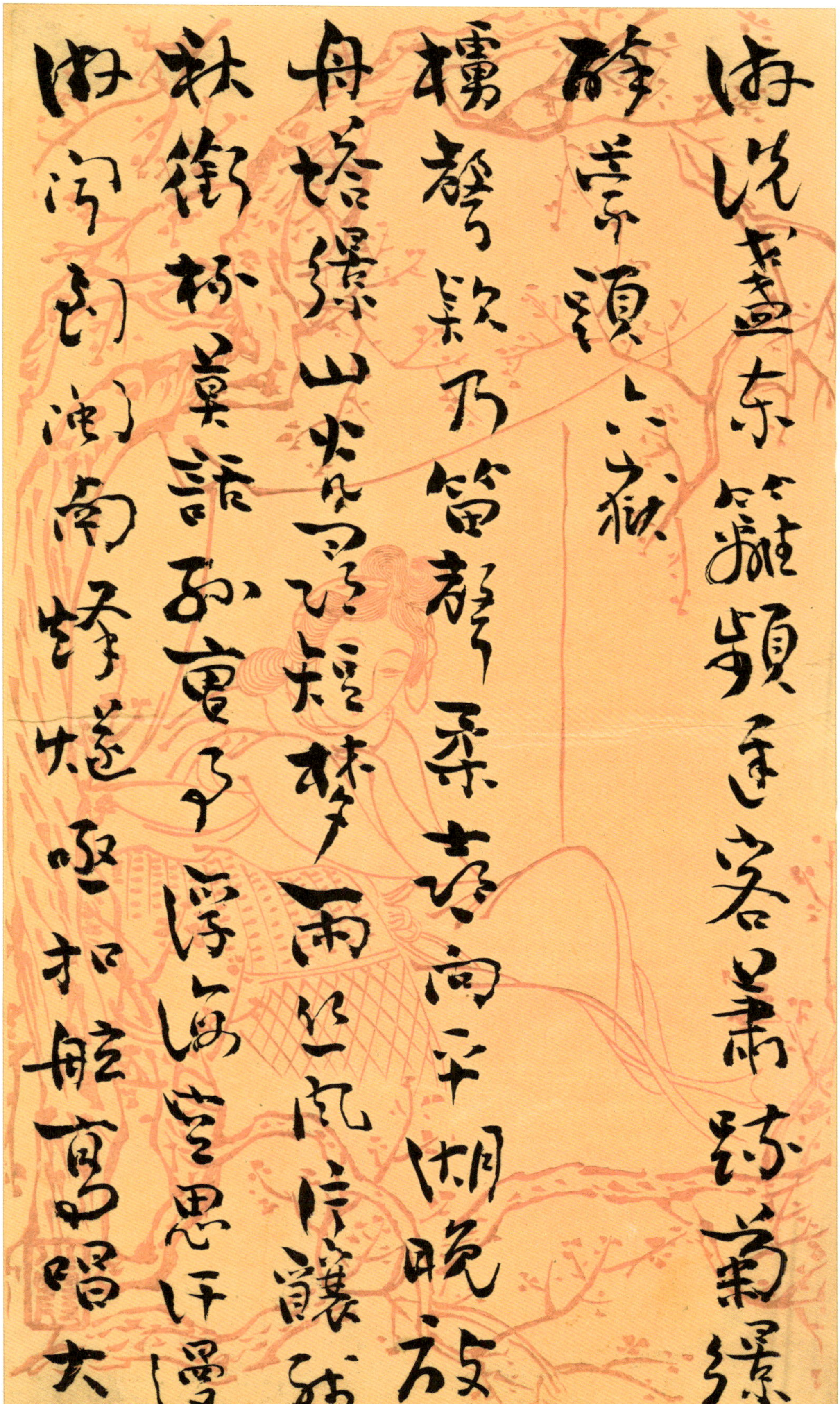

湖洗盡東籬頓遣客蕭跡菊綠
醉荼須六嶽
櫓聲欸乃笛聲柔莫向平湖晚放
舟塔影山光迷短棹雨絲風片襲秋
秋衡柳莫語那宦了浮海空思汗漫
湖閣到澳南蜂燧咽扣舷高唱大

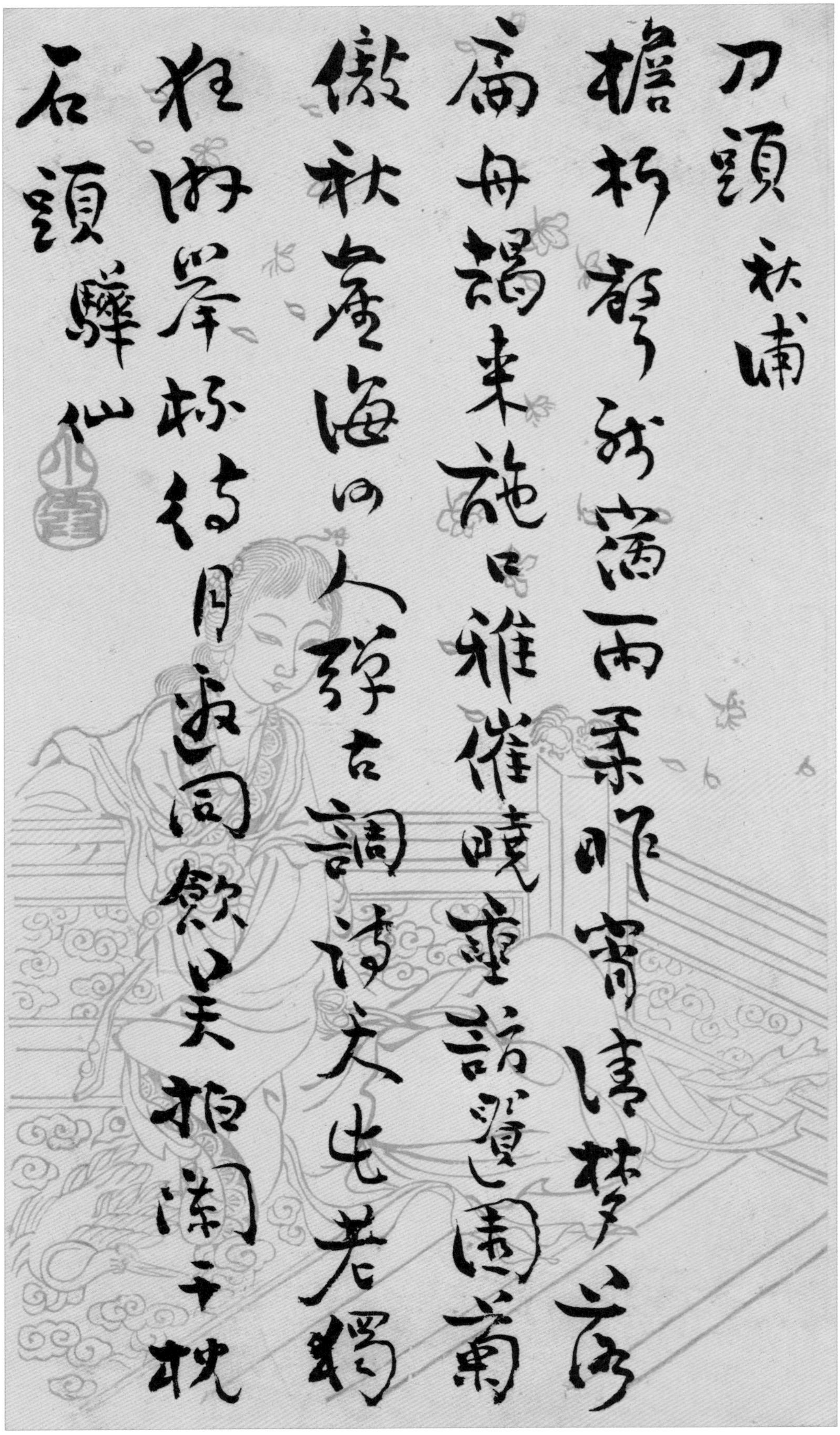

刀頭 秋浦
櫓杯醉殘酒一雨柔昨宵清夢所
扁舟謁來施已雁催曉塵話覆園蘭
傲秋庵海內人辭古調詩文先老獨
狂冊岸杯待月返同飲笑相闌干枕
石頭驛仙

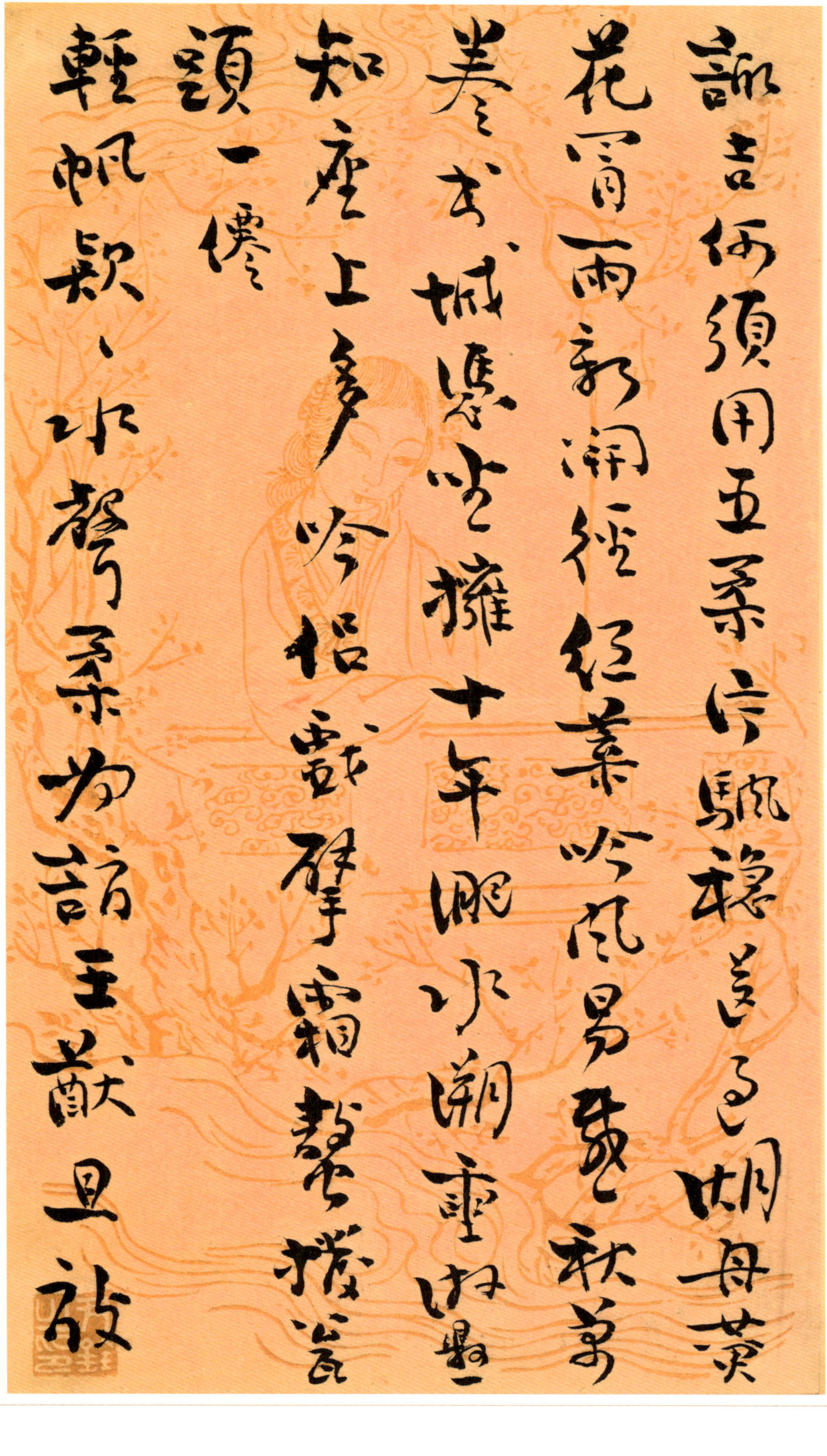
詠吉何須用五柔亭颿穗差喜明舟黃
花冒雨新澗徑紅葉吟風易感秋第
卷〻書城悽吟擁十年湖水湖雲濕最一
知座上多吟侶鼓聲霜鼙撥岸
頭一僊〻
輕帆款〻水聲柔為言王獻且啟

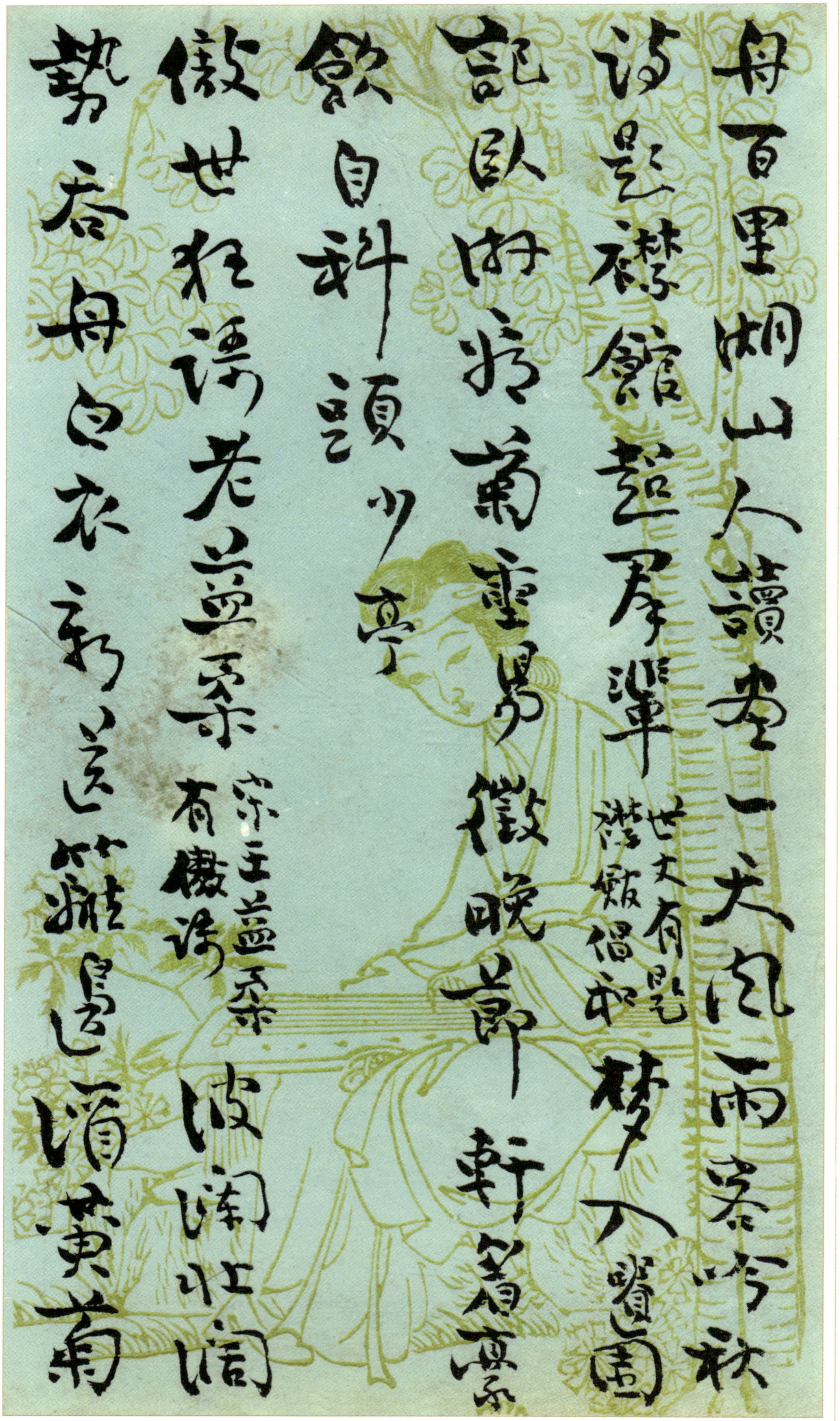
舟百里烟山人讀書一丈風雨客吟秋

詩畫襟館超羣筆世丈有畫襟館倡和夢下賢園

記臥游將蘭重易徵晚節軒著柔

飲自斟頭白少亭

傲世狂歌老益柔宋王益柔有樓詩波瀾壯闊

勢吞舟白衣新送竹籬邊酒黃菊

潤分塵上秋風雨重陽纔幾日湖山
百里悰岩澥徘徊八洳閒停吟殘木葉
終飛任打頭月悠悠
午眠初罷暖風柔且趁吟朋廿一
舟林叙野山如讀畫湖邊纖雨更宜
妹名園之入宇宵夢韻多能消十

日暮渾忘故鄉久是客數聲征雁下城頭半峯

廟堂何策善羈縻已償前車成覆毋蚊霧毒蔓林箐里中雨泣海天昧誰信馬尾收餘燼獨倚雞籠樓上暮畢竟同仇思敵愾異軍

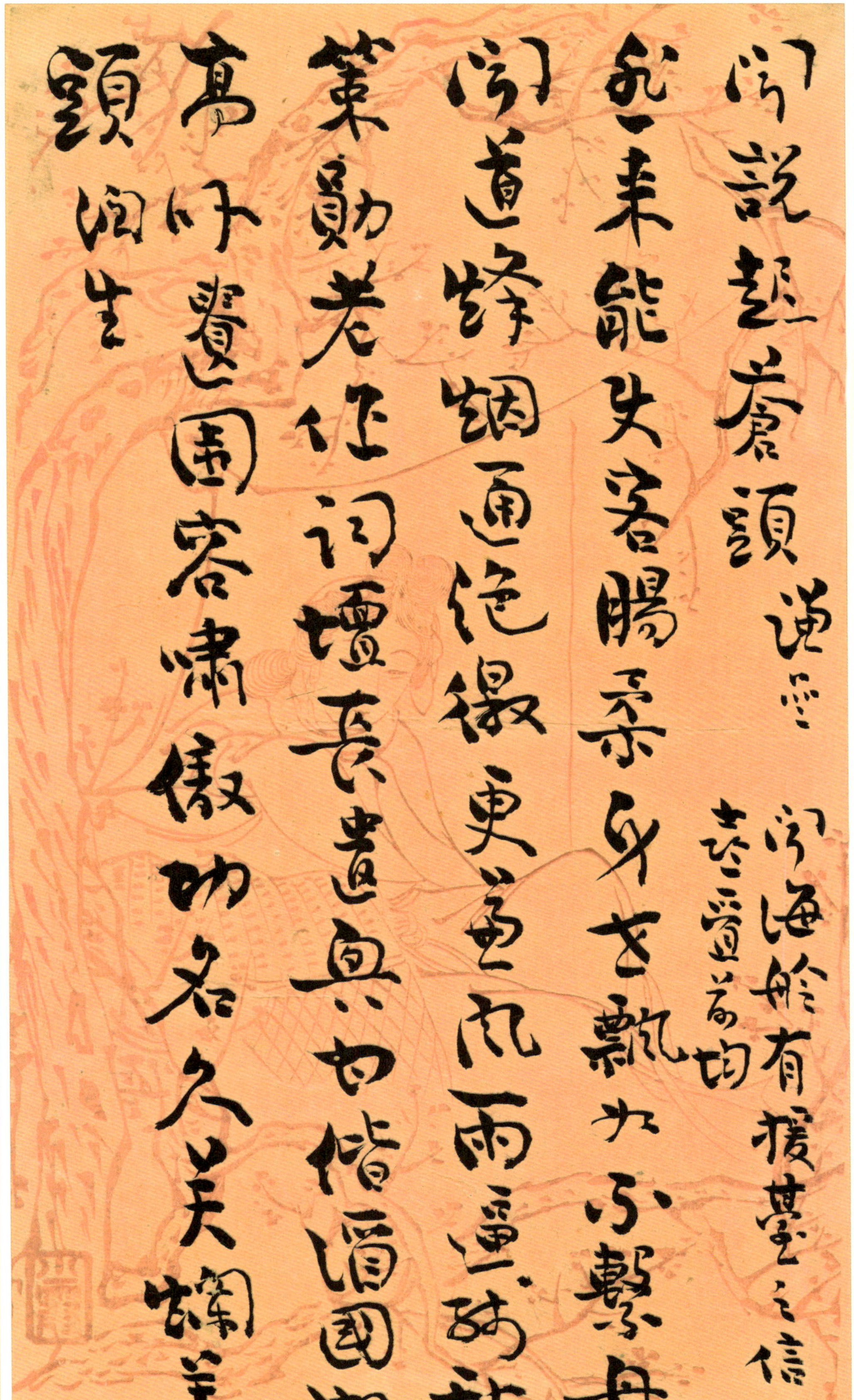
聞說趙蒼頭逆惡
聞海船有援臺之信
喜甚疊前均
亂來能失客腸柔，身世飄如不繫舟。
聞道烽烟通絕徼，更無風雨過騎秋。
策勳差仗詞壇長，貴真也偕酒國游。
高卧蠡園容嘯傲，功名久矣爛羊頭。
潤生

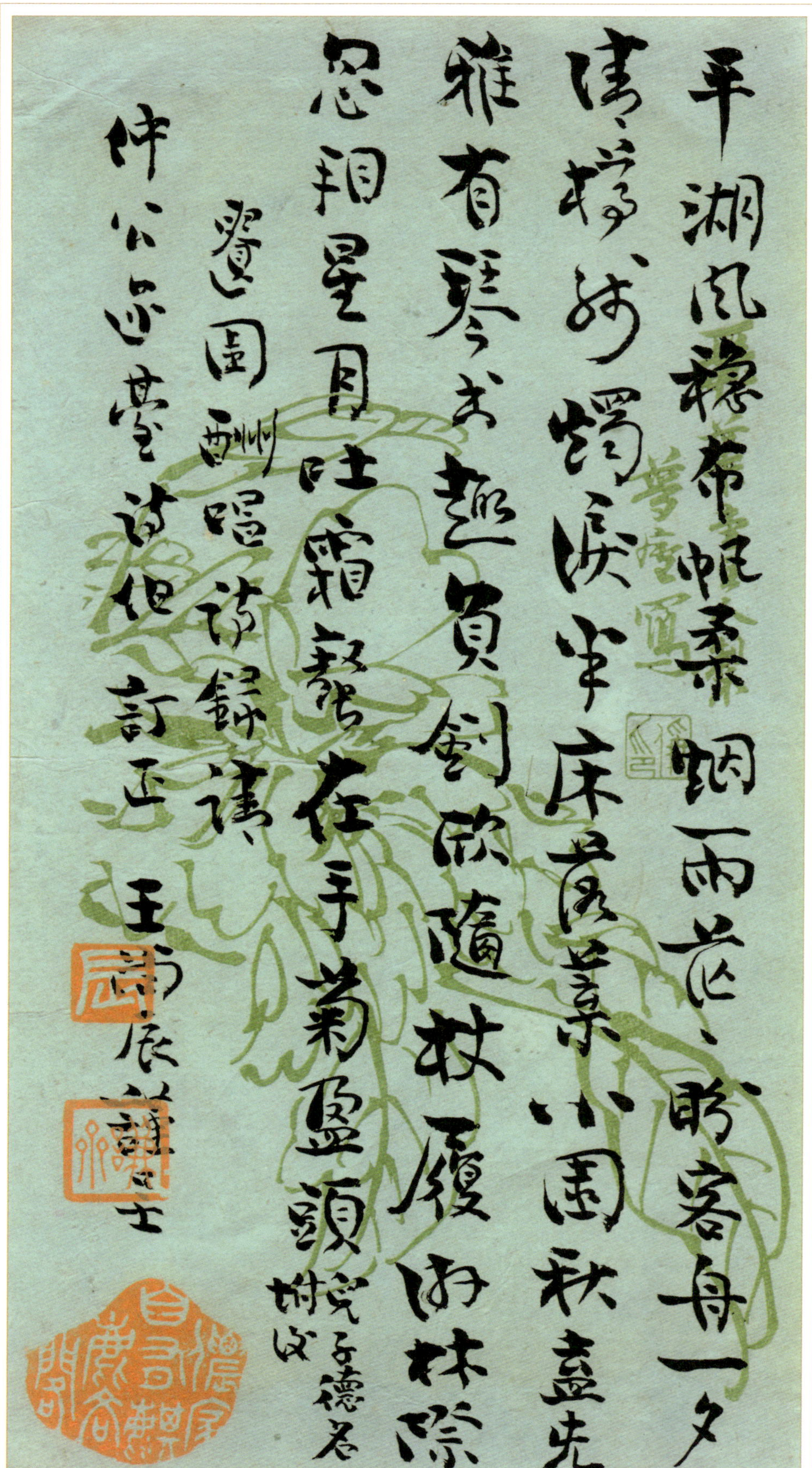

平湖風穩布帆柔細雨蓬聽客舟一夕
清樽對燭淚半床燈黃葉小園秋壺先
雅有琴書趣負劍欣隨杖履游林際
忽翔星月吐霜鬟在手菊盈頭
兒子德君坿改
覆園酬唱詩錄請
仲公處堂詩伯訂正　王蔚辰謹上

十月十九日同年存太守竹潭蘿尹
仲儕令君艷集徐園並錄別
天風吹海水木葉下紛紛客路颿無恙
鄉城訣又分揮杯留好月橫笛過行
雲鴛鴦猶飄泊何論鷗與羣
仲儕歸里仍用前韵送之

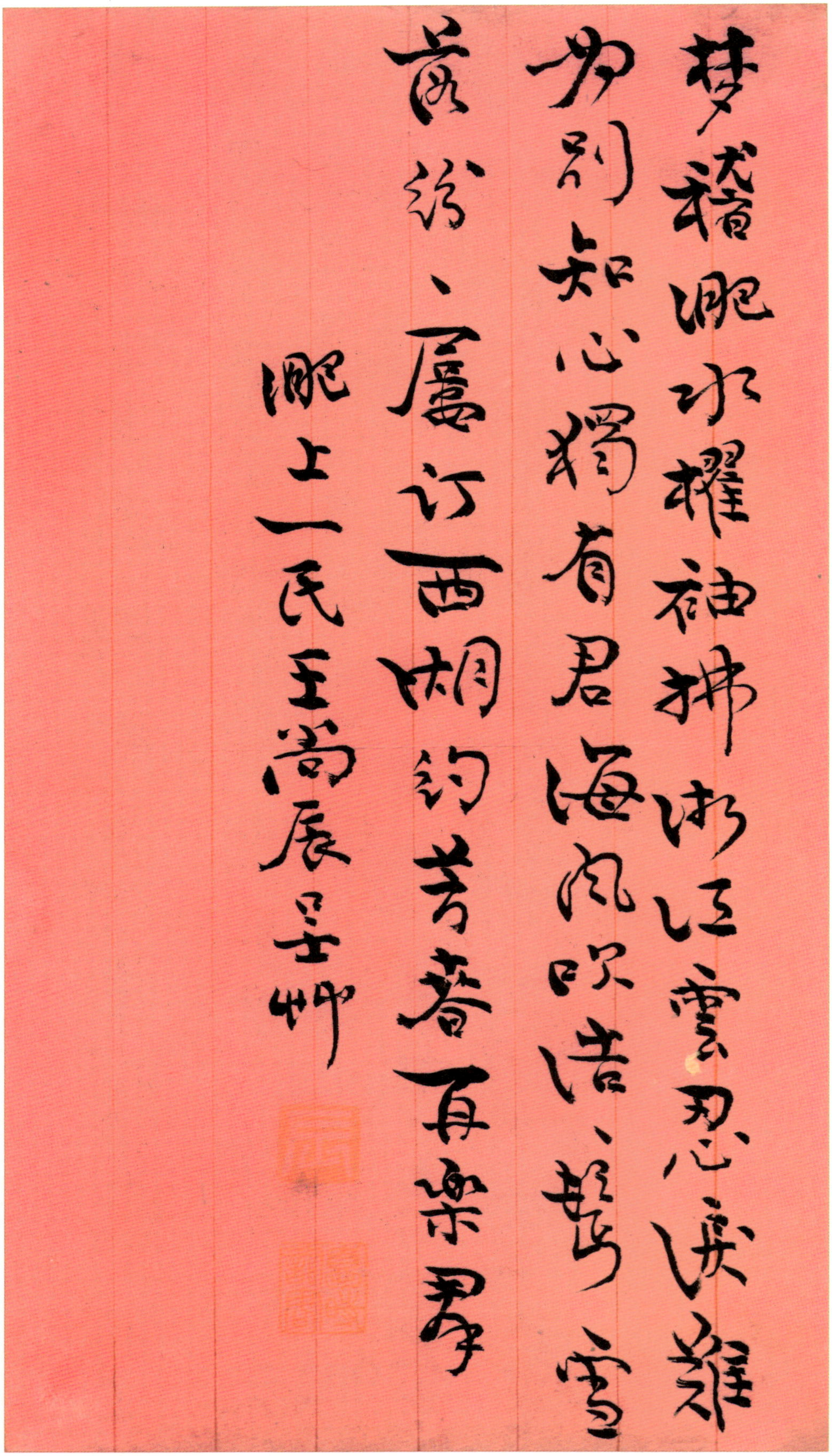
夢稽溉水濯袖拂淞江雲忍送離
別知心獨有君海風吹浩、蕩、雪
葭絲、屢訂西湖釣芳春再樂羣
溉上一民王尚辰呈艸

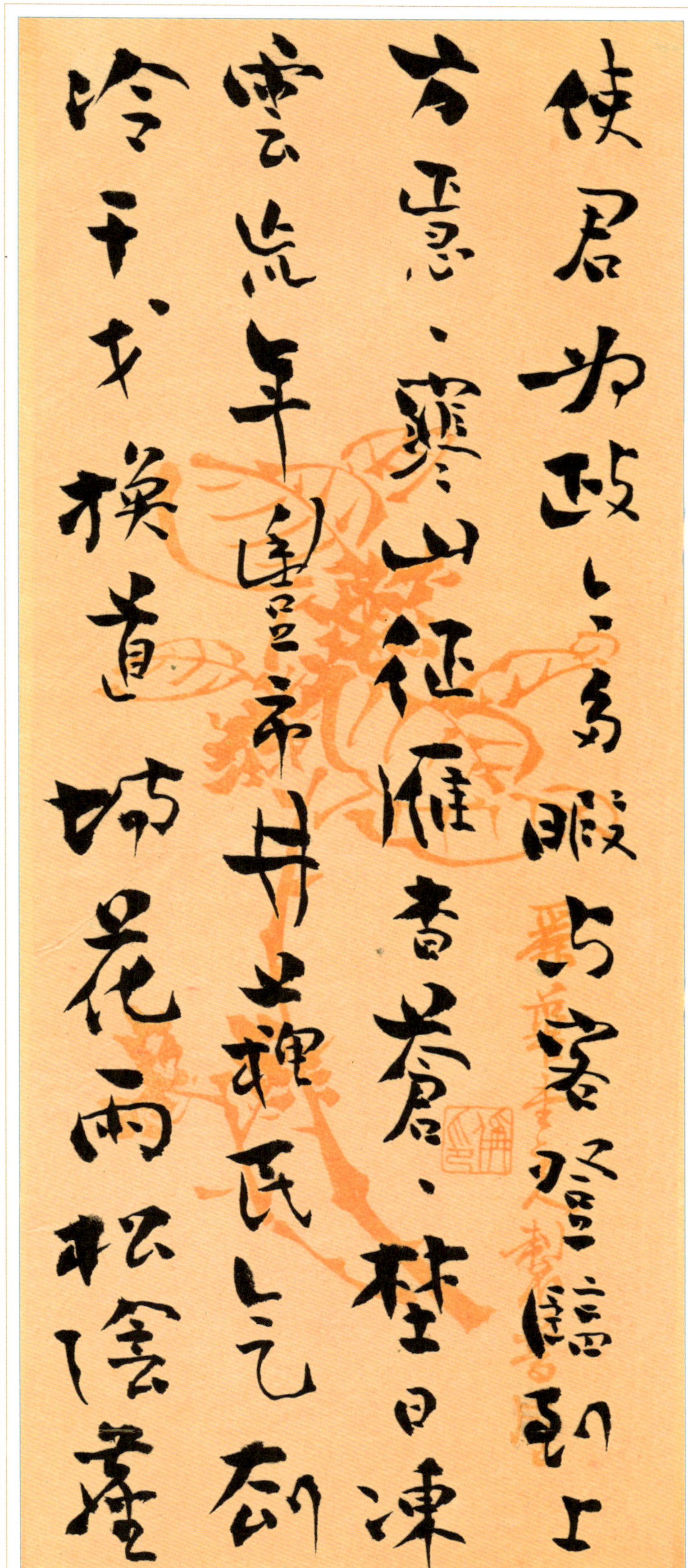

使君為政之多暇，與客登臨，即上方壺、蓬山、征雁、書卷、桂日凍雲氣年墨帝丹土裡氏之氣劍冷干戈換首坊花雨松陰之菴

夢醒壯懷何酒更飛揚

甲申十二月六日

仲公述甚臺邀諸同人登大觀臺作消寒會士子株嘗從于先生亦三十年矣賦請

郢正

部民王尚辰呈草

良辰衙吏散琴堂偶集明府
到上方憑、寒山征雁杳蒼、
楚日凍雲荒年丹丘酥
民气剏換干、戈牘首塲花一兩
芸僊崖樓醒友契松僊为吾廬八景之一老農
浮酒一飞揚

甲申冬至後一日
復堂丞臺過謁同人燈教贊臺作消寒會
賦詩請　正
部民王尚辰初艸

辰

湖霧圍雲氣乞障山聊向荒臺一倚
愛瘦日枯林做成空亭野似新描粉本笑
鬢影回春何時了撫節獨立乞飛鴻送
響徹天秋一歸曾記昔年予洞介訂猶留
聚星堂記醉篷裡棋花暗拋銀漏夢到還
樓玉宇堅凍合瑤池忘昧矣思海上推出介
輪大地劍蒼如洗　雲霧晚眺用無悶韻奉請
仲倚家師訂正　詞壇若老弟王尚辰呈草

湖霧圍雲嵐已障山卻向危臺
一倚雲瘦日枯林做成空亭是
白（作平）描粉本吳鬢鬟何昔回青
有撫節獨立飛鴻送響音仰天秋一
賤　追懷昔年多泂不點猶留聚
星堂起酣籠裡棋卷暗拋鎖簾

莫語瓊樓玉宇，恐凍凝羅韤（一作平林池水）。忽海上推出冰輪無境六清如洗（一作大地刻畫如洗）。

霄霽晚眺有感，用碧山無悶韻，錄請

仲修宗師大詞壇訂正

譾劣王尚辰學塡

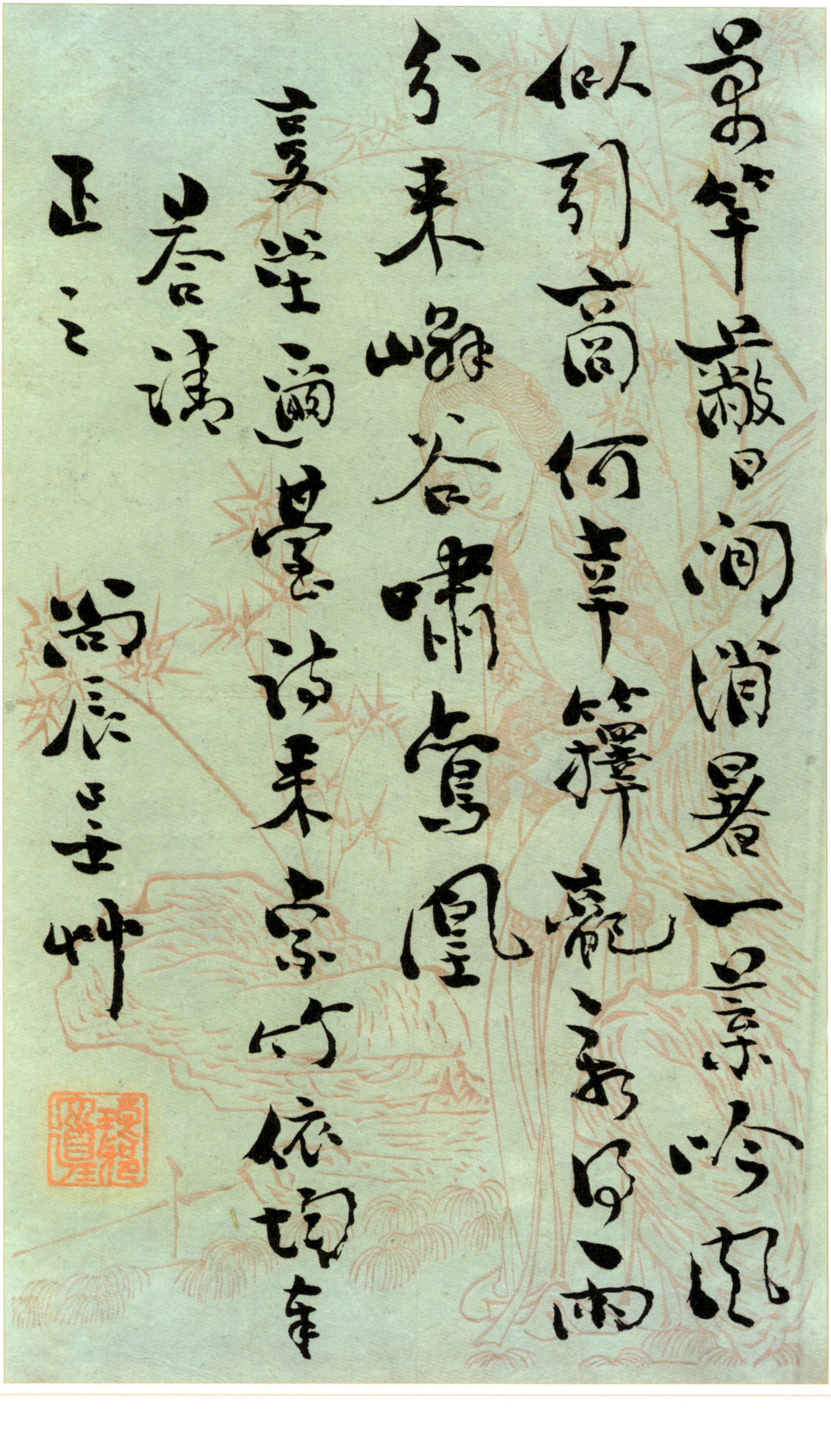
早笋藏日涧消暑一景吟風
似聞高何韋籜亂新雨
分来嶰谷嘯鳳凰
復堂適墨詩来索竹依韻奉
答請
正之
尚辰王艸

竹樹蒼森千夢清高軒峩

度歎榮詞管牘政事潤風

雅嘉道間左右陳白雲、劉漁、楊洪先生來全吾服文長大興英使馮譽明光祿宇應古乞

一孫詩風餘韻至今稱之百代騷壇識姓名翔

論獨精幽閣曉曰佳集君有箋中詞選長頌雲

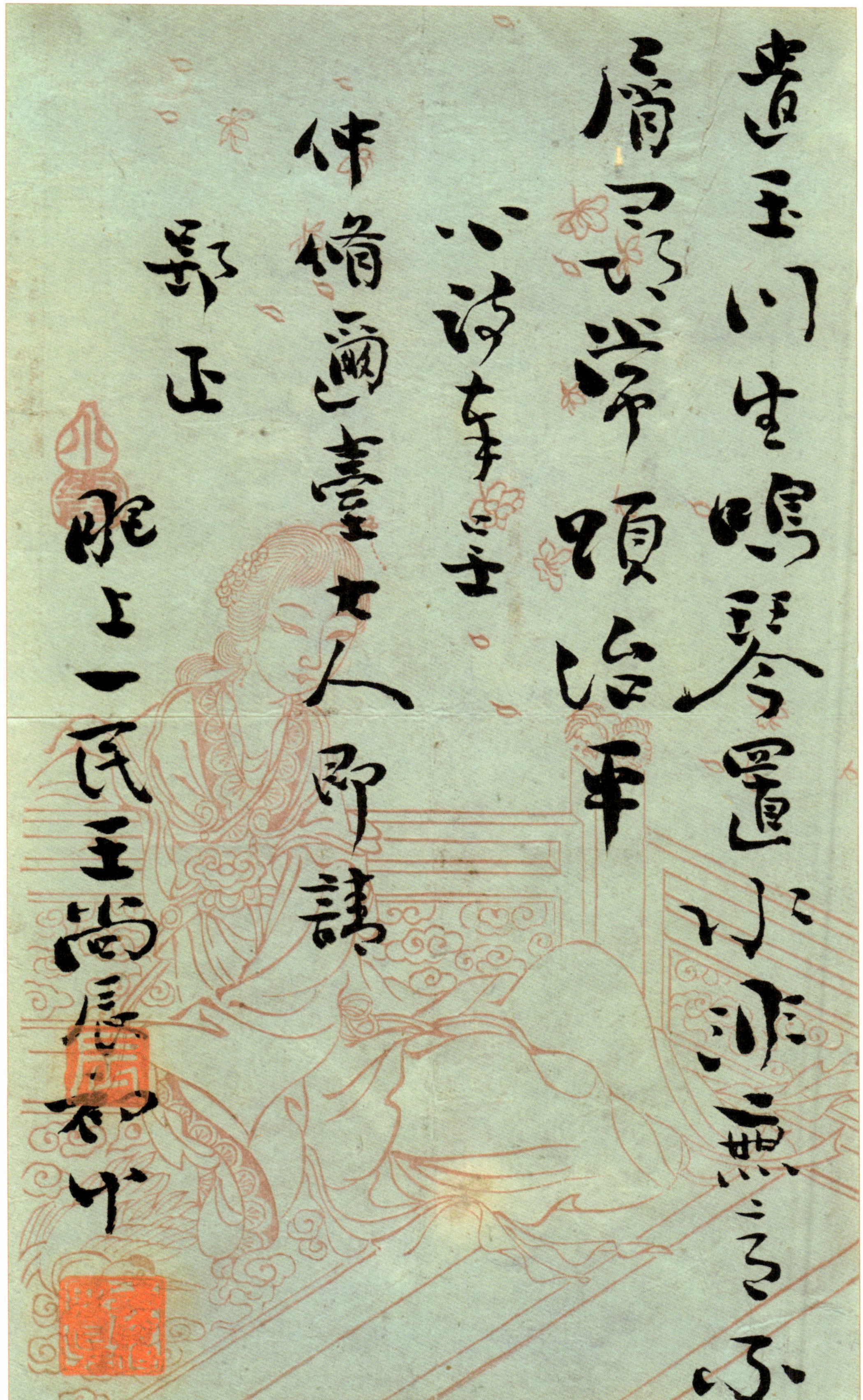
遣王川生鳴琴圖小冊無之不
屬之乃覓紫頂治平
心波年兄
伴循爾畫大人即請
郢正
眠上一民王尚辰[illegible]

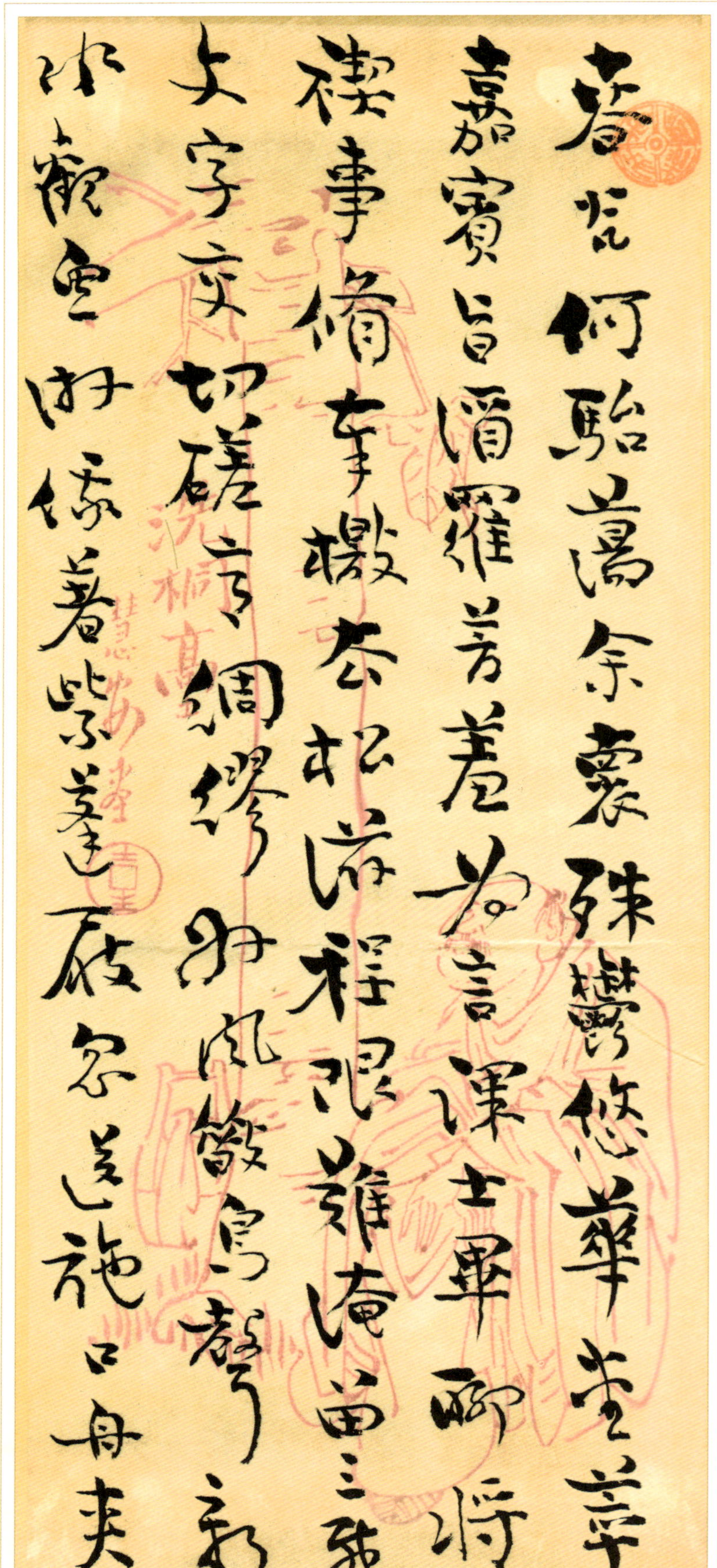
吾皆何騐蕩余囊殊鬱悠華堂章
嘉賓旨酒羅芳羞若言課士畢卿將
樓事備筆墩太松濟程浪離淹留三載
文字切磋言綢繆羽風飄鳥聲新
冰觀空附係著此箋破容送之施口舟矣

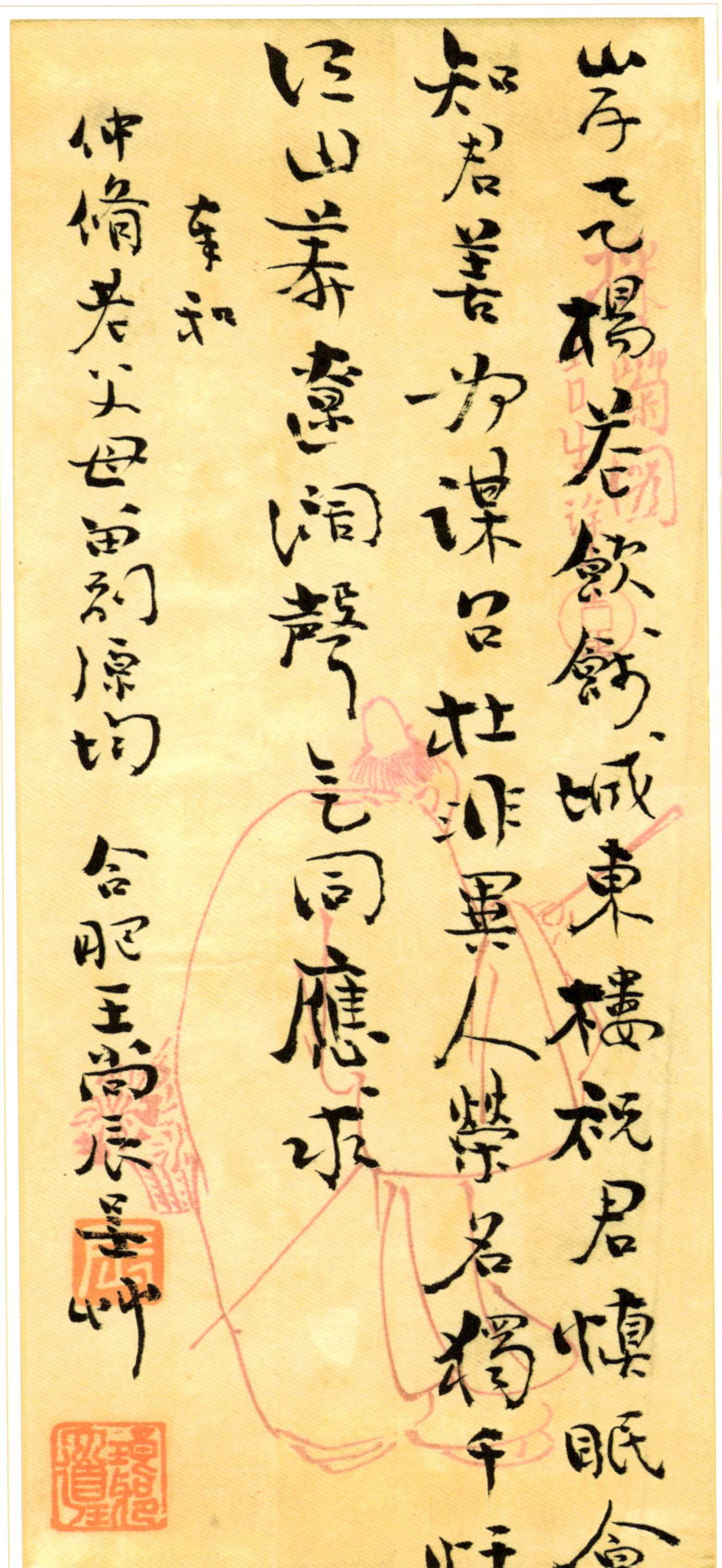

山亭乙乙揭若飲、餞、城東樓硯君慎眠會
知君善為謀呂杜非異人榮名獨千秋
江山暮靄潤聲色同應求

奉和

仲脩老父母留別原韻

合肥王尚辰呈艸

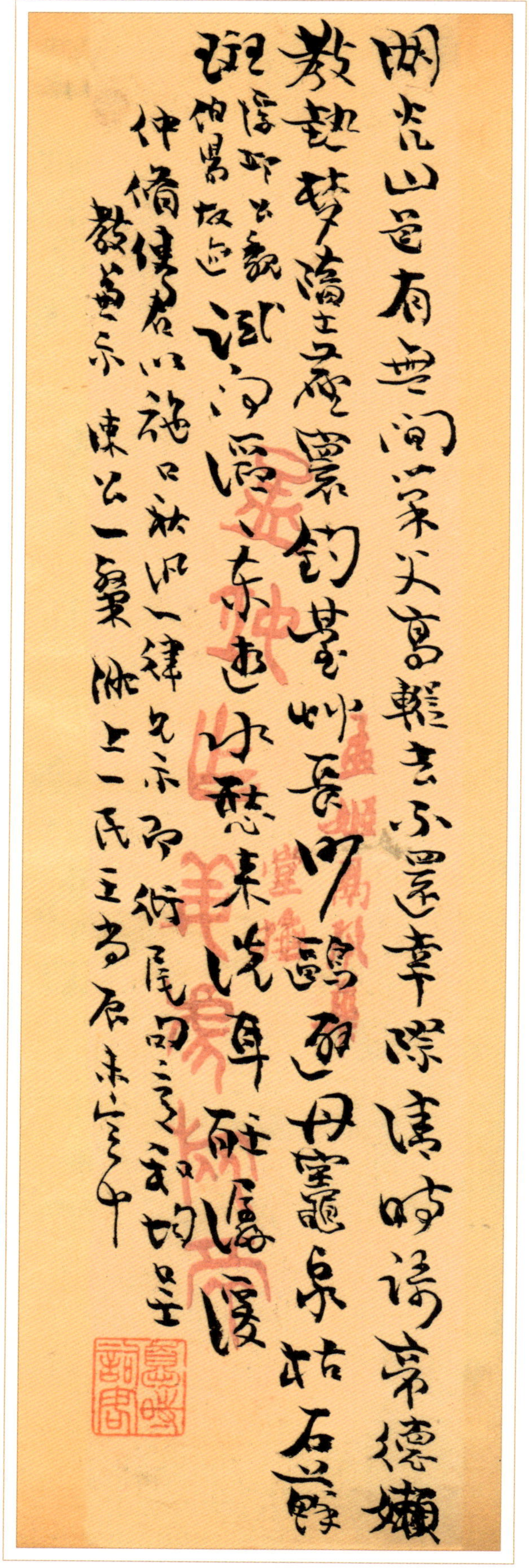

湖光山色有無間，心寂天高鬢未還。幸際清時歌帝德，懶散勤夢濁土屢還。釣臺妙景以鷗盟，丹竈泉枯石蘚斑。試問洞庭東去水，愁來洗耳聽潺湲。

偶聯七叙

伯昂叔逸

仲修侍右以淮口秋興一律見示，即衍原韻二章，和以呈

教，並示 陳公一粲。 泐上一民王尚辰未定草

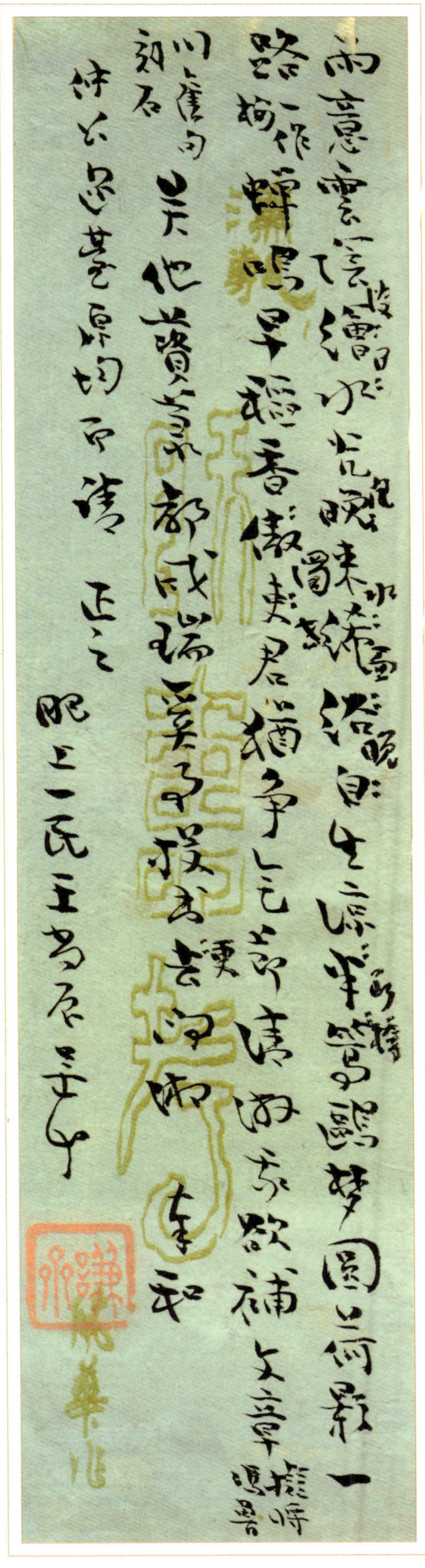

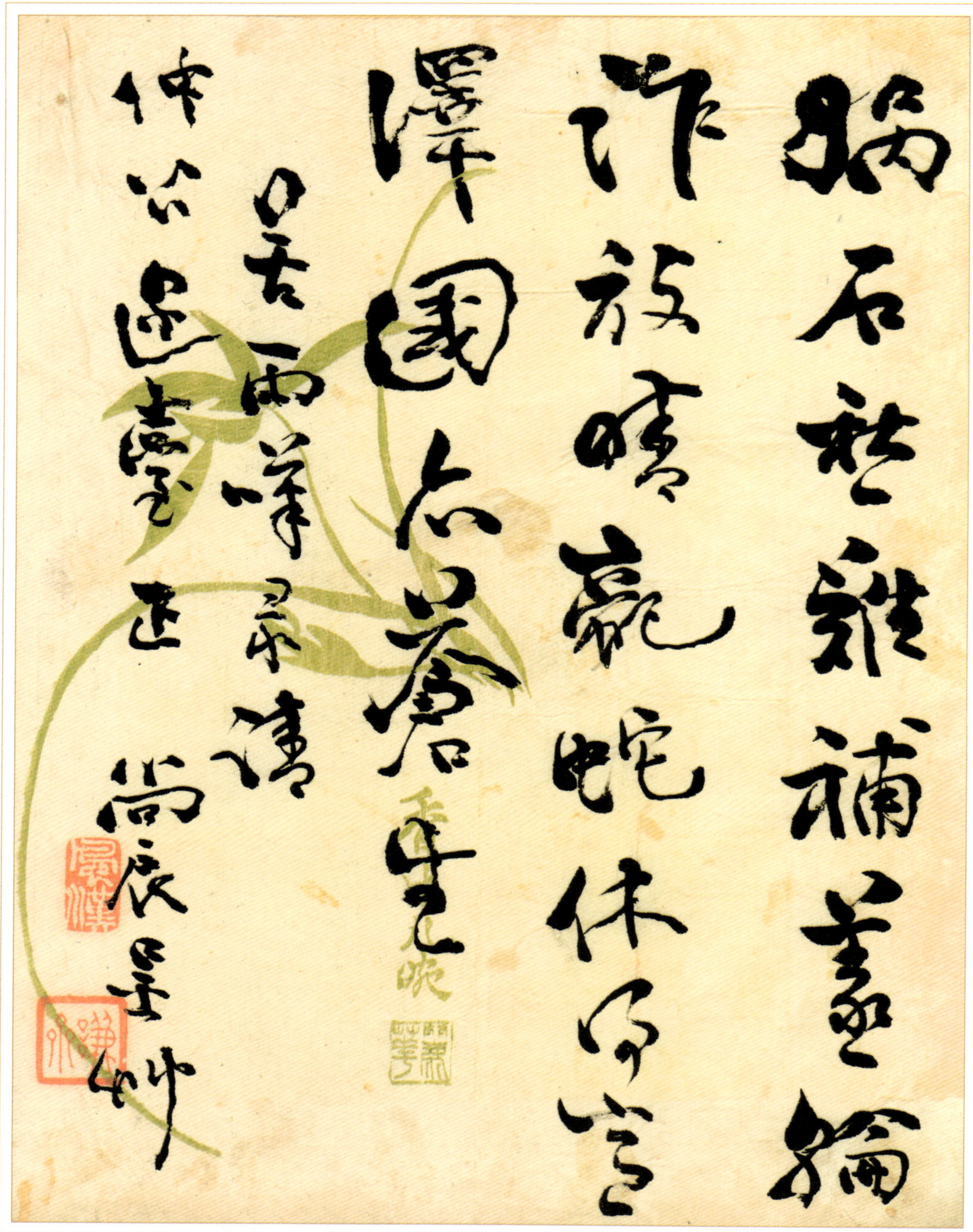

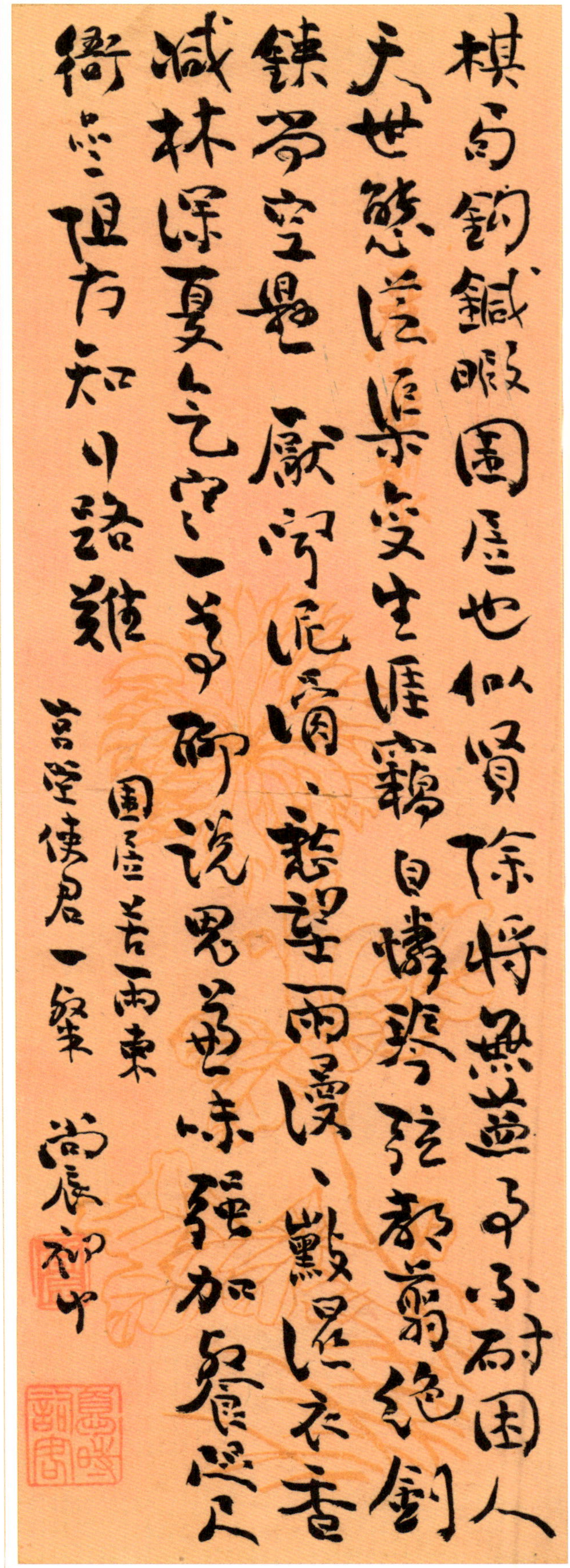

棋局鈎鍼暇圍屋也似賢餘將無益乎不耐困人天、世態從此安生涯窮鶴自憐琴絃斷翦絕劍鋏帶空懸　厭聞泥濁、慈望雨漫、數星星衣香減林深夏氣空一寧聊說果菊味彊加餐饜足衡咫但方知川路難

圍屋若雨柬

吉堅使君一粲

尚辰初中

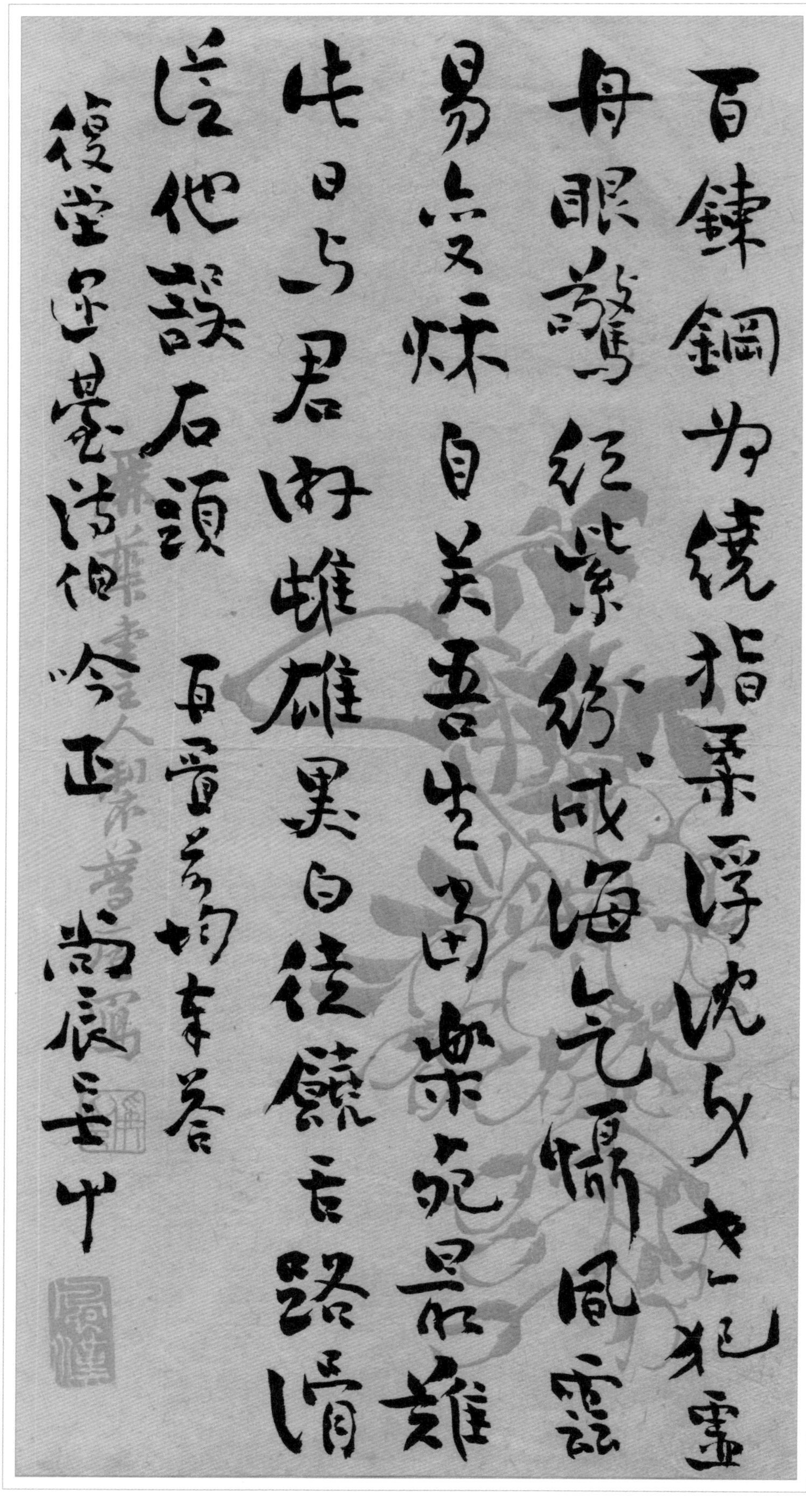
他日與君辨雌雄，異白往饒言路滑
從他談石頭
再疊前均奉答
復堂足下甚清佳吟正
尚

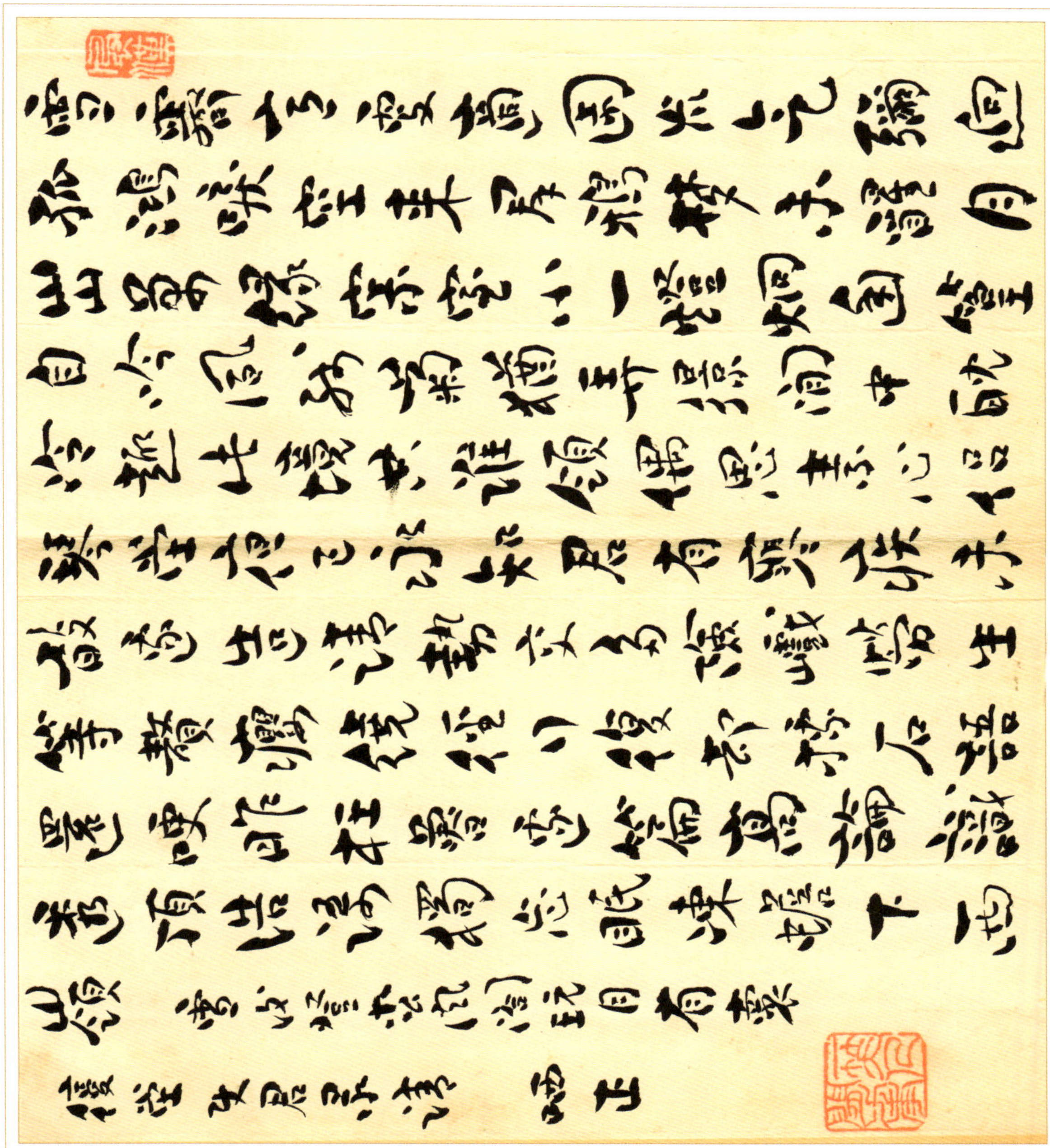

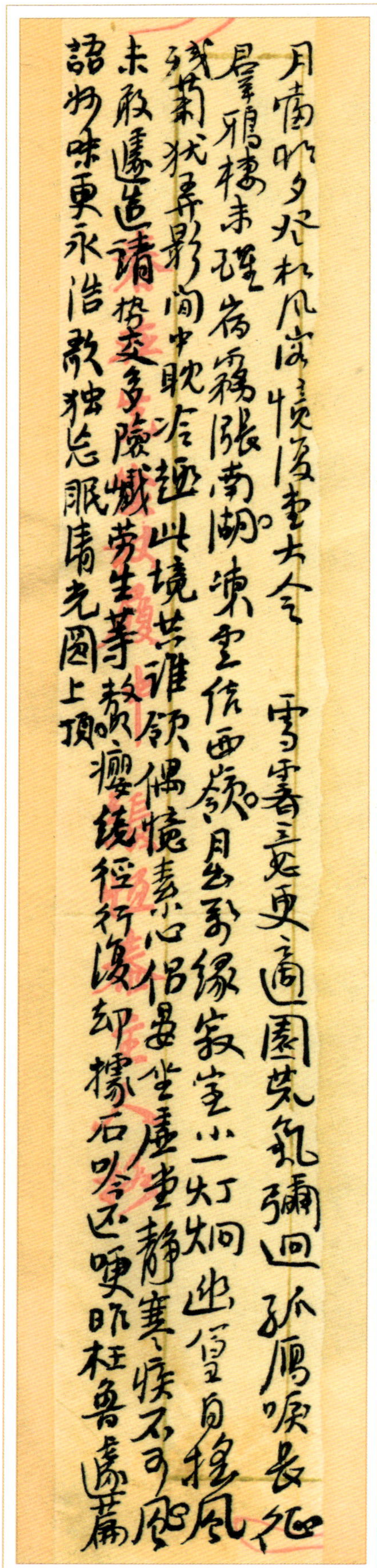
月當昨夕於松風窗憶復堂大令　雪霽三更更適園紫氣彌迴孤鴈喚長征
羣鴉棲未穩宿霧漲南湖凍雲偃西嶺月出影緣寂室小一燈炯幽窗自穩風
殘菊狀奇影閒中耽冷趣此境共誰領偶憶素心侶晏坐虛堂靜寒侵不可眠
未敢遽造請攜友多陵蹴勞生華教嚶鐃經行處卻携石吟還嗄昨柱魯遠篇
語妙味更永浩歎獨忘眠清光圖上頂

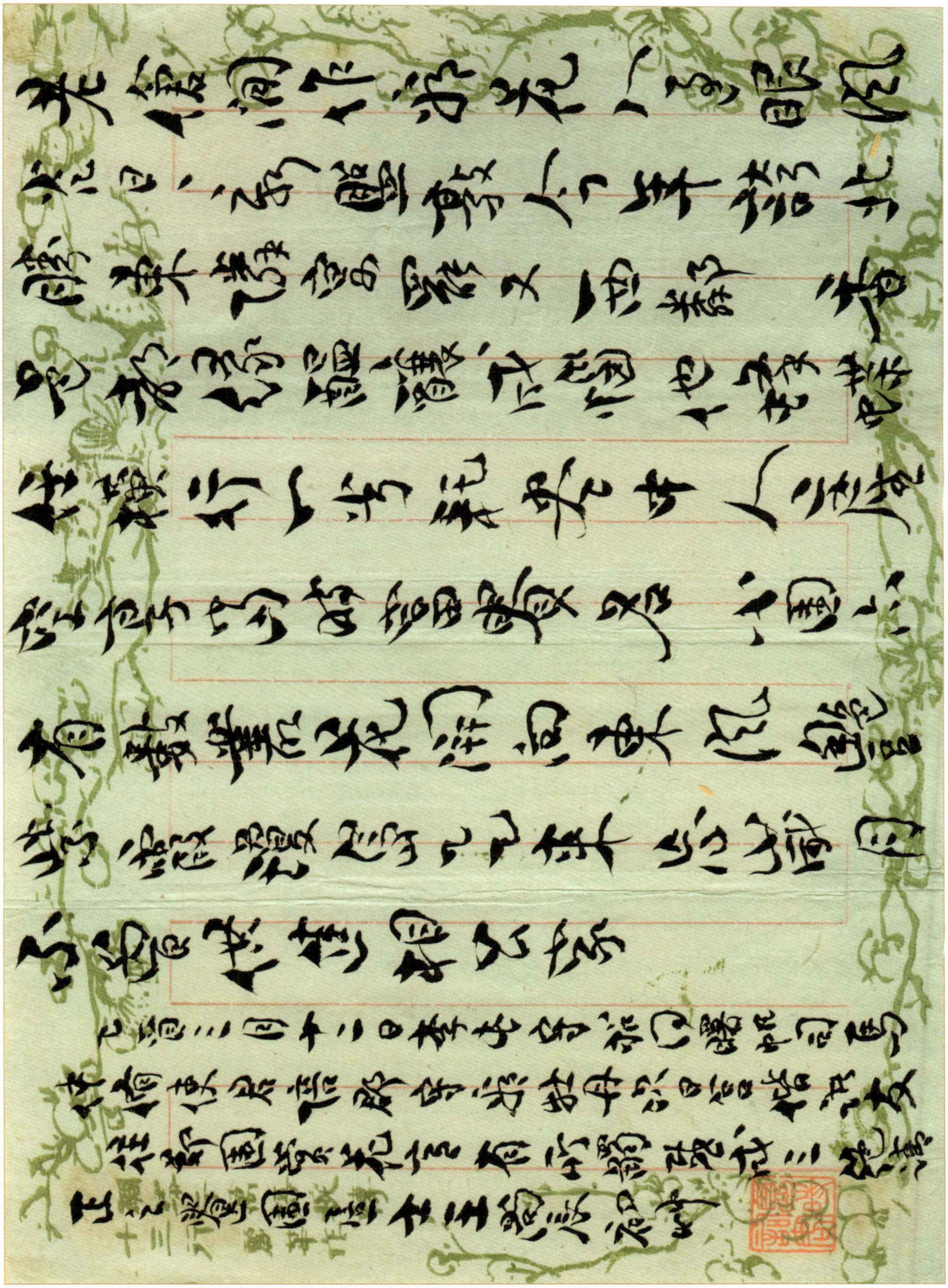

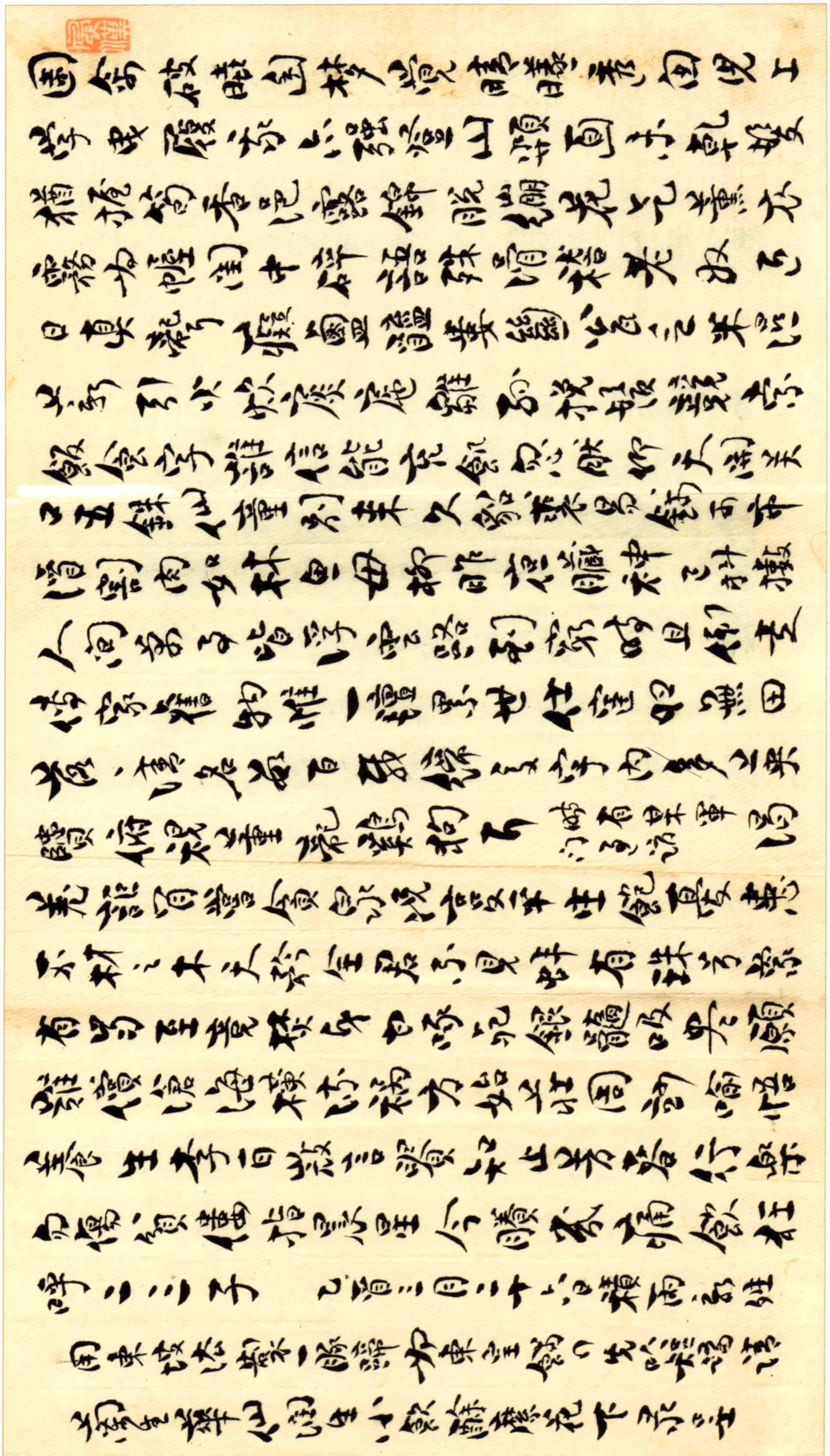

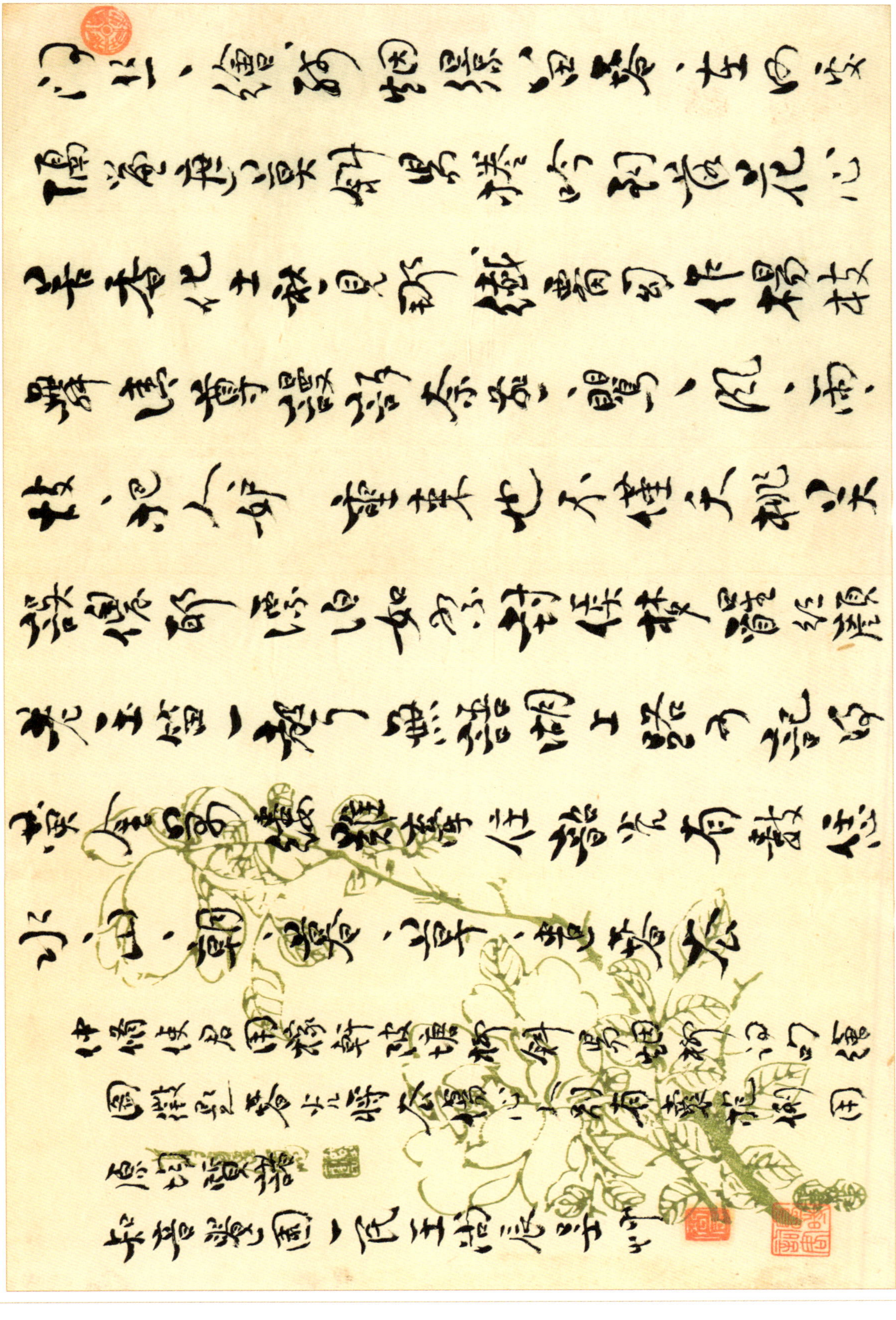

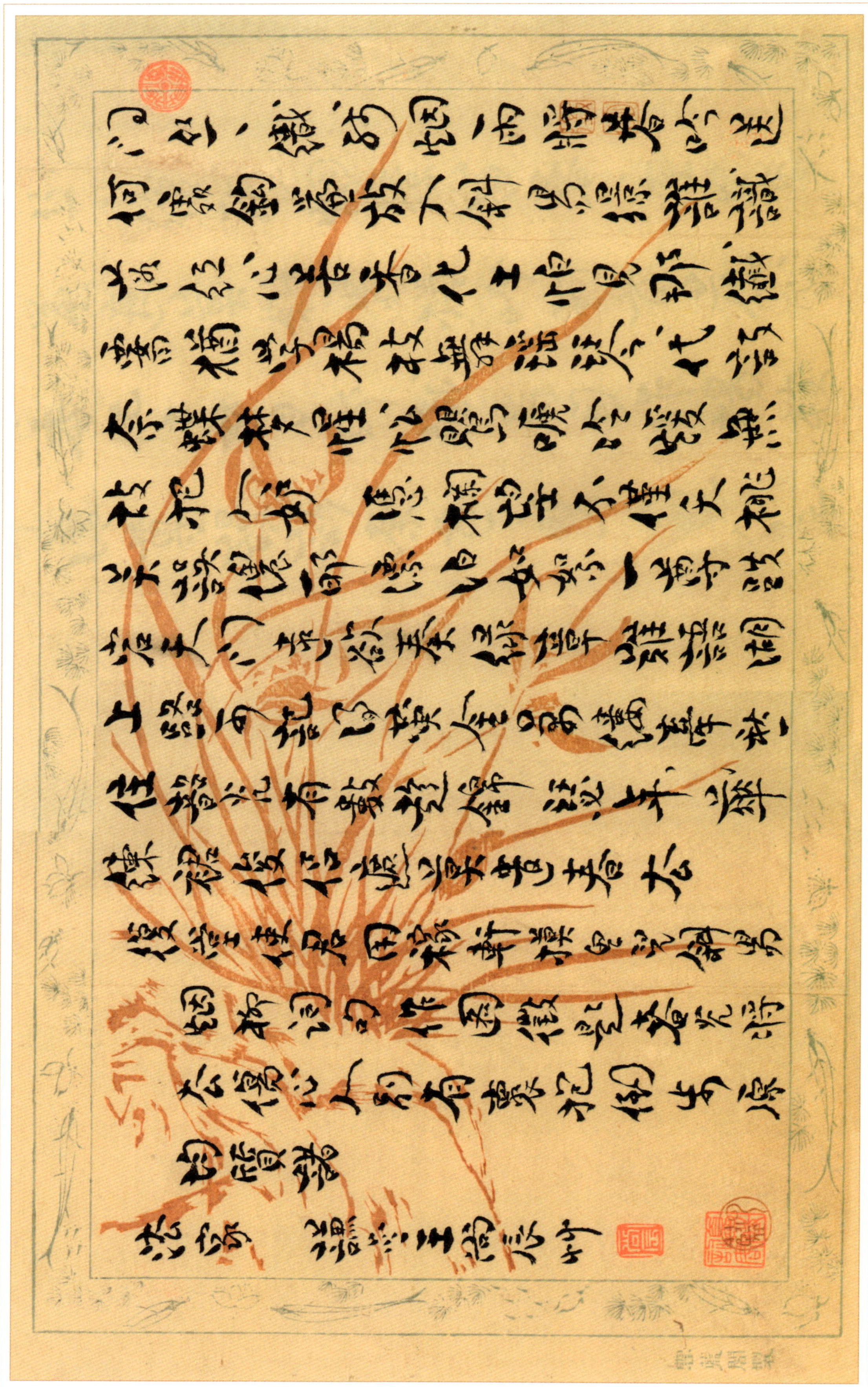

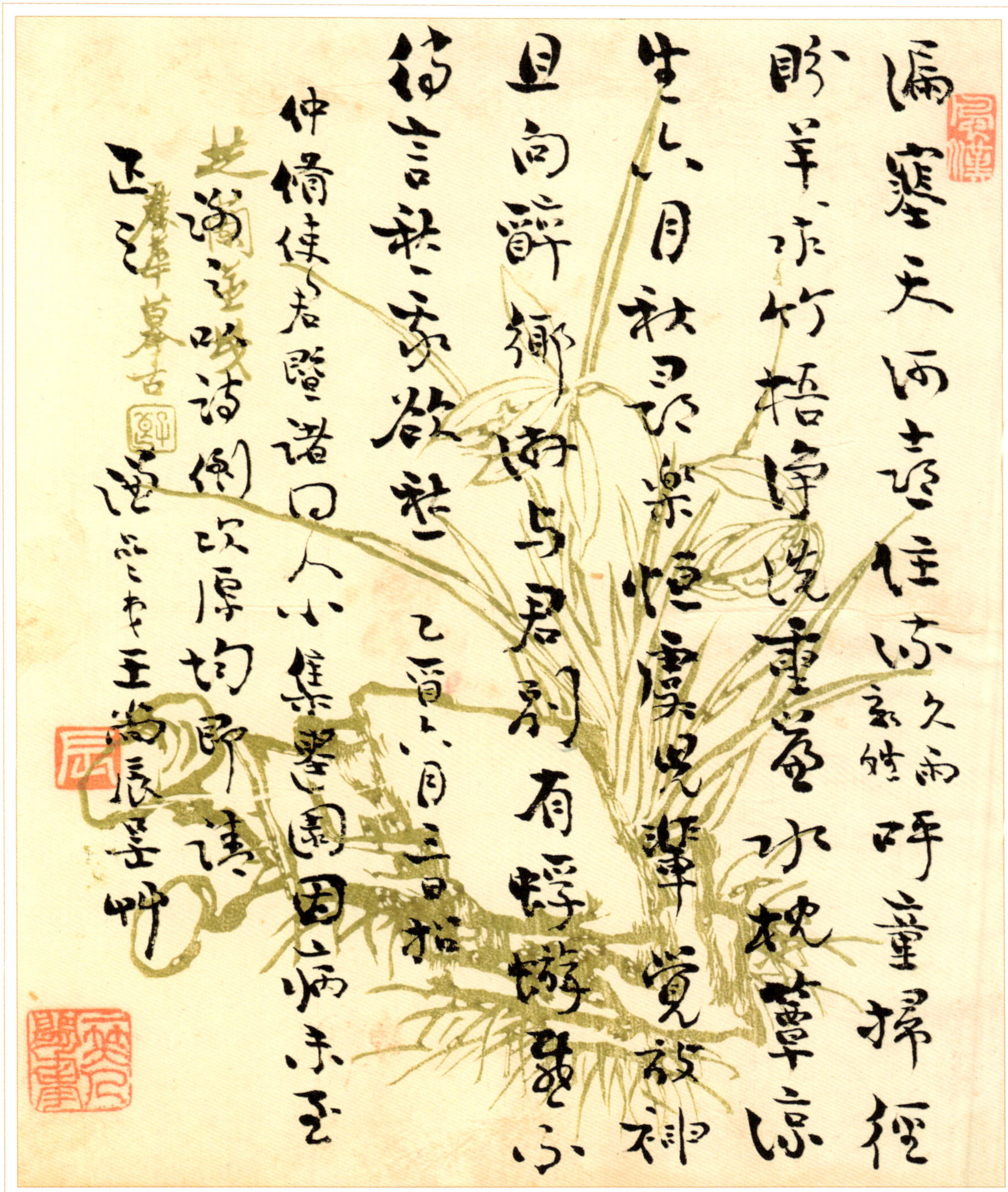

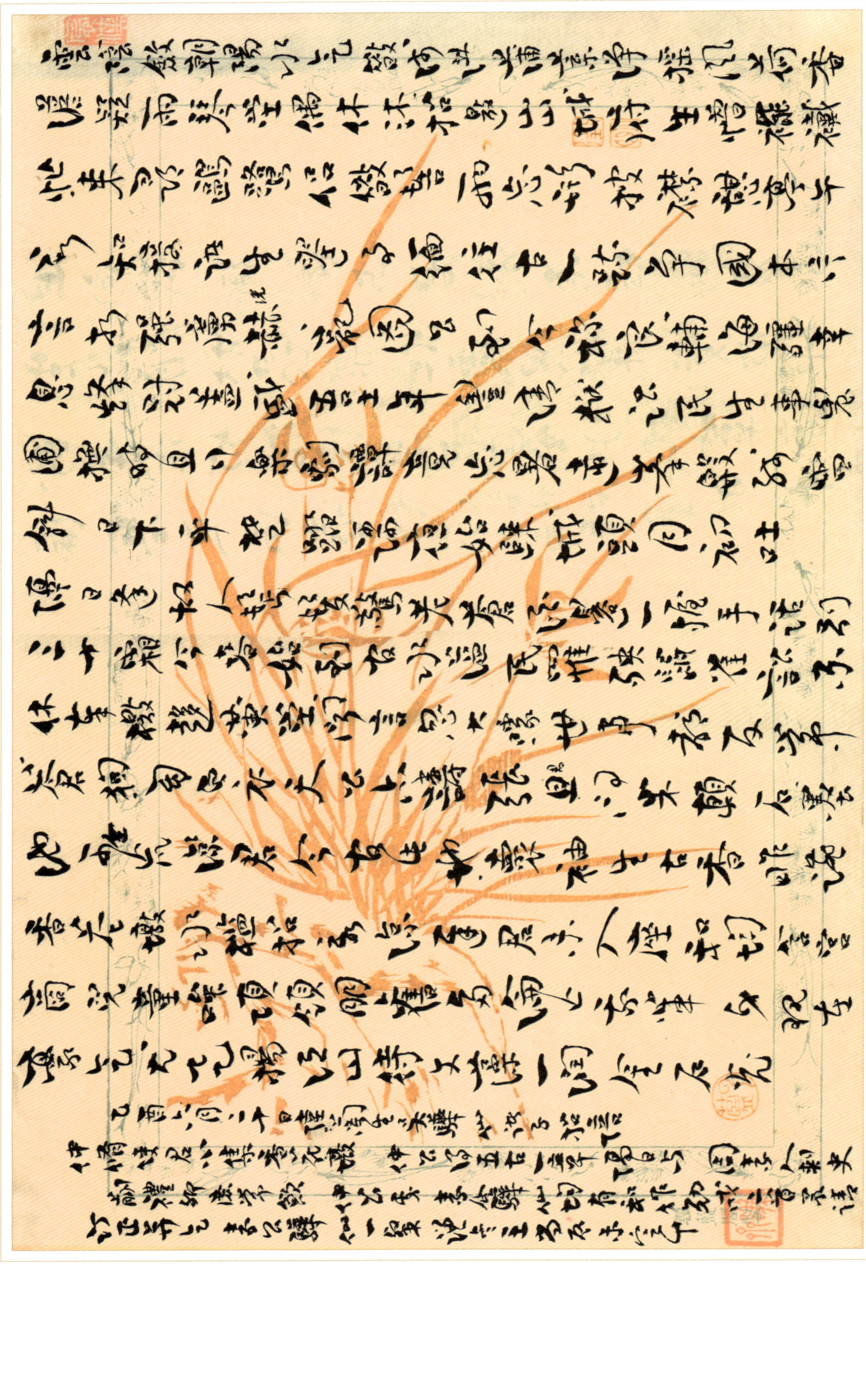

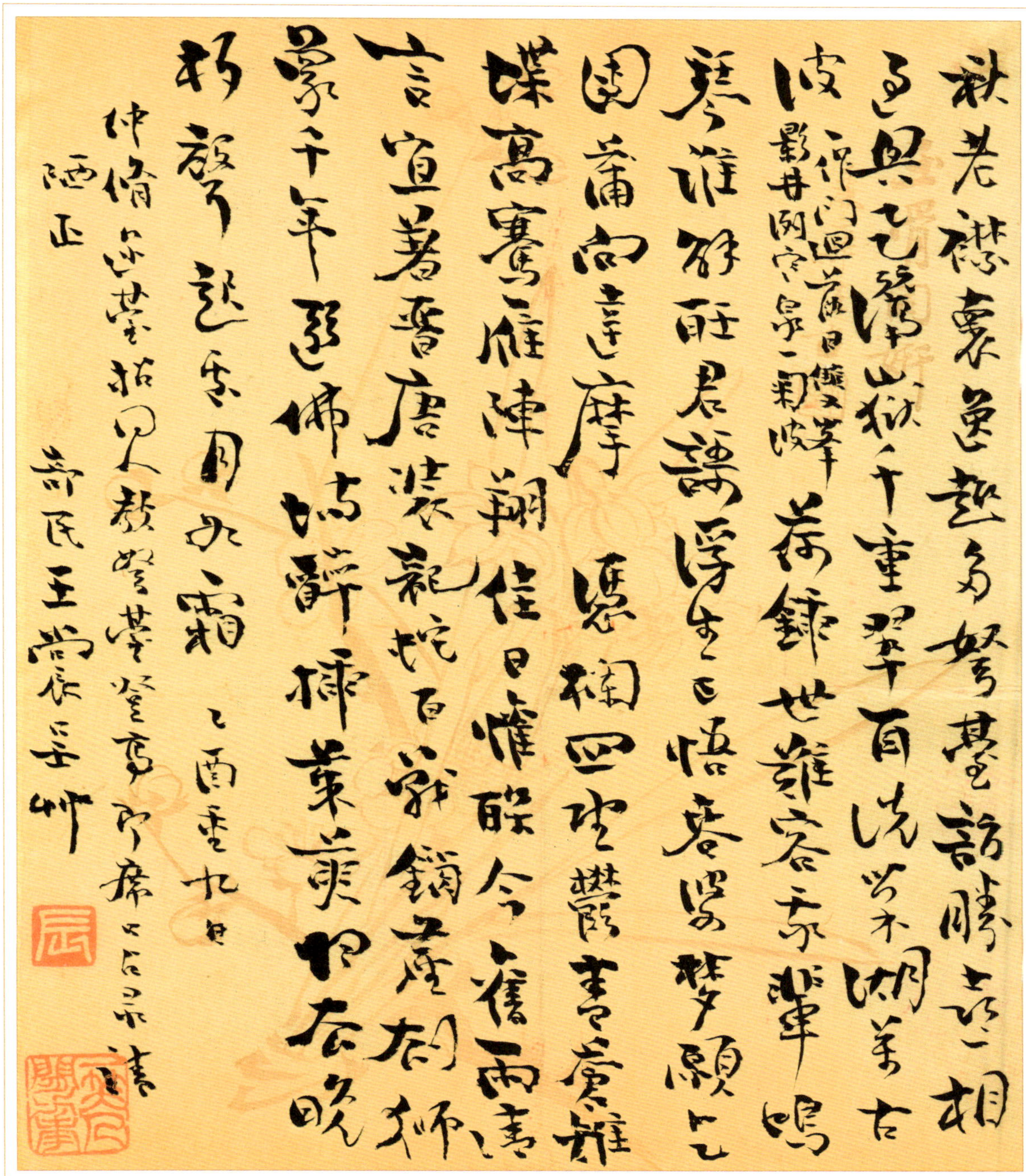

秋老襟懷邑鬱多，蹔堪話勝遊相
邀與乞溪山嶽千重翠，百洗塵襟湖萬古
波（作門迴薇日雙峰 影世兩宮另羽波）荷錄世難容，蒹葭鳴
琴誰好酬君，讀罷書已悟，春風夢願已
圓蒲向達摩。凭欄四望鬱青蒼，難
煉高寒雁陣翔，佳日憐朕今舊雨，書
言宜著晉唐裝，龍蛇百戰銷磨盡，獅
象千年退佛場，酹棒葉葉切秋晚
打聲 話秋月正霜 乙酉重九日
仲循仁兄世兄招同人殺螯登高，即席口占呈求 請
陋正 弟臣王尚辰未定草

管為海上晴游客，劫后偏逢索筆人。連苑小樓歡卜夜，跡菴廬月淨鋪茵。老衰易倦如歸鳥，世變難回作故民。道柳錦居空入夢，吟懷一字吳吾翁擬作。

半厂詞未就

侍倩家師半年未通音問，用蒯翰卿韵寫衷，寥寥知己，天涯若比鄰也。肥上一民王尚辰代柬

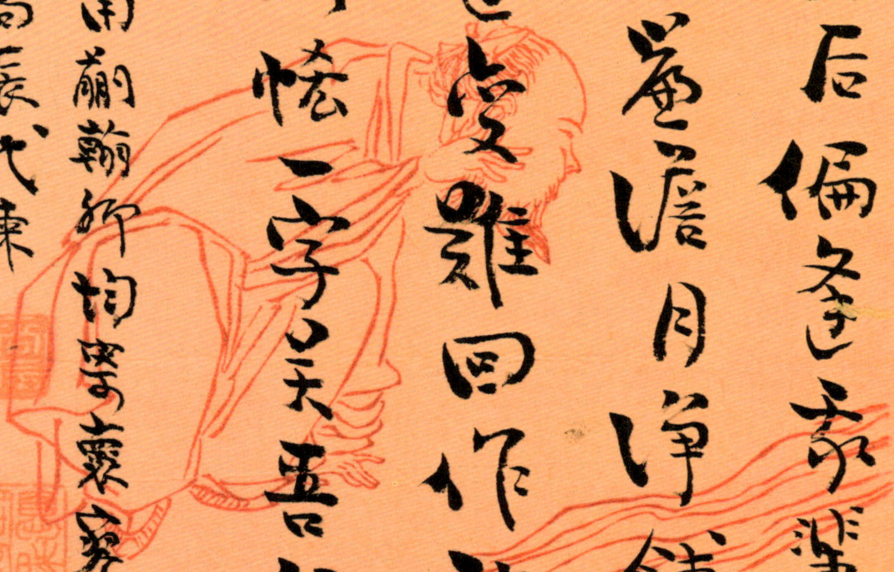

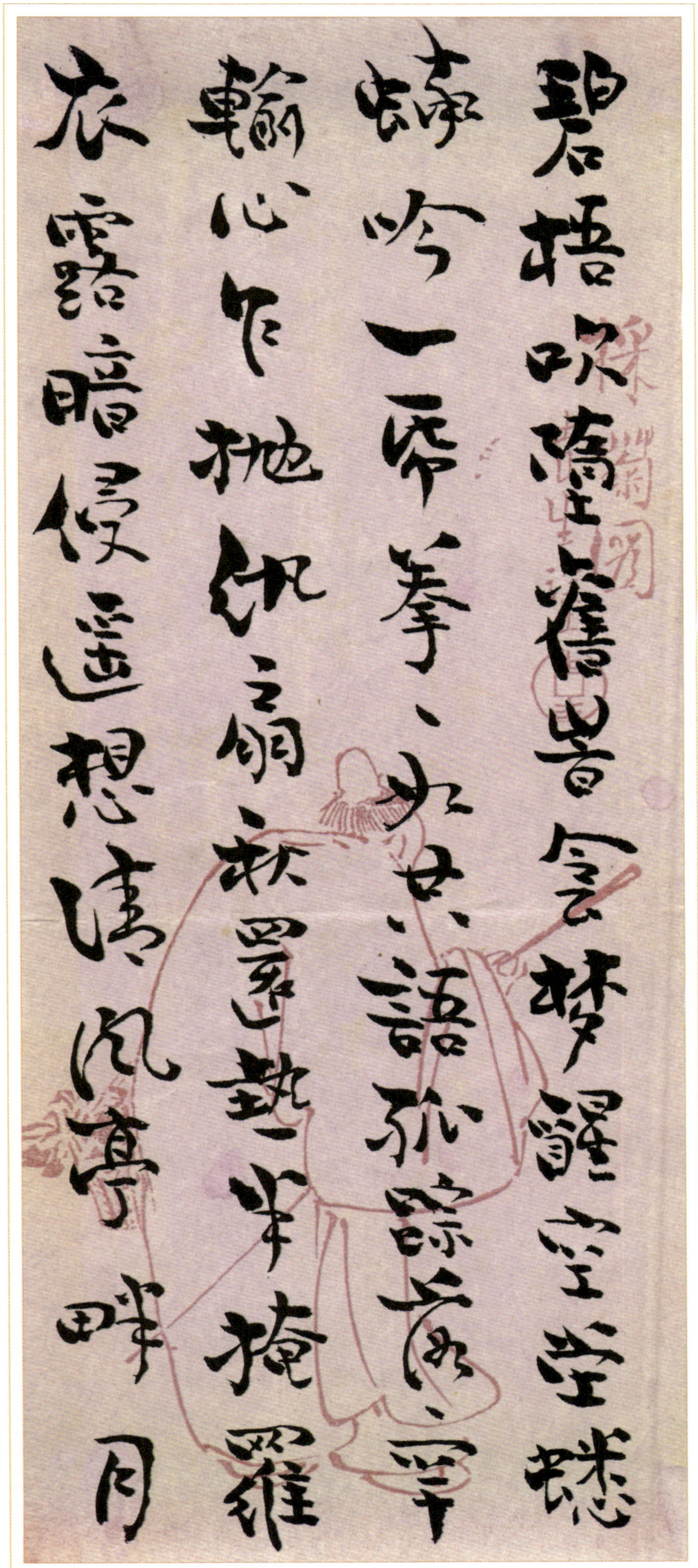

碧梧吹墮舊書雲夢醒空堂悵
歸吟一席拳、如共、語孤蹤無限、翠
輸心作拋紈扇、秋罷熱半掩羅
衣露暗侵遙想清風亭畔月

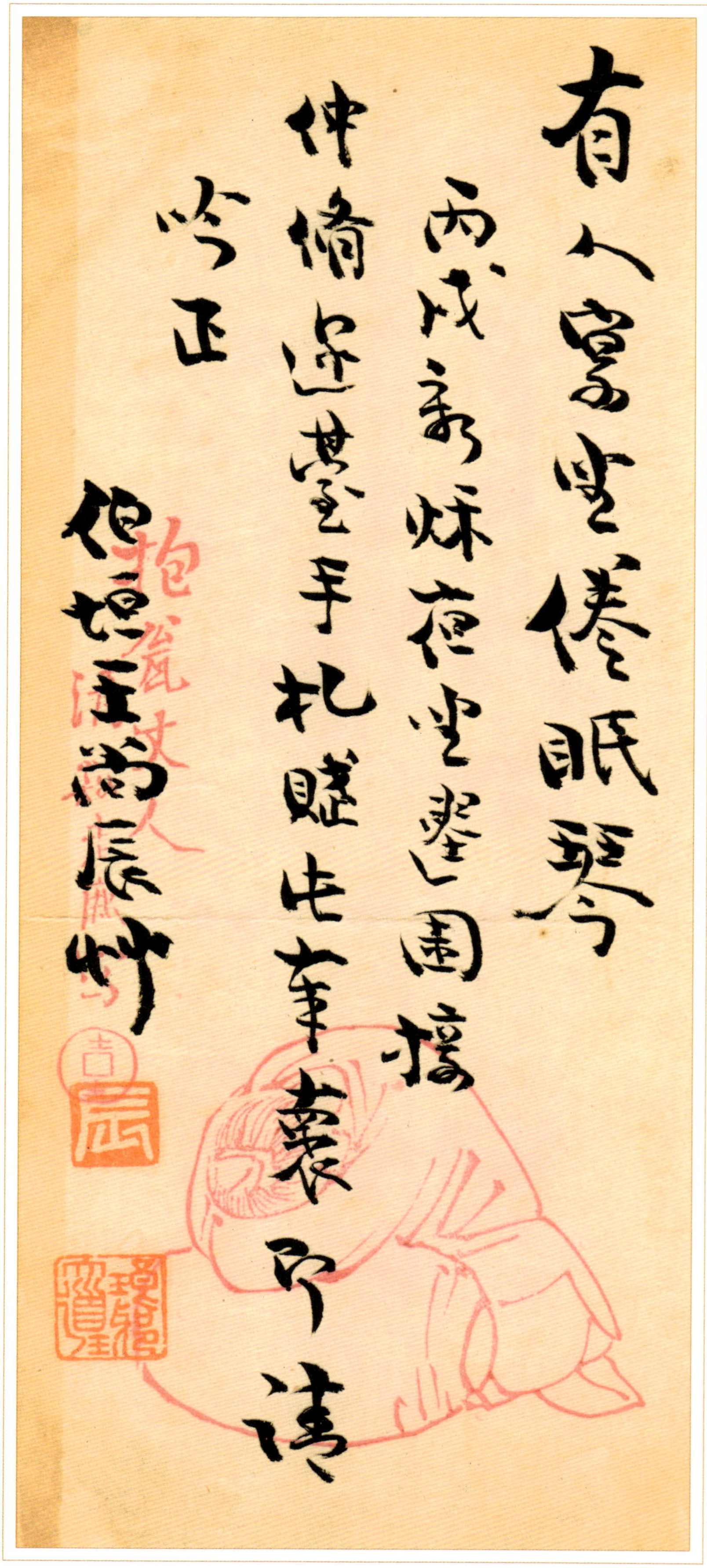

有人穿堂倦眠琴

丙戌新秋夜坐燈圍檐

仲倚送甚手札賦此奉褒即請

吟正

伯坦汪尚辰草

水軟山溫慣繫纜，青溪小樹想共幾輩

酒亂詩寬，高談王伯
情仙才思，雲車風馬

書劍勞勞、頹鬢改

旌旄衰、沙也化、河肥濱，留得一澗民何

物者

伊川祭墓
東野恨遲

誰話新亭
西州淚

知誰洒且

浮沈人海任呼牛馬底事荒雞啼更悪 江寧廿二更雞即鳴
逍遙自甘聾啞不已
舊時豔月眉如畫美渡江梅蘂早逢春呢
空懷梅花伴我渡江來替
帆挂
恨也
丙戌臘八日泊舟勞勞亭戲賦滿江紅一闋請
仲倚吾師大詞宗訂正 白首弟子王尚辰呈艸
稿屢易究未愜恨不能飛來面商祈削成毅 示我為感
凍合呵

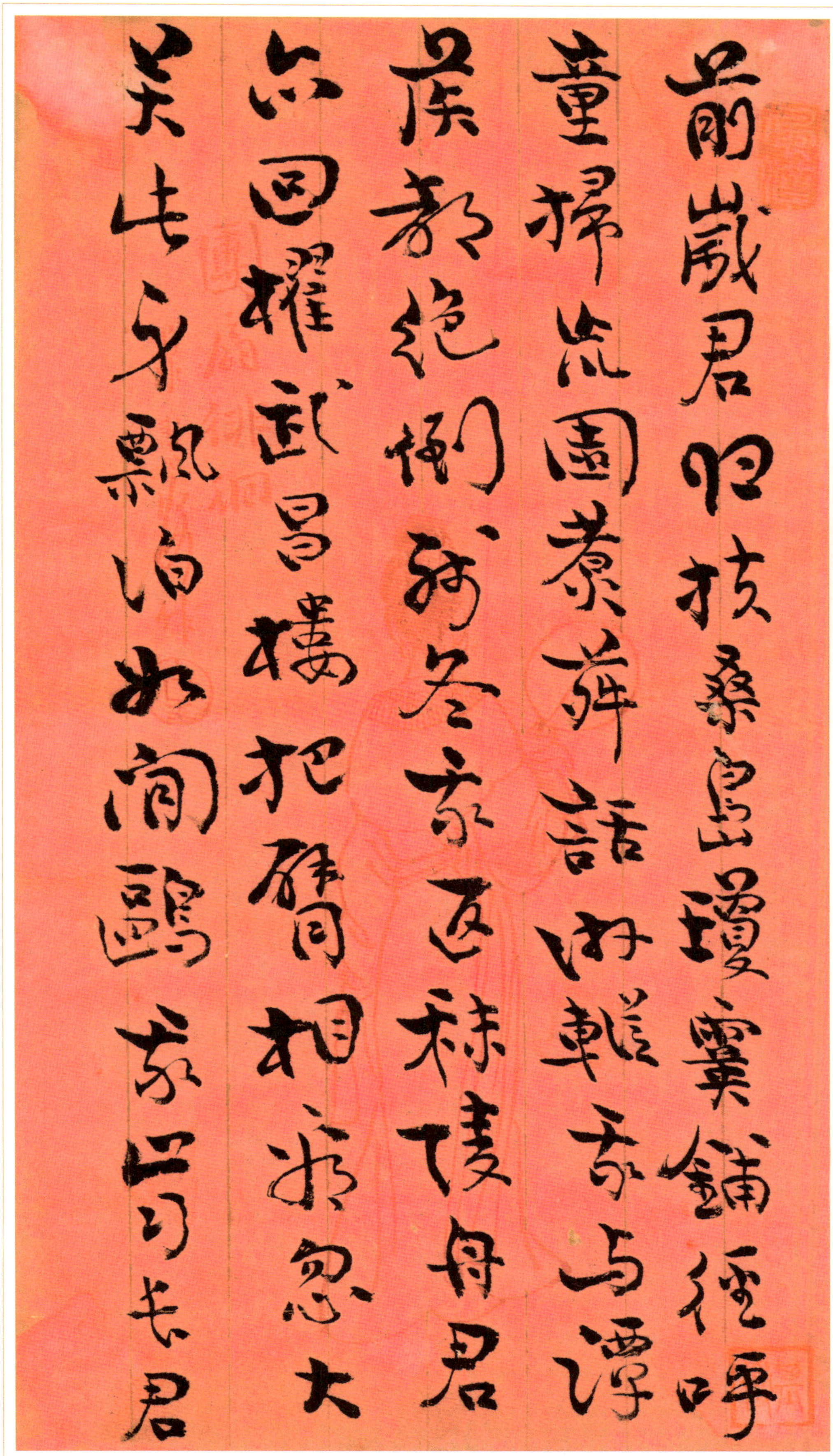

前歲君归抵桑島還寓鋪徑呼
童掃先園茶葬話湖[illegible]家與潭
侯教絕倒我冬家返[illegible]懐舟君
此回擢武昌樓把臂相聚忽大
笑先生飄泊如閒鷗家只可長君

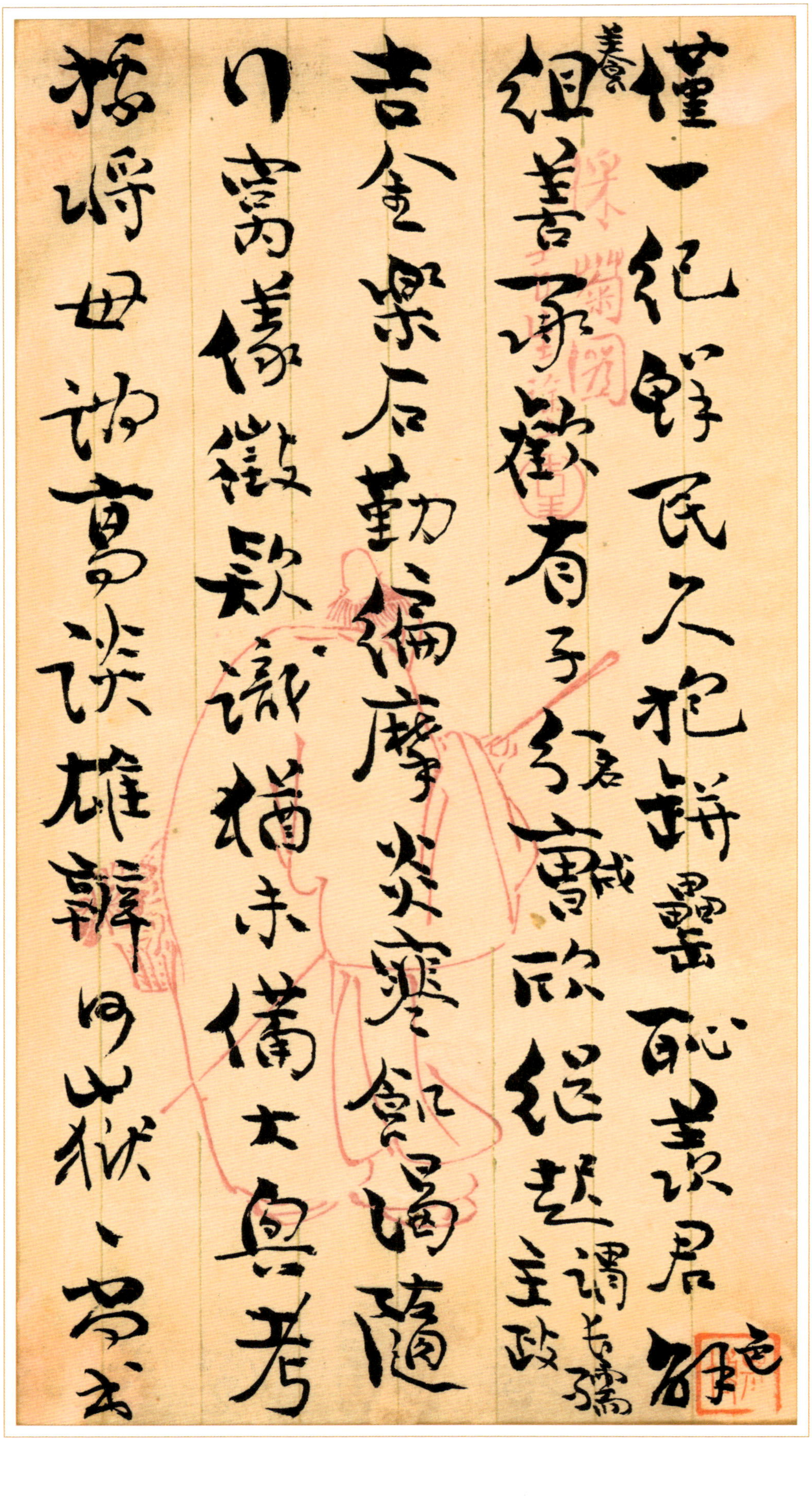

僅一紙，鮮民久抱缾罍恥，羨君名
養俎善承歡，有子紹君富戩歐緝熙謂長孺主政
吉金樂石，勤徧摩挲炎寒飢渴隨
門窮儀徵款識，猶未備大與考
擬將毋詢曾談雄辯，日山嶽、南

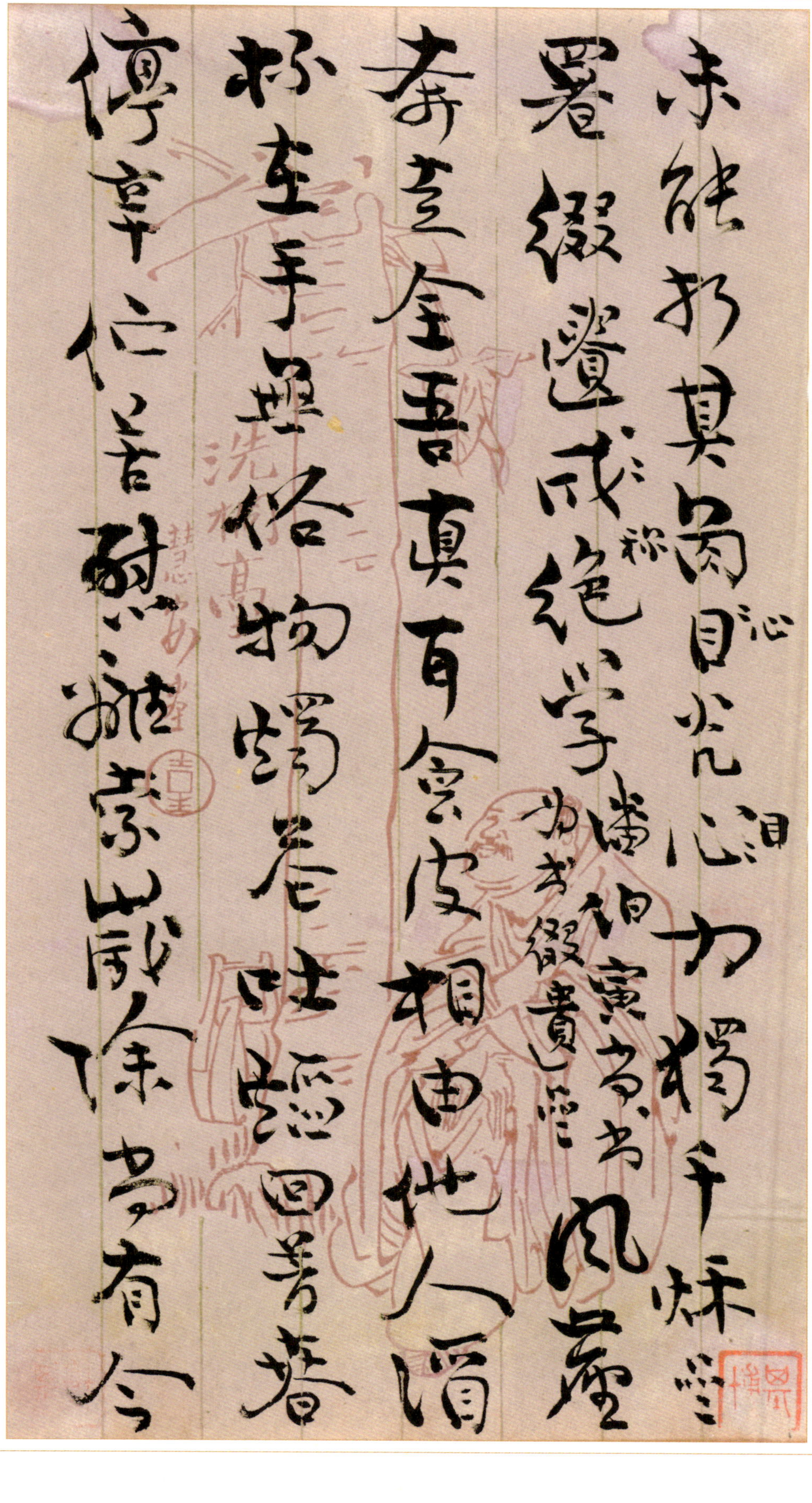
未能析其窮目光心力獨千秋
署綴還成絕學湍風雅
潘伯寅尚書爲書綴費牋
奏章全善真有會處相由他人酒
杯在手無俗物蠋卷吐經回著春
傳章信者耐懸雜蒙哉余未有今

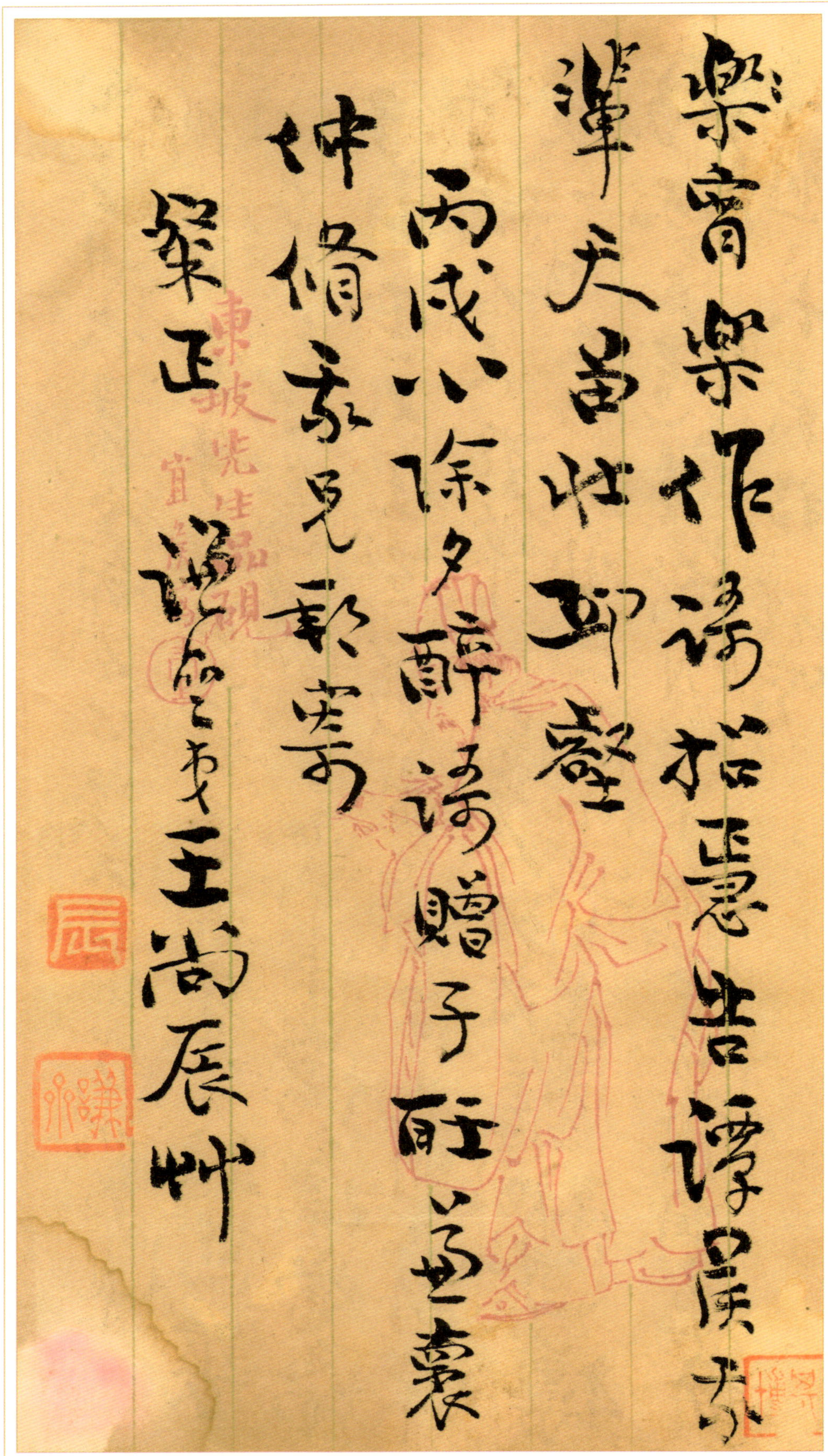

樂齋樂作詩招愚君譯吳夫
準夫當壯聊聲
丙戌八除夕醉詩贈子臣畫囊
仲倩家兄歌寄
粲正 謙齋弟王尚辰艸

坩子酐作

男兒不登華嵩山祗合杜門長

却掃何能蹋踏困泥塗傀儡當塲

任顛倒聞君近浮淮上舟東西辭

黃崔樓歲暮春還家吾慶釃一樽

相對清于鷗記泛滬老倭三紀少

不如人若更恥故文筆遜鵬搏

進羣才爭鵲起獨摟遺篆評鈎

摩、兩年京洛，行窩岑寂經學重

當代、潘伯寅司空許爲識字，辨差誤自咲

輕蔑思是獄審音呪復述寔罰著

式微乃常一字千金爲隱識咏有蜩學

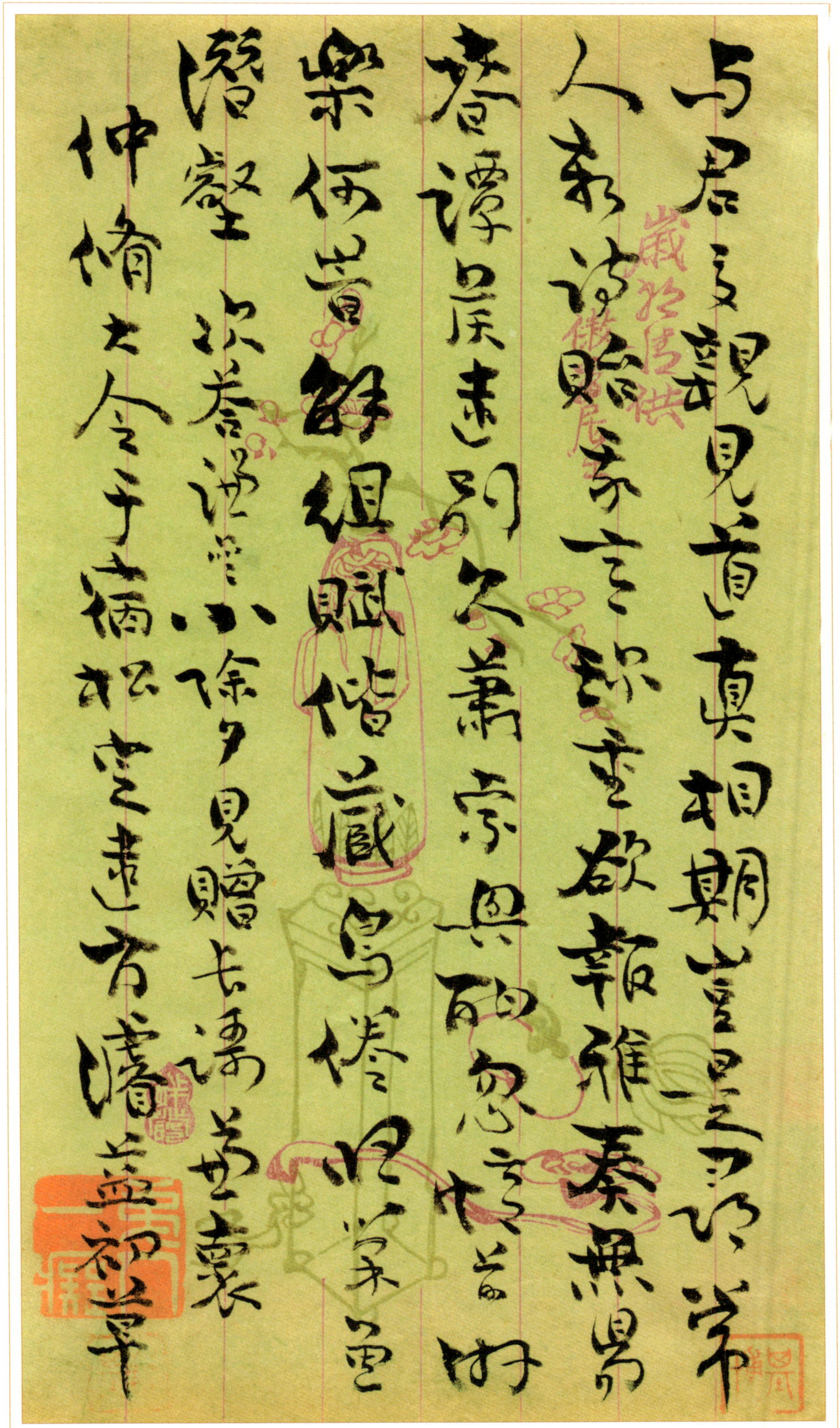
與君交親，見首真相期，豈足云以。弟
人新詩賜示，言詞欲報，雅奏無易
奉譚晨夕，別久蕭索，與日俱增，忽忽之甘苦附
樂何言。拜組賦，皆藏焉，俟其以奉呈
淸鑒。次卷還從，以除夕見贈長湯並裹
仲脩大人左右。論松堂書方濤頓首，初十

三冬無雪陽氣洩百蟲未蟄土膏竭元冥睡醒雄將呼羽龍噴玉屑鳥飛虎走跡莫辨地老天荒凍雲裂羲和首馭早回春不獨吾廬救杌桯

丁亥元旦大雪記異錄寄

仲脩学臺正之

肥上一民王尚辰艸

三載相思隔遠道夢繞西泠春色
早鈔花趙柳鬟吟懷暖風吹綠
蘇堤草南高峰對北高峰碧
障丹厓插蒼昊尺幅煙山風儼畫
圖平生笠屐舒襟抱綠谿水響

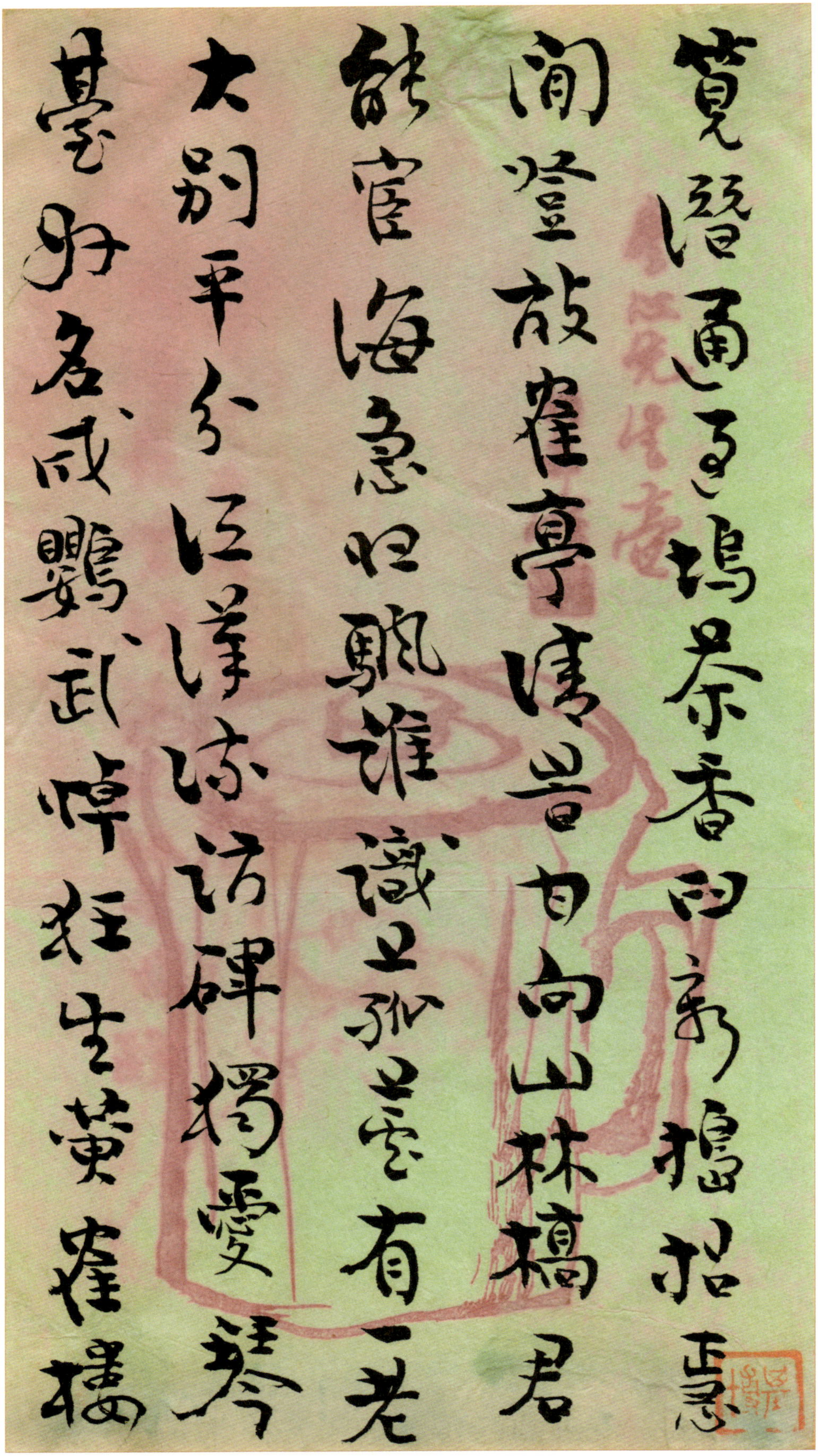

覓澄通達鳴茶香回新搗招憲
間燈故崔亭傳昔甘向山林稿君
能官海急歸颿誰識立孤墨有一老
大別平分江漢流訪碑獨愛琴
臺好名成鸚鵡弔悼狂生黄崔樓

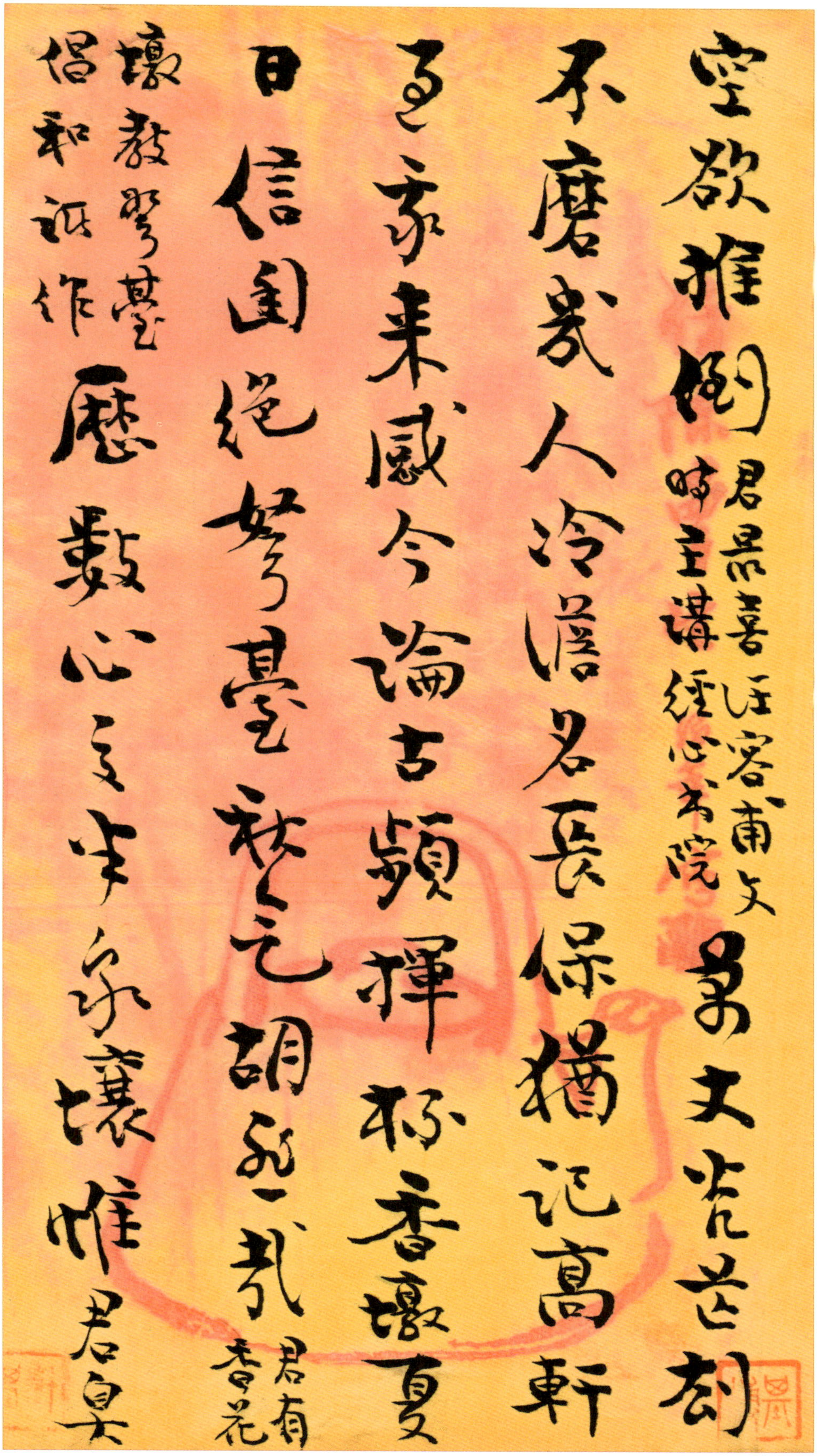
空欲推倒君最喜汪容甫文時主講經心書院弟文苦芭刻
不磨哀人冷語君長保猶記高軒
過家來感今論古頻揮杯香壞夏
日信國絕好墨臺秋已胡亂君有香花
壞教墨臺
歷數心交半凋喪惟君臭
倡和詠作

味同岑吾良辰撫景偏多哀

乙未仲春花生醫園松風閣有懷

仲脩社兄先生即用少陵韻以寄襄錄請

吟正

合肥夏王尚辰未定草 時年七十有一

季亞白陳驊友陸蘭生

均此道候

兒子德棻客秋赴杭請安未遂謁門 並乞近好

乞到梅花玉笛聲故交消已否江城長松白眼憐朋輩高枕青山狎世情愚樂求（次）忘天下事蓬蒿雜掩古人名西湖一石傳又許我泳滄浪自濯纓

丁酉夏五晤陳少尉所知

仲脩老兄消息賦此奉懷 合肥弟王尚辰草

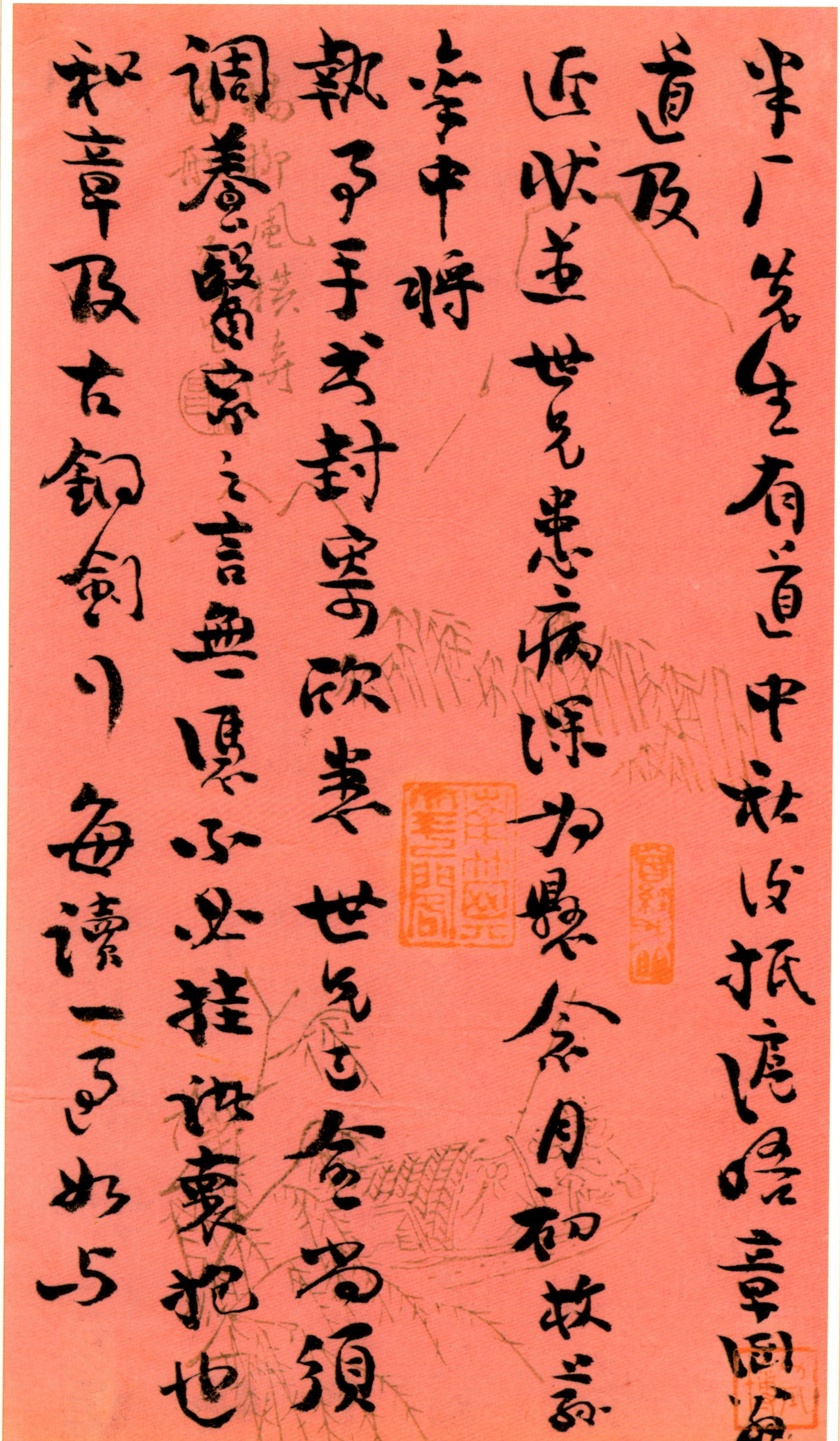

半厂先生有道中秋後抵滬晤章同孫
道及
近狀並世兄患病深為懸念月初枚叔
寄中將
執事手書封寄欣悉世兄已愈當須
調養醫家之言無謂不必挂諸懷抱也
叔章及古鈎劍刻每讀一過如與

執手晤言一室予安云海內存知己天涯若比鄰文字之交甚于骨肉可支也此番來滬為兒女婚嫁購辦衣物若干無致頓減冬初即擬旋里小婿郭文翹瀛槎刻已通知湘班候服闋文件到縣即日赴浙並准于同日造訪

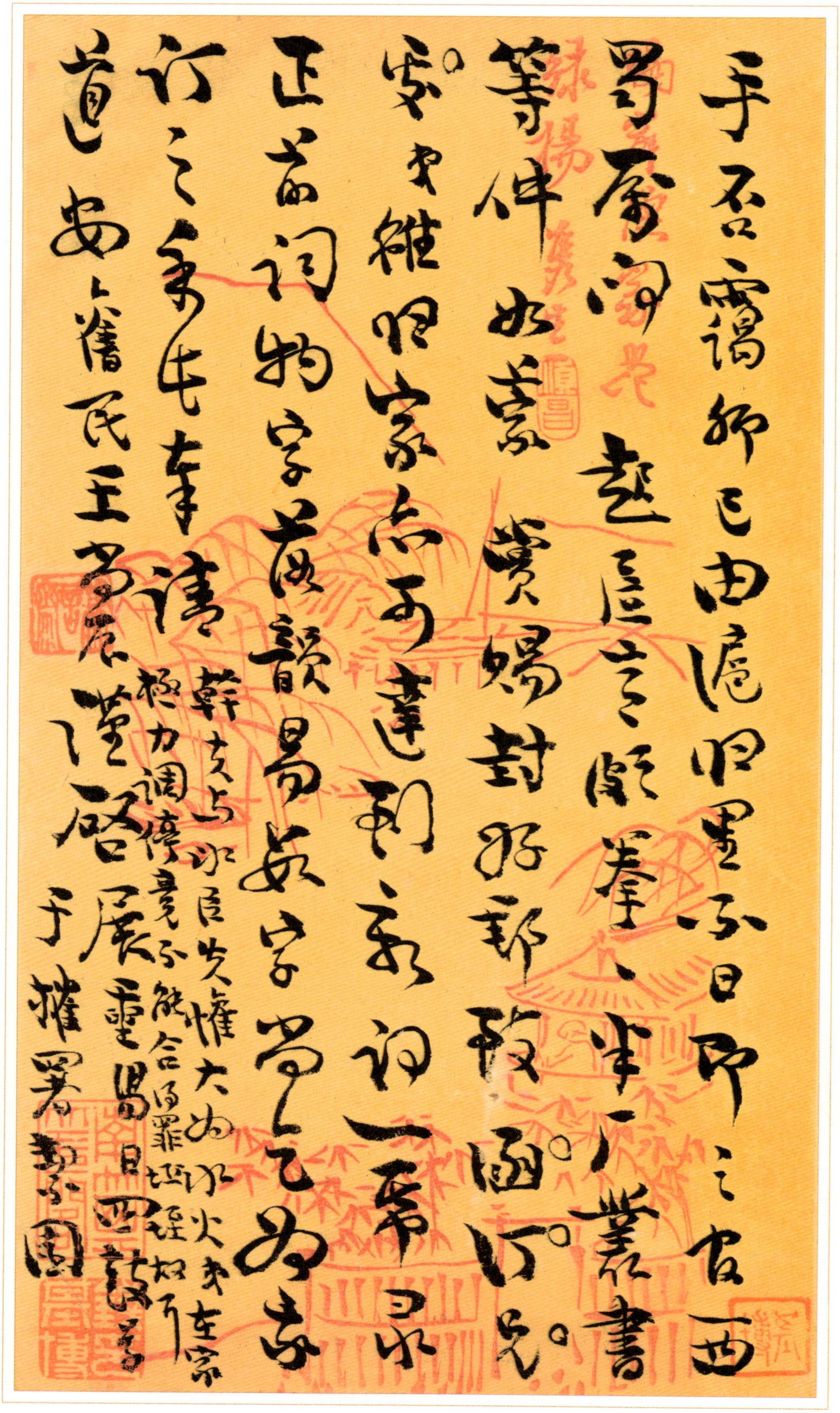
手否。霽謁卿已由滬回署，不日即之官西
蜀。屬河(?)趙(?)巨之既舉(?)半丁叢書
等件，如蒙賞賜，封好郵致函可也。
處。更(?)繼眼(?)家亦可達到，新詞一帚(?)錄
正。前詞物字讀曷(?)如字，當乙為去
行之手。毛(?)奉請
道安。舊民王(?)□頓首
謹啟
展重陽日四鼓(?)
蘇(?)友与冰臣先生大如水火，左宗
極力調停，竟不能合，同罪(?)坐(?)堤(?)好(?)行
于權署□(?)園

趙之謙小傳

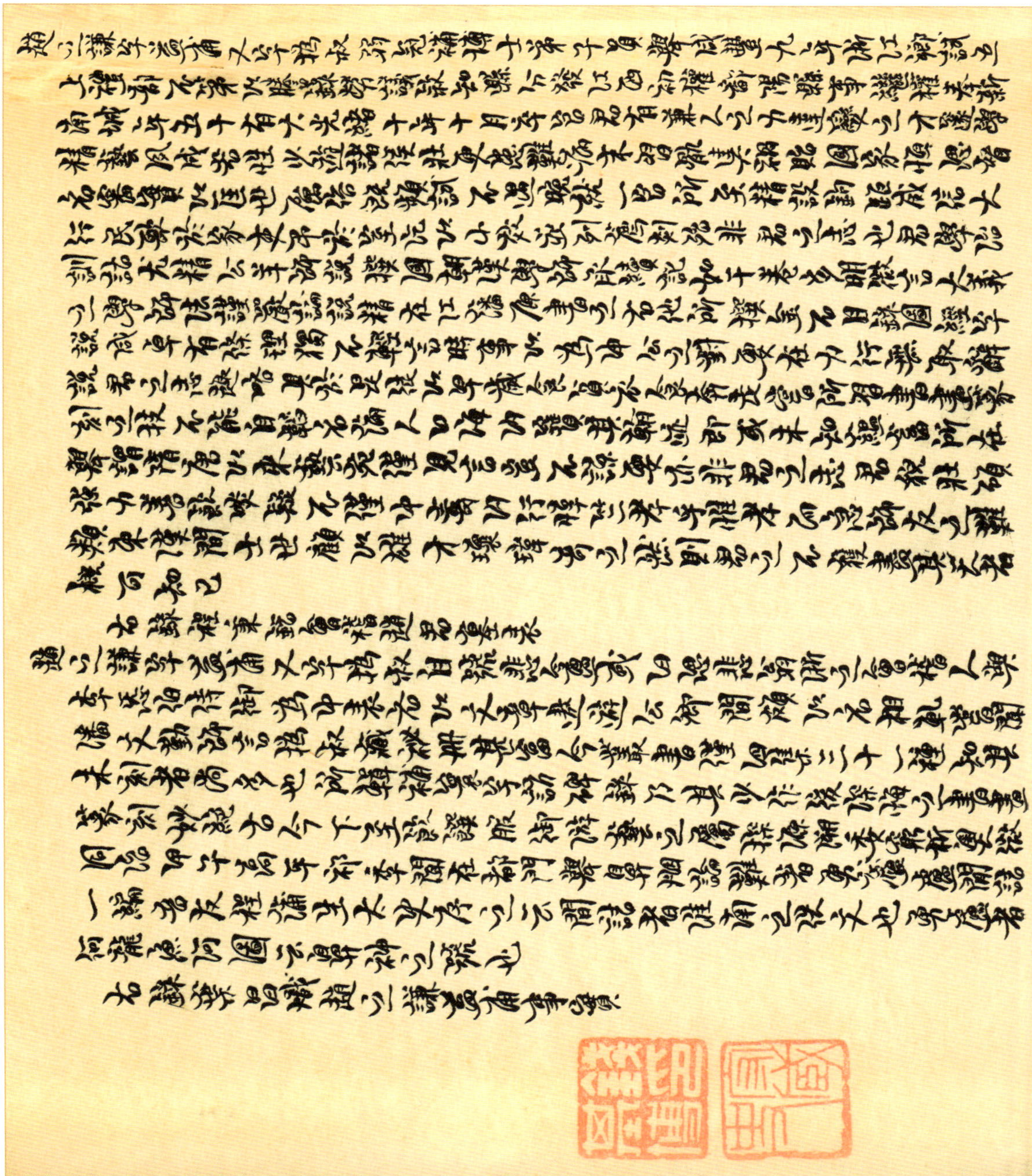

趙之謙

二通

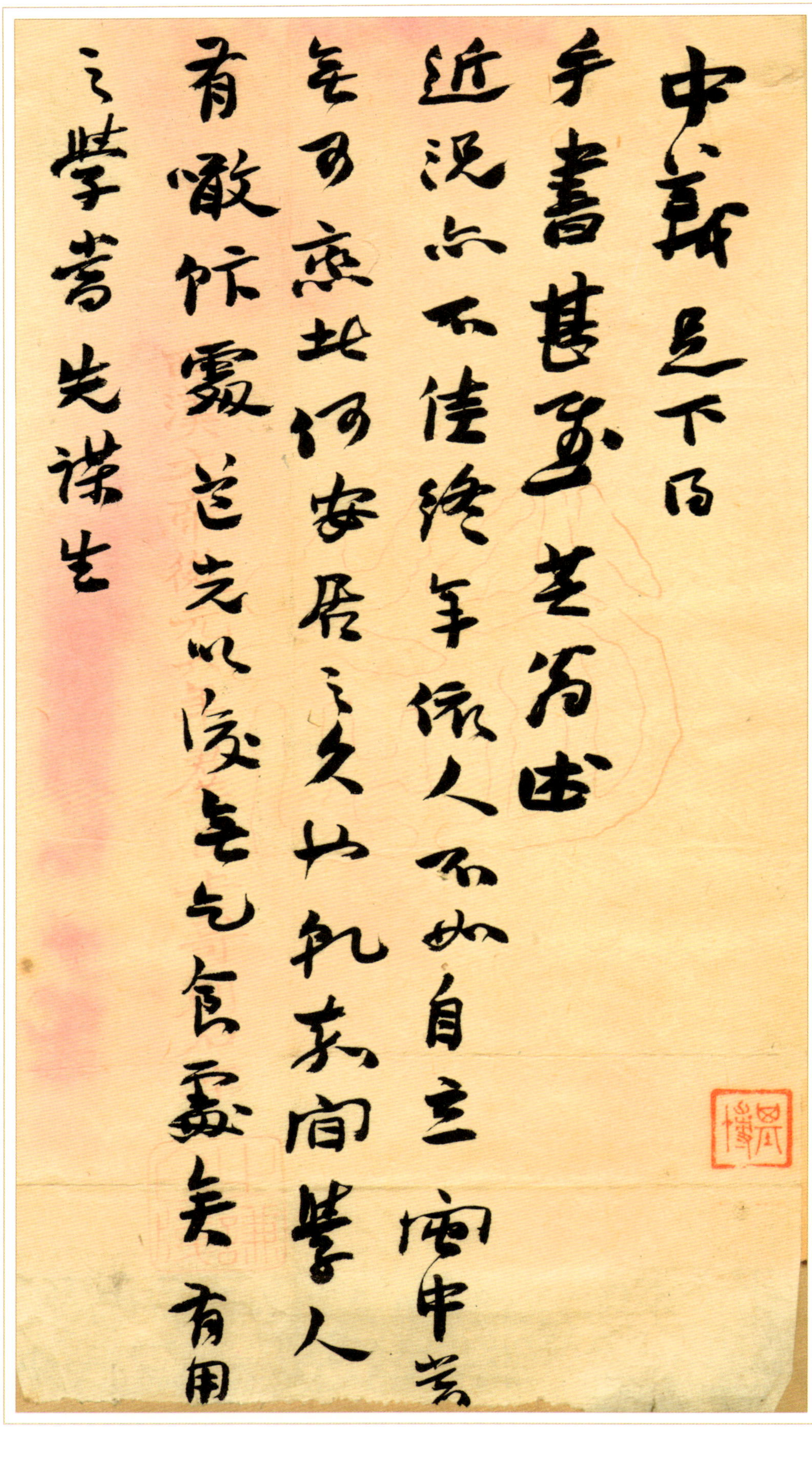
中翁足下得
手書甚慰差爲出
近況亦不佳終年依人不如自立寓中苦
無可處北何安居之久也亂來閒學人
有噉飯處甚光以後無乞食處矣有用
之學當先謀生

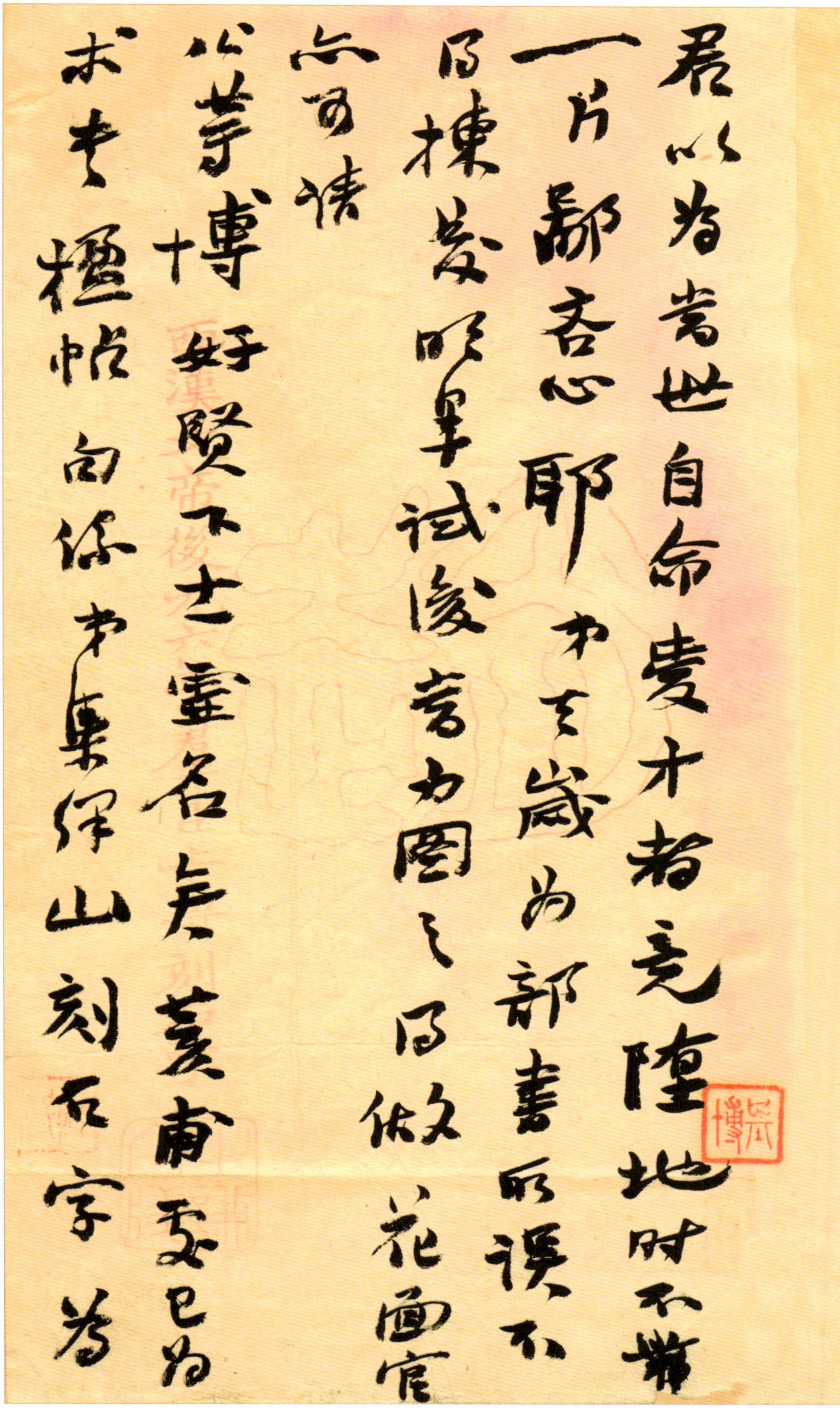
君以為當世自命雋才者竟墮地時不帶
一片鄙吝心耶　弟五歲為部書所誤不
得揀發明年試後當力圖之得做花面官
亦可請
公等博十好賢下士虛名矣蓋甫雯已為
求書楹帖向係弟集繹山刻石字為

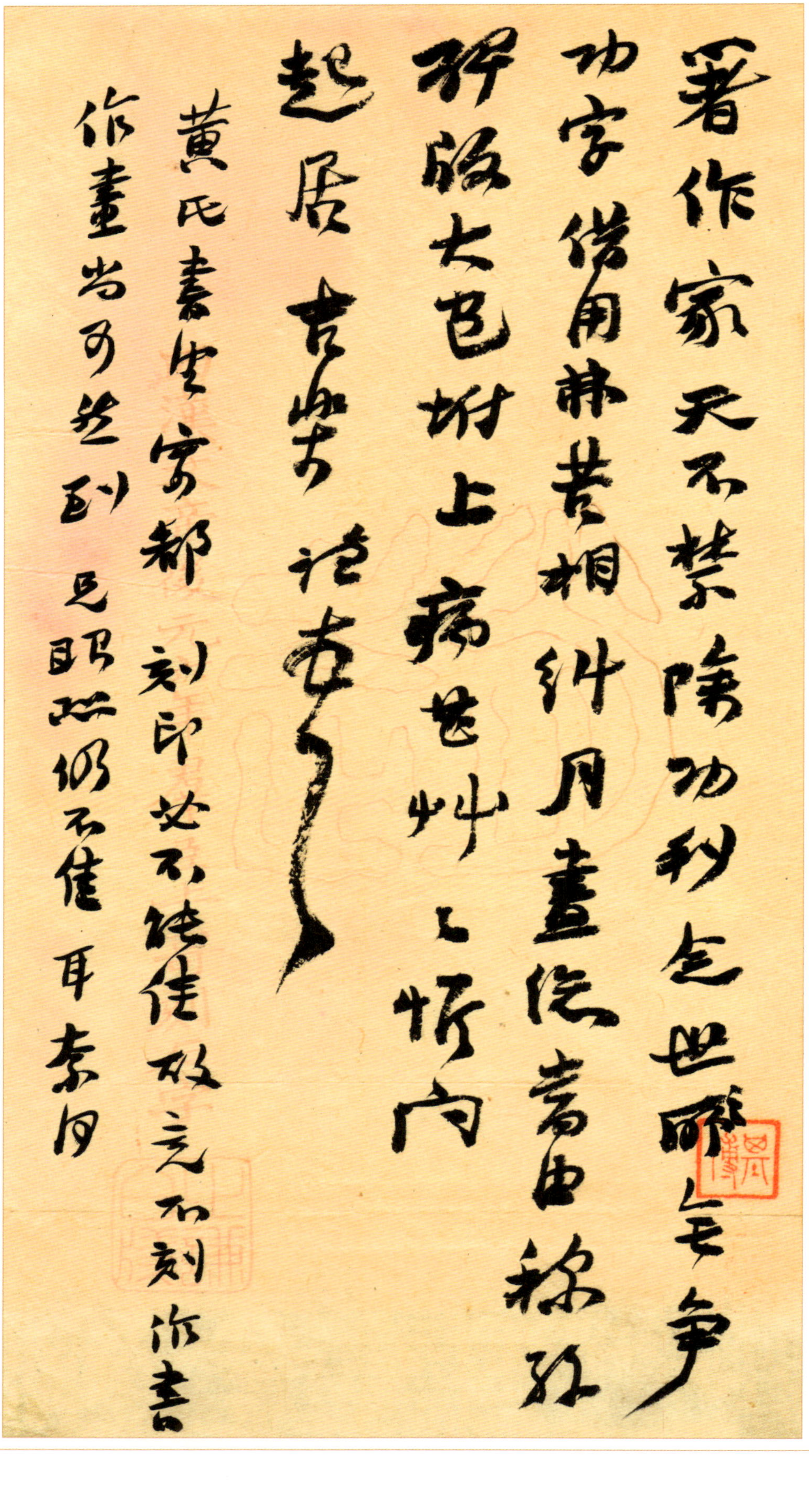

署作家天不禁除功利念世所無爭
功字借用林昔相升月畫淹當由綠林
好服大邑樹上猶世外之惭內
起居吉安諸希去之
黃氏書生窮郁 刻印必不能佳故竟不刻 作書
作畫尚可然到 足目此仍不佳 耳 東月

中義仁兄書侍：年餘不通音問，畏
居之拙，感弟之懶矣。頃于生為堂赴省書
院肄業，將由
君以識當代知名之士、理學之儒，伏望引為
置之，如孫公、高公及快君輩郡之列，俾吾

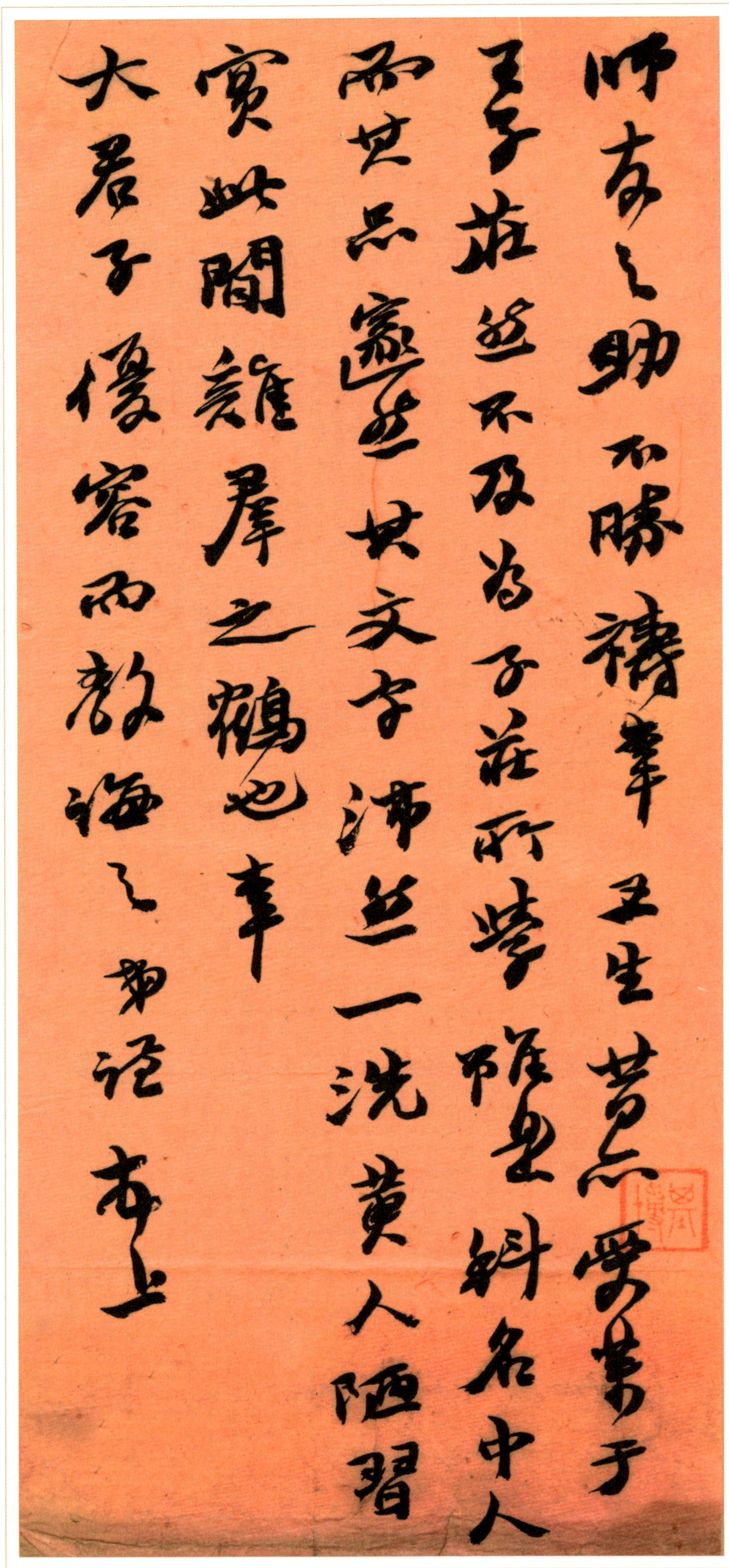

師友之助，不勝禱幸。王生黃[illegible]要[illegible]于王子莊，並不及為子莊所學，雖是斜名中人，而其忘處遂無文字，沸然一洗黃人陋習，實此間雛犀之鶴也。幸大君子優容而教誨之。弟[illegible][illegible]上

戴望小傳

戴望字子高德清諸生祖銅士先生有彈改齋詩十二卷
先生生三子皆才相繼卒有戴氏三俊集君生而穎慧
自言夙世為前明遺民某少即不樂仕進稍長目微眚
性僻適與世忤鄉里間齊名友善則淩瑕姚諶施補
華江珍樞及某某號吳興七子幼從句讀師問經疑不
能答則縱啼大哭曰吁予安得古人為師乎游蘇州見
陳徵君奐乃師之又事宋于庭先生徵君授以毛詩六
書之學君守家法惟謹避亂客廈門遇獻論學相悅交
會稽趙之謙尤心傾焉君讀書精熟得顏習齋氏遺書
窮治之附著李剛主王崑繩之言著錄顏氏學十卷於
是益厭薄宋儒矣好論語學成戴氏注十卷用宋先生
及劉申受禮部說為多亂定客江寧曾文正公督兩江
聘校羣經所著書皆成於江寧又有管子校正八卷久
之曾公薨君好說宋學日與要人齟齬時方有嫌于獻
三年不通問獨居憂傷死於江寧書局所謂冶城山館
也瑕與補華經紀其喪之謙刻其詩文為謫麐堂集六
卷君之可傳者不在是娶淩氏狠婦人也不能事姑君
與異居終其身妻父淩教諭堃好兵家言通壬遁子高
則曰吾友教諭之學不識為妻父湖州陷時教諭已謝
官歸告人云吾當死於寇寇至竟死
右錄譚獻復堂文續亡友傳

戴望　六通

仲儀二兄左右去冬寄上一緘并中白書及吳子珍詩一册竟無一字報

我心甚懸懸也新年想

動定吉羊爲頌金陵自設書局名士麕集然多攷据之經學江西

宗派之詩桐城之文筆下者爲理學家言望所心契者武進劉峕生湘

鄉左孟星及中白三人而已頗有論詩諸公以

足下及湘潭王紉秋爲當今巨擘可以抗行惜紉秋所作未之見也今

年秋試未必能來時事日艱身世之感觸處而發与

足下相見恐須再隔三五年矣家鄉有噉飯所何必遠遊閤中乃消息

否此布即候

岡安弟望白　丁卯正月六日

中孚我足下：昨接鳳州札，即作復函，仍从尊處寄去，何如？滬上竟見音信杳然，魂神飛越矣。岳氏之事何以處之？漢学商兑二册年去，秋歸陳氏第一時不能思。性塗抹數處，既而悔之，此非輩人无足重輕，謬悠邪説何足致嫌？東原之学（他有段懋堂年譜，約田有可見）出于江氏，而未嘗師事，然所作江氏行状固已極口推尊，稱為自先師康成没二千年第一人，而王述菴墓為江氏墓志云：吾友戴東原，原蓋今所謂通天地人之儒也，而自述其学蓋得之于江先生云云，可見東原之推尊所得如此，而雅其未嘗師事，故稱之為婺源老儒，而平定張氏及婁施桂坤君箸謂之為背師，此何説乎？江氏論禮則多本朱氏（禮書綱目）云，（戴例本于儀禮經通解）推算則惑于西人（見錢辛楣潛研堂集與東原書），鄉黨圖致説例未善君十經補説説謬更多，又其言易宗宋邵氏文篇，近思録集注一書，校其所得疵多醇少，以東原較之，青出于藍而青于藍，惟所為日果深詩經補注，毛鄭詩致正的，康來宜卡考工記圖甚精，水經注（水地記以川之脈絡定郡縣之向背，此土方所作也，惟慘傳一卷）殺正與全趙出而合徽州密，則又过之，然（未竟）其方言延説此未畫篇，而以先覺之談資段

王之于說文廣雅，郝氏之于爾雅，戴大興精揅彙六典網四維羅家法之今日
學者東塾而不自知，豈非欲流亡原乎。學記篇一卷，取禮經七者若干事各為
一篇，考之亦詳。出戴叢簡閣毛公詁詩之法也。使不能子弟為之則去之篇，思子騰出注疏
證矣。至其發義及孟子緒言天人之故，經之大訓，草焉。是以段大令、孔檢討、洪
舍人、江徵君推之于前，焦孝廉宗之于後。汪拔貢亦言國朝儒者，郎閣梅
胡東樵、江接二千年沈淪之緒，而東原集其大成，為定大儒七人，通人十九，以詔
來學，東原與焉。段大令則稱其學貫天人，孔檢討則義兼宋學，闡漢學而
不絕其志，以殷洪舍人則謂非宋家手所倫，庶物之乃必自戴氏。旅江徵君
則以於衡東原者為衡道之儒。焦孝廉則謂其疏性道天命之名為醫治
朗語又子此篇漫然無序，議者而反以稱之，且舉一之稱之
足下何見乃欲置之第二流，而以性便為道之江戴爭乎？猶之可也，乃使
之一反上上一反上中，豈以其兒言而有之處抑之乎？其言見可記重矣。
足下論詩不甚事，讀論文不甚息之，此自有所得，示以附記世俗之言以
足以為小而其論亦乎遂語及孟子、老孟子之言。常甚有不親者而其大誦

則此本孔氏之微言,未嘗少有差失,故其言性之心,言仁言天道,與孔子若合符節。而荀揚韓氏偏與立異,此儒之未聞乎道者也。宋之儒者陽宗孟子而陰取荀揚韓氏以助之,設且雜糅西域胡人之說,以理為如有物焉,得于天而具于心,宰萬事萬物,以[illegible]內之,性悅氣象,而淨于一理,而遂於大賢氣質,而其流弊遂以心之意見為理,以理殺人,無異乎申韓之以法殺人,自以為知道。二三君子孰能言之深切如東原者乎?其變而出,其大者乎,故發憤起譏之作,疏證之功,在其世業可也。足下不信盡氏之說,雖不喜東原之書,盡取其書而反覆求之,周詳思之,平心易氣,於莊以證之,而毋以私見參焉,則破識君子之道者,謂才微謂,謂三王而不繆,建諸天地而不悖,質諸鬼神而無疑,百世以俟聖人而不惑者,將以一莫退之公矣。涇包世臣嘗言東原雖不見用於世,由其文而知其用之無弊也,其亦以足書信之乎。漢學二百年以來,其政不通,六藝兼綜,君章言以其中一寸之虛者,為不為人,其東原者乎。誠為其人者,世未有如此者,世之淵之友者流。足下軼才絕藝,而馳於深思聖學,更少抑陽知之道,以學問若之言,使弟溫德時而取衷焉,則其幸甚大。竹君論議,雅文襄為一編,付我手稿,而參於荀,以注疏其言之文,加以附高東原之學,則它日與於堂之列,定為帥。足下以未,弟讀手覆。

六月六日

仲儀足下：浙中使至，從見山函內得均父及足下手書，懶懶。中白書已交去。鄙人病已瘉，唯匈脇閒時作水聲，近方服唐端甫、汪仲伊二君去濕藥也。中白處采訪局四年，景況大難，日益窘蹙，謀到浙一行，弟力以為不可。今得足下書，遂當止也。龔集已見過，刻此集者功不償過，竹公之序真令人笑來也。渠與弟情近厚，寄到之日，屬分致歙山、端甫諸君，皆同局士。弟意亦為去其序文，不欲令人噫嘅，所以報之。魏序弟于其古微堂文中錄出，所定為十二卷，兼有詩詞，開生言即孝拱家藏本也。孝拱于開生極交好然〃弟託其作書索之竟不肯出可怪極矣孝拱六典已成且鈔一副本何不欲其一觀渠于關老談次頗譽足下或不至輕然邪關老于學問大原委了如指掌于世務亦洞明利病人則粹然儒者所箸書高寸許文之波瀾意度凝之味經先生幾有〃若似夫子之歎東南人物無過毘陵毘陵人士衆首關老雖弟之所見如中白惠甫孟星三君皆當今第一流而皆自以爲不及也所論格物與顏李氏合論韓公及八司馬李忠定諸人賢否与王而農先生合論（王直是大儒勝于亭林梨洲多〃矣所嫌者程朱之迹未化盡）文史多与章氏合論詩教与 尊意大同凡此皆未見前哲之書未覩時人之面而應若筳

楹者也唯喜閱内典于三藏之書窮年累月是其一失然其言佛
之与儒離則雙美合則兩傷宋儒混佛于儒而所得又佛之下乘驢非
驢馬非馬較之以爲儒佛同原之識者其見遠矣緝志一書弟亦購得
記其中出李申耆毛生甫手筆太半。以李陸二家文集觀之知非妄言也。
一部開老尚節取之中白視兩三葉擲去弟信
足下已信中白然以于此則服中白之巨眼攜叔亦豪始之士中白固先知之
莫專取證于弟一言邪
中白並刻於一回本上以弟府上伊信本不封口因信套太大故附去弟信内不及
足下之非之尚未免文人相輕之故習[redacted]何不務以爲其大邪鑑下細書不覺盡
三紙明春歸浙省墓或可相見也戊辰八月初十日弟璧謹復

十五團欒月如何逼歲闌孤生搖落易甚受
別離難浮海眞難計臨河發浩歎蠻方
多瘴癘柚息愼加餐

贈別

中義兄出作

子高弟戴望

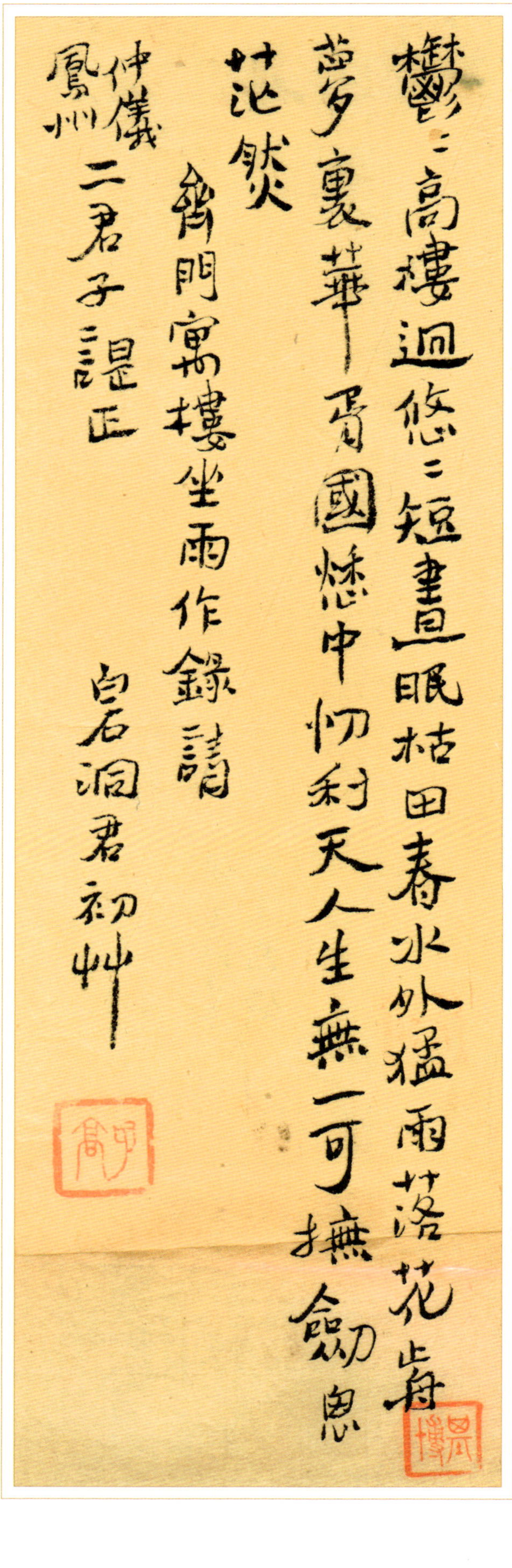

鬱鬱高樓迴悠悠短晝眠枯田春水外猛雨落花前

夢裏華胥國愁中忉利天人生無一可撫劍思

茫然

爵門寓樓坐雨作錄請

仲儀
鳳州　二君子諟正

白石洞君初艸

石龜尚懷海朔鴻猶戀北哀哉遠游子飢驅非本意烽塵一決
絕衢路阻且吾中夜望北辰隻身繫憒悴卬顧慈母恩俛念良
友誨恩心結南雲臨風每揮涕
男兒志四海堯舜期督民胡為略天下而乃親雞豚筮齒悲
命窮躬恙憂當吾身恙憂自有杜不杜飽與溼弗炂逢世
資育從環以自奠藏祿或不及榮辱匪所論譬諸旱壘見之
必逢羲軒一旦臨中天文采光乾坤
人生一大夢百歲須臾間萬物皆速朽君子貴真全出郭
經古冢頹翳巛山岣骴髏究真側鵂梟巢無顛柏林伐已
盡蔓艸茲荒煙迷迷樵牧者猷拾金釵鈿姓氏荒湮沒孰
辯愚与臤問天天不語麥飯澆云然薊門當路子蓋蓋東征

鞭霞富貴如浮云乎我何有焉令名亭自振予欒子召傳肯

車蓋可豔相朝英勉指

黃麗壘竊天下奚害蜀道鷄鶴有生不自憎麗逐良可歎丈

夫豈能矯雙手回狂瀾無不與我旨合器完固所安居歌度

滄海拂衣歸故山勿畏波濤險禮義終不愆菜水豈不樂

日擾慈親顏

抽息邢章錄希

仲修學兄削正

戴望近上

周星譼　七通

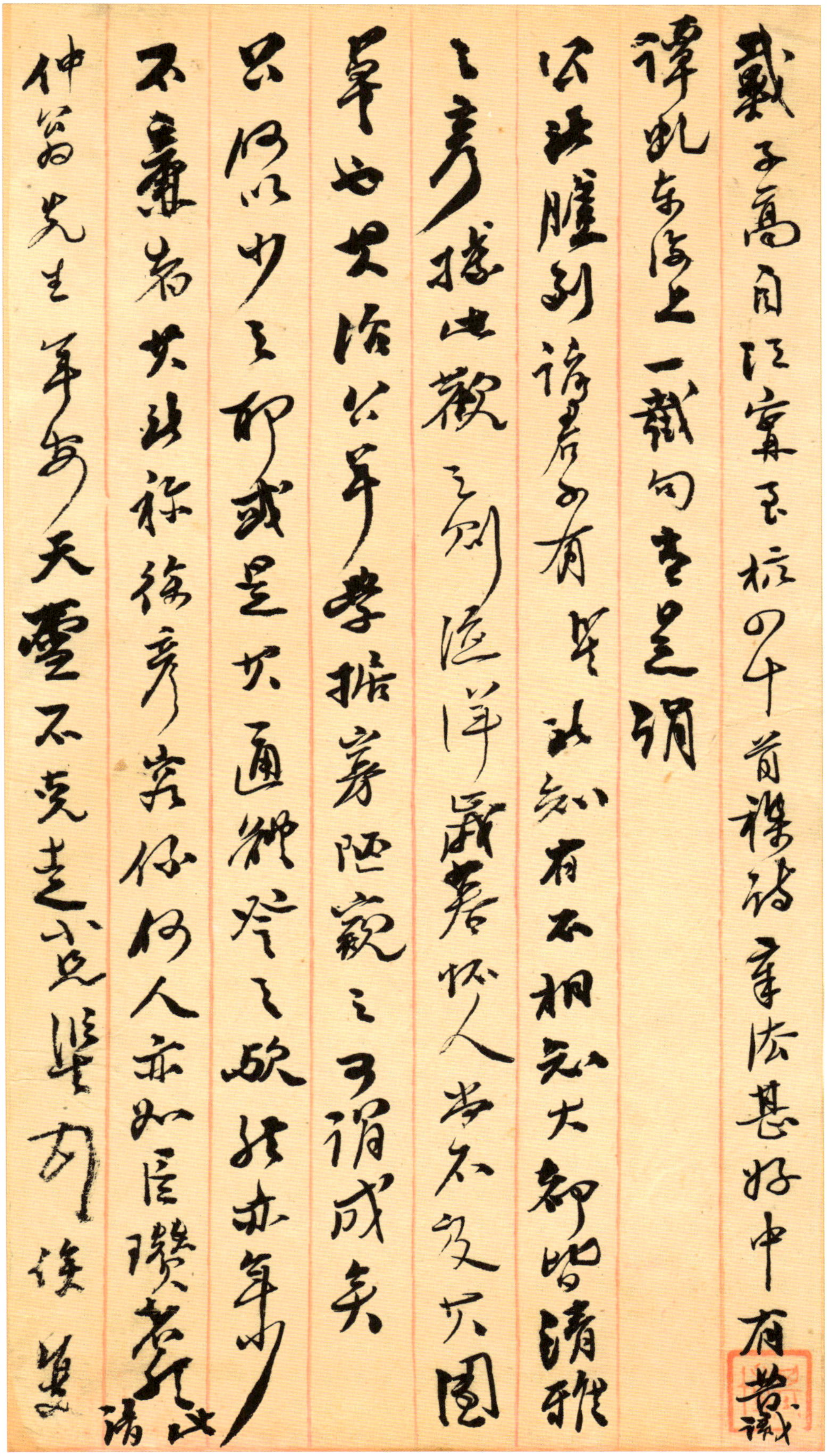

仲脩仁棣大人教正昨奉到　復言謹解帶以寫忱彌鏤心於中庸學

之先學所從有悞之乃雜覽之過不能專乎即常解且不能更

僕而數何敢掃一切耶王言乃天王之言帝梁武有此語因係

大學中庸之袖出記實始萌芽於大函遍學生平服膺崇陽

朱子慎獨之獨竊以為即抱蜀之蜀無若某之之長也積

若左聖生前因標其之後孔之列論語中皆有非聖人

述而不作大平如此蜀作獨解凡麟經之事皆以竊此為難

知教極痕我心特不肯顯指佗說為不然耳畢之献

有見石石古香收此二十年所以好新見異為中人釁耳畢　意欲

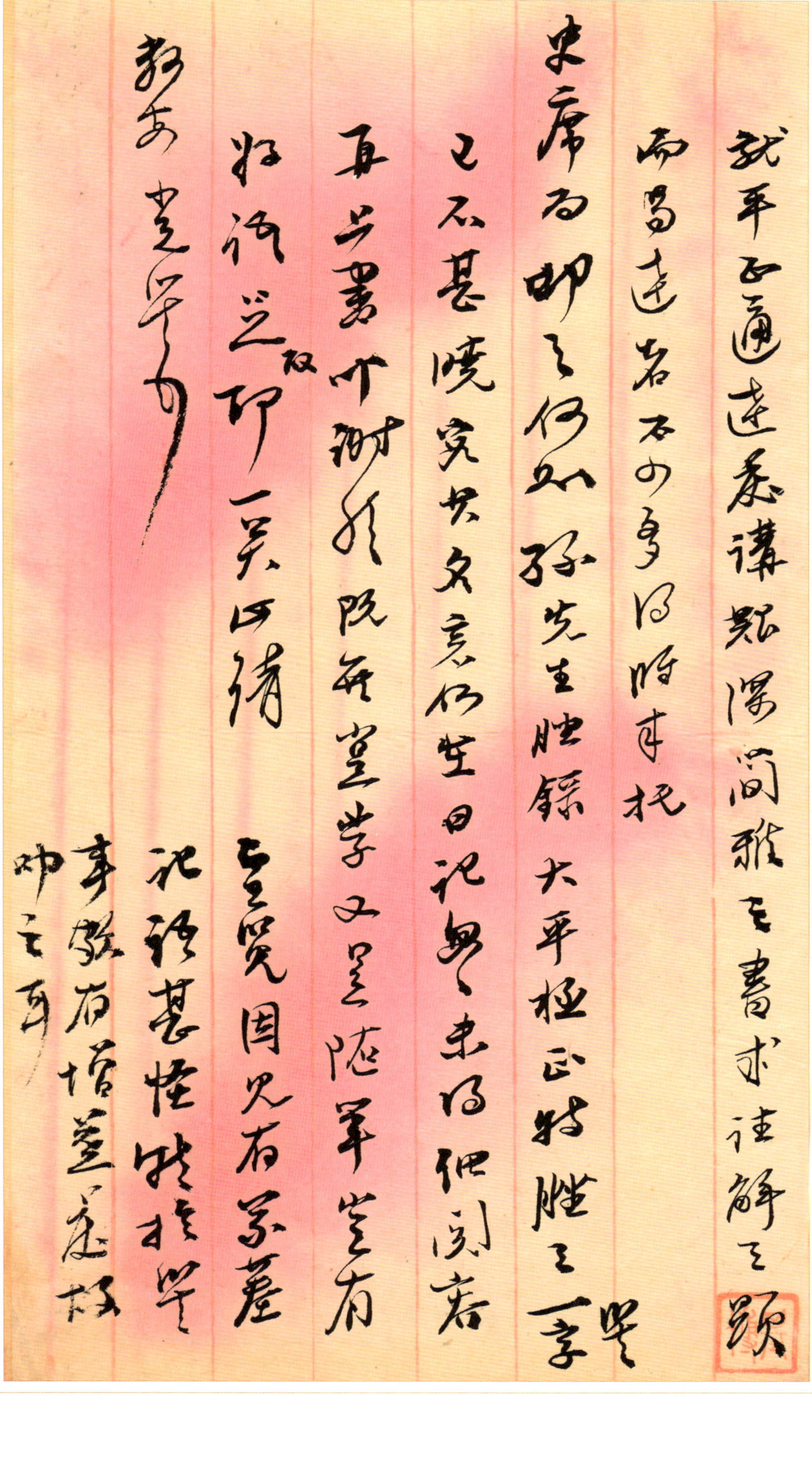

就平正通達柔謙點深簡雅之書求註解之類
而易達者不必多得隨時把覽
未肯為妙之何如孫先生胜餘大平極正特勝之一字
已不甚曉究其文意何在日記無來得細閱否
耳昔書以謝我限無望學又是隨筆皆有
將紙之校印一冊以請查覽因見有家叢
教安 堂頓首 記語甚愜懷抱
事繁有增益處校
叩之再

仲葊仁棣大人台前：手

手書以同學許我，已不勝慚恧，乃以學之何

足言。學以經學、史學、詞章之學、目錄之學

宗匠，俱有兼人而長。

棣學足與之抗，然尤在於若以經術飾吏

治，然少若精細，能倫次淨明，則有

將粗者大者則不足，僕揩問

政之下，仰止久矣。三月，欽蒲張侍邊年

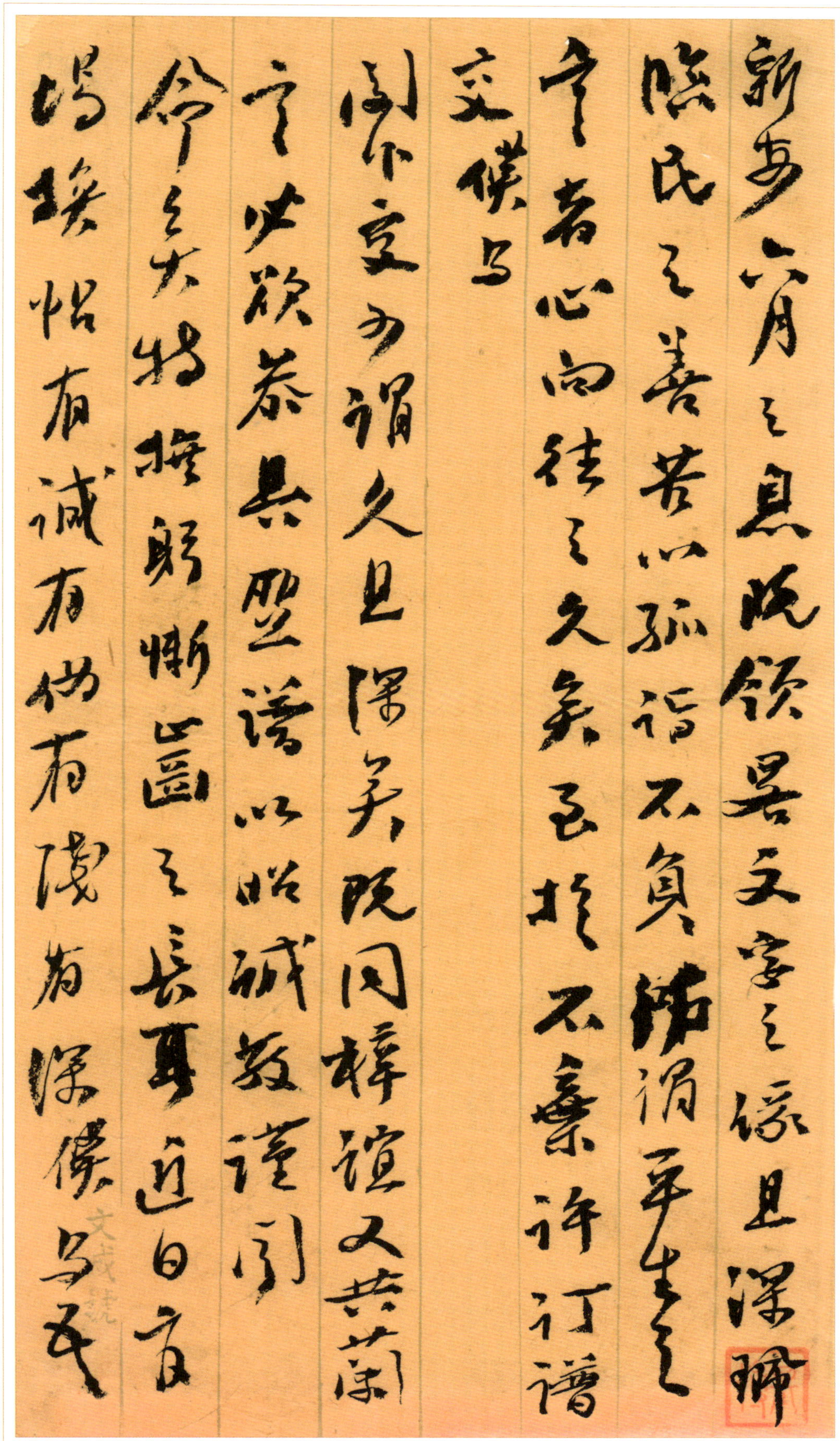

新歲六月之息既領是文字之緣且深稱
臨氏之善若以孫詒不負師謂平生之
今者心向往之久矣乞於不棄許訂譜
交僕與
閣下交誼久且深矣既同梓誼又共蘭
言此次欲恭具聖譜以昭誠敬謹副
命之大特撰躬斷匾之長耳迺白首
竭撰怡有誠有俯有愧為深僕與民

據則告以骨肉肝膽，例之不用俟人代
公之任者，或曰謂爲奇人，遂覺求內中者或（王芝新青陽大病不能至今未會）
云即似胡敬第等之道地者傳說不一種
從查孜俗方伯初八請訓，十八出居（回云由運河船來）
定期到月後再登舟，則至早在十月之下
與弟急于去於君邑思之，知之府在曉雲設（大樹往回如去年風味云）
矣。蘇兩人中年正役法來之大概仍以
尊、庸議了，老局他如某之重情緒皆有

謁倪宜興有現侍膳中或可隨從耶否
棣之公信為芸舫商議且緩之再尋打聽（厚庵新不知再已有人相告了）
胡葬為藏時行再作耳
聞北大約不出九月在途至遲十月初亦
接即聞一菁華摘本真是前生結定
事一飲一啄各分之勉強也此請
升安并頌
兄嫂暨令坐眠俱吉
朗姪不宣 如芝頓首

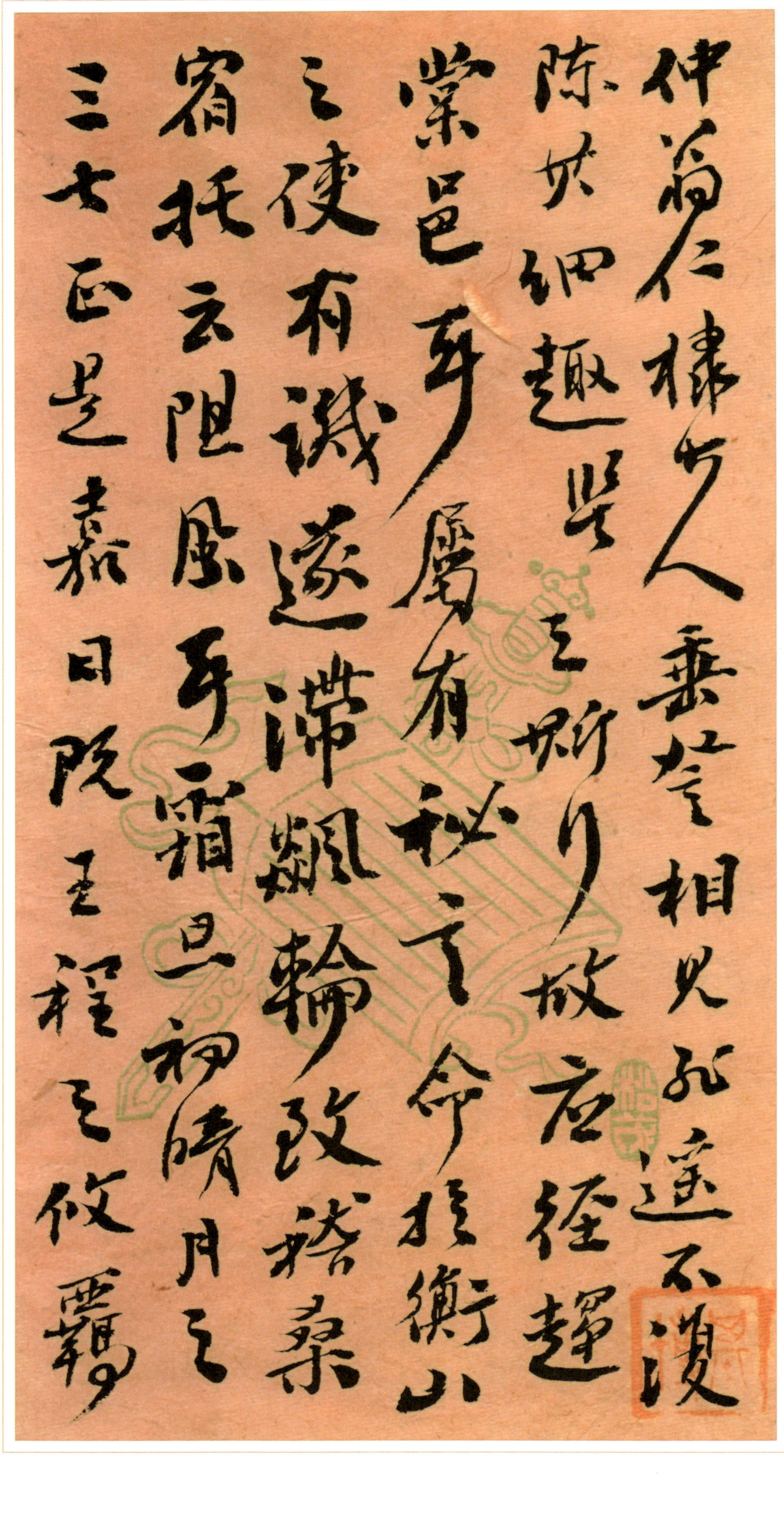
仲蔚仁棣如人乖於相見亦遠不復
陳其細趣要之所以故應經趨
棠邑耳屬有秘之命於衡山
之使有識遂滯飄輪致搭桑
宿托云阻風耳霜旦初晴月之
三七正是嘉朝日既至程之攸羈

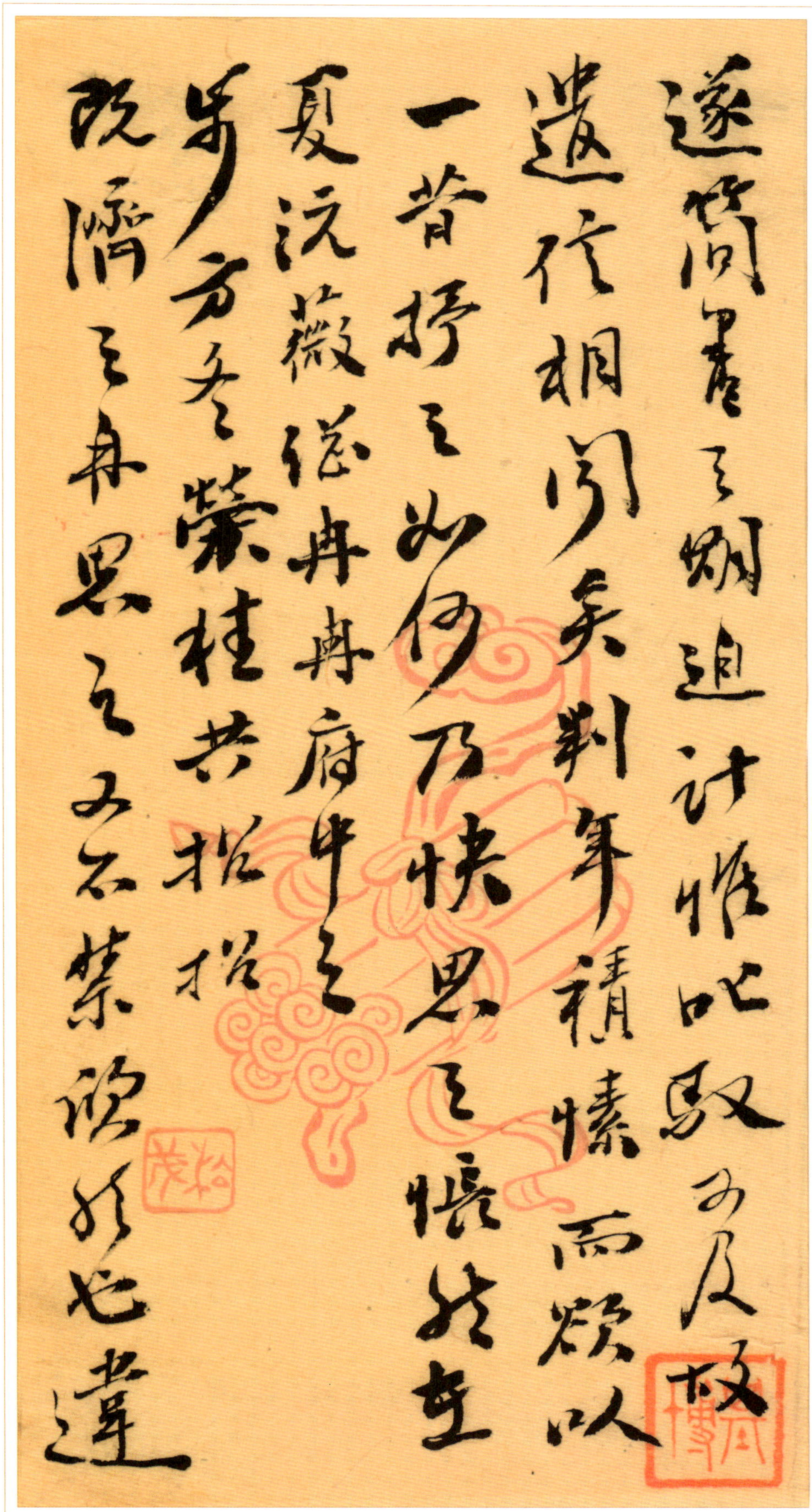
遂簡問暑之嫺追計惟此數 又及
遂從相聞矣判年精懷而欲以
一晉接之如何乃快思之懷於生
夏浣薇從冉冉府中之
年方冬榮桂共搖搖
跂濟之舟思之又不禁諗於乜達

城十里即令一吏來便教持刺先
持同寅到門見向者須去也
標署中做裏樣耳可卻應約
然後與可
標下人旗鼓相當各出半年奉比
見跳則一肚皮春秋傾箱倒篋出

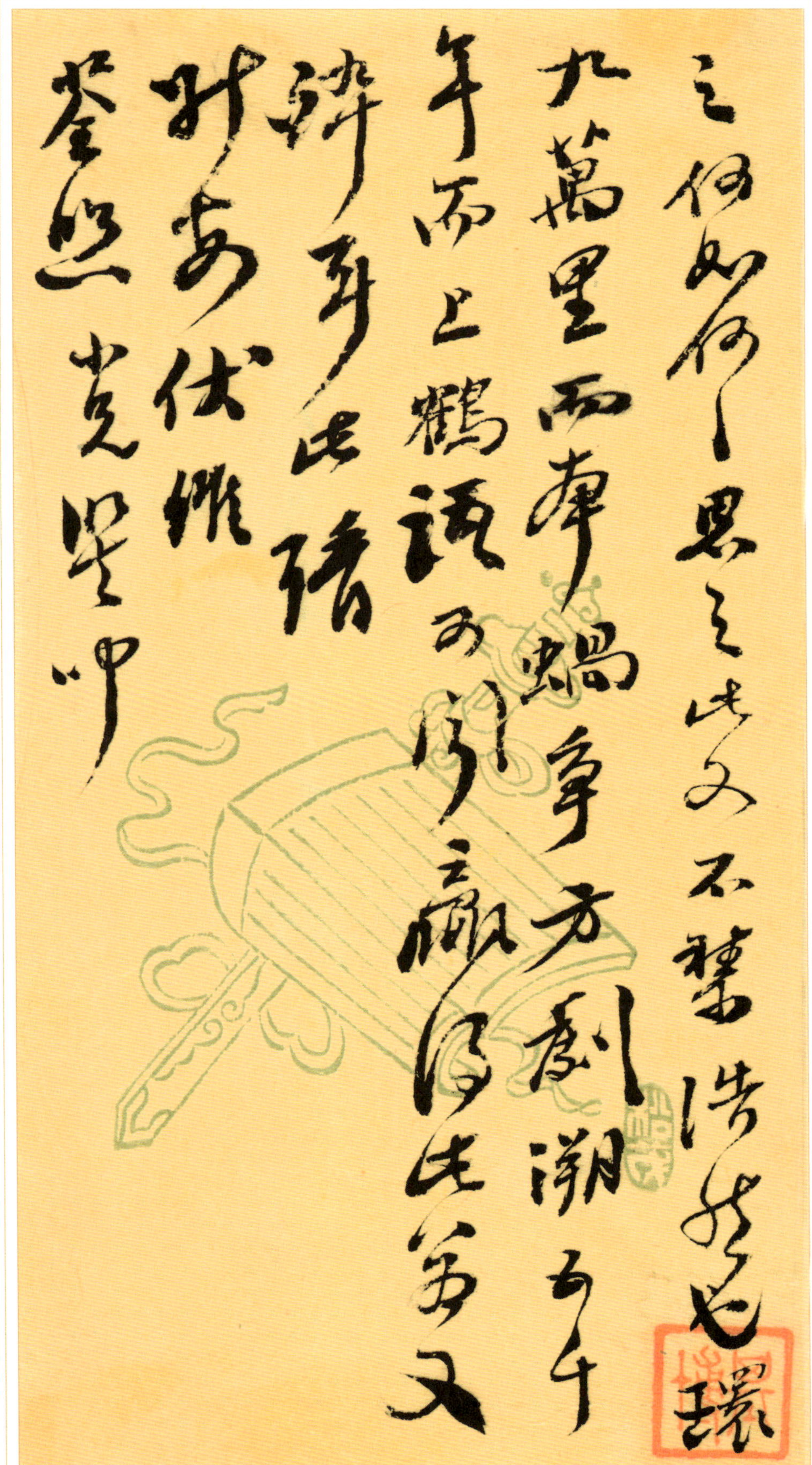

之何如何思之此文不禁浩然也環
九萬里而南蝸爭方劇湖上千
年而上鶴語西泠流瀛復此第文
許年此語
新安伏維
荃照 黃思中

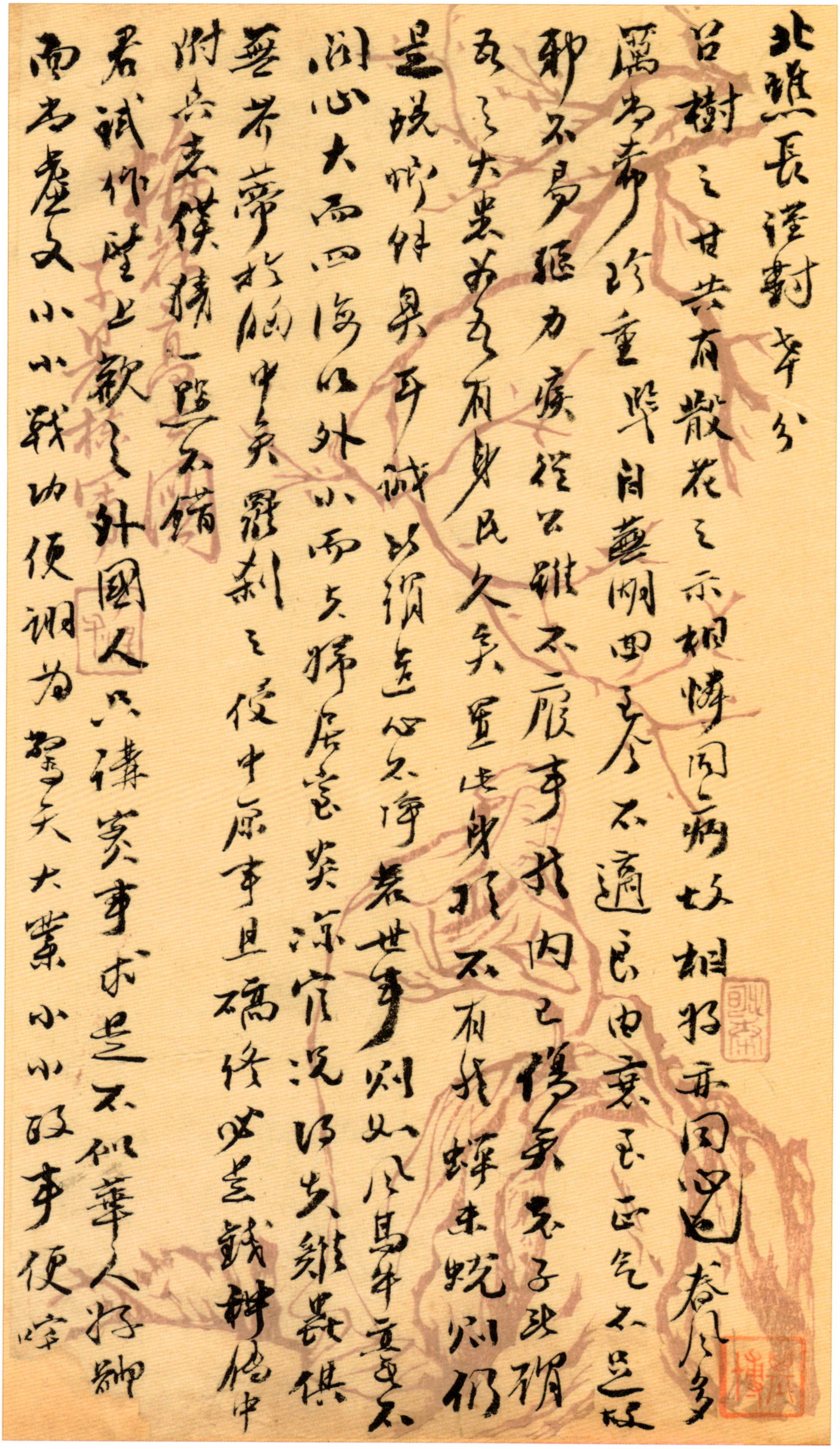

北燕長謹封率分
呂樹之甘共有散花之示相憐同病故相招再同過春風多
厲而春珍重興自藝湘田王命不適良由宦意已盡氣不足以
馭不易繼力疲從公雖不廢事於內已傷矣老子所謂
吾之大患爲吾有身民久矣置此身於不有彼蟬蛻則仍
是蜣螂耳非易耳識以須立心不爭甚世事則如同馬牛直亞不
關心大而四海以外小而天下歸居家矣凉官況以失難甚俱
無前帝於腦中矣羅剎之役中原事且礪後必是錢耕偏中
附兵君僕猜一路不錯
君試作壁上歡之外國人只講實事求是不似華人好聊
而尚虛文小小戰功便詡爲驚天大業小小政事便侈守

我輩道口碎只是把古人手搬演作門面試看乾隆年間以來序

西域之碳揭真是撑破了九重宗動天實華盛頓之祥讖拿

破侖之征誅新聞紙之開絡大工程阿非利加之覓礦大交

易金錢成千萬無一文派負人力數十年無一日暇

工隱華文字表揭示範文人閱史踐錯濤西大傳環

獻一生方知一部米有多少士人若卿　佛說同業記

見比見別業因見彼後小為大者是一業彼舉重若輕者

亦是之業到世間事件人作事無論好事惡事都是

業似此業中人便知得其中甘苦得失成敗致謂何也

不似此業便不禁心知之便不致切琴如小覺其猛了

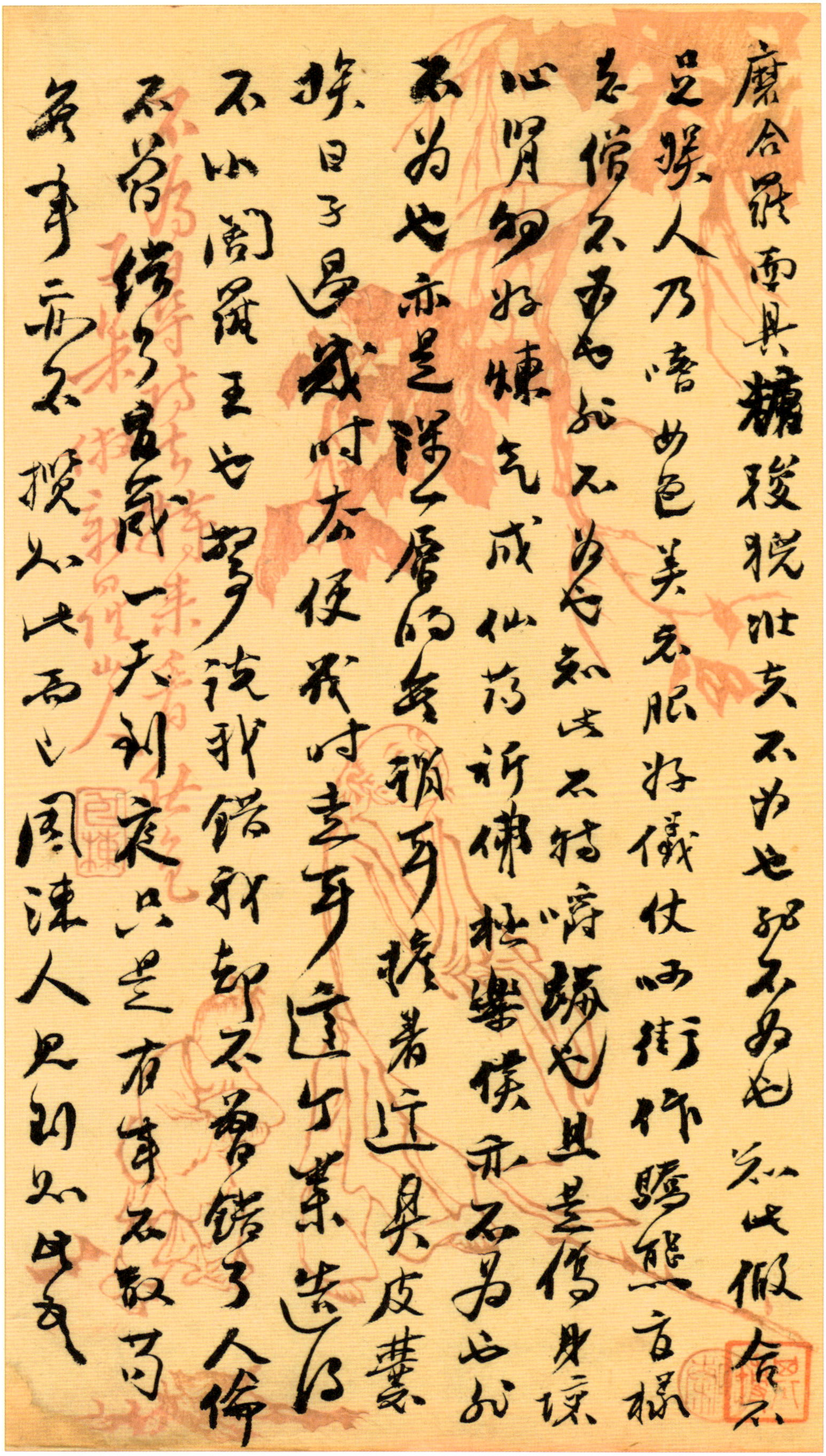

磨合痕面具糟蹋猥壯夹不必也卻不知也 知此假合不
足娛人乃嗜好色美衣服好儀仗以街作態一方標
色借不必也於不必也知此不特[illegible]嫣也且是傷身壞
心腎卻好煉氣成仙藥祈佛北嚮俱亦不易也於
我為也亦是諜一層的無礙耳擾著近具皮囊
挨日子是我財太便我財直耳這個業告了
不以閻羅王也辯了說我錯我卻不曾錯了人倫
不曾錯了寶藏一天到夜只是有事不敢苟
無事亦不探人此而已 周涑人 見到知此矣

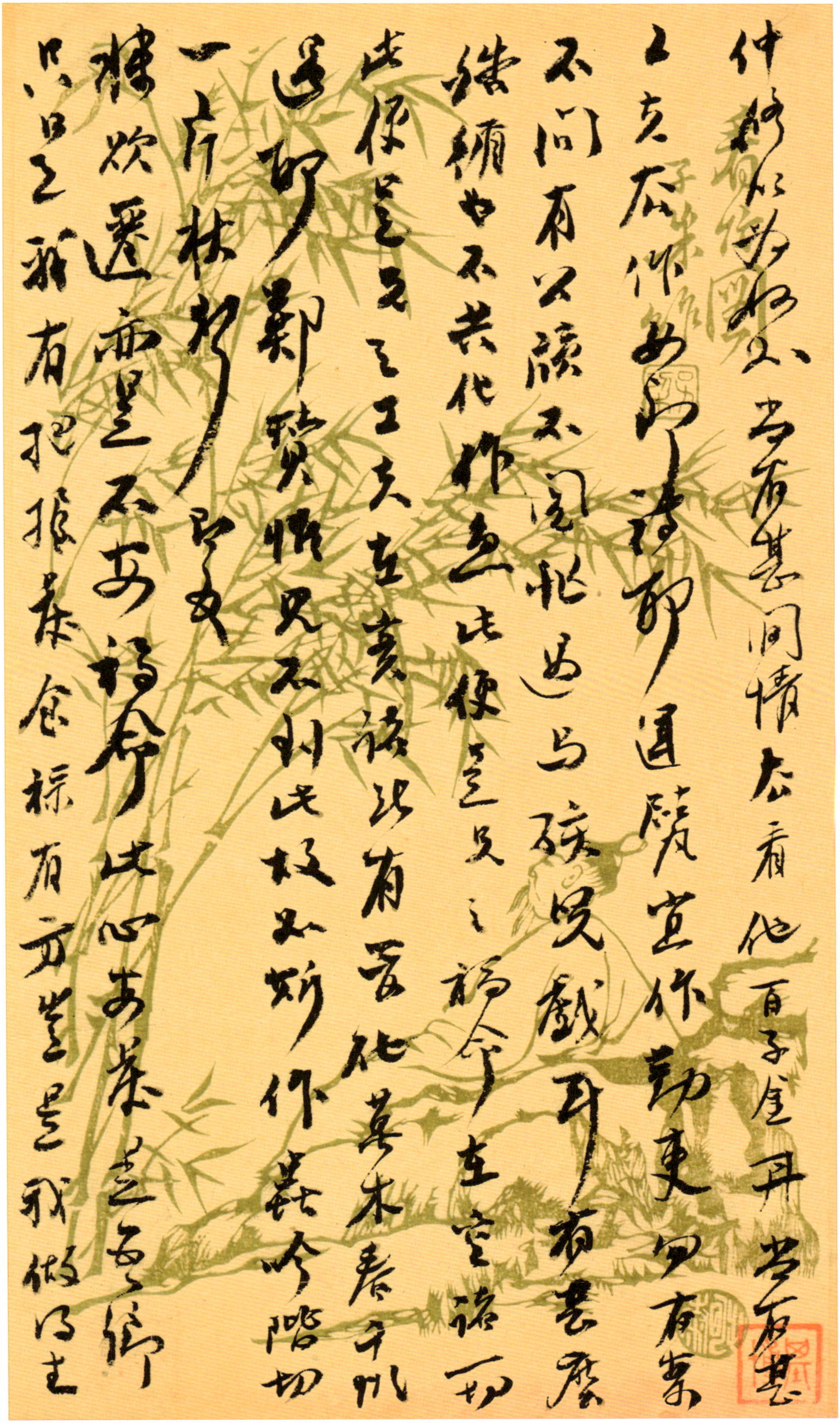
仲修仁兄大人：出有甚閒情去看他百子全丹，出有甚
工夫去作如此詩耶。匡廬宜作勤吏，內有案
不問，有以讀不全根如與談吳戲耳。有甚麼
繼續也不共化作色，此使學夏之福命在空諸一切，
此便是天之工夫在業證此有箇化草木春秋
送郎，鄭賢慨只不以此枝又妨作藝吟階切
一片杜釘。即文
精欲遷，亦是不安福命，此心安來，甚為[illegible]御
只日已雅有把握，來食棕有萬壹是我做[illegible]主

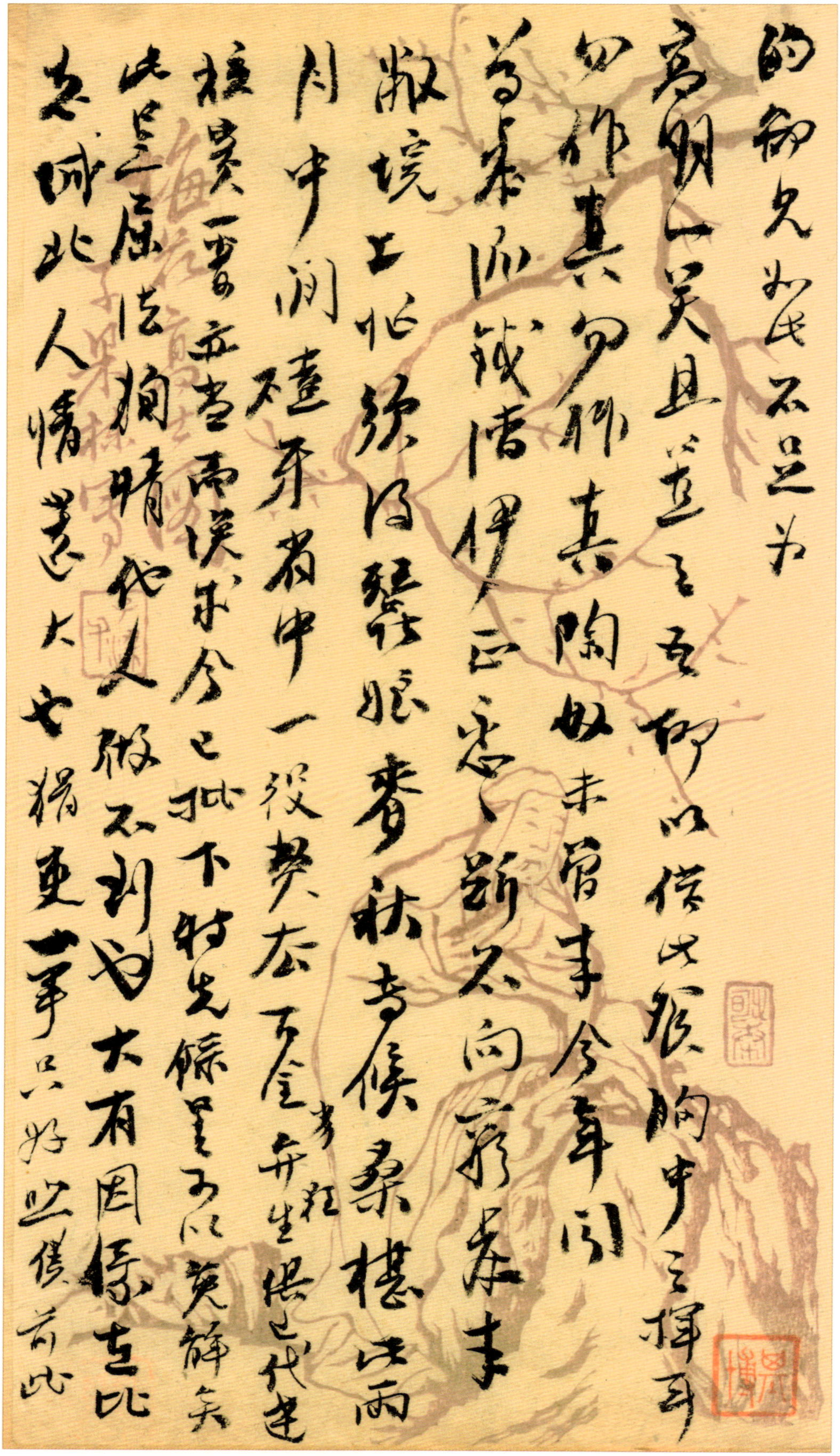

的知久如民不足为
高明亦哭且並之吾卿以信此狠胸中之揮斥
如作真多作真陶如未嘗事今年間
苟來而鉞借伊巨患新不向前來事
微境上怅然得琴賡秋吉侯桑楳此雨
月中潤蓮牙者中一役契太乙食弁生供已代速考在
植莫一晝立書雨涙未今已批下材先條呈了以葵解矣
此是之原佶狗晴代人做不到也大有因緣在此
真城北人情慧大也獨更一事只好送候前此

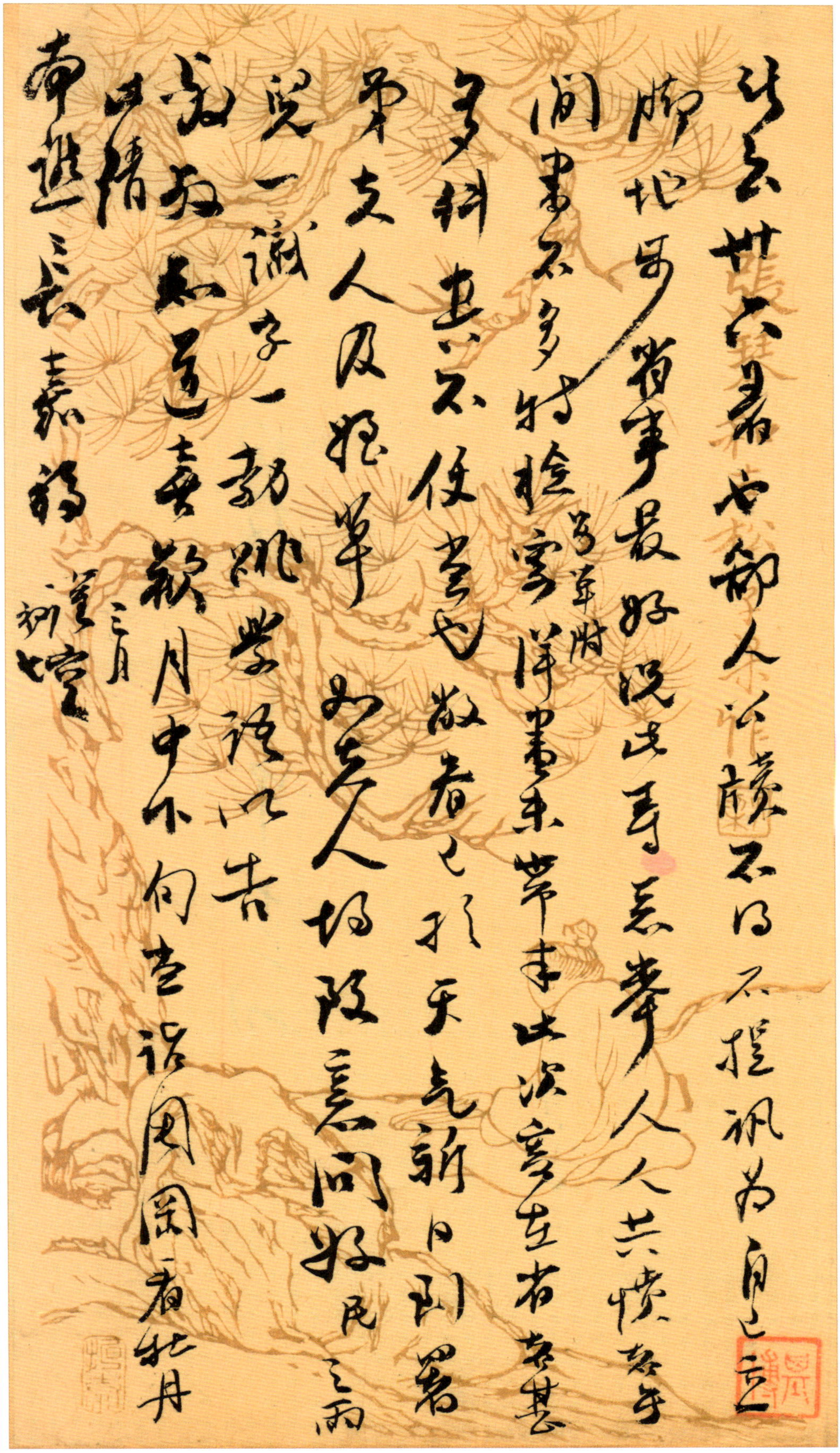

喜遇和
仲翁韵即希
稚湛
翁共政之
敬
遠聞閩嶠惜離情近喜扁舟到皖城北面新交推望
重南皮舊會數年輕九經例熟鱣堂校一劍身危虎
徑行循吏儒林都不愧渡江祖逖有先聲
寫褱再步前韵并呈
稚敬湛仲
翁先生鑒定
枳殼花開百舌鳴官閑衹覺歲頻更乞鄰酒帶家鄉
味呈佛詩多歡喜聲一塔倚紅矜夕豔萬山鋪翠學
潮平射蛟遠略談猶壯羅剎洲邊草又生
周星譽初藁

申芬渥錦錯天儀花氣遠舞滿昇
示淵寫妙、
諸靡弗變豔落尺寸土浦之作人衆手、數節意謀
成秋一鳴與煙家燭今不無如代坎泥有丑
鐘鼎方山林沙大鑑魁都孔偶勝游齋年栽天文
新墨家之以月擲燃時傳風手遠侯、所以花安
家、請我從之後之九多謝蜀以壽篇詩能再交十
六州五十日
讀君雅集之花徵借夏半季實違寶之人遊詩
臣之以取衷以希 并 史定稿矣

周星詒

二通

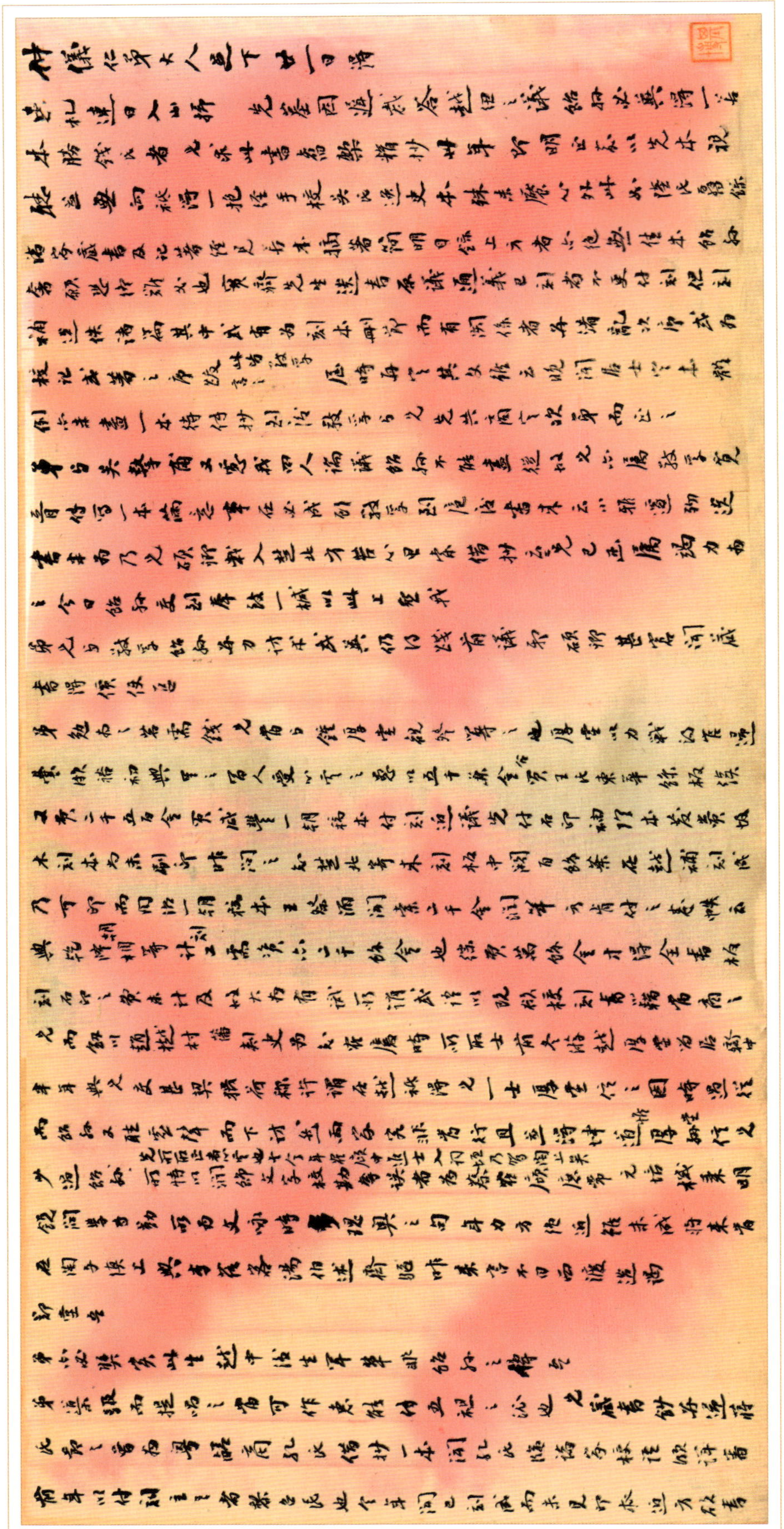

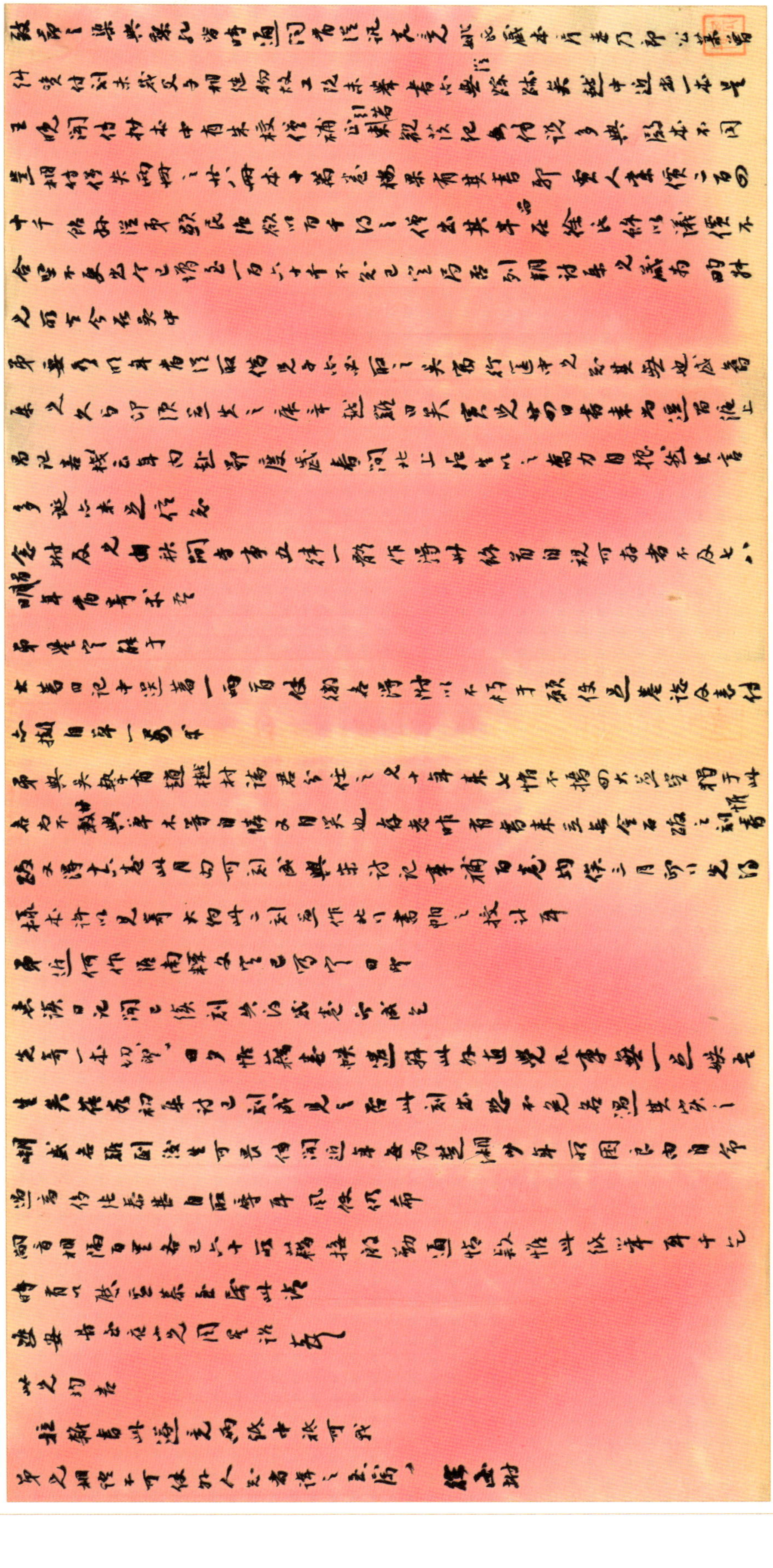

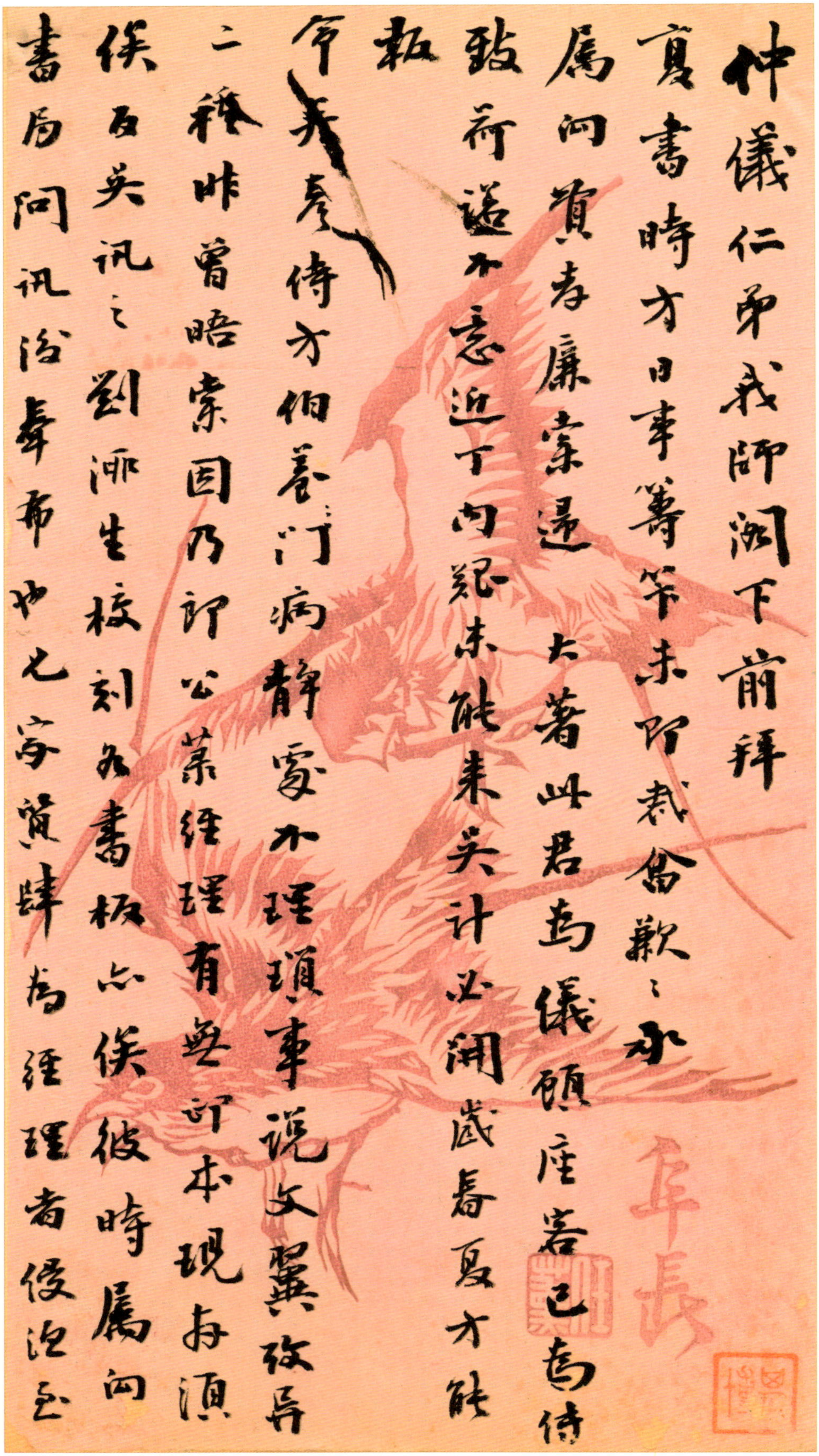
仲儀仁弟我師閣下前拜
復書時方日東籌筆未即裁答歉歉承
屬向賀壽廉棠還大著此君為儀頌座右已為侍
致荷遂不忘近下問紀未能來矣計必閏歲春夏方能
教
令兄參侍方伯養疴靜處不理瑣事說文翼攷異
二種昨曾晤棠因乃訂公葉經理有無訂本現尚須
侯及吳汛之劉泖生校刻為書板亦侯彼時屬向
書局問訊治年布也又安貿肆為經理者侵迫至
年長

毋錢四萬串目問會計素拙無從措手現商儀頗台許
藉其聲望才猷重新整頓業于廿三日起菩菩立約此後
可無虧耗蠹矣家搜查所有屬為為圖恢復現又承
措德清新市泰和半分心屬儀頗主持允儀在矣足楚
尾款可由彼還越約下旬吉造過沖別紙云云亦已代
達明年擬於省城內剏設一肆屆時當由之轉告新市
距杭僅八九十里泰和為有萬五千串架本可借此典交易
甚大去年獲利分五分今年減為大小分六起息亦為有分
餘利每百加貫十五文月內祇現錢萬串即可撥借餘款

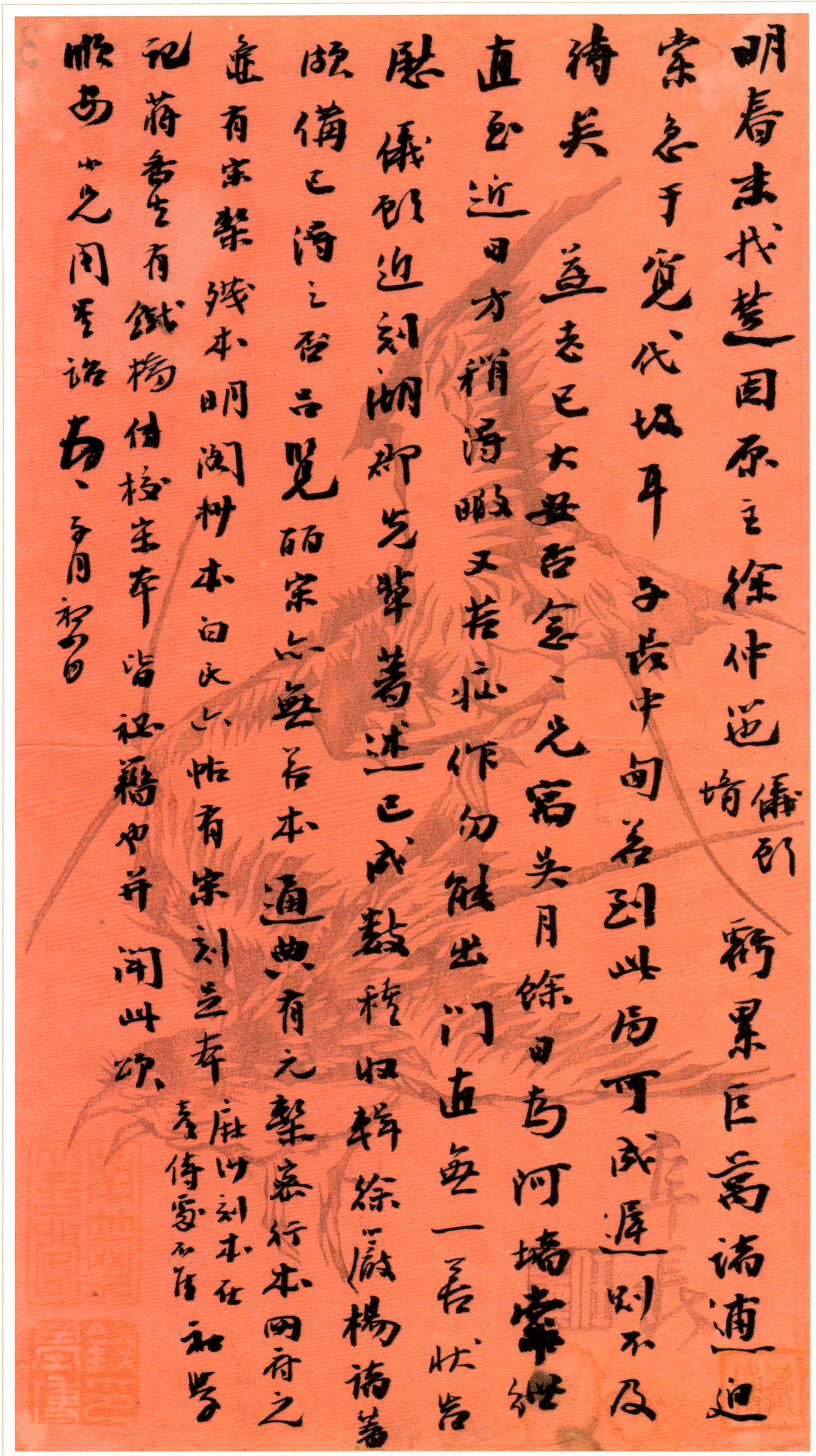

明春來找楚通因原主徐仲遠偕儀卿 稍累巨萬諸通迴
宗急于覓代收耳子長中旬若到此尚可成遲則不及
待矣
益老已大安否念念之宿矣月餘日爲河墻案纏
直至近日方稍得暇又苦病作勿能出門直無一善狀告
慰
儀卿近刻湖州先輩著述已成數種收梓徐巖楊諸著
皆備已得之否吾覓兩宋亦無善本通典有元槧慈行本兩府之
迹有宋槧殘本明閣抄本白氏六帖有宋刻並本廬山刻本在李侍郎家和學
記蔣香生有鐵楊付校宋本皆秘籍也並聞此頌
晚安小之同呈諾南、二月初四日

陸心源小傳

陸心源字剛父號存齋晚稱潛園老人浙江歸安人少負奇穎讀書目數
行下年三十通九經與同郡姚宗諶戴望施補華俞剛王宗羲凌霞以
古學相切劘時有七子之目咸豐己未舉人遵例以知府分發廣東
擢道員同治乙丑簡廣東南韶兵備道丁卯調高廉道奉旨開缺送部
引見丁外艱壬申閩督李鶴年奏調赴閩署糧鹽道乙亥奉母歸娛意
林泉闢小園水木明瑟署曰潛園酷嗜異書大江南北兵燹之後故
家藏書出以求售所得宋元版書於是爲盛宋刊書一百餘種元刊四
百餘種儲之皕宋樓藏書志一百二十卷續志四卷光
緒戊子進書國子監舊刊舊鈔一百五十種計二千四百餘卷附以
所刻叢書三百餘卷奉旨褒獎癸巳引見召對一次歸得疾次年十
十月卒年六十一所著儀顧堂文集二十卷儀顧堂題跋十六卷續
跋十六卷皆古書源流金石考證之學所得金石碑版九千餘通多
青浦王尚書未著錄者作金石粹編續二百卷鑒藏書畫作穰
梨館過眼錄四十卷續錄十六卷生平篤嗜唐文於蟬斷泉杉掇
拾錄存與金石之文新出土者成唐文拾遺八十卷唐文續拾十
六卷樊榭山人宋詩紀事於兩宋詩人搜羅補至後輯得三千餘人
得詩八千首作宋詩紀事補遺一百卷其應書小傳有仕履不詳時
代未著者別為小傳補正四卷其他善本卷帙繁重不及編刻者作
群書校補一百卷搜故鄉風雅補志乘闕遺作吳興詩存四卷吳興金
石記十六卷歸安縣志四十八卷病宋史蕪簡考覈始末作宋史
翼四十卷元祐黨人傳十卷嘉定錢氏疑年錄之作大抵詳於儒林文
苑及書畫之士既校正錢聯鄉疑年錄四卷復益以名臣大儒作三續
疑年錄十卷儲藏三代秦漢鐘鼎彝器百餘唐古鏡六十餘輯古
古言金石者以補李學博富孫之缺得三百餘人作金石學錄補四
卷合皕宋樓藏書志署曰潛園總集共九百四十餘卷

右錄繆荃孫藝風堂文集陸公神道碑銘　按心源以所得宋元
刊及名人手鈔手校者儲之皕宋樓者守先閣則皆以後刊及尋
常鈔依四庫書目編序而以晚近著述之善者附益之及殁
其家以所藏售之日本岩崎氏載二十萬卷以歸儲之靜嘉堂
文庫日本藏各國書獨缺史部集部及得此舉國相慶矣

陸心源

三通

季貺仁兄大人閣下：連奉
惠書並譯件、修文稿、揭惺吾書式均悉。一一
是惟
藻飾繽紛，慙不敢當耳。檢閱書式，樣本甚
中如古今韻會舉要、韻府羣玉、增修互注禮
部韻略、胡三省注通鑑、方輿勝覽、寇宗奭本
艸衍義、大觀本草、外台秘要、類編醫方大成、文
章正宗、贛州本六臣文選、元刊中州集、王狀元注東坡

詩等種敝處已有宋元刊本及唐人佛經皆非
所欲其條約三十條種均所願得并得請楊公
攜帶而來當有千金交易也諸暨有胡類支
壽廛是足文章名手兼善青烏術不識
閣下知其人為乞探問
示知仲修居杭州何處亦祈
示及弟擬欲通書並寄新刊也施均甫文集
既已發刻詩集板片尚未取歸當此亦復敦

敬

起居並請

大安不一

立盼

復音

世弟陸心源頓

六月初三日

仲公閣下：昨者辱
復書，承
賜各書，足以振叢蒙瞶。謏謏拙著訂
跋，將以糾河間、儀徵之失，挽訶紀詆阮
之風，鼂陳之褒，不敢承不敢承。淮南
鴻烈正統藏本，寓目未經，藏弆夐
絕。新豐唐氏向儲影宋，矻矻窮秊，記成
校勘，即世已久，尚未殺青，手始凋零

恐餽蠹腹，伯均命不副 丰墓艸已宿

喪此總角之交，益增晨星之感。對朩好

文梓其詩集，棗木東甾，南來無日

文未寫定，詧者訛多，近排群議，出私

家錢付之手民，俟有摹印，當即寄

將。東瀛舊籍，極所願得，辱蒙

函達，永矢勿諼。春申浦上，今之大市，手茲

和會，可謂宜古宜今。若星老任 權谿弟

當別送黃頭郎華緡伏祈代告
大箸淮南何日成書先覩為快企予望
之弟手辟不仁三更晦望入夏少間木
犀香候尚得霍然再當鼓棹武林捧
手請
益手肅復詢
起居酷暑伏惟
珍衛不宣　　愚弟陸心源頓首

仲修仁兄大人閣下：久仰
盛名，每緣良覿，每游杭會，渴思一奉
光儀，均以返棹匆匆，未償夙願，人事多阻，良用
歉然。昨從周季貺頒到
大集，捧讀之下，馳逐馬班，凌厲韓柳，其奧博
瑰瑋，淵淵乎先秦兩漢之遺。今日文宗，推
君獨步矣，可勝欽服。弟却軌杜门，著書仰屋，
網羅古籍，平生夙好在茲，近年以來，所見日少

頃承
見示楊君惺吾宋元刊式一本，其中如古今韻會
舉要韻府羣玉增修互注禮部韻略胡三省注
通鑑方輿勝覽寇宗奭本草衍義大觀本草
外臺秘要類編醫方大成文章正宗贛州本六臣
文選中州集王狀元注東坡詩敝處已有宋元刊本
及唐人佛經皆非所欲，其餘約三十種皆所願得
如蒙

介紹来湖扁舟載王不勝大願附呈拙著題跋伏乞
教正專肅奉瀆祇請
台安惟希
朗照不宣

愚弟陸心源頓首

贛州張之綱刻本之選昔人不能定為何時所刻書張
之綱山陰人紹興十五年進士則亦高孝間刊本也
心又及

楊守敬小傳

楊守敬字惺吾湖北宜都人同治壬戌舉於鄉選黄州府學教授自少好治碑版考證之學光緒初隨香山何如璋遵義黎庶昌出使日本知吾國古籍秘笈多流日本而國內已佚旋交其醫士森立之見其與澀江道純同撰之經籍訪古志乃按志搜採而藏於好古家者不可以金錢來求屬有天者幸守敬行笈所攜之古金石文字拓本多日本漢學家所未見爭以藏書相易日本人言我國書法之不囿於唐歐宋蘇而知推本六朝實自楊氏啟之而為日本書道界之一大革命云時日本明治維新唾棄漢書所有經史善本之為國內不經見者亦充塞坊肆惟守敬之所擇每得一書即為考其原委而成日本訪書志滿載以歸黄州有屋數十間充棟焉既而日本人大悔其後四十年日本岩崎氏以日金十一萬八千圓購歸安陸心源皕宋樓藏書歸國島田彥禎作皕宋樓藏書源流考述其事以為足相報也古佚叢書數十種則隨黎庶昌在日本而為蒐刻者碑牌版蒐藏既多書法高古融篆隸於行楷非規為六朝者可及尤為日本人所重辛亥武昌兵事起避地上海上海寓公多賣字畫為活而人心未定亡過問者獨守敬至一月而鬻字至一千四百銀圓皆日本人之求之也

楊守敬

二通

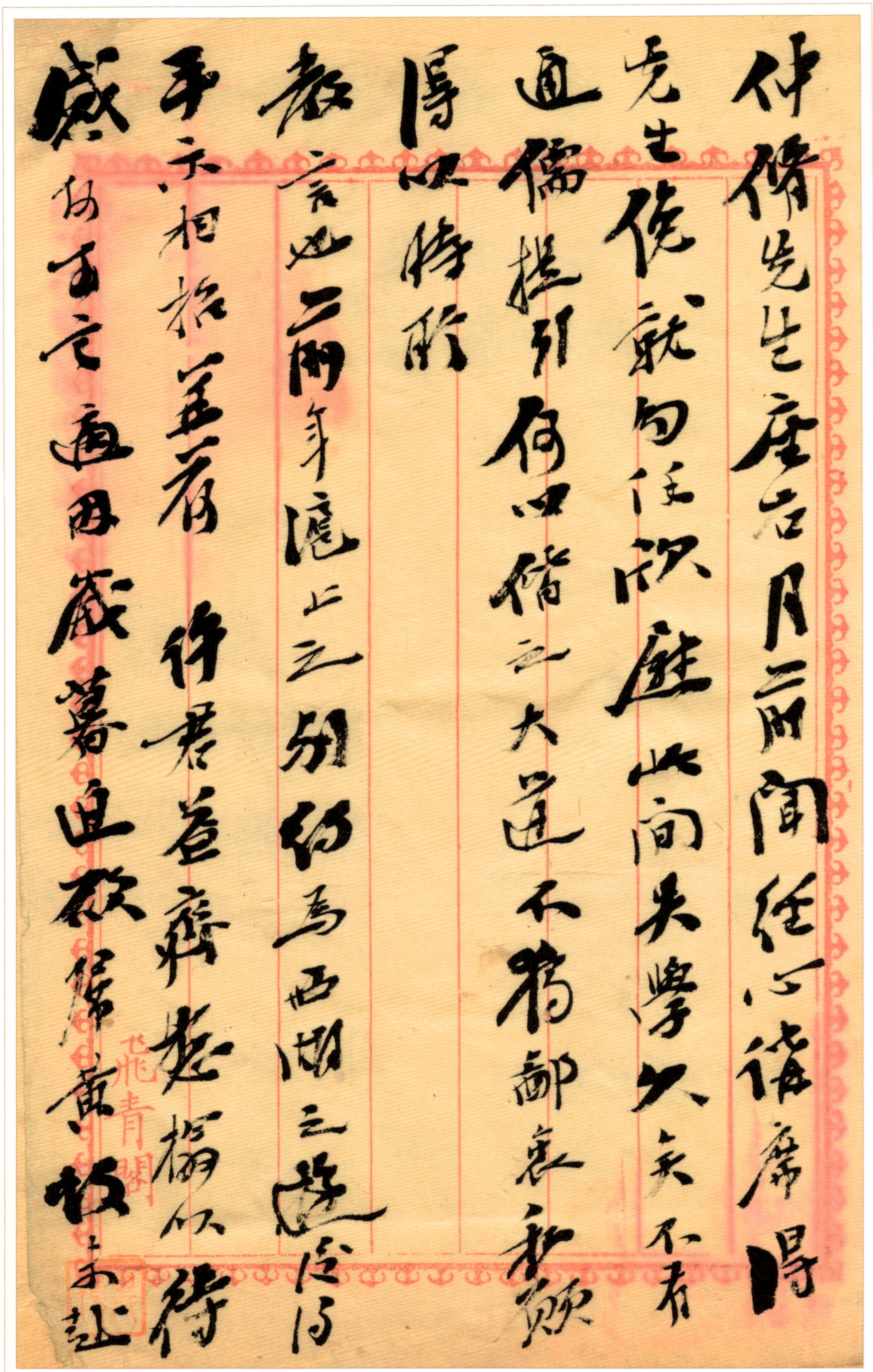

仲脩先生座右：月前聞從心儒處得
先生佚就句任識，庭此間失學久矣，不有
通儒提引，何以脩之大道。不揣鄙衷，秋餘
尋以脩所
教。言迄二兩年，滬上之別，約為西湖之游，近得
手示，相招至存，仲君蒼齋楚楣以待
感。故于下月適因嚴暮追欲歸黃，故未赴

約此飯未知何日得償頃得
手書詢及卷子存左傳世無不過前年曉
峯、二其、廣敘所得爲人祕笈更僕難
數有古刻文選三十卷是李善只未注以前
李庵收得六臣本鈔出　先生依二長　即以經部
論、之遠出山井鼎之上蓋山井鼎所
據不過具足利學舊本敘則徧得見其
國中古籍從其內府楓山官庫二藏之信

三

出傳錄之（詩書志 其詳見拙撰）均無任有古鈔猶通

或有至廿條通者，即如此左傳之山井鼎所

未聞也（七經孜文只六經有古鈔本，左傳無古鈔者，所據興國宋槧耳，茲之置之）其中異

同之迹，徒人心俸多與陸氏釋文治秋一書合，蓋

六朝舊本也。其有釋文不載，爲唐石經宋槧本

所奪誤者，不可殫述。太第一（峰）二十帶如昭公

七年侍夫郎將師旛之命以藏之旗三旗國之

之良也，（今）各本不疊之旗二字，得不謂是唐石經以

四

下三覆文乎又如莊十九年傳衛寗辟謂寢
君矣注楚臣役貴其速覆所以興兵名本楚之
下矣注字當何通乎又如隱九年傳衷戎師
注以過二伏兵為本過作遇山井鼎所見與國
本亦作過又旁注別本作過一盖校者據此本耳而
阮氏校刊記非之竊謂此一字千金也蓋祝聃
引我師超過二伏兵至後伏兵後伏兵並擊我還之
二伏兵衝乎其前後伏兵擊其中祝聃反逐其

飛青閣

段好注云前段中三處豈敢意我師之情京
如儋菴初印已遍見之伏奉我師不聞即還去
矣寓得東隨征聯五段於兵處手此得不
謂宋槧以下疑改手筆如何義門所舉改而賜
謹長劉多益此類不一一稱說矣承
諭當謀精槧以饋衷感無以年未蒙賜於
心而不釋者壹欲今所得諸鈔本及北宋槧本為
之從古注精刊傳世又即手史集部擇其尤

老弟入木尚可，據信手古逸叢書也。惟

以外事體大，此間真知甚要，絕不可得。已往

居乾嘉年來應若逆來 湘師淮此未

知政事之暇，尚留意此事否？以安得成此盛舉

亦不負我海外一行也。又聞許益齋姪

在西有力，何不以此慫恿之？

來書稱益齋重刻唐文粹篤友題

諭之如
命書就，但聞此書蘇杭州書局早已刻成，故未知
蓋齋所據何本，抑與英華及專集本互
勘乎。吾所藏有宋槧本（缺首五卷）、明嘉靖間徐[illegible]
刻本、明晉藩本。宋槧翻雖不精，然誤字最少，
徐本所從之出（此本已借去）。晉藩本雖有誤字，亦有足
訂宋本處者。未知蓋齋尚欲參校否，示知以

為坊友所欺以籍之乞校本而急需重刻者
甚多蘇州本雖不精似乎庸手刻比
類而推何不移此費刻宋元文集數千
又聞蘇州已刻宋文鑑
無此之局外人讀稿　蒼齋必有說
也友在滬外謁乃收書之知乎藏第挑挑拾大
而殘消宋槧著一訪書志而後是書手
故奈志大觀者必非無青道據一道用

垂詢遲日月加以人事牽率久不脫
藁直不及待所藏精本頗有多有力
者良去歲至寄至廈之書尚多在篋中
一再校弄一切專力此書成就之自謂
此書成之後籍中一大關鍵不第為一家之
秘藏也使年來精力耗竭從遍舉須髮
讚嘆使此六七十歲人膝下豚兒皆不識

十

佳志老兄助我搜討者以蒲郁之資為
五官之用其可得耳所藏書十餘萬
卷學齋並不能書於黃鄂城北下築
一抱題樓為度閣之所此地非赤壁故
十載為一城之勝款之曰鄰蘇園即用坡
遂公臨皋亭承天寺句為勝日重門洞開林巒
照入積水空明之藻荇交橫自信山水

十一

青堂今昔同情，惟未得
、書代彼公一證斯誼。筱珊編修
不日到此，何不携手同游，使吾園之
千古等宜。張左教箋一部，價六（二）八千，
祈
轉致。雪漁為後玉屋吾刀成
刻儀經解，叢未識雖留無部價寄于
想書院中必有此書，務
錦鈞首之

飛青閣

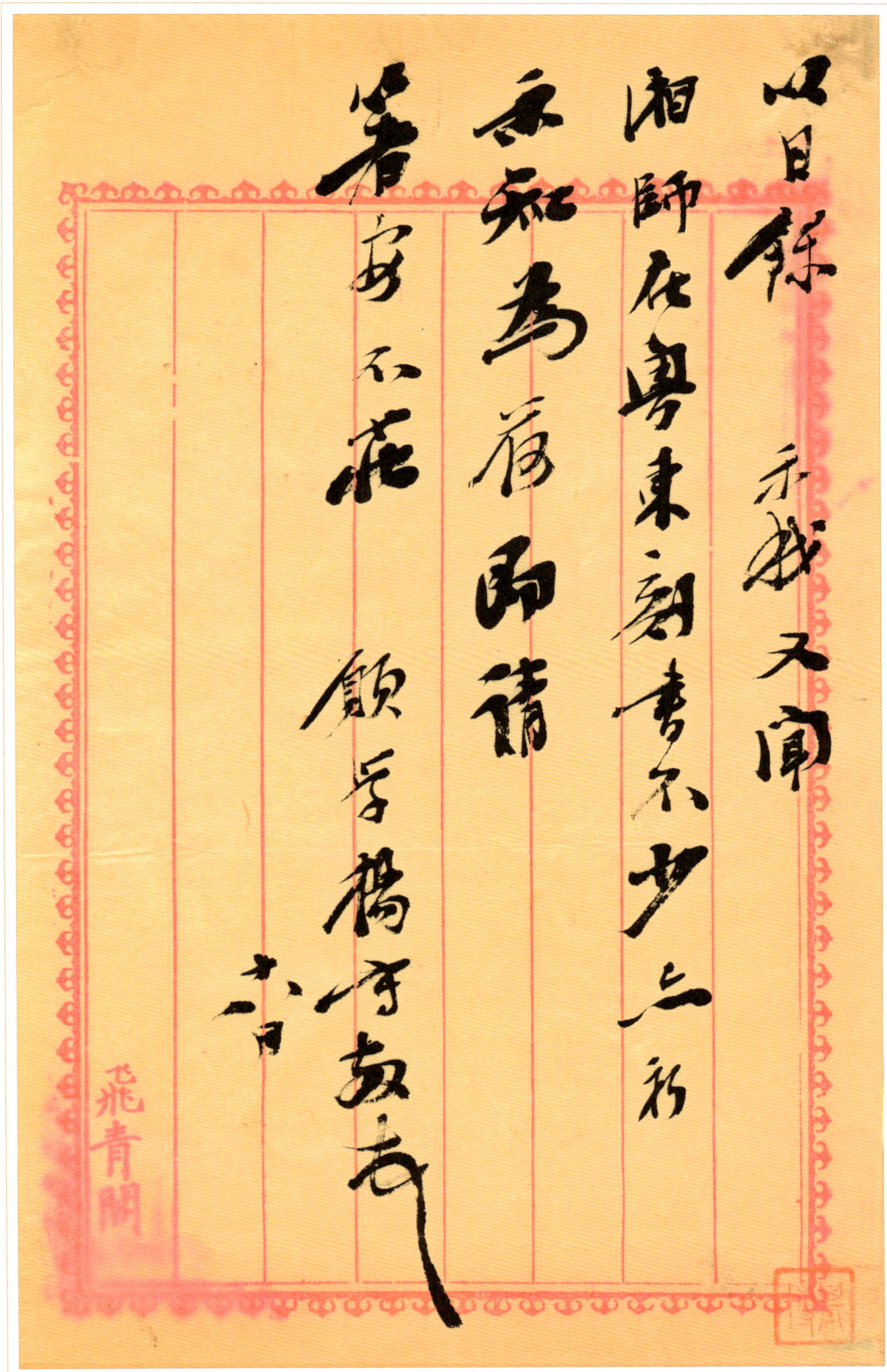

比日錄示我，又聞湘師在粵東刻書不少，亦祈示知為荷。即請著安。不莊。

頓首楊守敬啓

十八日

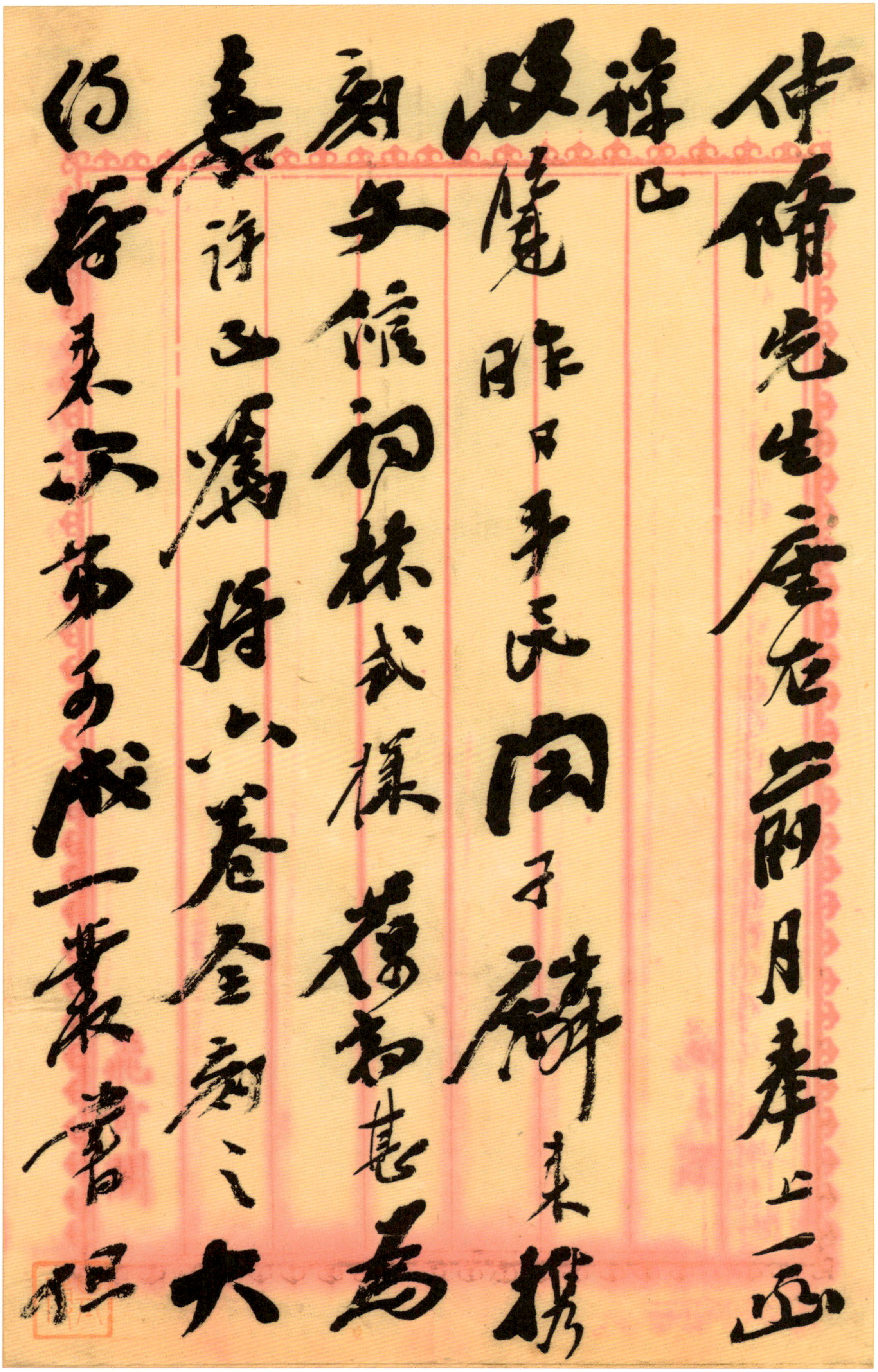
仲脩先生座右前月奉上一函
詩乞
收覽昨日手示因子麟來携
到多館詞林式樣精者甚爲
嘉詩已寫得六卷全刻之大
仍待來沅弟手成一叢書但

未能刻臣部集聞君手
藏為郡中之冠識賞所藏
子目小冊諸公皆貴識之不
待叔之播揚集因近日生意大
淺聞有志者刻在即不求
合諸手諸百道處收拾之

而不能以人全書盡畀分任之
至兩月心研術業備道
尊旨稱日本唯醫書僻經有
秘笈其他多譯言稱作偽無不如
中土云云大似日本醫書僻經為最
多也識能逢其會繁至其他概

以作僞辟之則精過去前讀
尊著日記中述錢竹汀先生言
以群書治要爲僞書然王懷
祖乃當代大儒其讀書雜志所
取數百條皆與中土古書相合
又嚴鐵橋所輯子部書多有全

篇取之此書者此定可遇空杜
撰此書卷子原本存其東京楓
山官庫又嘗借出每卷影摸
數行匠刻成一卷未可行否古雅絕
壽宇兄上
倫此非後人所能隋唐之尤皇
侃義疏以釋文與之多不合無有

疑之者不知古人義疏與經注之別行，唐人尚不肯自改，先有合併之本，故所見日本古鈔皇疏多係元明以下之本。蓋以邢疏之南宋注疏本合併之故，有以疏綴經注者，此自日本人其陋之故。今全書具在，平心讀之，果偽書乎？至孝經孔氏傳，此自足

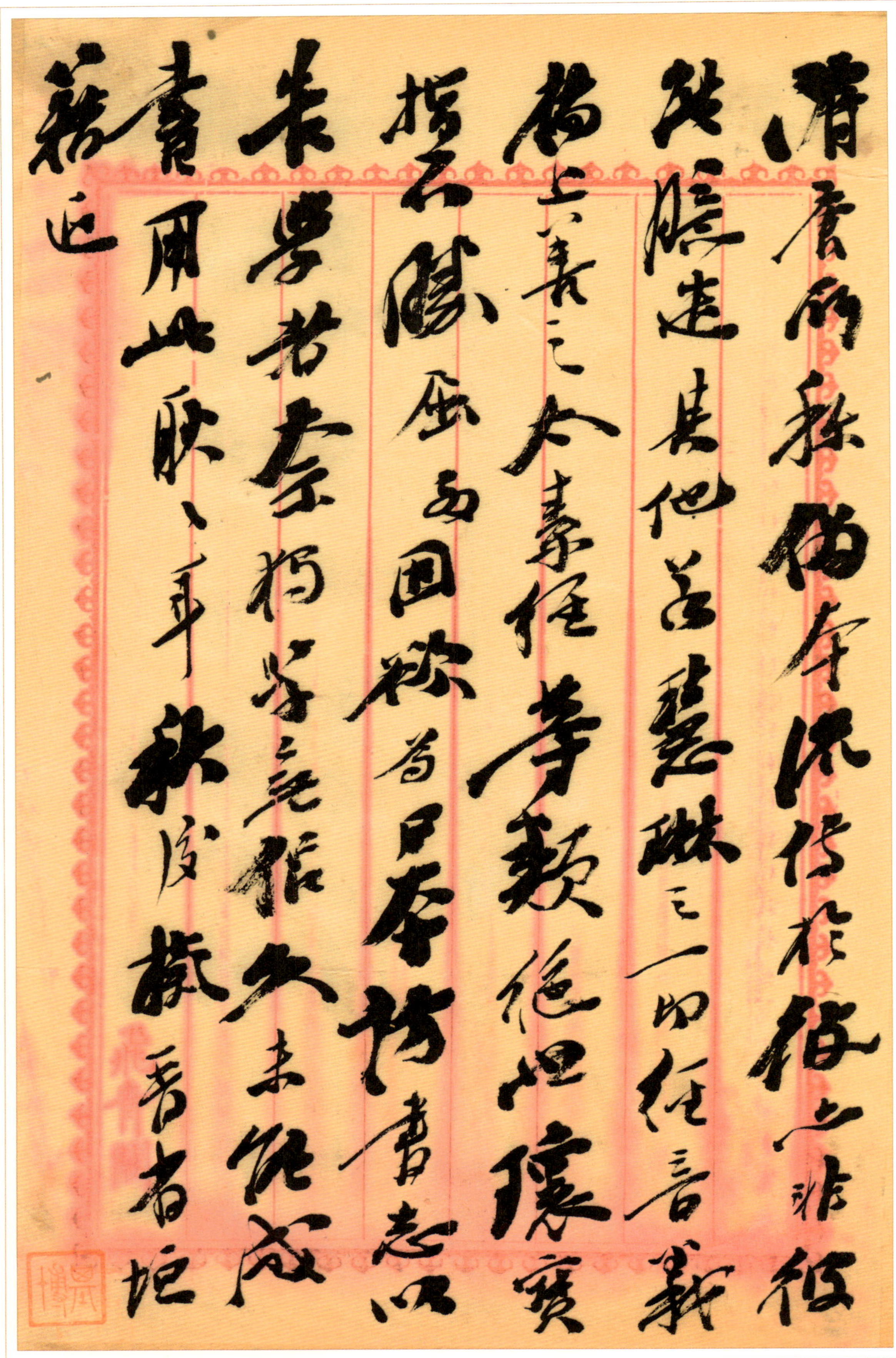
清
詹所錄備存[illegible]傳於後亦非[illegible]
[illegible][illegible]述甚他若慧琳之一切經音義
[illegible]上之書已太素經等歎絕但懷寶
[illegible][illegible][illegible]而回國欲着日本訪書志以
[illegible]學者奈[illegible][illegible][illegible]作久未能成
[illegible]用此耿耿耳秋[illegible][illegible]書者垣
[illegible]近

先生款謹啟

清誨本不鄙棄爲壽所請

當無不從　顧亭楷手校之

蕭穆小傳

蕭穆，字敬甫，安徽桐城人。同治初，年甫踰冠，曾國藩總督兩江，延攬學人，穆以縣諸生上書幕府。時上海方創立機器製造局，附設翻譯館，譯歐美史學輿地天算聲光化電諸書，用文筆雅馴者討論修飾，穆首與焉。顧薪水至薄，穆縮衣節食，饌之美者，惟豕肉菽乳，月數嘗耳。向者館隸江海關道，別以候補道員駐局為總辦。穆嘗自提籃入市市物，所謂總辦者坐馬車過之，耳其為總督所禮，則命僕代之提。已而穆謝，僕自提。時積書大亂初定，價極廉，書賈多集上海，穆節衣縮食之餘，盡以賣文所得，一用于書，日夜考求，遂熟於目錄版本之學。是時桐城先輩如方宗誠者，書多譚性道，及軍國利病吏治得失；徐宗亮究心邊事；吳汝綸尤喜以泰西學說為吾國倡。惟穆一意論學古籍，與後生言於字句異同、刊本良否，以及前聞軼事，歷歷如數家中物，而無一語及世務。士夫之悅學而貧、游東南者，多從之求，則販賣所言賤，蓋市書故。一寒士而積書至數萬卷，多罕本。長沙王先謙任江蘇學政，刊皇清經解續編，又續姚氏古文辭類纂，資於穆者十八九。及光緒末，穆老矣，而總辦者奪其職。會邵陽魏光燾總督江南，過上海，首詣穆，縱談三日，總辦大驚，急謝過，增俸至倍。穆歎曰：是謂我將不利於君，而貸之也。仍受故俸。而繼其所長於光燾，人以為長者。為文長於考證、敘跋居多，楷書粗拙。得秘本校勘，遂寫，夜靜目昏不少休。所刊若羅願鄂州小集、徐鉉騎省集，皆札記精詳，未有刻本者。尋卒於家，年七十五矣。子十不能有其書，則以鬻諸嘉興沈氏、貴池劉氏。沈氏為刊所著曰敬孚類稿十六卷。

右錄陳衍石遺室文集蕭穆傳。姚永樸蛻私軒集亦有蕭敬孚先生傳。

蕭穆　五通

復堂先生名文塵右春秋兩次領
大著深為衛識然均為同志素
崇而澈如仍一無所有尚擬他日
責資即十數部唐叢書以
給求也舊揭自叙於校中諸兄並
先生趣居乃須詳悉頗慰遠
念唐文粹近無善本今經
先生精校不勝欣羨頃千里曾

按此書大約以胡克家所藏宋槧
爲藍本又嘗與金近園同撰辨証
有年來求之不得嘗詢之汪容甫
汪梅村先生亦云未見刊本近閱邵
位西先生所注四庫書目乃知此書
經刊行而未識何原本無從蹤跡矣
又邵氏所記黃氏士禮居有宋紹興
九年刊本云何義門小山兄弟皆用此

以校明本朱字闕然云云此本今在人
間否則如見有傳錄者隨時留意
可也王益吾續經解近僅印四五
十部七月間已裝訂一部專摺差
送京存軍機處而龔君所校之
詩經廣詁去冬付梓此本今在太
倉州知州莫善徵所鈔未擬當寄
先生假之又龔君所撰補大誼及尚

書室本手稿尚存，當藉
先生以傳不朽，惜前此王益吾不
及知之，今與及見益吾所刊《八家
駢文》，近來當可完工。稿目之內外
循有事於江陰，當爲致一部奉
覽，茲因小崖兄之便，草布數行，即請
箸安。容俟續報。不一。治教小弟蕭穆拜上
近日繆[illegible]及吳縣葉鞠裳刊有[illegible]書名及[illegible]注及[illegible][illegible]護刊[illegible]魏書
校勘記各以一本奉上。又貴鄉先生達擬大宗有通古堂集
集外間極少，不知貴鄉有同志北鐵擬重刊否。九月初六日

仲修先生左右：春初在省曾奉一函，
託代買湖北局書兩種，至今未蒙回示揆知。
閣下于二月初由鄂回杭，道過申江，亦不令人
知矣。然我春初同時寄鄂中友人三信，均
無回信，彼時知
閣下尚未動身，想經營回里，無暇再問
外事故耳。此已過之事，已毋庸議。惟我有
日本人所著畢沅訪校石照久久補正久在

尚卿居

尊栞前年離到杭时本已厭取而戴同卿
彼时借抄云即抄畢交子衡代為寄還不料
戴業已存而不覓人既不即抄又不交子衡寄還
旋聞又送交
尊栞還留至今又时聞屢為他人所借
竟忘從前為弟之物三月間有人到皖見箱
中有高仿青書一紫頁兩本無人知為弟物代
為索取仿青堂要寄歸

尚卿居

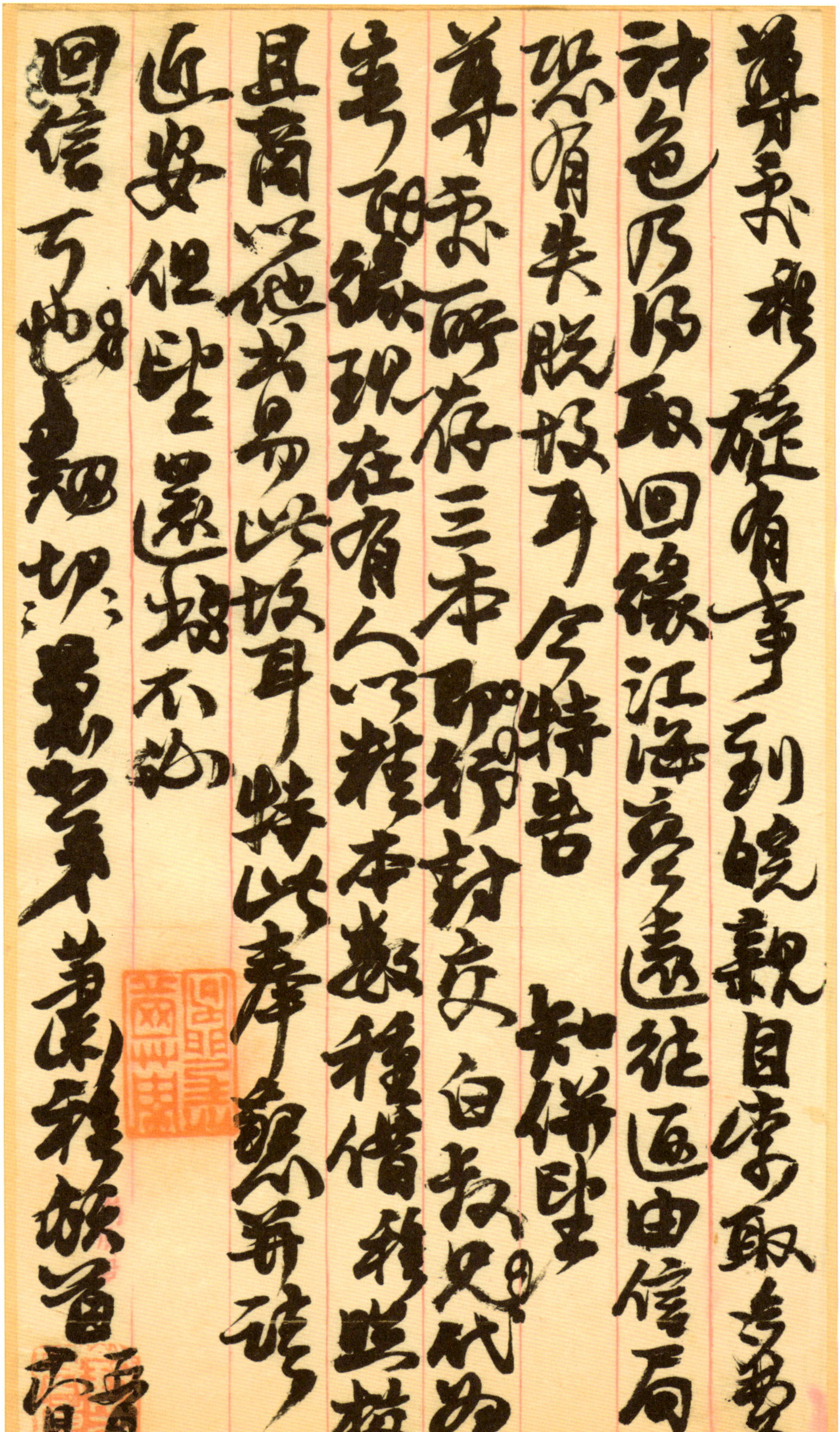

尊柬拜[illegible]，旋有事到皖，親自[illegible]取去[illegible]詩卷，乃即取回，緣江海遼遠，往返由信局，恐有失脫故耳。今特告知，備[illegible]。尊柬所存三本，即行封交，自當代為[illegible]。現在有人以[illegible]本數種借[illegible]，[illegible]且[illegible]以他書易此故耳。特此奉[illegible]，敬請近安。但[illegible]速[illegible]，不必回信可也。[illegible]切切。[illegible]頓首

復堂先生座右春初 騶從莅申時鄙人
正在卧疾不克恭迓 行旌至今抱歉殊甚
直至夏初乃癒以來皮膚之症亦時雜作
一切竟不能以目如迎來正思寫布數行以慰
尊念昨日至醉六堂忽接 大札敬悉
講誦之餘怡情文史深愜遠懷藉聆一書
久未報 命不勝慚恧緣其世兄久在申江
印偶一回家經理家務而興化城中向無刻字
鋪印工均在數十里外非俟其在家久居大
家積資合印一兩百部不能上算是此書一
時萬無暇印之日矣七月間回家將以舊藏
本檢奉 左右將來聞其能鈔或集洋五
十元重刊何如湘刻雖南久無消息即莊光

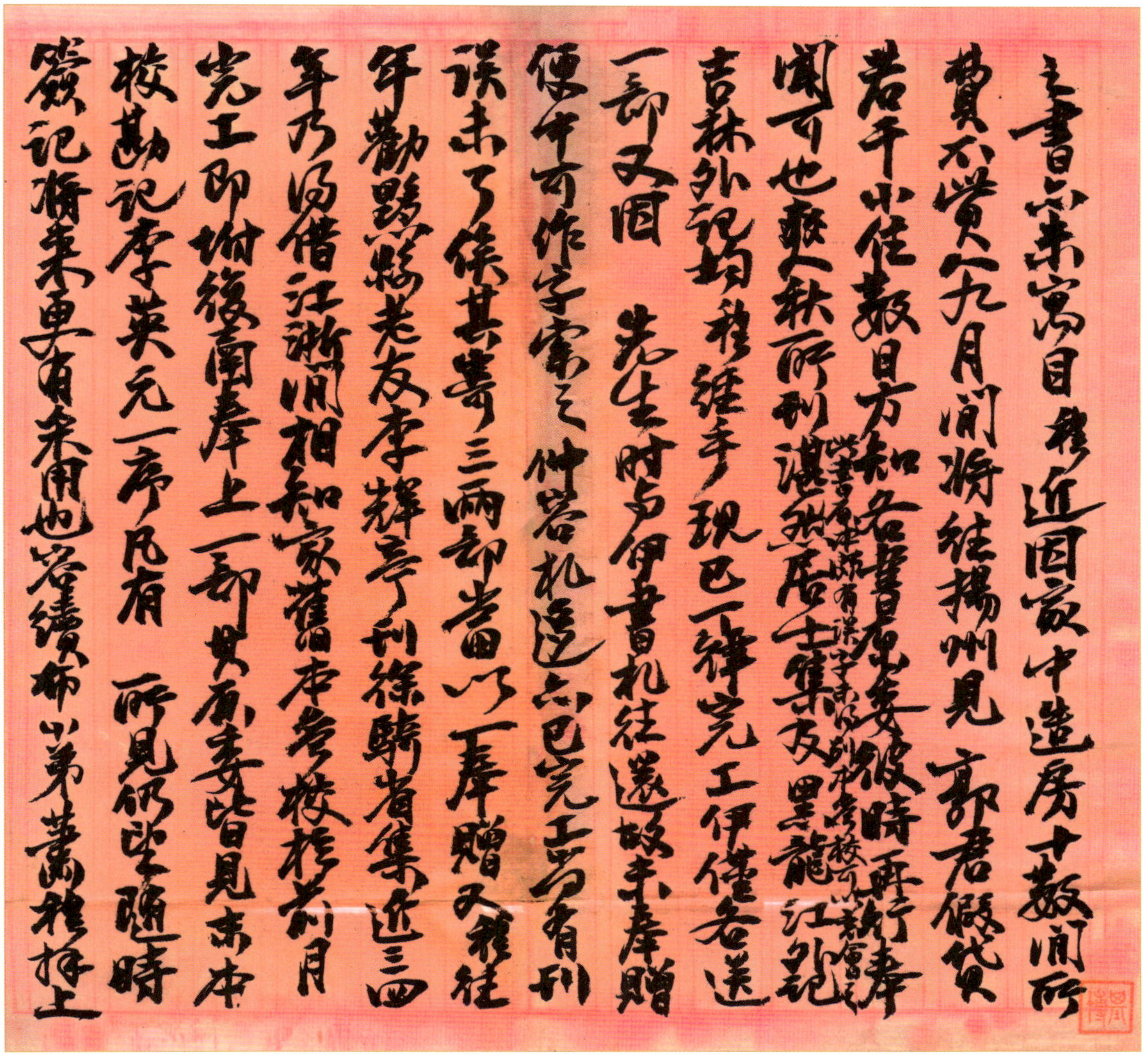

書目亦未寫目。弟近因家中造房子，數月間所
費不貲，九月間將往揚州見郭君假貸
若干，小住數日方知。名書目[illegible]發，彼時再行奉
閱可也。聽秋所刊《湛然居士集》、《黑龍江外記》、
《吉林外記》均弟經手，現已一律完工，伊僅各送
一部，又因 先生時與伊書札往還，故未奉贈，
便中可作字索之。仲容札謂亦已完工，言有刊
誤未了，俟其寄三兩部，當以一部奉贈。又弟往
年勸黟縣老友李輝亭刊《徐騎省集》，近三四
年乃得借江浙間相知家舊本參校，於前月
完工，即擬後函奉上一部，其原委皆見末本
校勘記，李英元一序。凡有 所見，仍望隨時
發記，將來更有來函過答續補。小弟蕭穆拜上

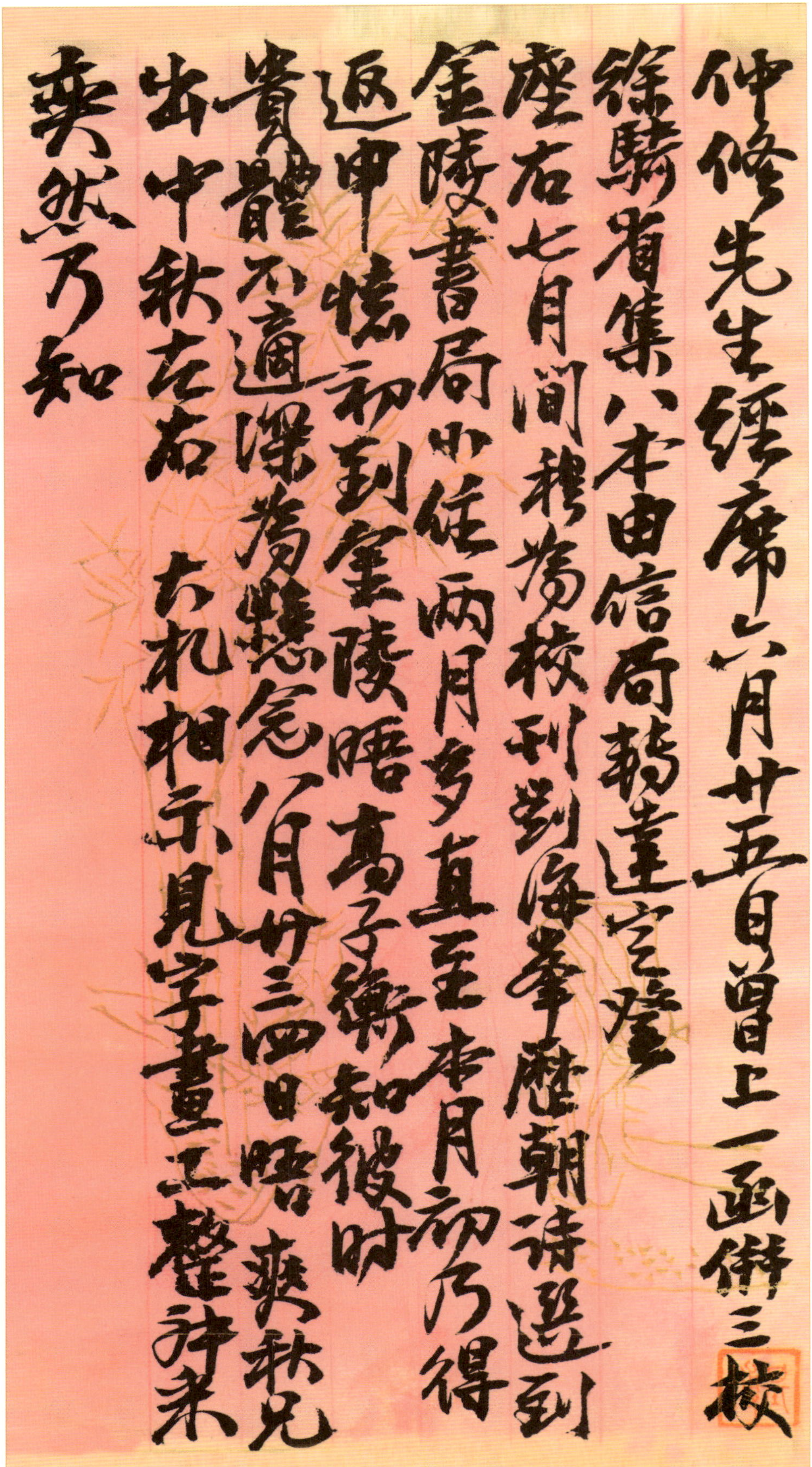

仲修先生經席：六月廿五日曾上一函，併三校
徐騎省集八本，由信局寄達，定登
座右。七月間聘為校刊劉海峯《歷朝詩選》，到
金陵書局小住兩月，方直至本月初乃得
返里。憶初到金陵晤高子衡，知彼時
貴體不適，深為懸念。八月廿三四日晤爽秋兄
出中秋左右　大札相示，見字畫工整，祥和
奕然，乃知

貴體已經全痊不勝欣悅遥維照常
擁子厚之皋比
坐季長之絳帳定卜
門墻桃李仰沾
時雨之化鄒省人材蒸蒸日盛皆
大君子之功也何羨頌如之前議
雅屬代印劉中允執緊范長頭紙信將
舊藏本擬出奉上而劉公所印意其大在

持志塾言一書於講院刻有益今謹呈此兩書重刊不過費英洋五千元左右若交書局當道代刊者仍法惟先生酌量行之可也特此奉啟敬請箸安天氣[illegible]近來寒煖不均一切尚祈珍攝爲要

敬孚弟蕭穆頓首上　十月十二日

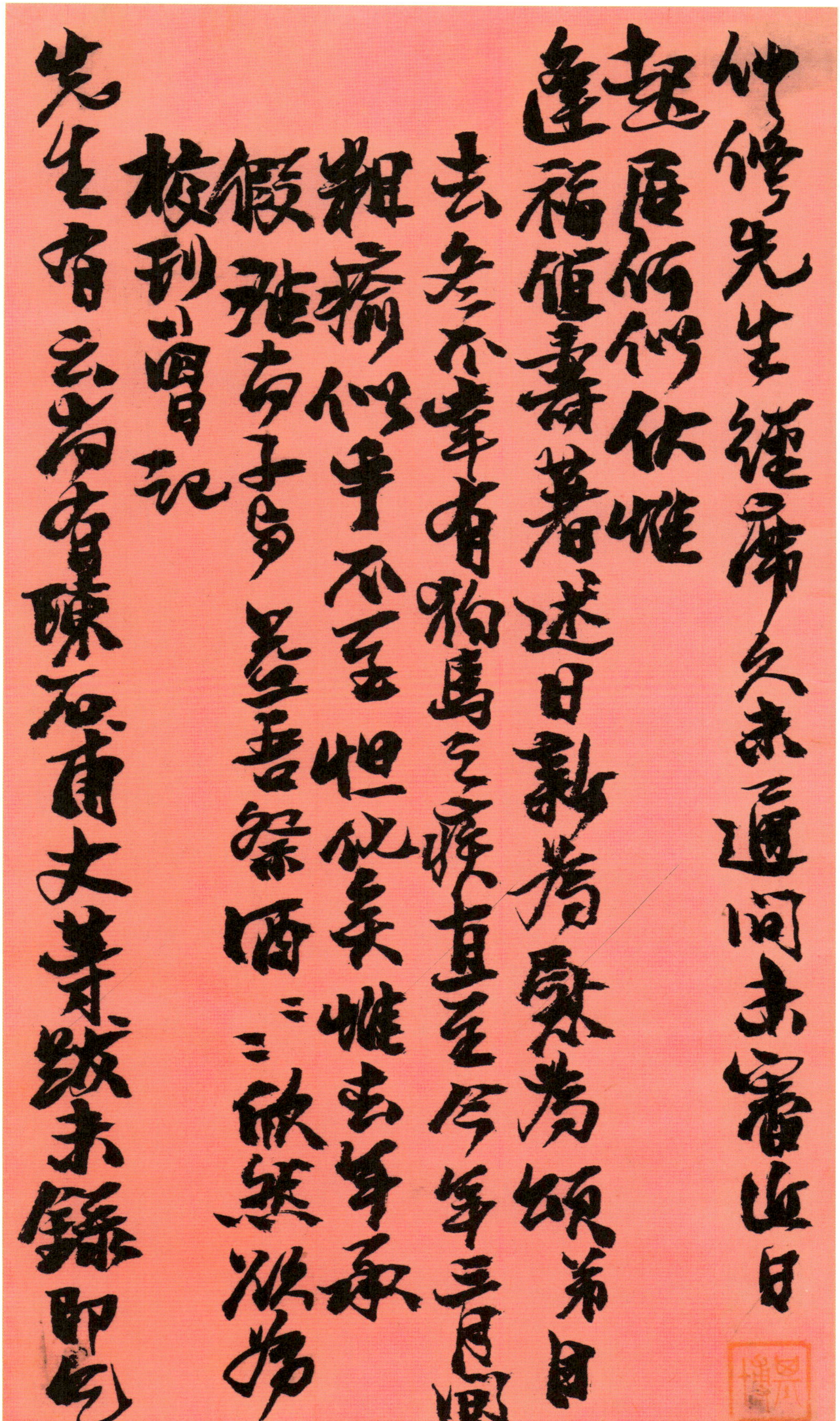
仲修先生經席：久未通問，未審近日
起居何似，伏惟
逢福頤壽，著述日新，為慰為頌。弟自
去冬不幸有伯道之痛，直至今年三月間
粗痛似乎不至，但倦矣。惟去年承
假淮南子多，甚善，祭酒欣欣然欲弟
校刊小學記
先生有云尚有陳石甫丈著跋未錄，即乞

便中錄出或寄　並吾手長沙或寄上海
涵館另便中代寄均可又
先生代人精刊唐文粹聞久完工不知刻
王定價若干尚祈
先生代購一部價示知備
先生夏間便過上海或有便人見寄
及價寄何處均祈　酌示可也　弟現到
上先過　李象陽觀察處十餘日

見 寄光球收知委函欽

先生品字以廣新古書羅數種奉貽

以素歟。仰乞亮知

先生必到當知已即當有信致謝。尚

有須弟出信即將之致 寄光信中

尤為大好。望弟與 寄光時相往返

也。特此奉聞，敬請 [illegible]

大安。祈 垂鑒。不一。 小弟 [illegible]

許增 三十三通

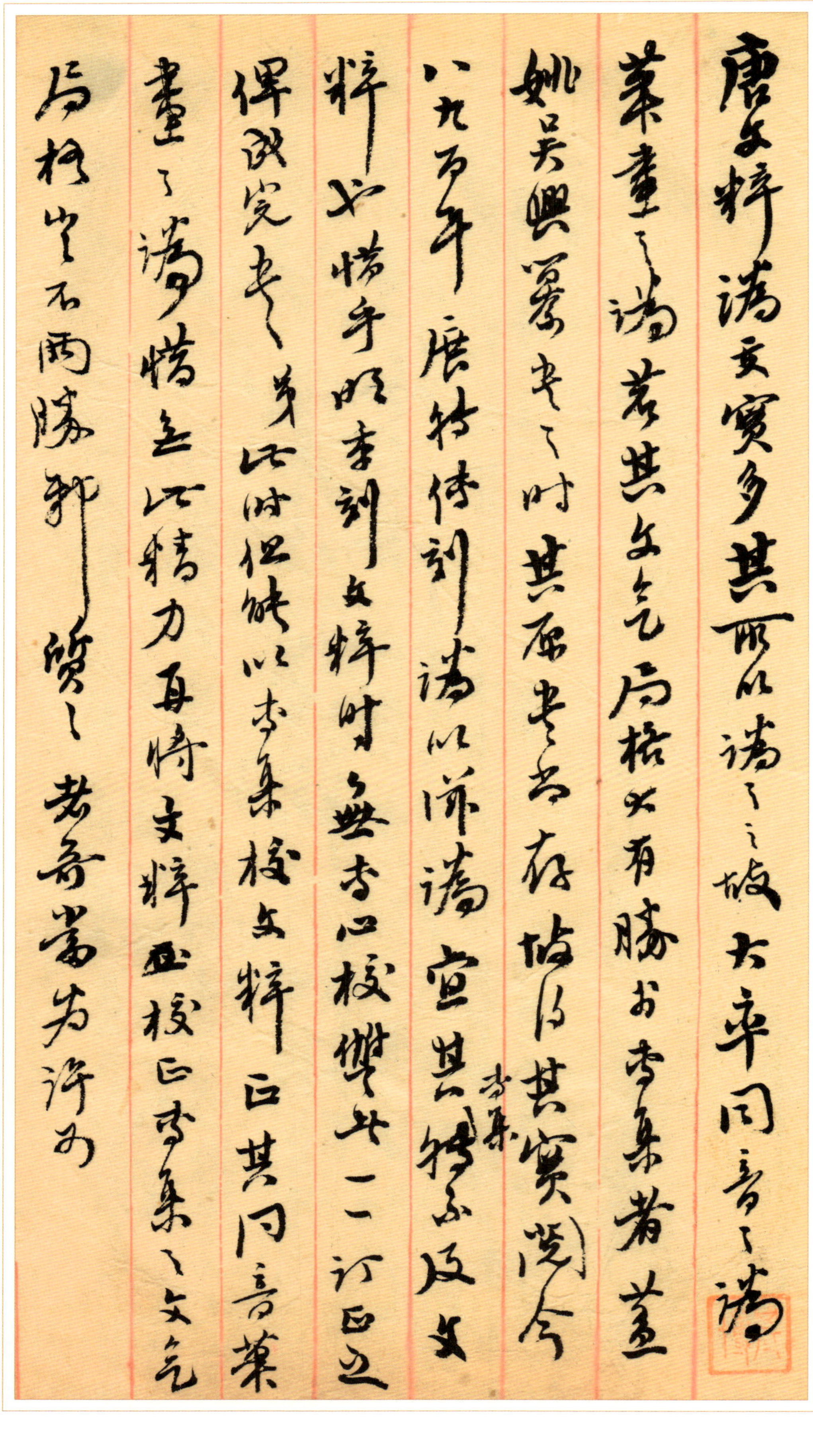
唐文粹譌文實多其所以譌之之故大率同音之譌
筆畫之譌若其文氣句格必有勝於李集者蓋
姚吳興寫定之時其原本尚存故得其實閱今
八九百年居然傳刻譌以傳譌宜其李集轉不及文
粹之精特手頭李刻文粹時無暇悉心校勘其一二訂正之
俾讀完善弟此時但能以李集校文粹正其同音筆
畫之譌無此精力再將文粹並校正李集之文氣
局格也不兩勝耶質之老哥當爲許可

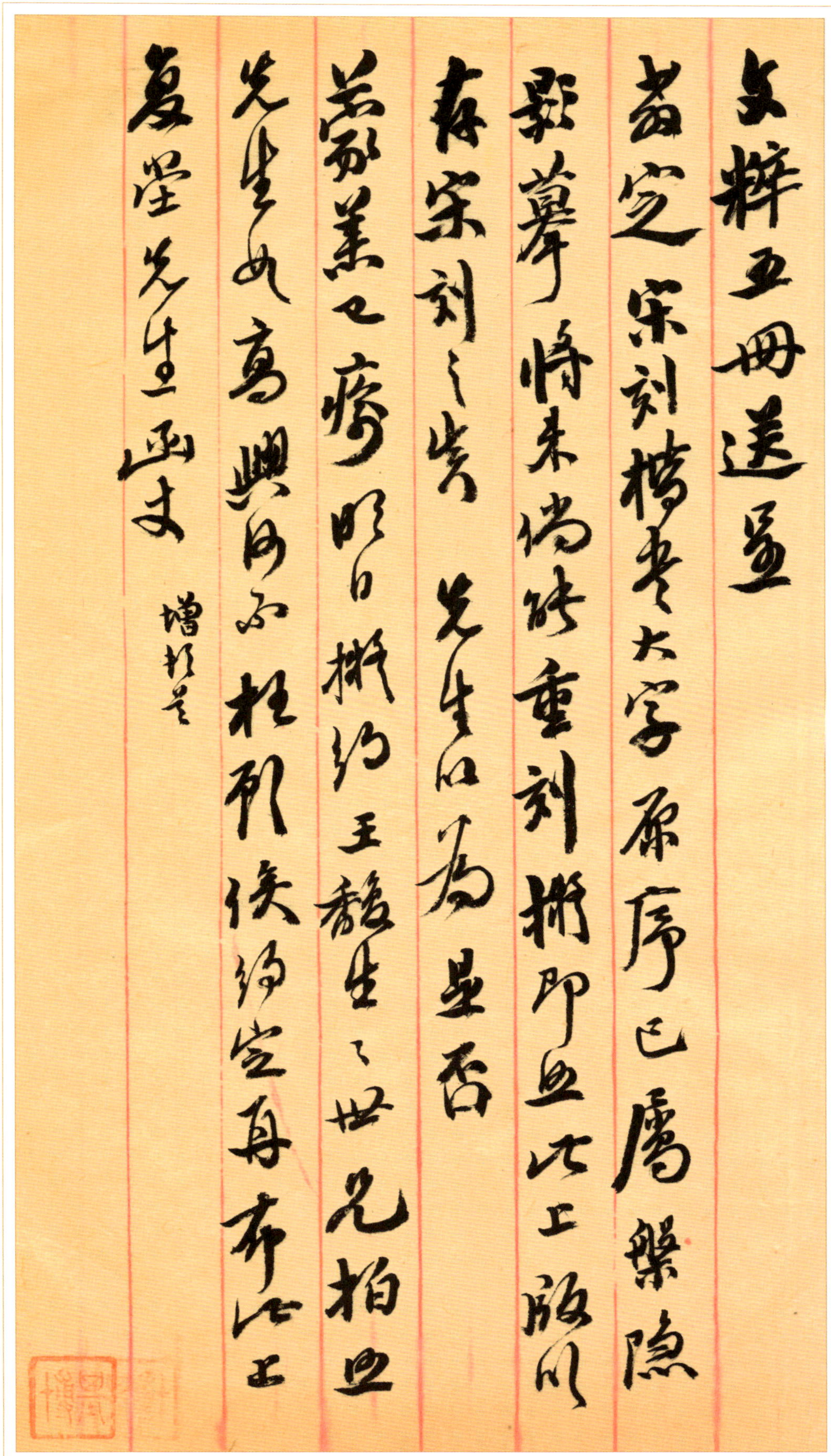
文粹五冊送還

尊定宋刻楮墨大字原序已屬槃隱

影摹，將來備餘重刻，搨即照此上版，則

存宋刻之貴。先生以爲是否？

嵩雅業已齊，明日擬約王毅生之世兄柏照

先生如高興，何不枉駕，俟得定再布。此上

復堂先生函丈

增拜呈

文粹送匝四册奉政，商量處甚多，當面聆指爲也。糧備今日進城，不無酬對，此際四題。鐸以彼必在家，可以四舊聞話心中。已東渡，訖其在越中藏書家訪借所多見授本，不知凡幾，頓首此上

復翁

增頓首

鈔本樹掇一槩，隱鈔文徵，過半亦速，每日鈔四十葉。字雖不多，其精力何能如此，況酷暑耶

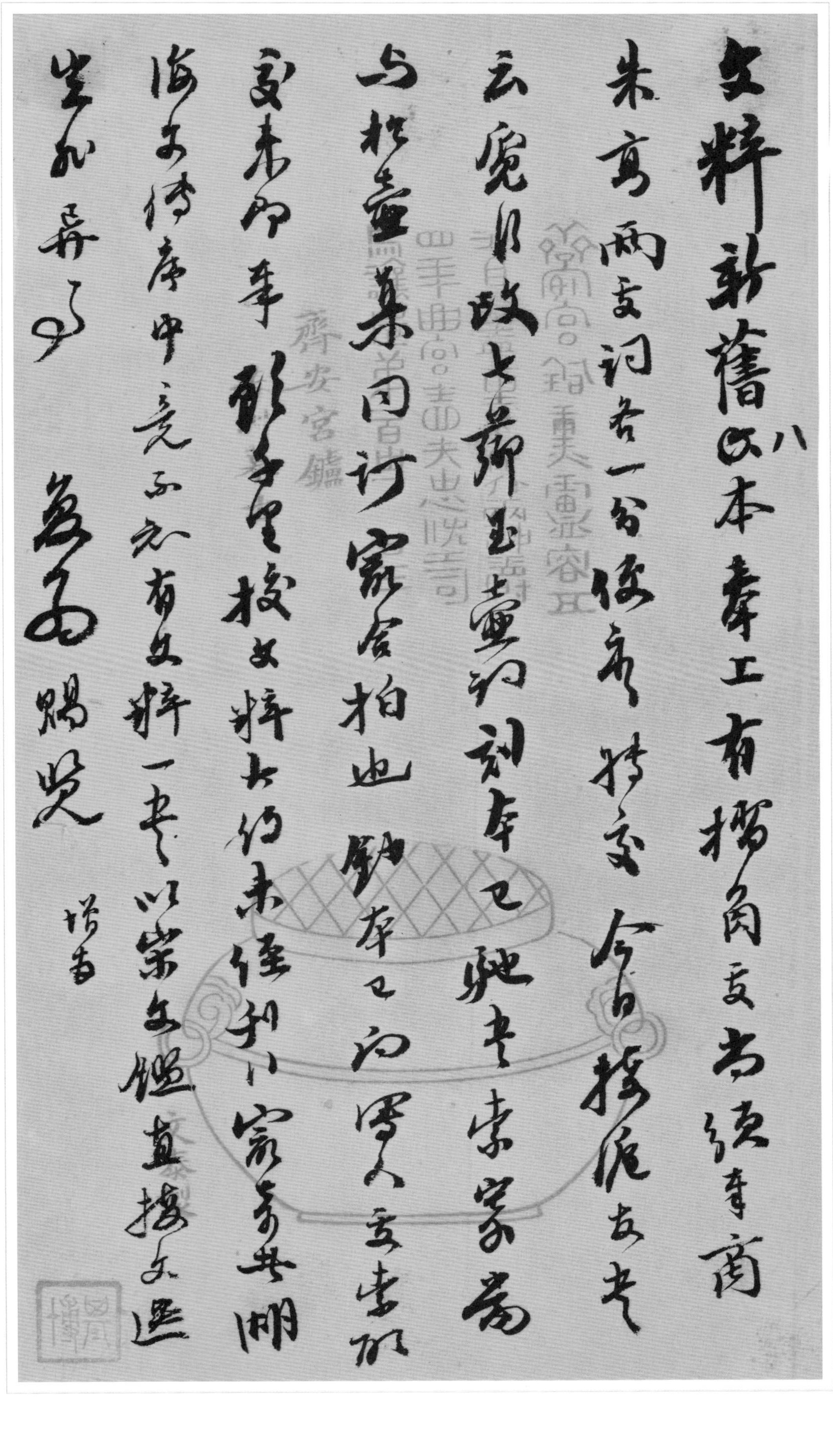

文粹新舊以本奉上，有獨角友尚須奉商。八

朱亥兩友詞各一分，依前特交。今日接徐友來

云霓須改七絕玉壺詞刻本已施去，索寫為

與於盡集同訂，家舍拍也。鈔本已向閣人要書取

友來即奉。彭年豈按文粹大約未經刊行，家藏無湖

海本待求中，竟不知有文粹一書，以宗文鑑直接文選

出耶？異乎了。

復堂賜覽

培甫

文粹廿九卷從年刻陸宣公集校正中間有不可不改者亦有可改不可改者既已校正將不必改者亦一律改肯不改意為去取之卻意擬將有集者一一校改其無可索借此誤之遂尊定如以為是幸示一言如以為未得不必即從此撤業矣洪往略參封葉批記一本呈閱大有可觀此上

復翁左右

培手

唐文粹四十一卷至四十七卷又八十卷至八十六卷計兩本，裝之訂改中間改字盡出全唐文，用朱筆註明，間有用墨筆，此則先從本集校勘，後以全唐文對勘本集，與全唐文同者，墨字上加一朱點，不同者以朱筆畫之。此事以以一文為定本，弟則絕無去取其間，千萬示弟存疑處寄之。須念之憐數月來勤苦之力，并殷殷求教之心，俾世間有此善本，亦大功德也。

協卿叩上

吳博

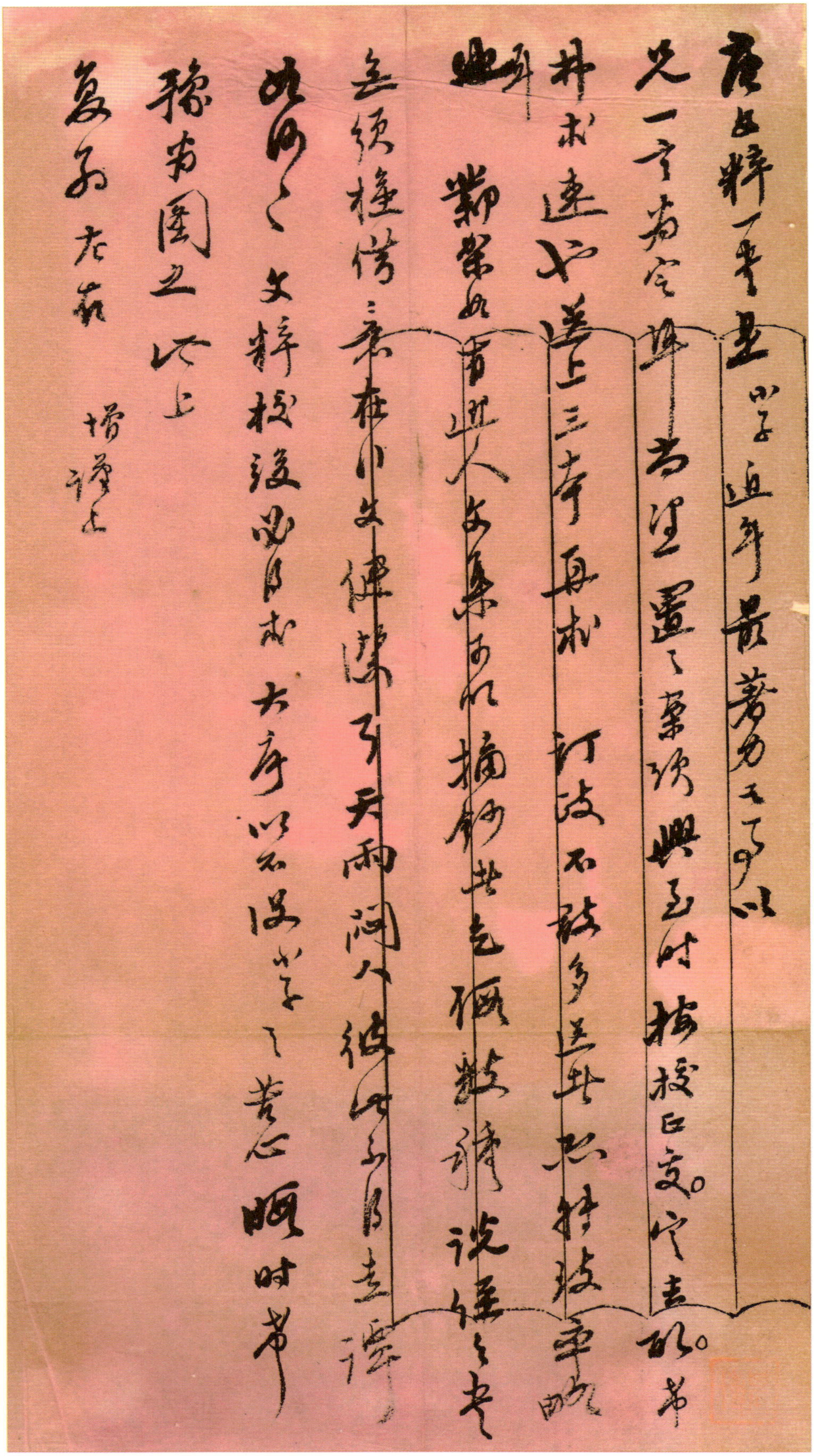

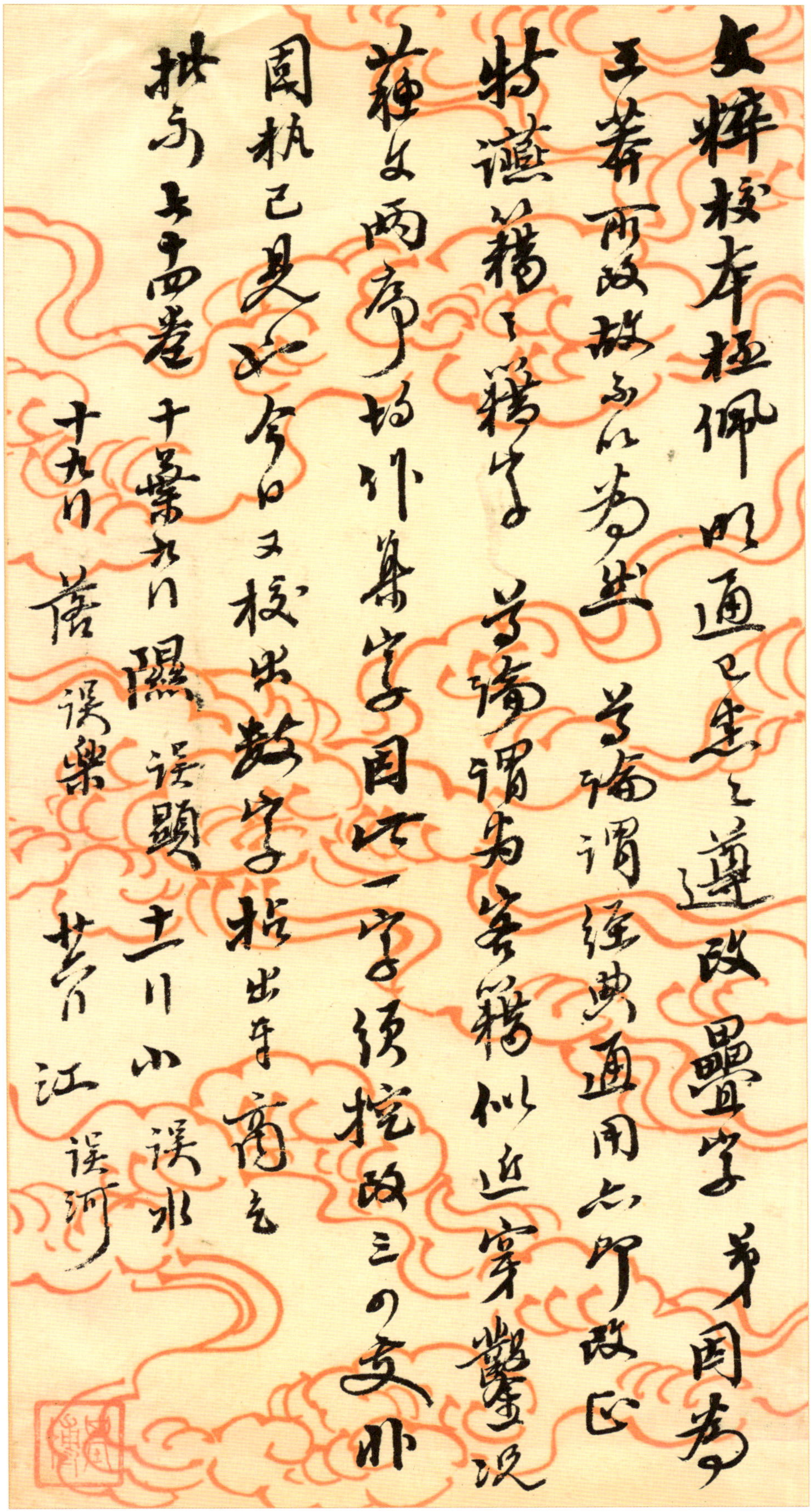

文粹校本極佩明通已逐之遵改疊字弟因為
王簪所改故不以為然其論謂經典通用亦即改正
特識籍之精審其論謂為案籍似近穿鑿況
藉文兩本均作某字因此一字須攬改三四處文非
園桃已見之今日又校出數字指出并補之
批示七十四卷 十葉九行 隰 誤顯 十二行 小 誤水
十九行 藥 誤樂 廿行 江 誤河

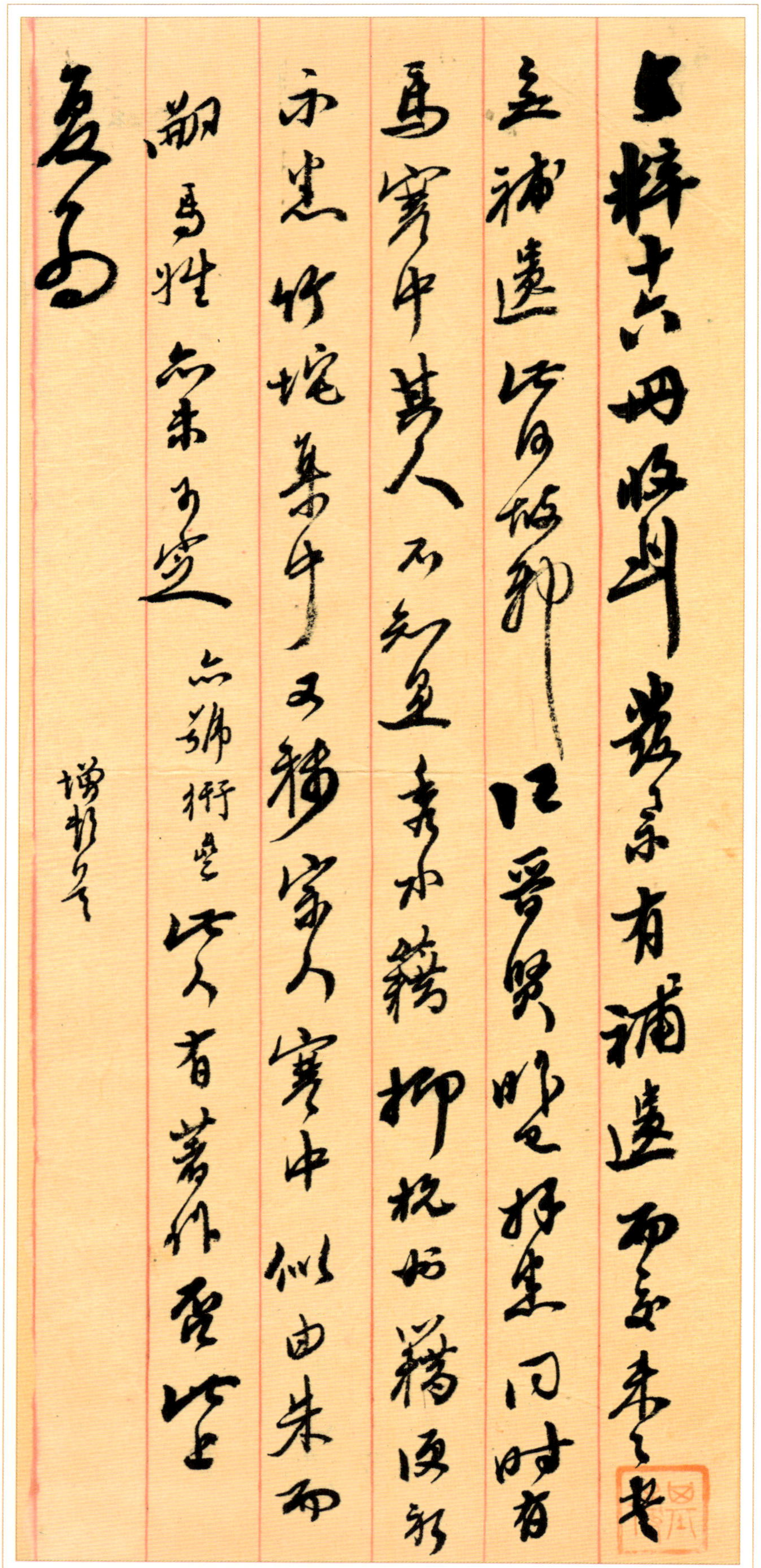

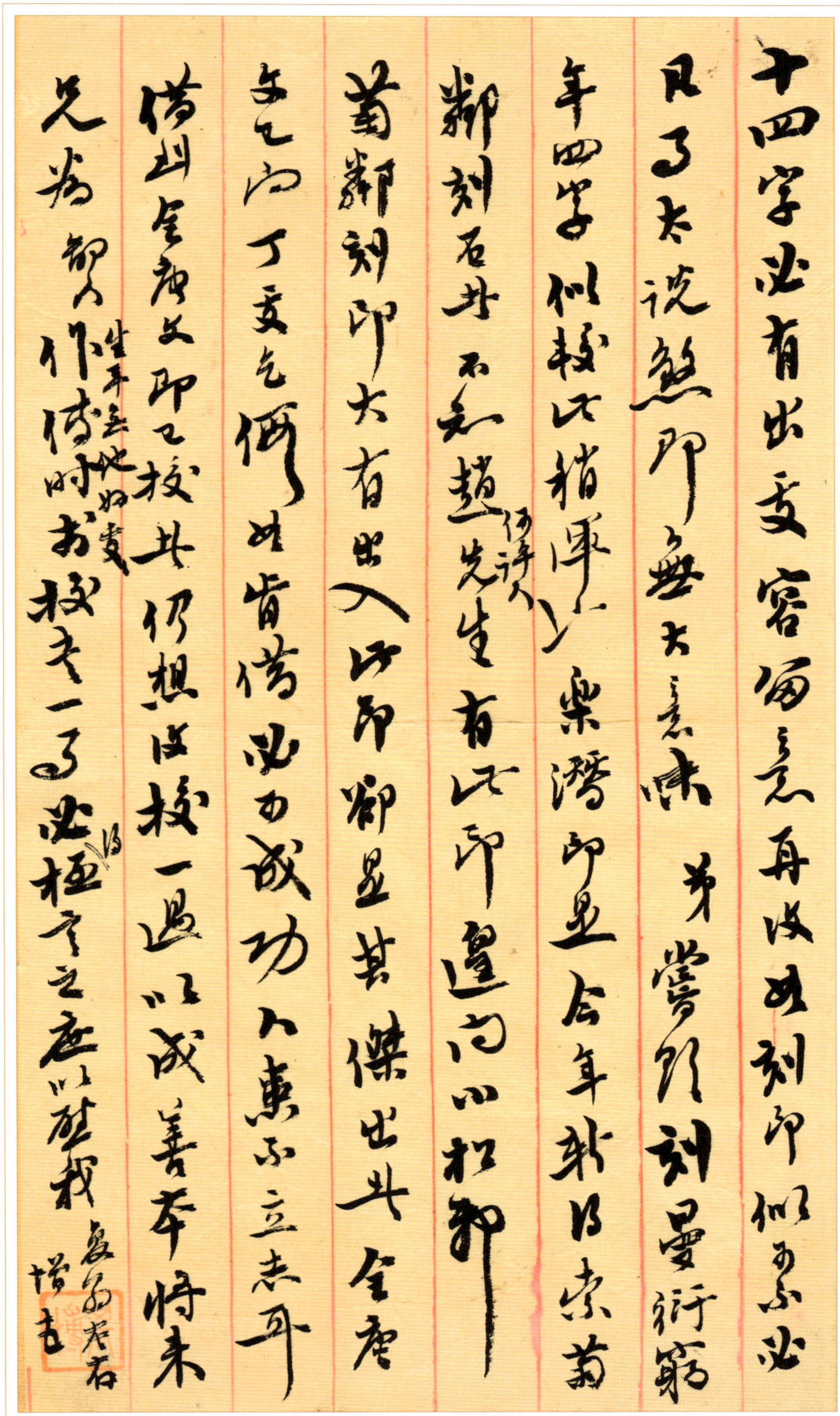

十四字必有出處，容篇意再改。如刻印似可不必。只了太說熟，印無大意味。弟嘗見刻曼衍窮年四字，似較此稍厚也。樂潛印是今年新以贈菊鄰刻，石井不知趙許人先生有此印，邊款以杜鄰菊鄰刻印大有出入，此印鄰是其傑出者。全唐文之內丁丈之佩姓皆借此力成功，入其不立志耳。借此全唐文印乃校此，仍想從校一過以成善本，將來先為鄭人作傳時，生平無他好處，有校本一種，必極勝之處以酬我。復翁老君 增上

文粹二十冊送上，乞再翻閱一過，此書僕補足，

不再動手矣。兄萬不可再作兩段評逐段評，

使人無可循守。玉𤩽、中間雖多通用字，似同

僕既為足，明日即須開手，月內可用甫定矣。

此本不必再改，先付三四本來，隨看隨僕改定，上

復堂兄

增頓

詞集寄擬

示悉。譚卿自稱所需必極厚，以此須自己極豐，故時時與之爭耳。保卿處（明日必加）請之談不甚確，弟尚在家，送之至。（近時在家之日亦多）不見之客，從茲家人撤去付庭，故之一紙不談之子。廣之去來，勝於請去，負中工去，輸其今，其監印並無多，近之說果未嘗代力圖此，其意在有餘耳。失徵印刻，近來頗日性朗，告知，盤之性同鈔法。今日讀《明遺民傳》中，魯九自承改朱氏，昆仲處不核鏡，然所論與鄒人所爱之境，極相類，可見之，試切也。此復

復堂

增祈兄

弘植 草草 頓首 侍讀

洪經略叢記備之正論經國大猷非泛遠涵在二三

百年之後洪抑何偉歟因思造膝數言許不能如此詳

贍此必親聞則向退而手疏其子孫能原原本本

惕然無遠果能守而勿失尚何外侮内訌之足患

哉古今人之不相及立國才二百餘年已全反其說

豈當軸并目未屬及耶　撫卷三嘆何止長沙

之痛哭也

日來檢閱文粹，每每皆經大雅校正，並一無未校之本。尊處所需未經遞還者，已再示之，前商無遺處，爰交鄉老弟攜贈。詩意皆淵雅，同人學中亦不多得，當再錄副奉上。文粹一了，弟意欲將尊校錄出，以一併再送尊處修校，盡我兩人贊之力，必能成一精本。惟鄙人但能打粗坯子，琢磨精微，非君不為，想亦樂就也。朱大令已去，能早交來尤盼。此叩

復堂座右

增祥頓首

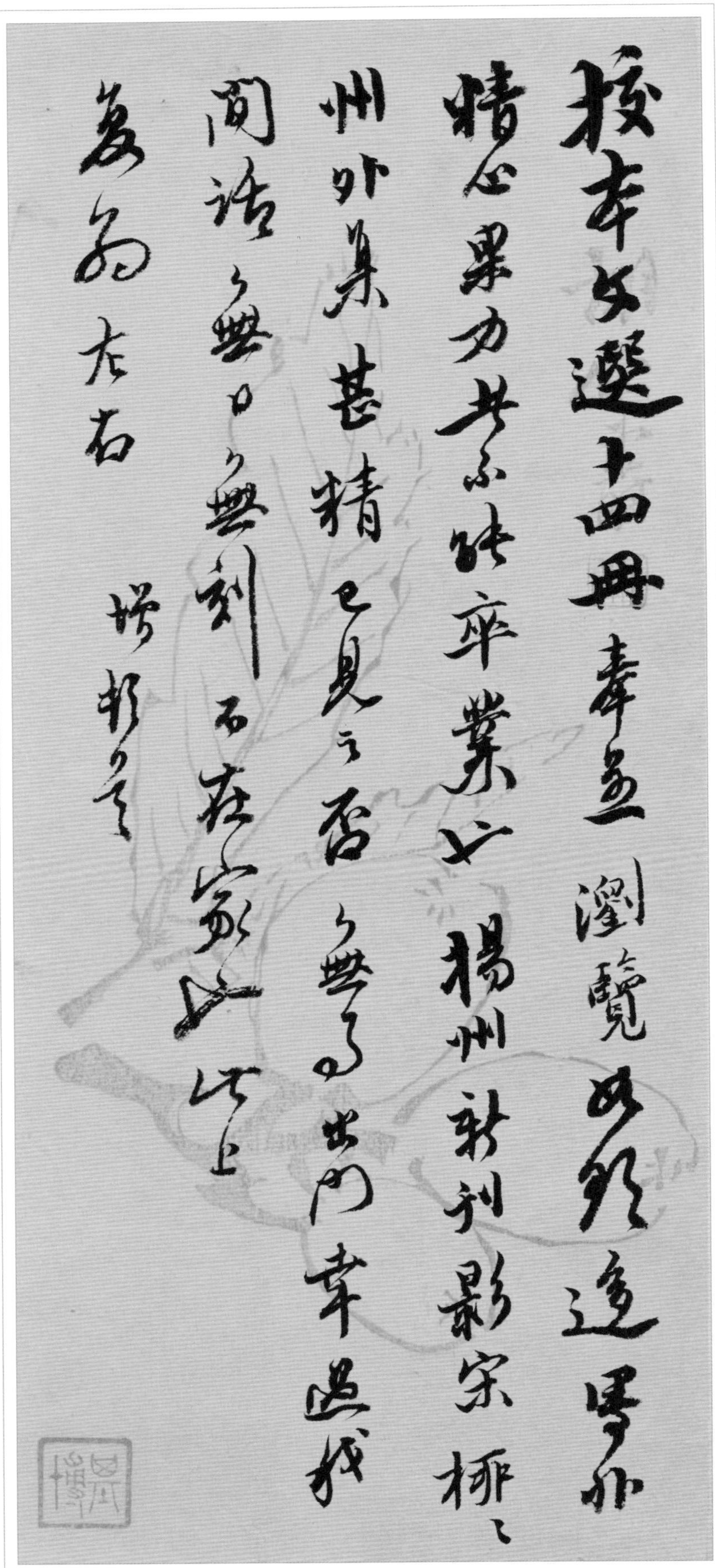

校本文選十四冊奉還，瀏覽既遍，逐畢，亦
精心果力，共不能卒業也。揚州新刊影宋柳
柳州外集甚精，已見之否？無事出門，幸過我
閒話，無日無刻不在家也。此上
復翁左右
塤頓首

新刻詞續二中間有校誤別紙求 復堂

批示 蒿老賸與李甥半由(?)亮兄寄去諒已到

而未得 昨晤 青柏來共仰詞學下此幾至倒

地不特有如此十(歲)年紀方始執贄門下識不知

先生何以此老如此佩服云 選中詞出自篋中詞(?)

選高出十倍詞選所刻皆野碑(?)下南宋國是(?)比

卿即人者不謂然也 新除棄置而肝疾又發譯(?)

身並病憊致如何是好 復堂 座右 卿

文選樓照不錯(?)刻江西將仍于(?)比 十(?)[illegible]

詞律補遺，以兩先生訂證，便成世間精本，簽夜案讀，感佩至無。前論平仄不論、分句之論，概全刪之，不致貽誤後人也。邵青門必有文集，是何名目，有處可借否？希指示，此上

復翁左右

增拜上

年來所見故友好文集摘鈔三二篇匯而成帙置之案頭以為程式日昨讀居遜文之第十一所鈔之文皆擇其有情奇氣逸氣者耳衍庸下者不錄高伯平先生文集中性采閒具見性情若讀其詩文皆直致又讀徑空集亦故友所著也錄鈔存者其文平衍無他論說決擇不能行相題暇一翻閱擇其可鈔者每本將前三數篇並矣頃之不寫昨日出門当不勞頓習職業也猶手中郵經遞手方失此上

復翁老友

譚書

樣園叢刻二十四種目錄鈔呈，暇時爲

題之。

大序中此集擬酉刪印，即可歇手，耑心

其言林集，自謂畢生志願盡於此矣，

亦可盡此生矣。以不讀書不識字之南皮居

然刻羣集之天下，以書後世，雖公不易也。

復老年丈 提

培者

昨聆與以重、蕅兄暨譚兄偕蕅兄從飯，散已二更矣。鐙下讀日記畫二卷，論定古人，以精識之難，辟入累並以律逮成來。特庚寅以後為同志評騭詩文居多，直與蹇紙不免。先生好之稱之，意在誘掖，然（而從此）遂誠於實，似乎人人皆在弟子之列。此等文正宜忠告。以謂兄何如？弟昨歲得萬秋生樸樓吟館冊子，此江卿有數叢墨，亦綴之幅尾，俾後來知所致焉。

八月九日一條大可節删，此兩卷中多知粹之言，捺此數條又露本相矣。

復翁

塔村又　壬辰正月

題兄文粹補送。明日石堞十二月廿七日書，平安又。

題正月半閱考童子，何知居然試士乎？笑之。

復翁再賜覽　身生平有兩好一文交誼在師友之

間彼此豫訂作挽詞議擬一聯一幛並請

笑政以為聊如其分否如鄙人先此異而去不知其

所挽亦能讖之不至過分否此所謂上寸三分帽子也

誨我則師　一幛

函來可為優措似君曾有哉

人師難得傷心知我更生身　一聯

侍

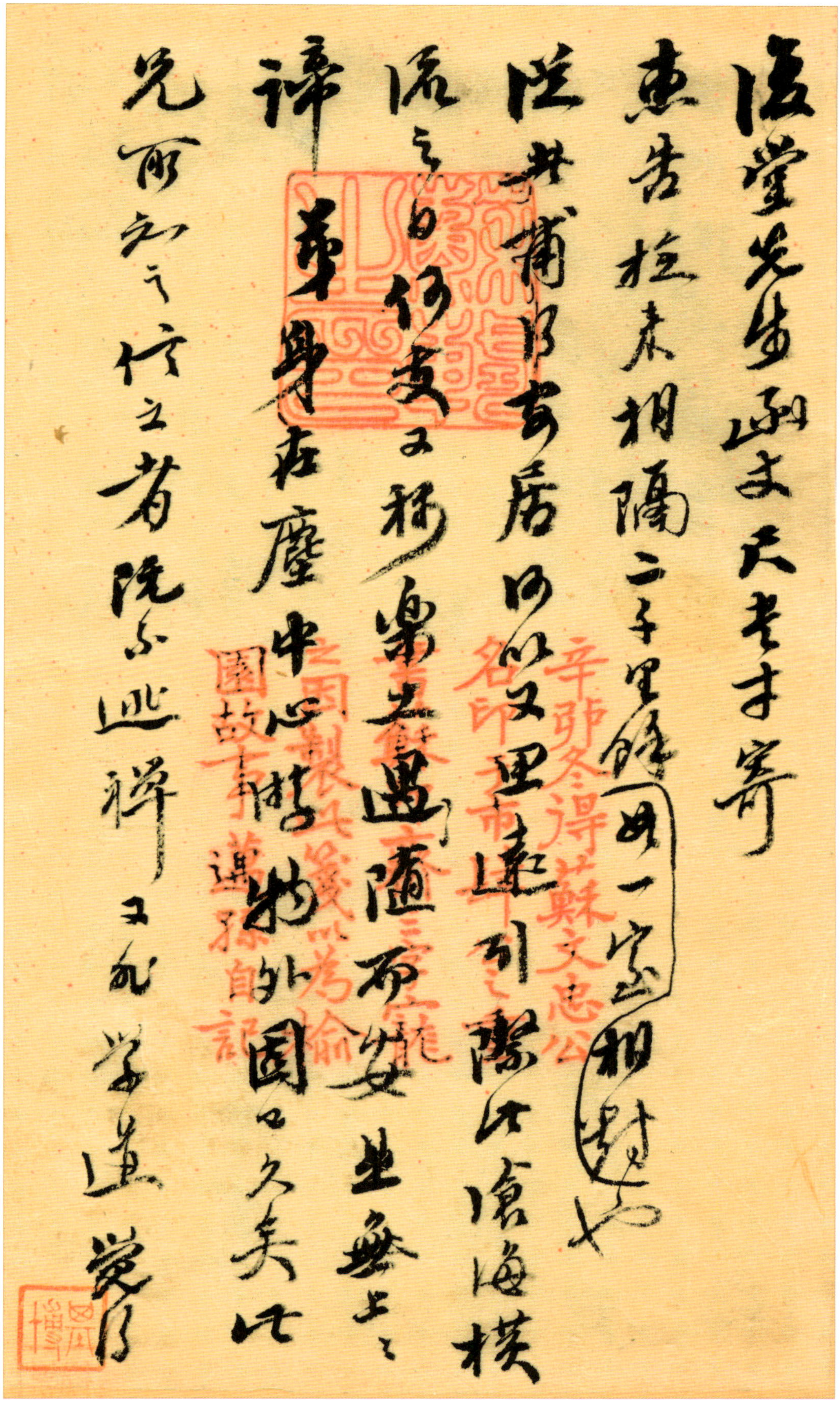

復堂先生函丈去年寄
惠書握未相隔二千里如一室相對也
從者補官居間又遠引際此滄海橫
流之日何處又稱樂土遭隨所安坐無上上
諱華身在塵中心游物外因之久矣比
先所知之仰之者浣不逃禪又承學道覺[illegible]

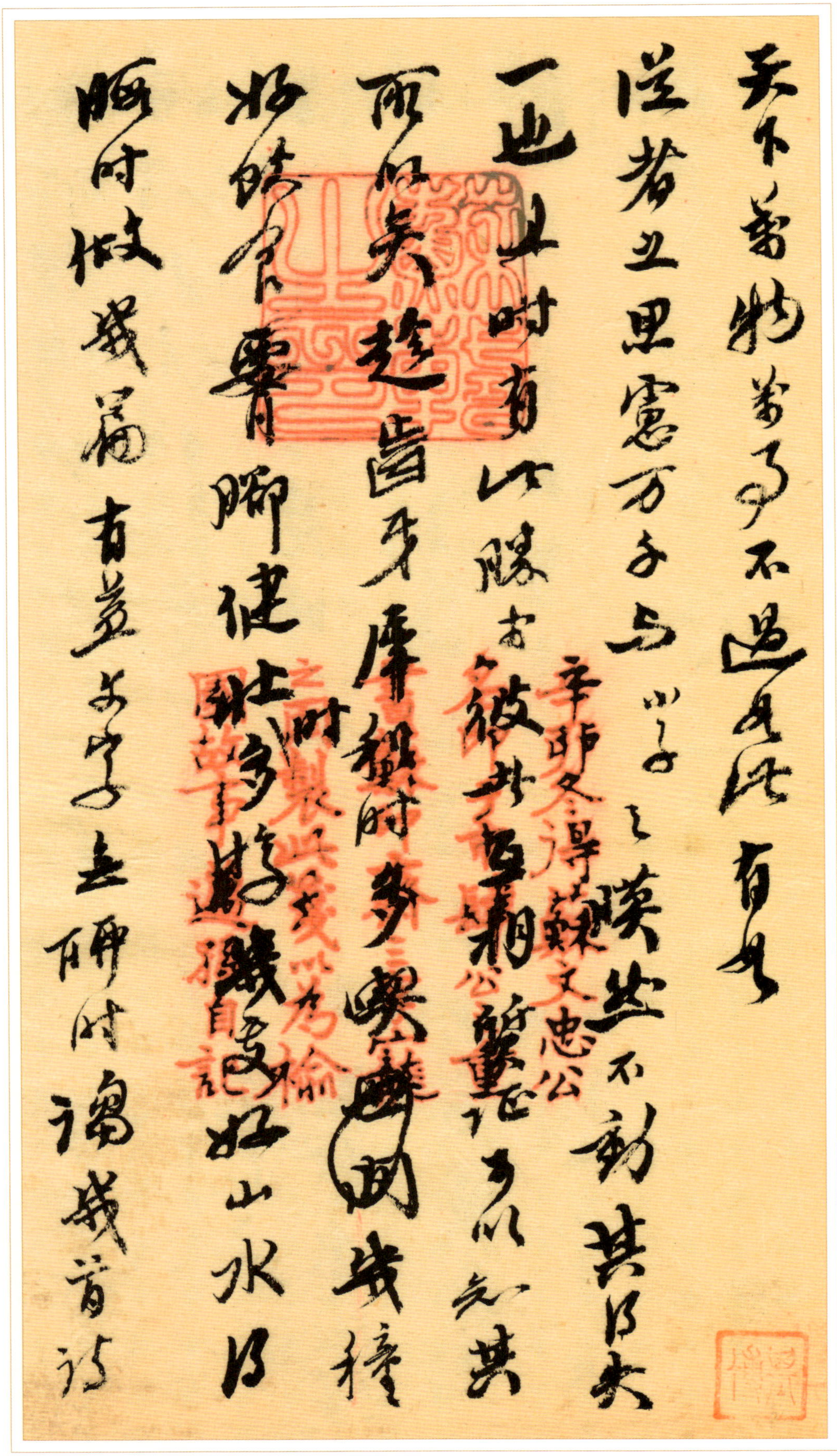

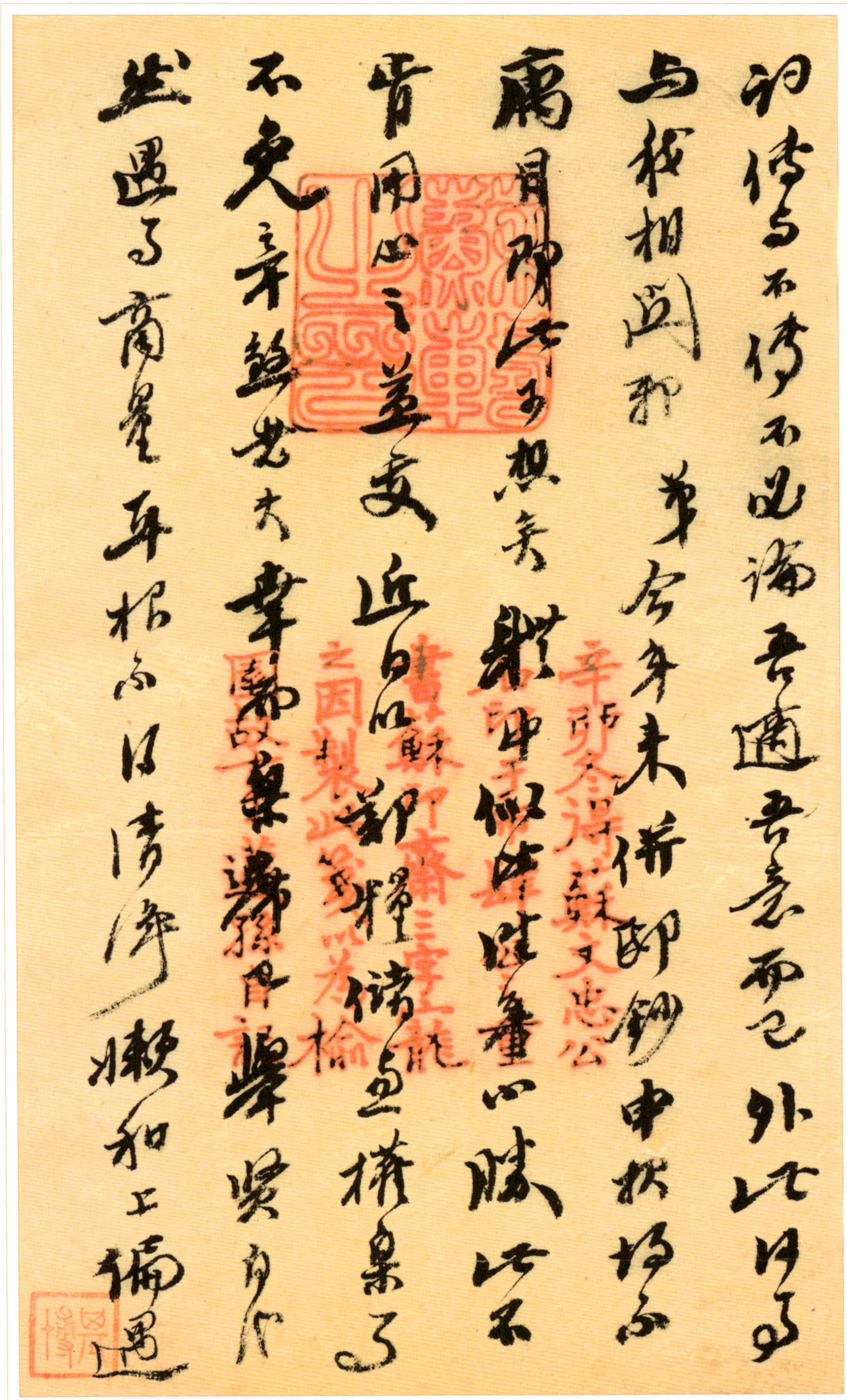

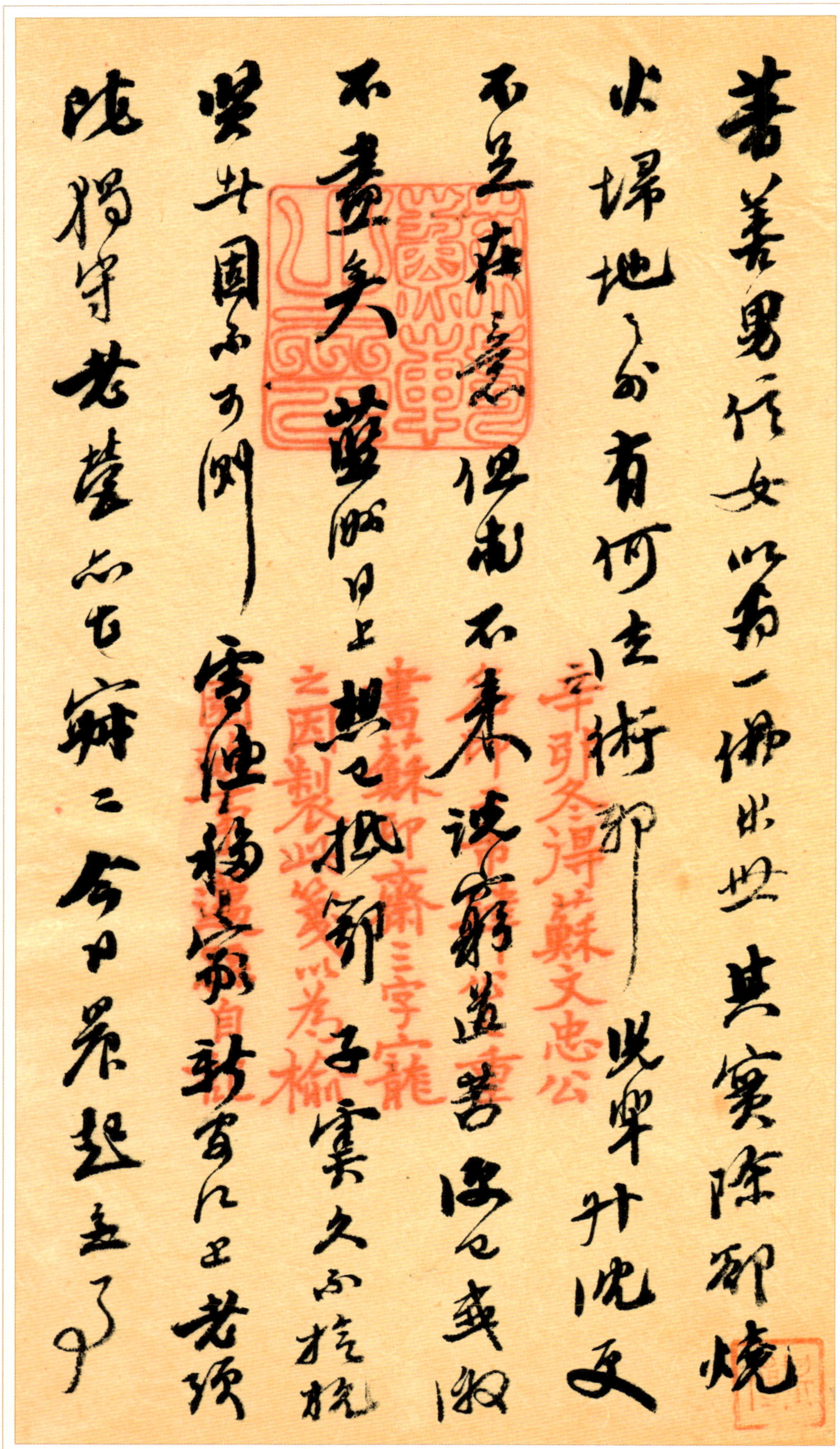

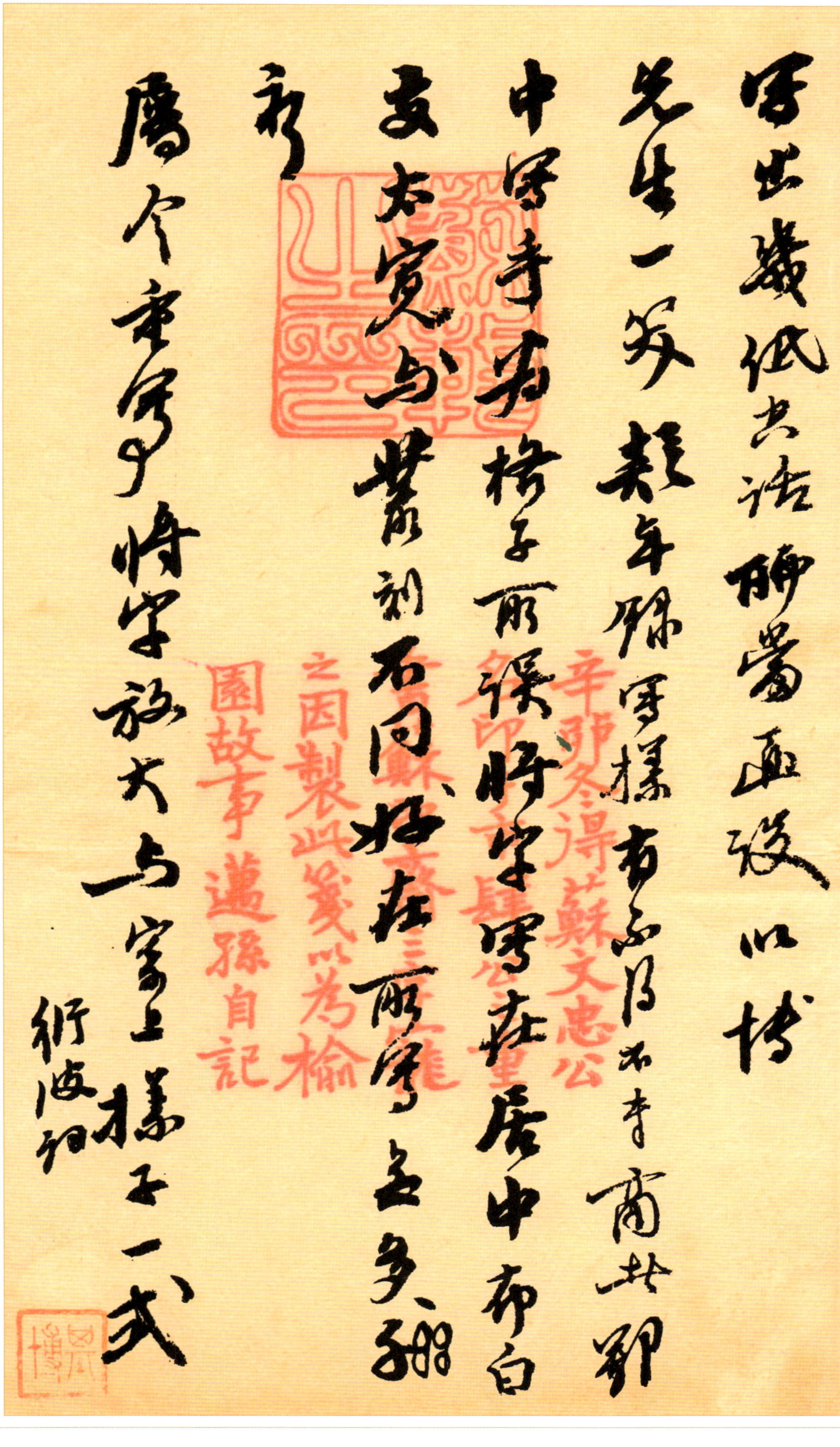

寄出箋紙共請
師當亟設以博
先生一笑。敝年臨寄樣有不同者，商共翻
中寄來者格子所誤，將字寫在居中布白
妥否？實與貴處刻本不同，好在所寫無多，細
新
屬今年寫，將字放大，與寄上樣子一式。
衍波叩

辛卯冬得蘇文忠公
名印[illegible]
之因製此箋以為榆
園故事 邁孫自記

復堂先生函丈：一昨奉
環書，敬承
動靖，慰慰。弟一室如山，偶而無加，讀書
沉無生趣，出門若無所詣，予實爲儒
亟念不知何時始去。藍洲壽母，履官
難以又不見東度。以子窮居，以家術示病亦

辛卯冬得蘇文忠公
[illegible]
之因製此箋以為楡
園故事。遇孫自記

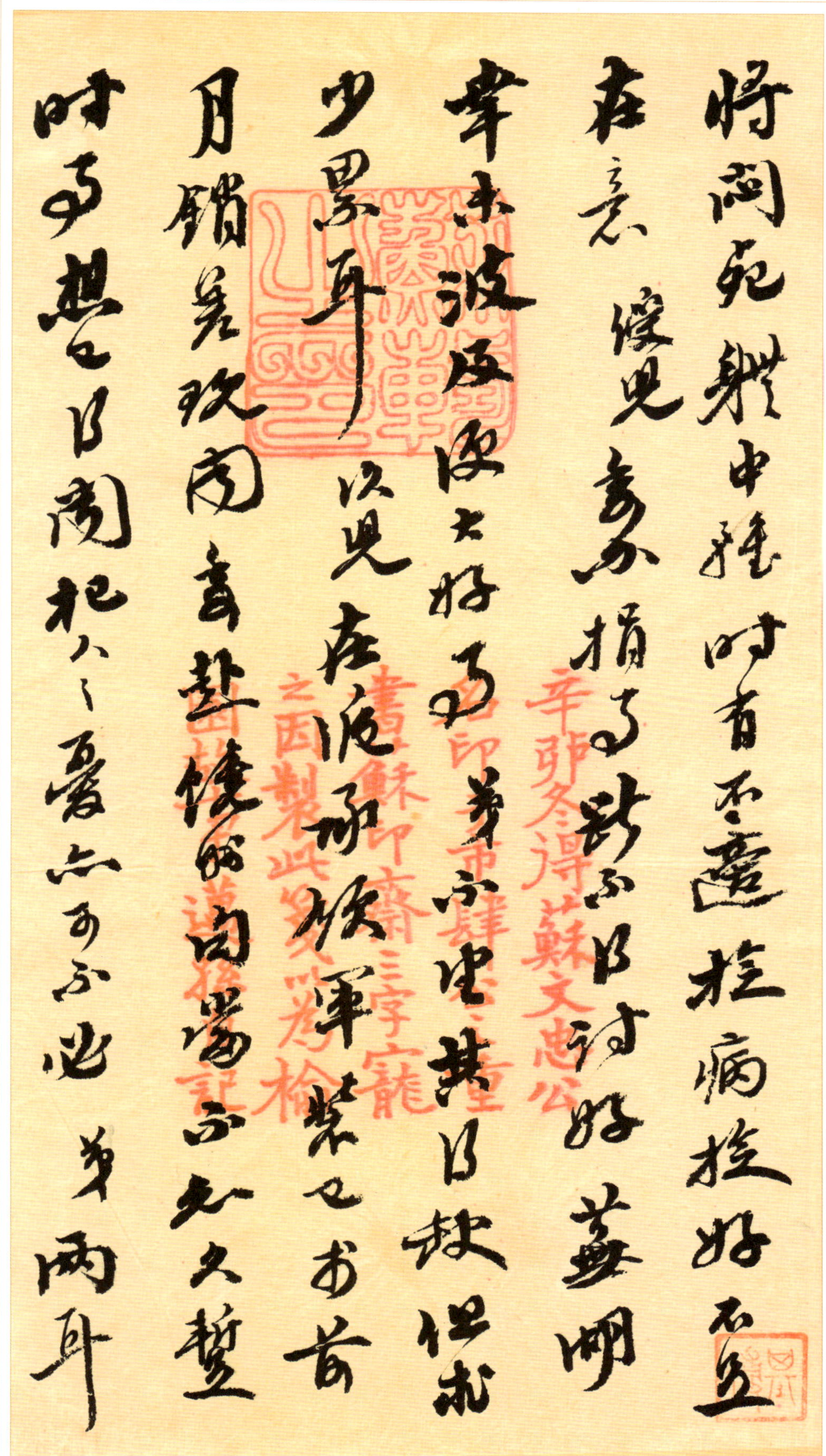
將閒死糊中種時有不適於病於好石豆
在意 後見喬亦損了對不以對好蕭明
葉未波及後大好為弟亦望其以杖但求
少累耳 以見在役所收軍告乞書首
月鎖差放閒喜赴使所尚屬亦知久暫
時事想日閒把八八百囊亦可不必 弟兩耳

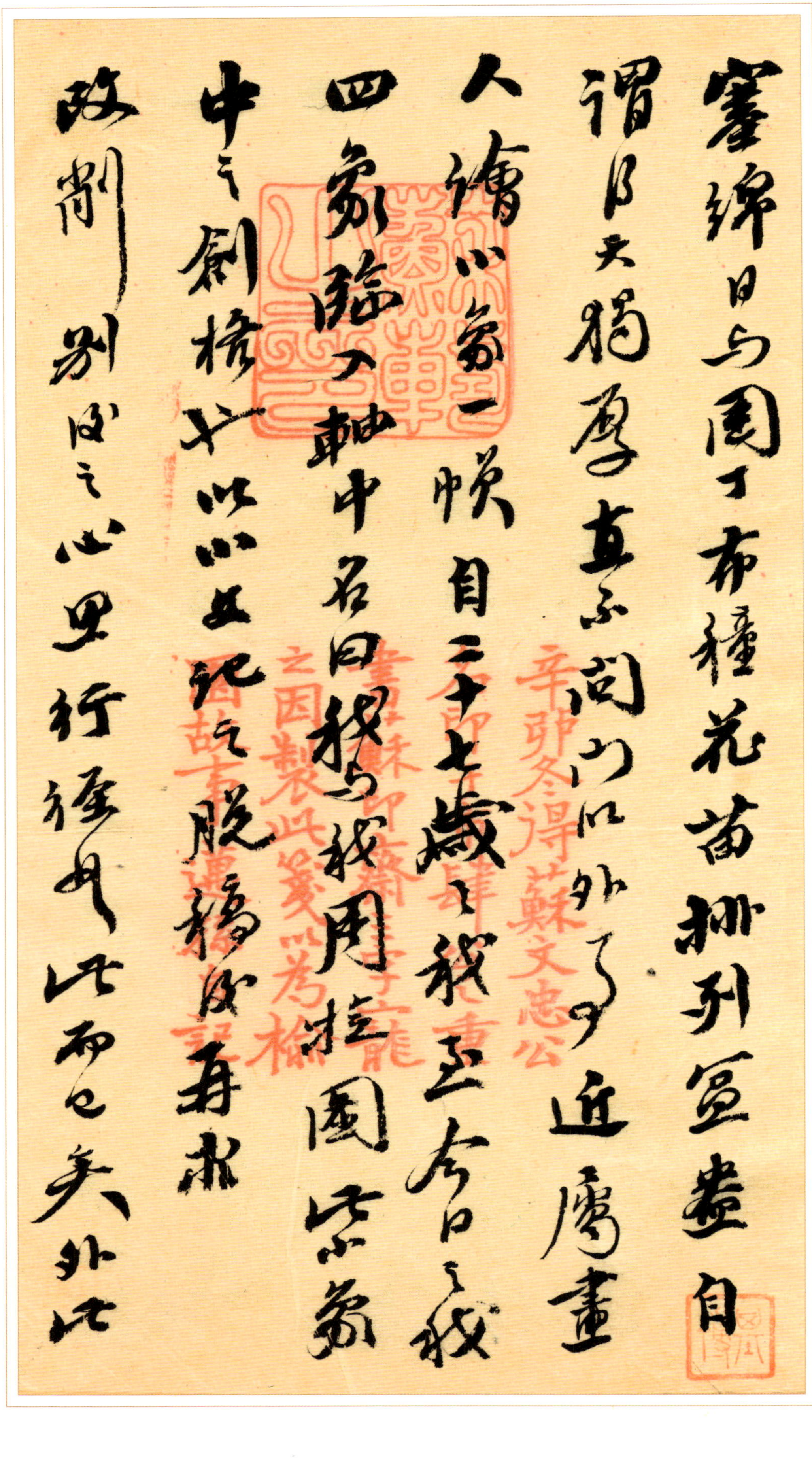

寒舍日與園丁布種花苗排列位置盡自
謂別天獨厚直不問山以外了可近屬畫
人繪以篆一幀目二十七歲之我至今日之我
四象臨入軸中名曰我與我用挂園亭不篆
中之劍樣式以以如此之脫稿後再求
政削別後之心思行徑如此而已矣外外比

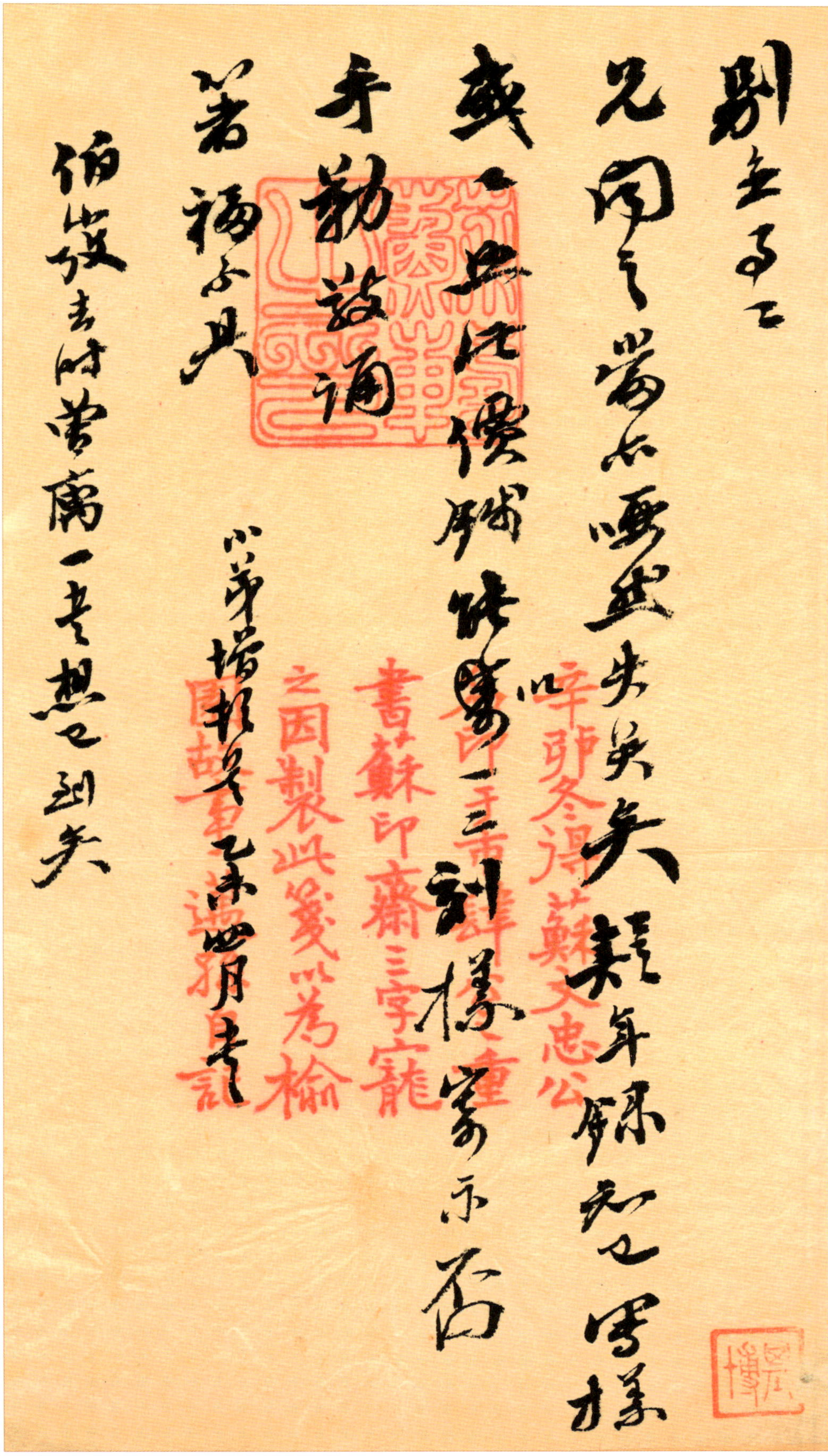

别來多日
兄閒閒當不嘿益失笑矣
艱年餘知己寫樣本
爽一無此便賦詩以寄一二刻樣寄示否
手勒敬誦
著福不具
伯敦去時曾屬一卷想已到矣
小弟增祥頓首 乙未四月朔

辛卯冬得蘇文忠公[illegible]書蘇印齋三字寵之因製此箋以為榆園故事[illegible]記

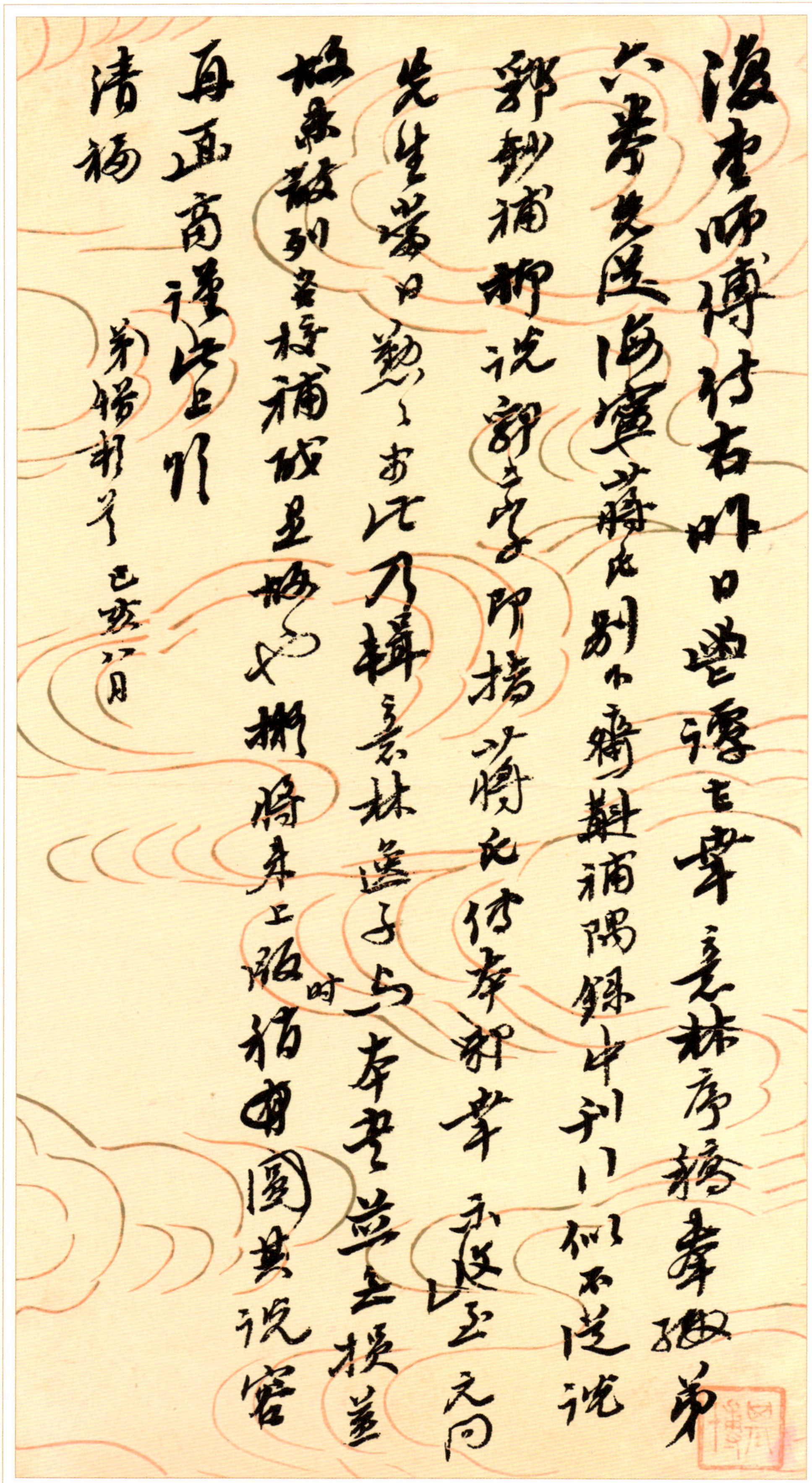
復堂師傅付右：昨日豐譚之章意林序稿奉繳。弟
六卷先從海寧蔣氏別下齋輯補陽錄中刊入，似不從說
郛鈔補。柳說郛之字，即指蔣氏傳本郛者。弟從之問
先生嘗曰：勲々者比乃輯之意林逸子與本書並立模蓋
姚本敘列各校補成且姚々撰將來上版時，擬補圓其說，容
再面商，謹此上啟
清福
弟錫彬草 己亥八月

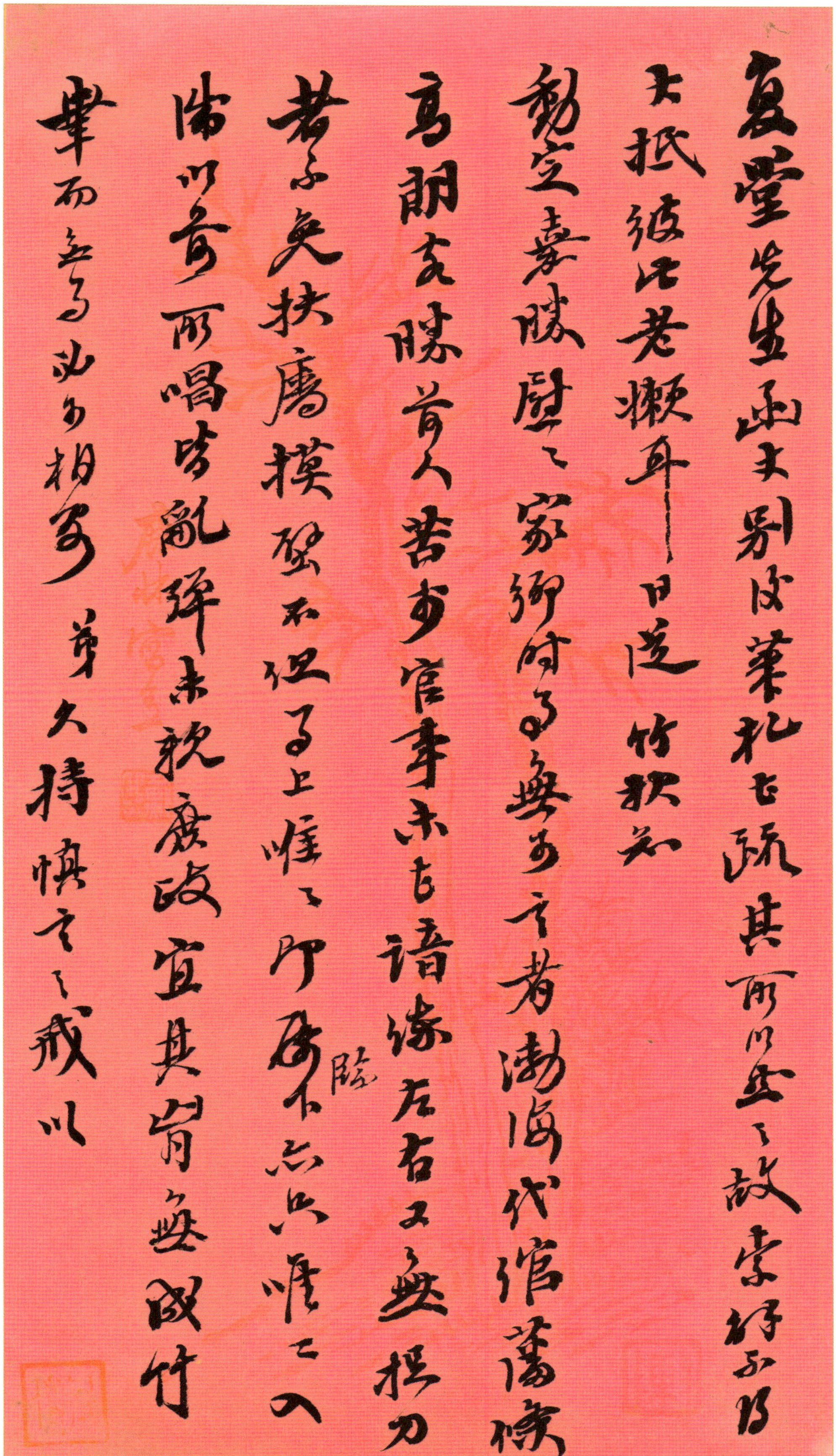
復堂先生函丈別後筆札之疏其所以然之故實緣不得
大抵彼此老懶耳——日從竹林知
動定安勝慰慰家御何可無方之者澍海代館舊僚
高朋衣勝前人若專官事未之諳練左右又無招力
者不矣扶膺摸塑不但可上惟惟即席（臨）不亦只惟之入
由以奇所唱皆亂舜未秋應設宜其肯無政付
輩而無為沈多相寄　弟久持慎之之戒以

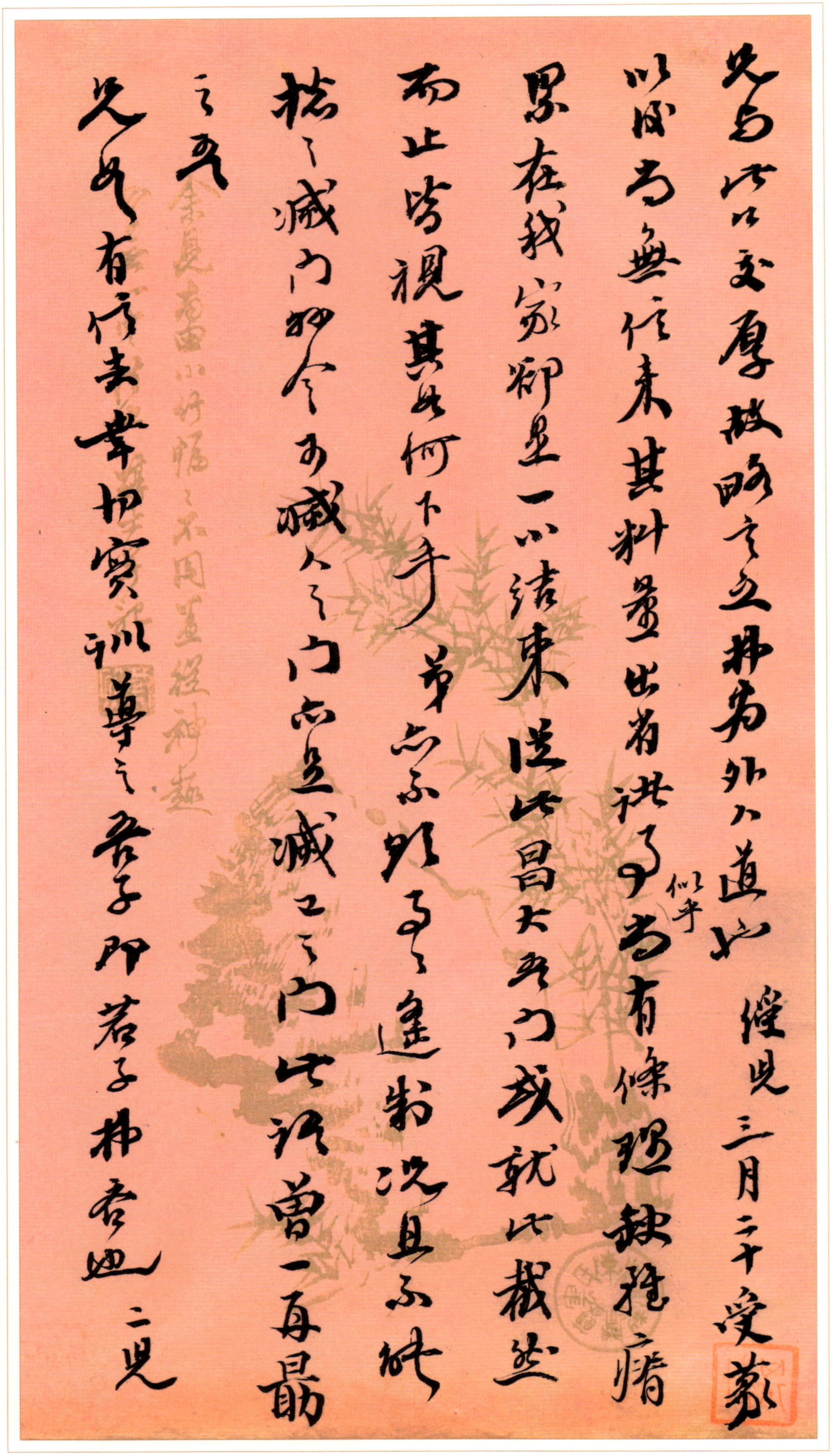

先生所以交厚於時文之并爲外入道也　從此三月二十受業

以致爲無作來其料量出者諸子似乎爲有條理秩稚之瘖

界在我家鄉是一心結束從此昌大吾門或就此裁然

而止皆視其如何下手　弟之所不能者遠非說且不能

棕之減門物令弟滅之門以盡滅之之門此說曾一再勖

之之矣

先生有作去業切實訓導之吾弟即若子弟吾也　二兄

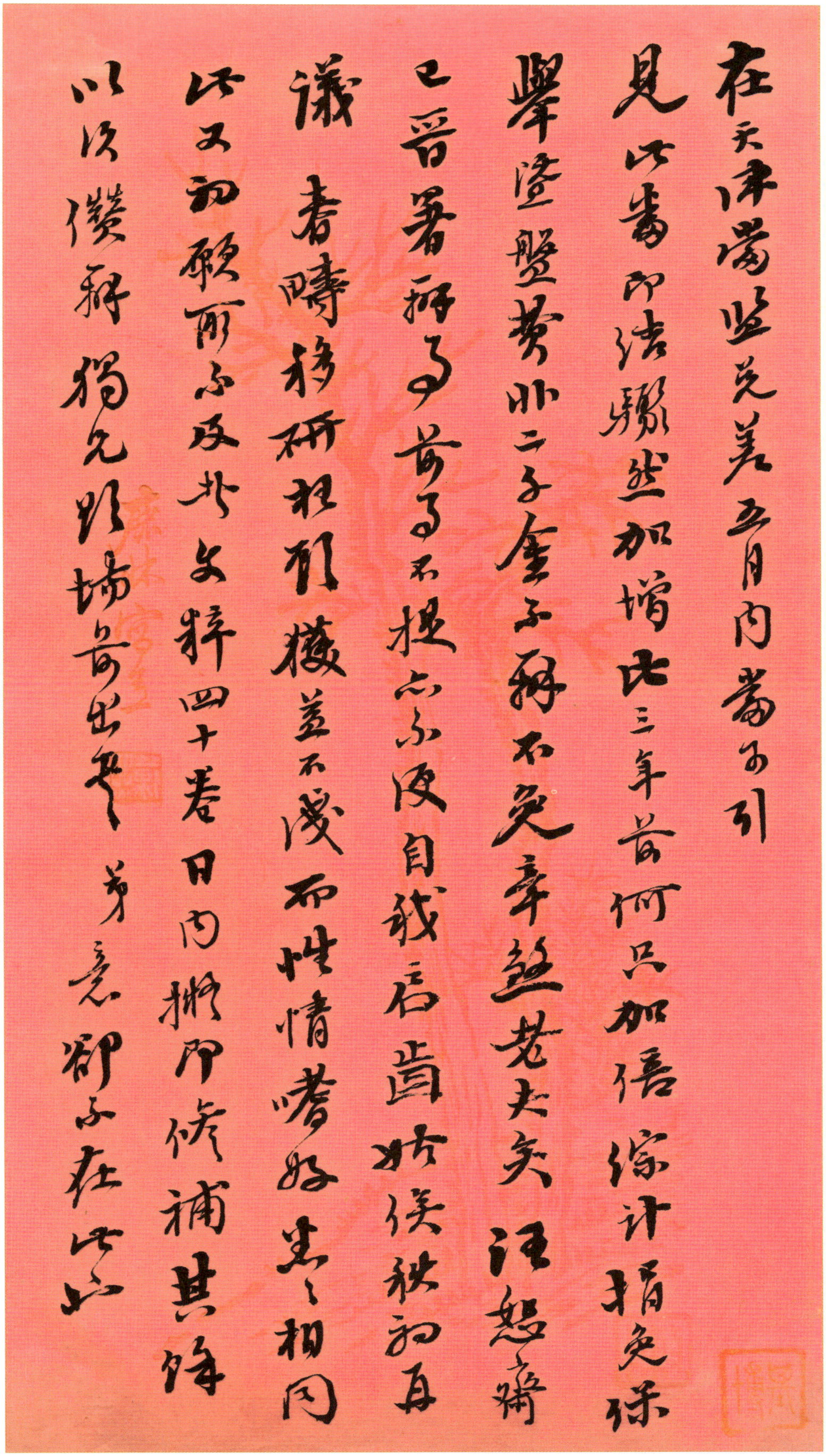

在天津當鹽差，姜五月內當可引見。此番部費並加增，比三年前何只加倍，除計捐免保舉，途盤費非二千金不辦，不免辛盤甚大矣。汪懇齋已晉署，聞乃前乃不提，亦不復自我言，當於俟秋初再議。春疇移研，粗有獲益不淺，而性情嗜好，其々相同，此又初願所不及。北文粹四十卷，日內擬即俟補其餘，以次纂輯。獨兄非場屋出身。弟堯卿不在此山

孫大英縐衣一件，乞 樹菁 弟今年多病，老景日長，近以無
冒〻遨樂綿延十幾日不得出門，心中所願繳了這了一件並
一件，即成六家詞，再奈不敢動手，亦由此弃手勤發耳。
道安
增拜上 四月廿三
秋間回杭時，望代覓綠毛龜一二枚，開子女一枚亦可，小渠者。

復堂師傅函丈：昨以滬上歸讀

賜書，敬承

動定百福，大慰。素秋晴爽，體中定更康豫。客

中寢饋正宜加慎。計

從者秋初當可旋吉，時念日新。蓮老為南田羅

陵之胡枌入布袋矣。白糾函頭出山問人，每三尾五兩，

意更以其之錯廬也。弟滬游二十日，興盡而返。

積此一卷，重入花叢，如馬二先生游西湖人

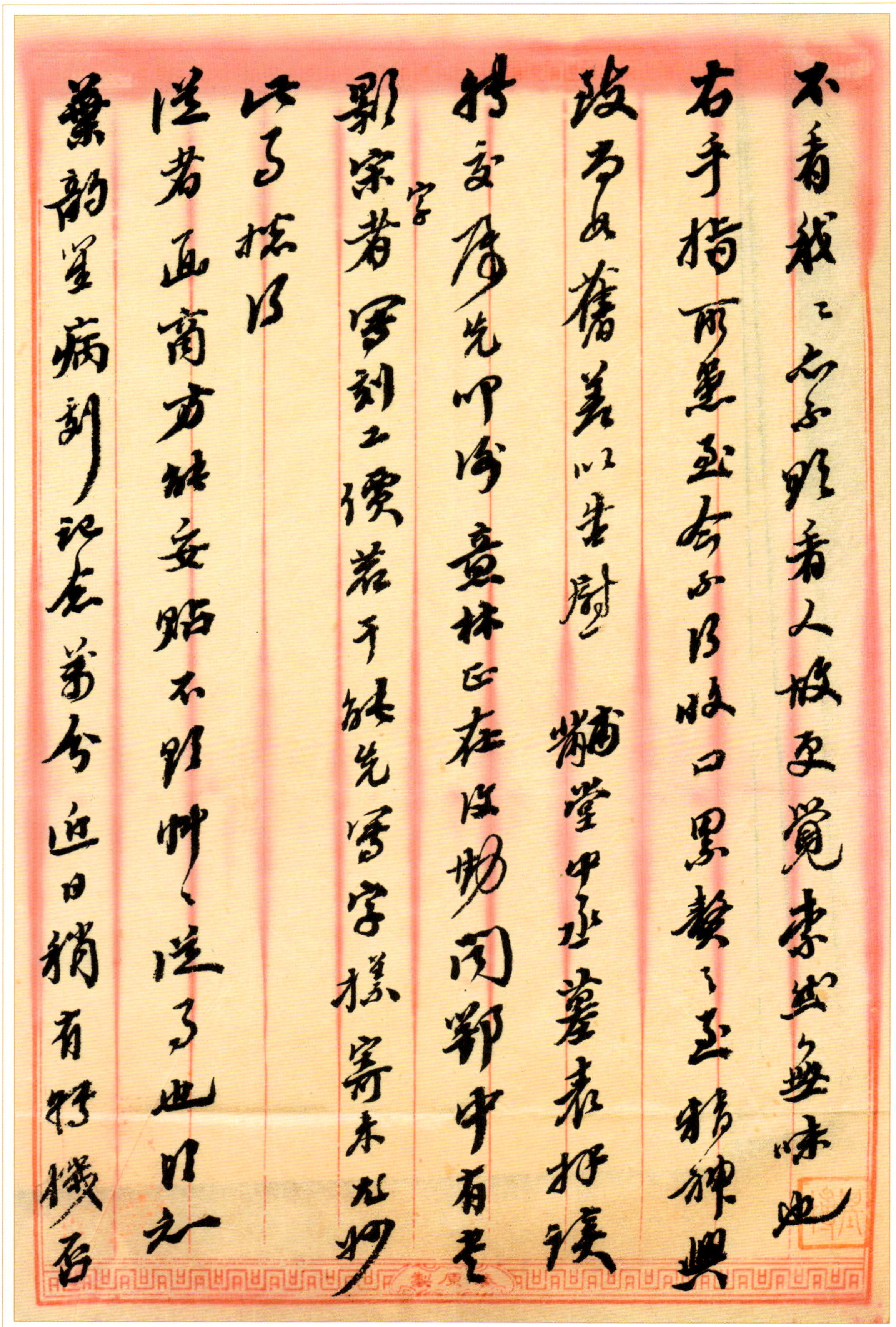
不看戲〻亦不能看人做更覺索然無味也
右手指所患至今不能收口，累數〻至，精神與
疲而如舊差以告慰　嘯堂中丞墓表拜讀
精當，序先仰讀，意林正在校勘，聞鄂中有老
影宋字者寫刻工價若干，能先寫字樣寄來尤妙
此可托否
從者返商，方能安貼，不能悟〻，從可也，日之
葉韵箑病新起，前今近日稍有轉機。啓

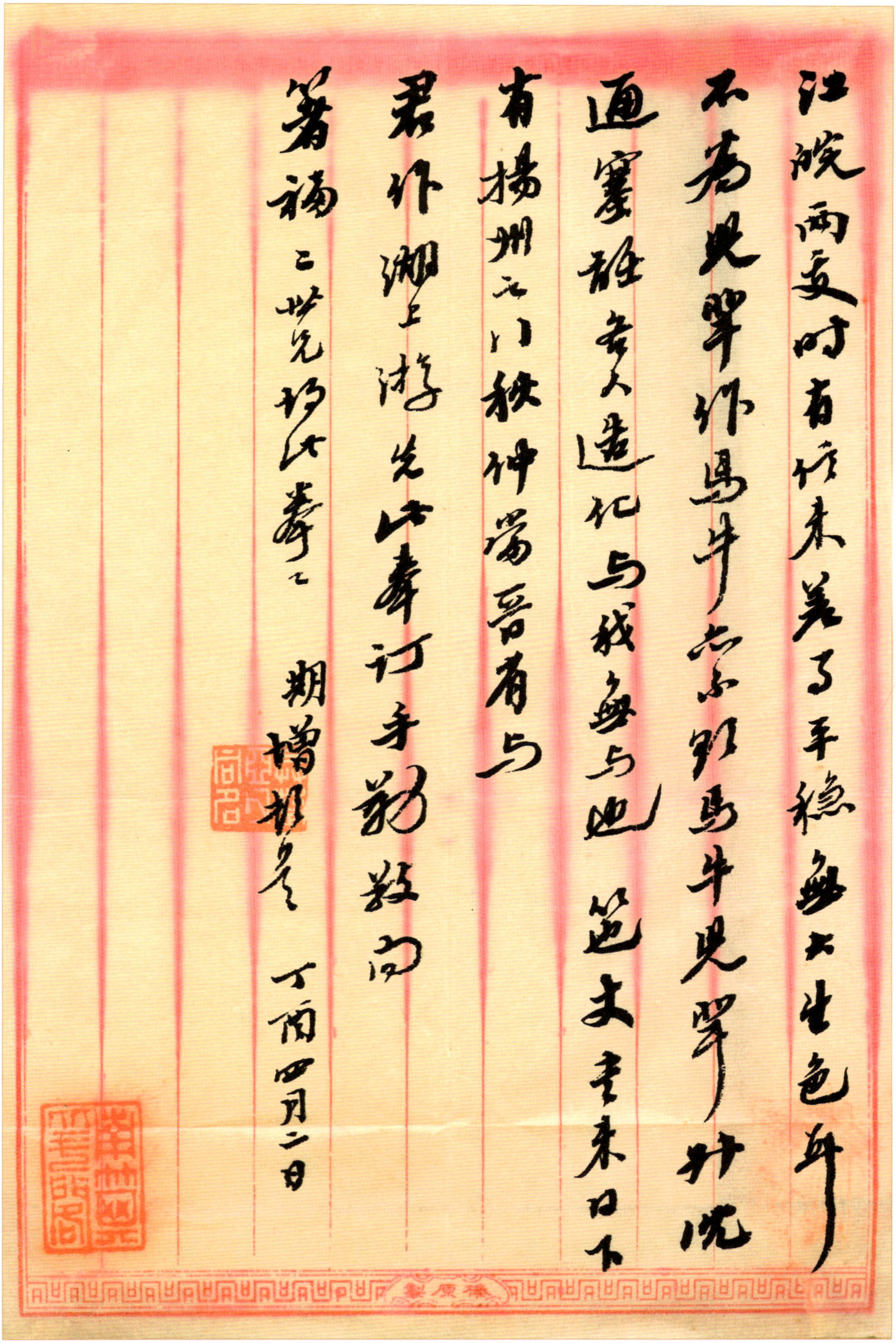

江皖兩友時有信來差可平穩無大出色耳
不爲良罪作馬牛亦不野馬牛良罪壯況
通塞雖無人造化與我無與也　筱丈書來日下
有揚州之行秋仲當晉省與
君作湖上游先此奉訂手泐敬問
箸福　二世兄均此壽壽　期增祥頓首　丁酉四月二日

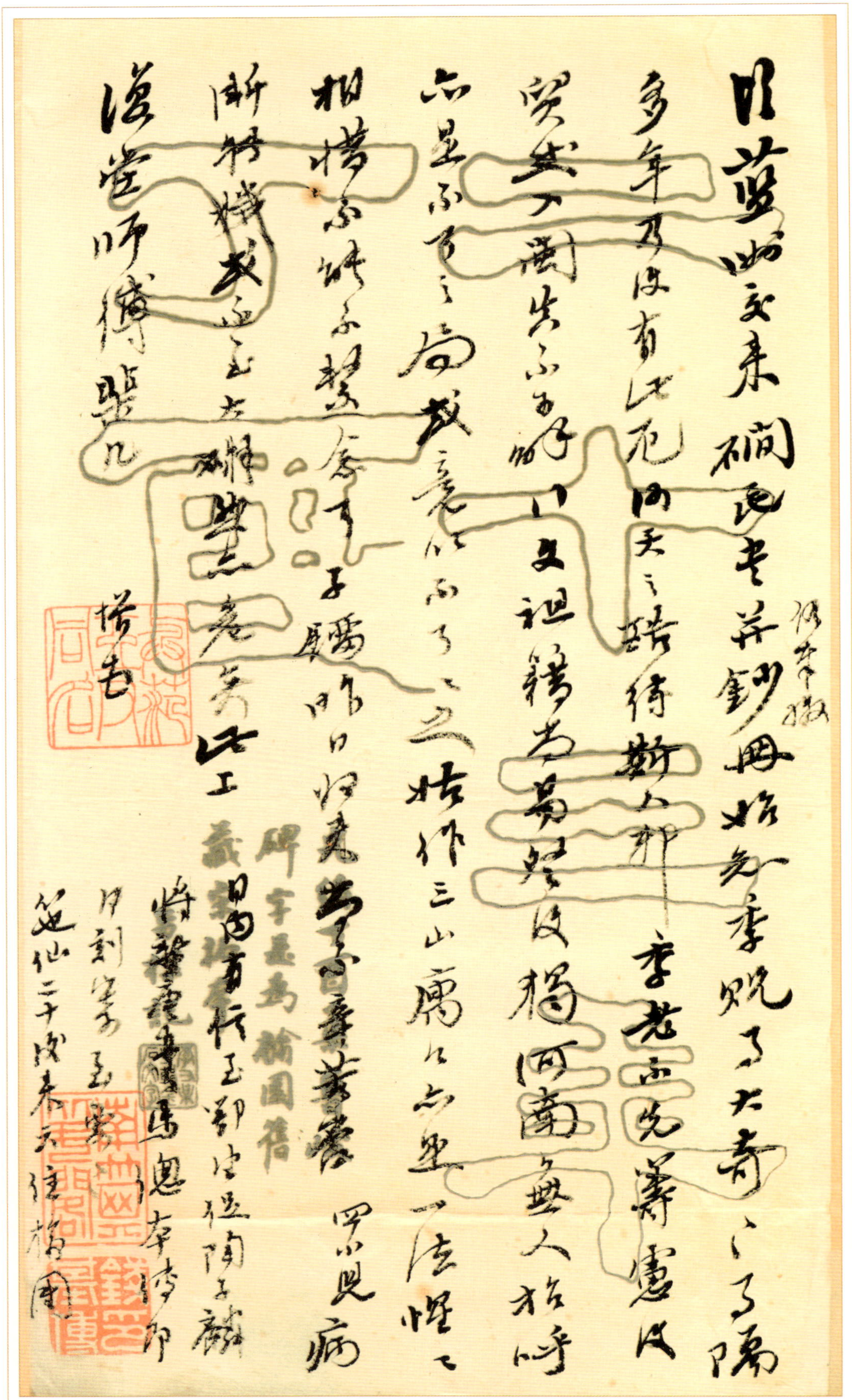

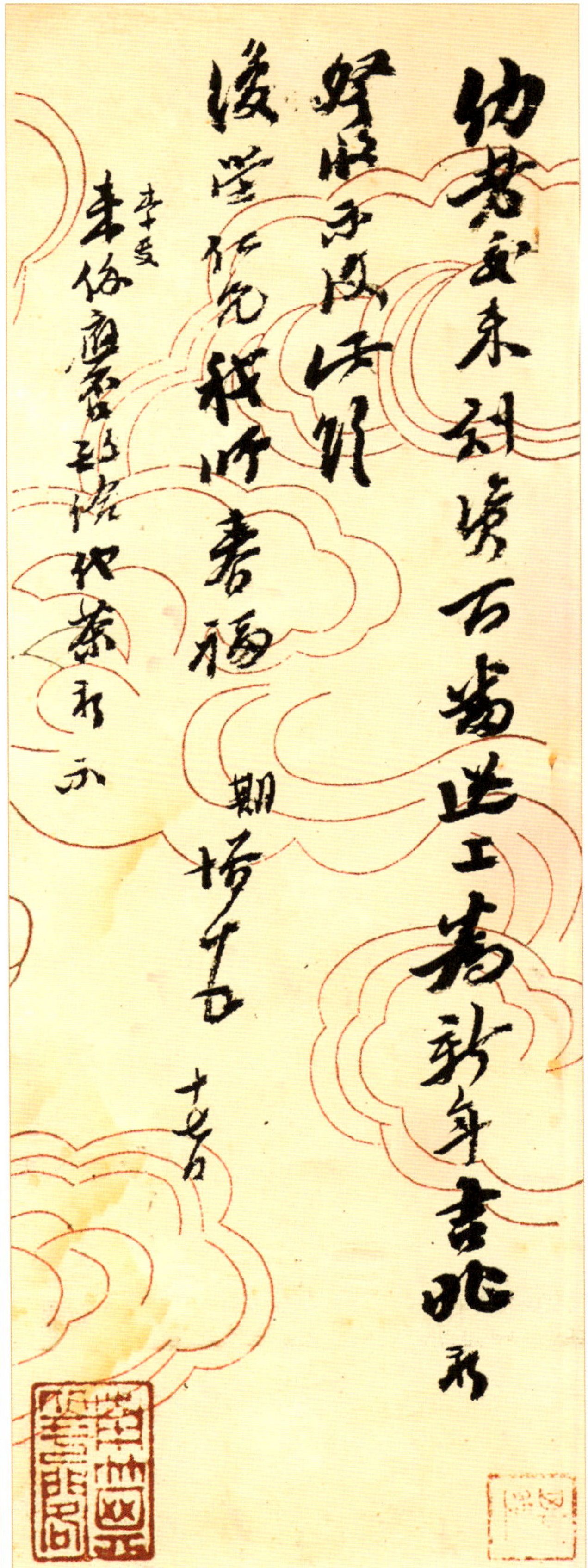
幼老交來劉燕石畫送上為新年吉兆耶
好風吹度江關
復堂仁兄我所書福
期頓首 十七日

復堂先生函丈：初四出戶寄一書，計達到。昨獨
見出示東告，藉悉屢屢賤羔日漸全可，特精
神亦餘元後，夜間肝陽上越，引動內風，每每不能安
寢。大約二十日後當步出門，日進四物湯，飲食如常
矣。冬以來甚覺鄙薄，遠不如我，性形兩絀對十
分安。力必以加意培補方好，而又憐翁子想不
日速致此矣。附 僕見老友王貴所寄信件，已收到
聽收隱工會白怯桐聽明服保固，工手銷拉奉方

廿九

伯侯見面委密札飭赴石埭查提會匪洛日起
身，秋八回省，錯差所擬々犯訊明分別正法照禁
矣。藉此奔走，不無閱歷，亦有益至模改身亦有
可以視頻年旅食者勝之。從與本如粹
疏口賤體思侯。小子大健々，比方肯低讀，似亦相
愛々言此，螳旋磨上，望眼則穿矣。有此一病
極可只宜從緩。僕病後閱鏡不能，亦教家刻
多閱之也。楊星吾書須有意，封面兩分所謂宗

本欲暫借筵文，昨日來書未得見。元明文字續已寄去，兄一分尚存弟處。閏集或已取回。本年前日寄聘以自解了，明年書市我兩人又受劫財，須豫為圖之。伯安閱初三日挈眷赴鄂，陳伯母因鄂士病，郎見老畏，半點心境後，此陰多擾，遣子社者，浦監院如舊，善後人意外，比之勞擾。公念共不慨嘆。病起奉懷一律，乞改好。擲寄。蒙老先生來，又病矣，且云將不起矣。

並因二兄將赴江西，未暇寄易。兼波此前又覓賦媚其好之病，亦是一病。玉珊未寄，撰寄就迫促之，拉雜布復，敬頌

撰福。 弟增頓首 八月二十日

南皮有肥遯之意，如先生函南皮，只索諱之。

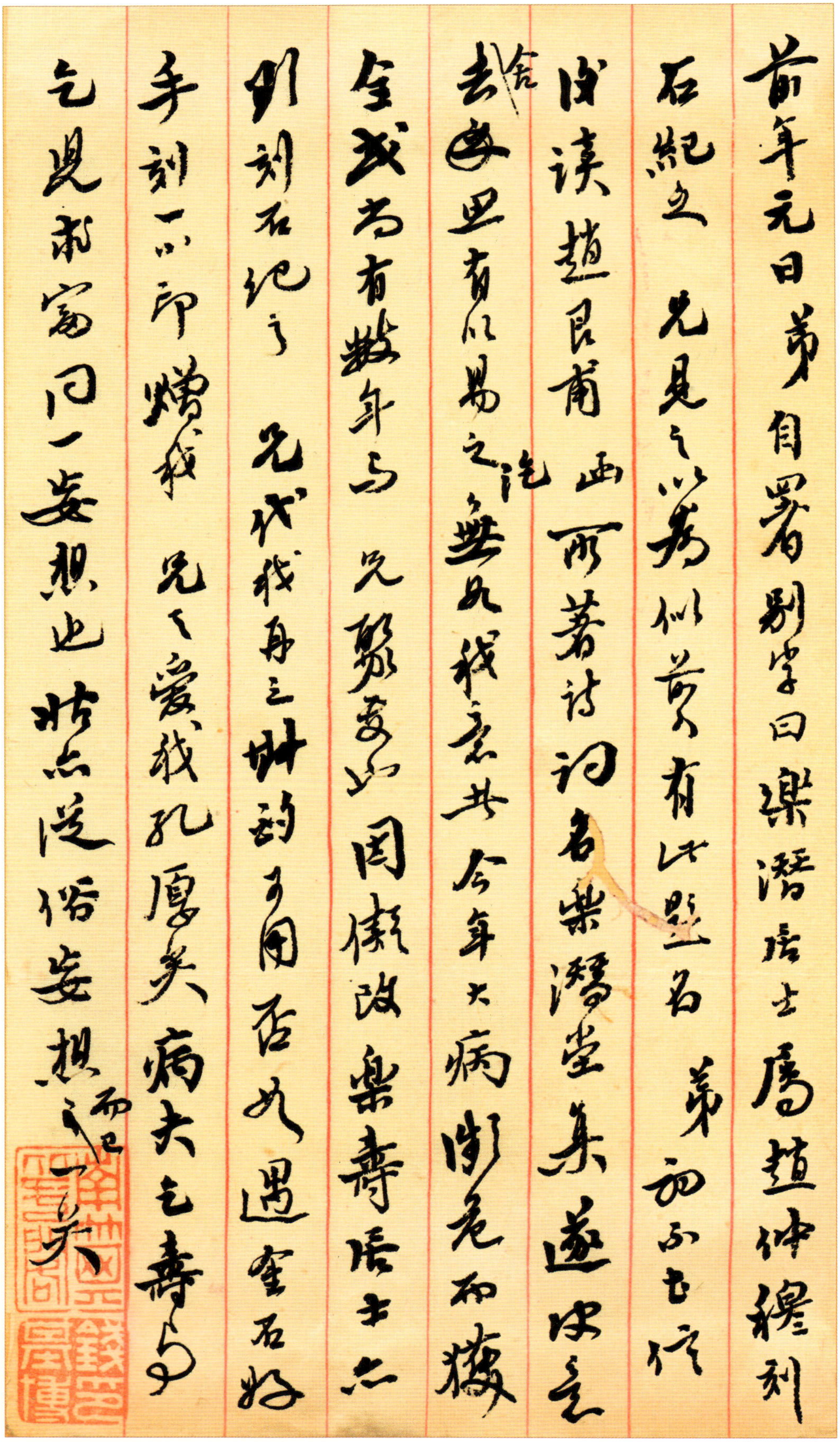
前年元日弟自署别字曰樂潛居士屬趙仲穆刻
石紀之　先生見之以爲似黄有此號名　弟初不之信
後讀趙艮甫所著詩詞名樂潛堂集遂决意
去（舍）之思有以易之迄無如我意者今年大病瀕危而獲
全我爲有數年與　兄聚處之因徵改樂壽居士之
號刻石紀之　兄代我再三斟酌可否如遇室石好
手刻一小印贈我　兄之愛我孔厚矣　病夫之壽與
兄視我寫同一妄想也　然亦從俗妄想之而已矣

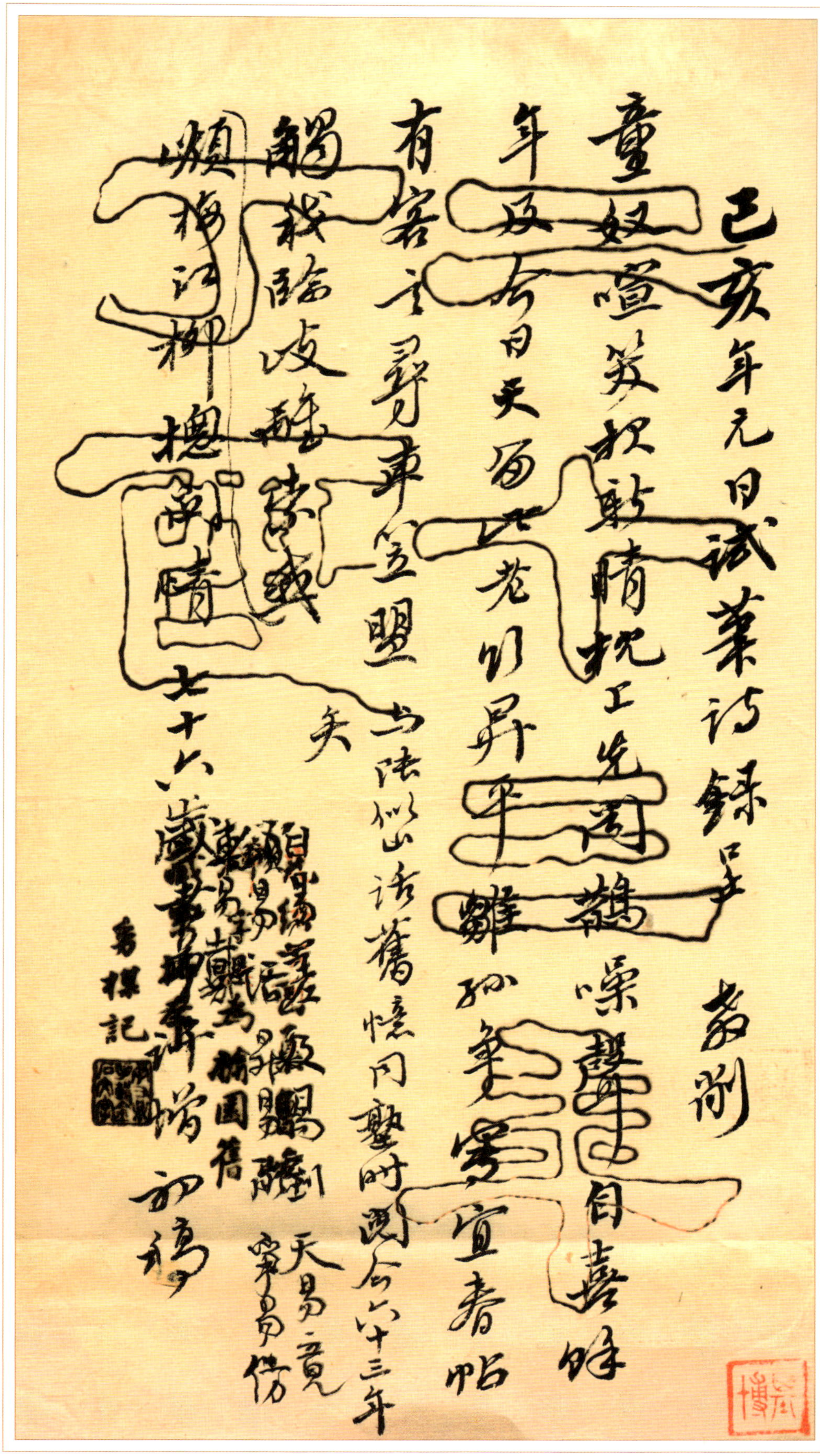
己亥年元日試筆詩錄呈象翁削

童奴喧笑放鞭晴，枕上先聽鵲噪聲。自喜蜂

年及今日，天留老眼見昇平。雛孫弄筆寫宜春帖，

有客重尋東笠盟。與陳似山話舊，憶同塾時，閱今六十三年矣。

翻殘臨皮酥讀錢

顧梅江柳總情 七十六歲

[illegible]

天易一覽

寒易仿

象樑記

初稿

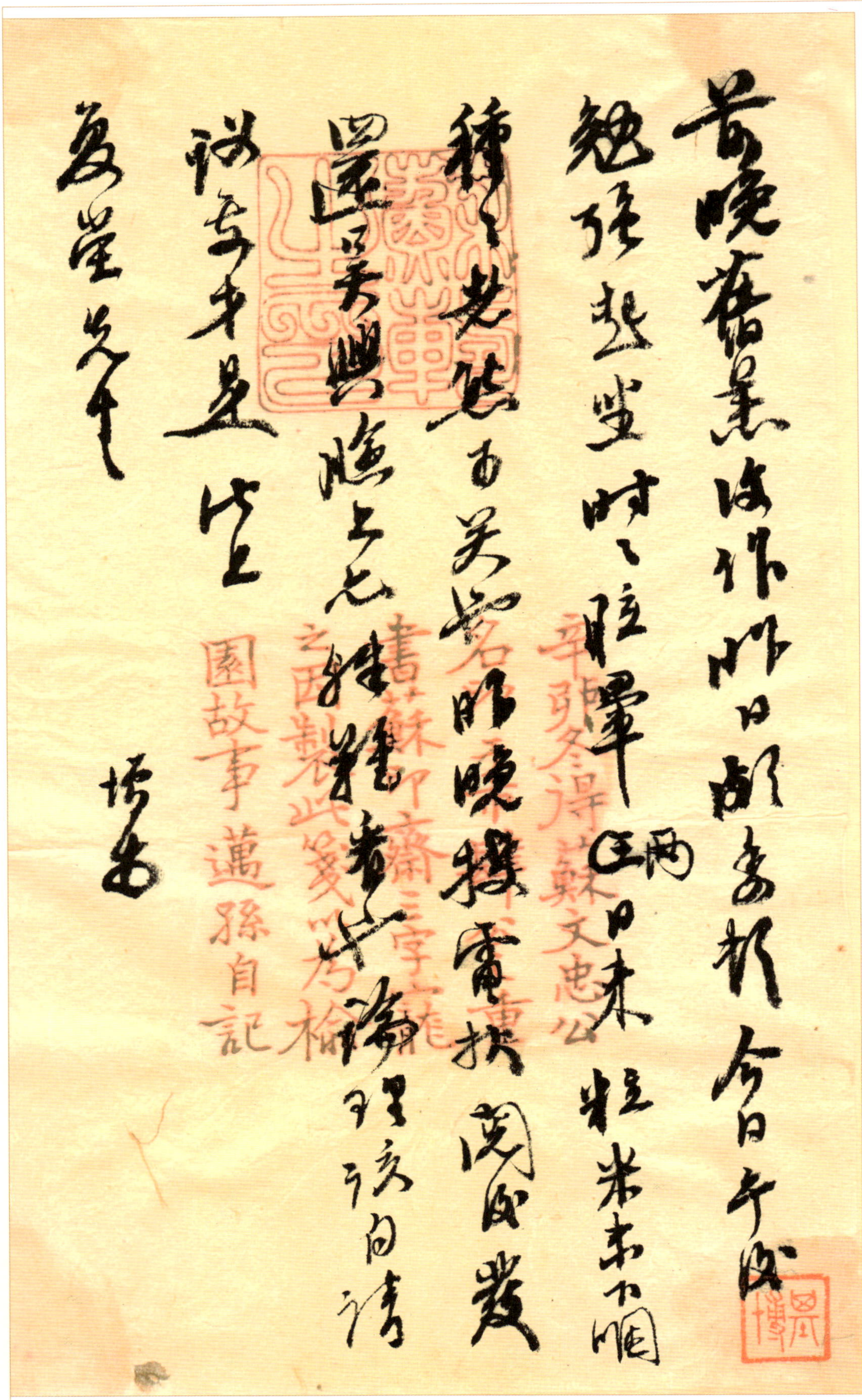

廿至廿三此數日竟不可耐，氣喘不減，當達百可供
瘦。今刪日濕暑，等事兩相妨。以此至者尚頗過暑，永日方快
遂竟光揚十不至時，尾其歉柱重累勝，弟十倍
矣。其辭十五本送上。凡楊角加之。此皆須改
刻。其校亦過在內，因此一本翻閱，此須改此。不
必說。此本不改北，請共出。其餘本條，其校再添
入。弟交為有兩本來校，容再送。
復堂先生
弟許增叔

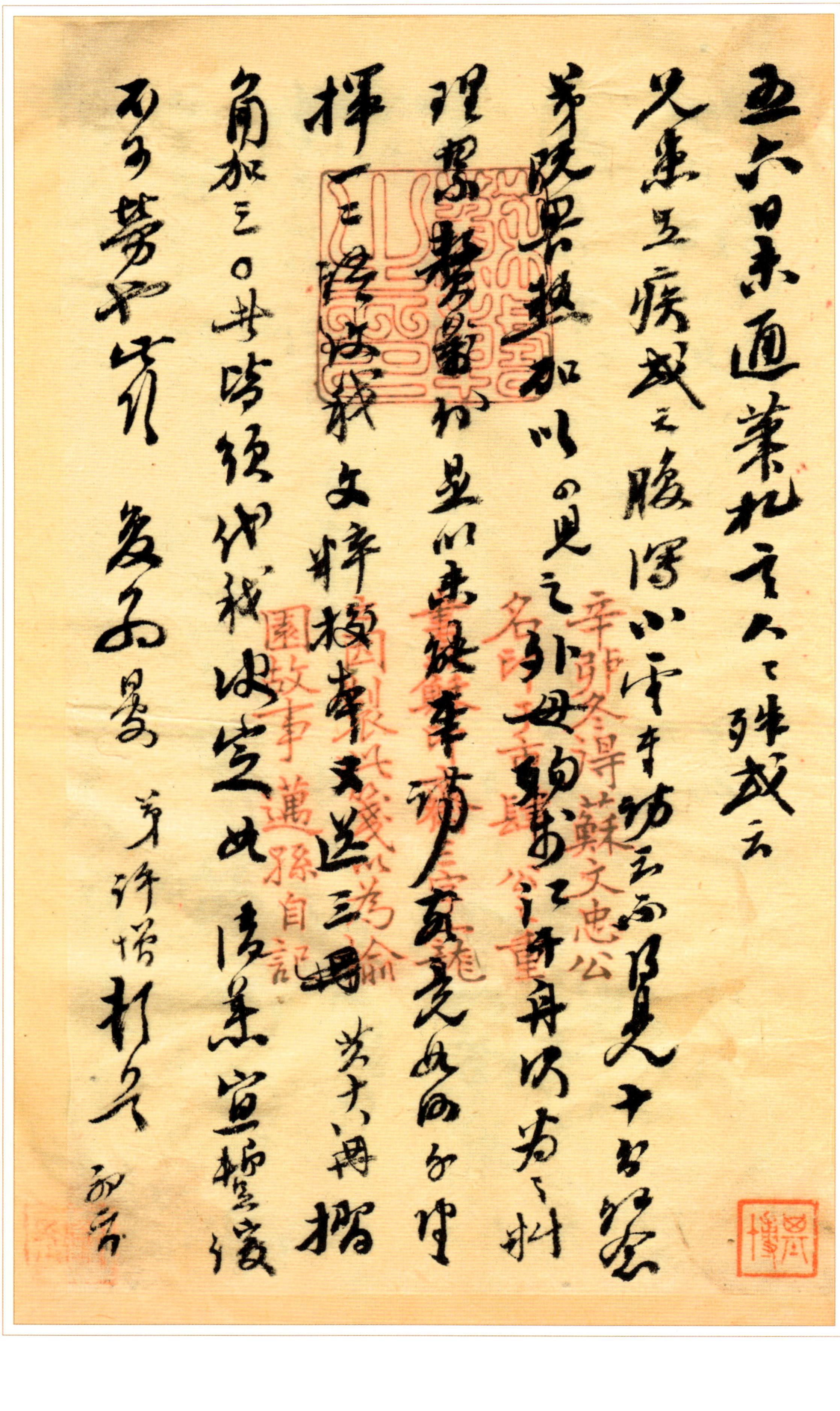

昨在校補遺至國秀集序疑團總
不能釋今早亟檢全唐文芮公挺章足下
僅此序別無他文若謂此集其同宗之人
所撰故謂之芮保此說足下此傳刻
國秀集始悅然大悟特此奉覽即發還手以收
日記以見讀書之難　復堂
樾園　七月十四日

昨有舊門子轉雲莊居常來此云渭翁手授清老再三
隨為先容然未謁其家見之又無意中得一奇事弟感
十年客邗門城陷家眷由從奔避衣物書畫燬失最
多久已不復記憶今日頗座常來撲孜王功雲老與
時所失訪得閩光子寄還先後二十六年復歸故主豈
非壽子功雲素不相識所刻詞集耶我等互相
稿模未精三益特送呈一覽既同為摘錄此得也
為荷　外一紙乞讀悉　弟樸上

李宗庚小傳

李宗庚，字子長，浙江嘉興縣士族。姿秉凝厚。咸豐初，全椒薛先生宰嘉興，試君才，性進以有用之學。君感而奮，提挈籍之要，精唐人真行書，點畫必謹。寇警日逼，出走江西，客授自存。薛公謝事，再起治軍糈上海，君始終從公游。官軍定浙江，君乃受知學使者泰興吳公，以優貢生舉選。年且四十，同治七年朝考以知縣用，分發廣西，權百色，再歷商，民安之。明年署西隆知州，訟無留獄，群商觀化，大府異其。光緒元年筦蒼梧，二年宰宣化，治績益懋，乃移臨桂。附郭殷劇，消息上下，君子之器，從應淵一。又任貴縣，依次補官桂平，而思恩匪起，君乃募靖邊六營，為李按察前驅。法蘭西責言，關闢撫部潘公留師，檄治軍書。君忼慨兵間，不盡聽其義憤也，則從職桂平，以為當官有行吾志。班災平賑，窮困自致，民神敬恭，墜廢舉舉，蘊英騷章，一再為達，詔升太平府明江同知。而君患單門宗鮮，強近墓田，修退霜露之懷，發於是告歸，隱然行矣。卒於光緒十七年六月，年六十五。

右錄譚獻復堂文續嘉興李君墓誌銘

李宗庚

七通

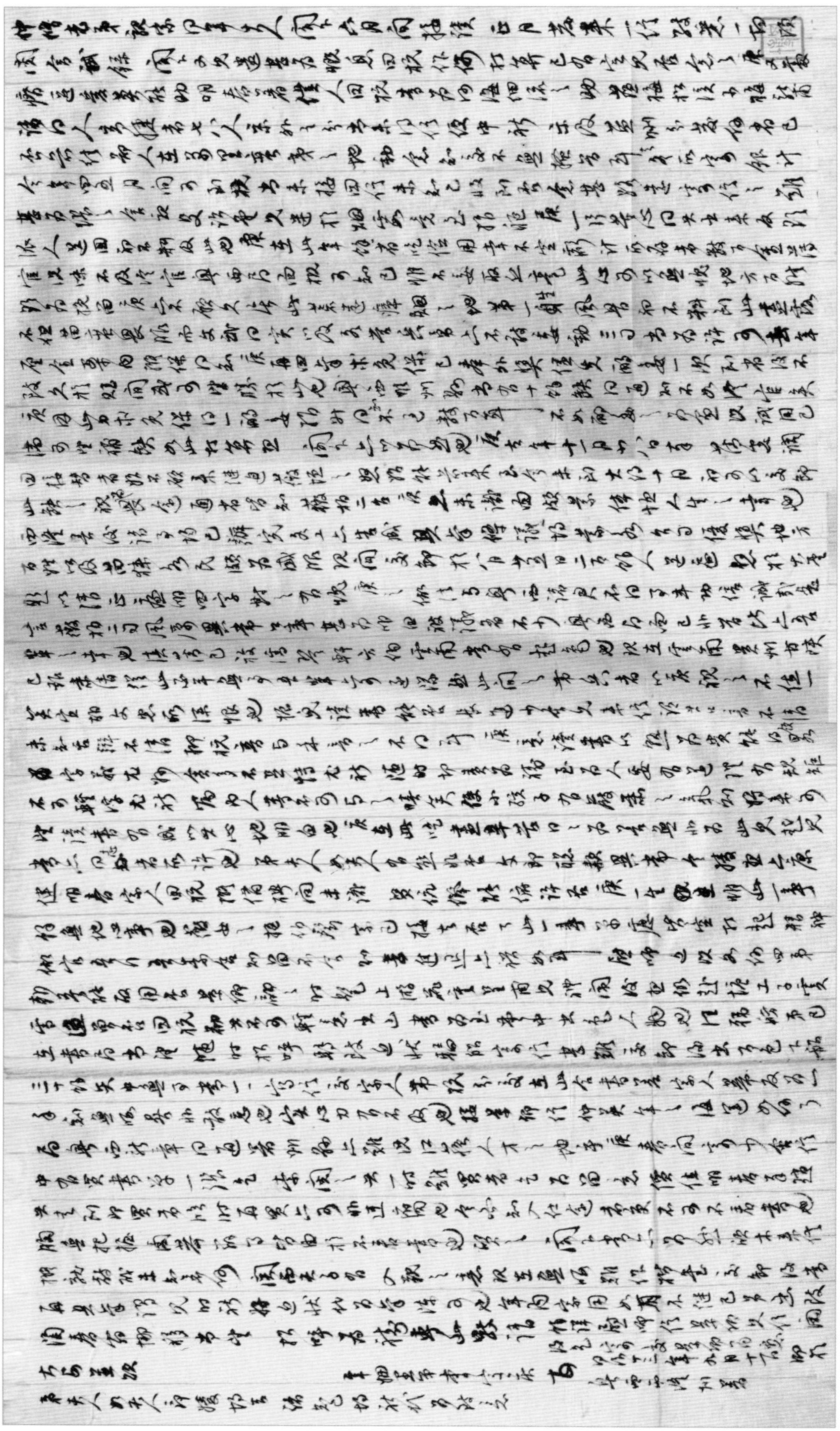

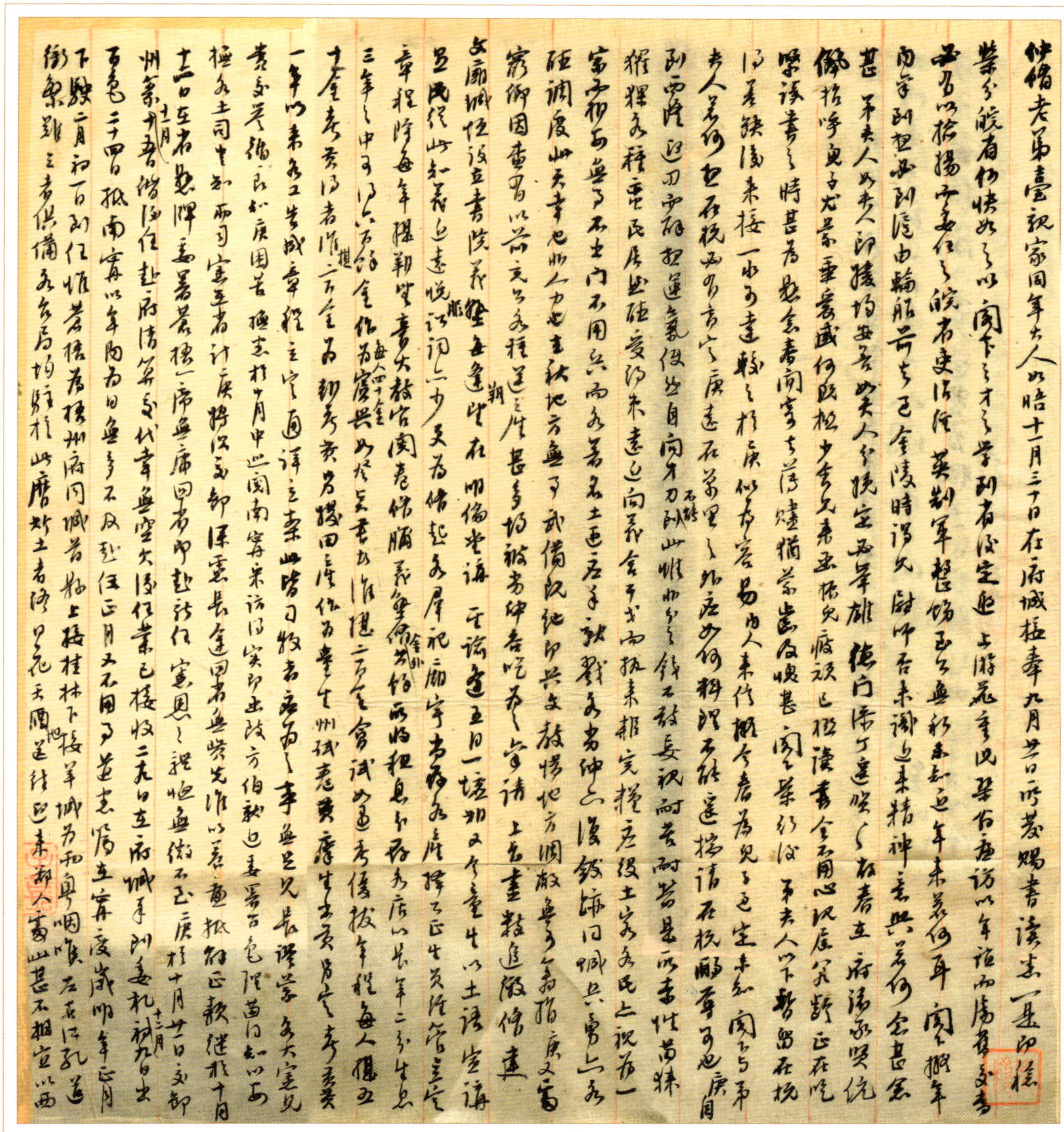

仲循老弟台親家同年大人如晤：十一月三十日在府城接奉九月廿日所發賜書，讀悉一是。即稔

[illegible]

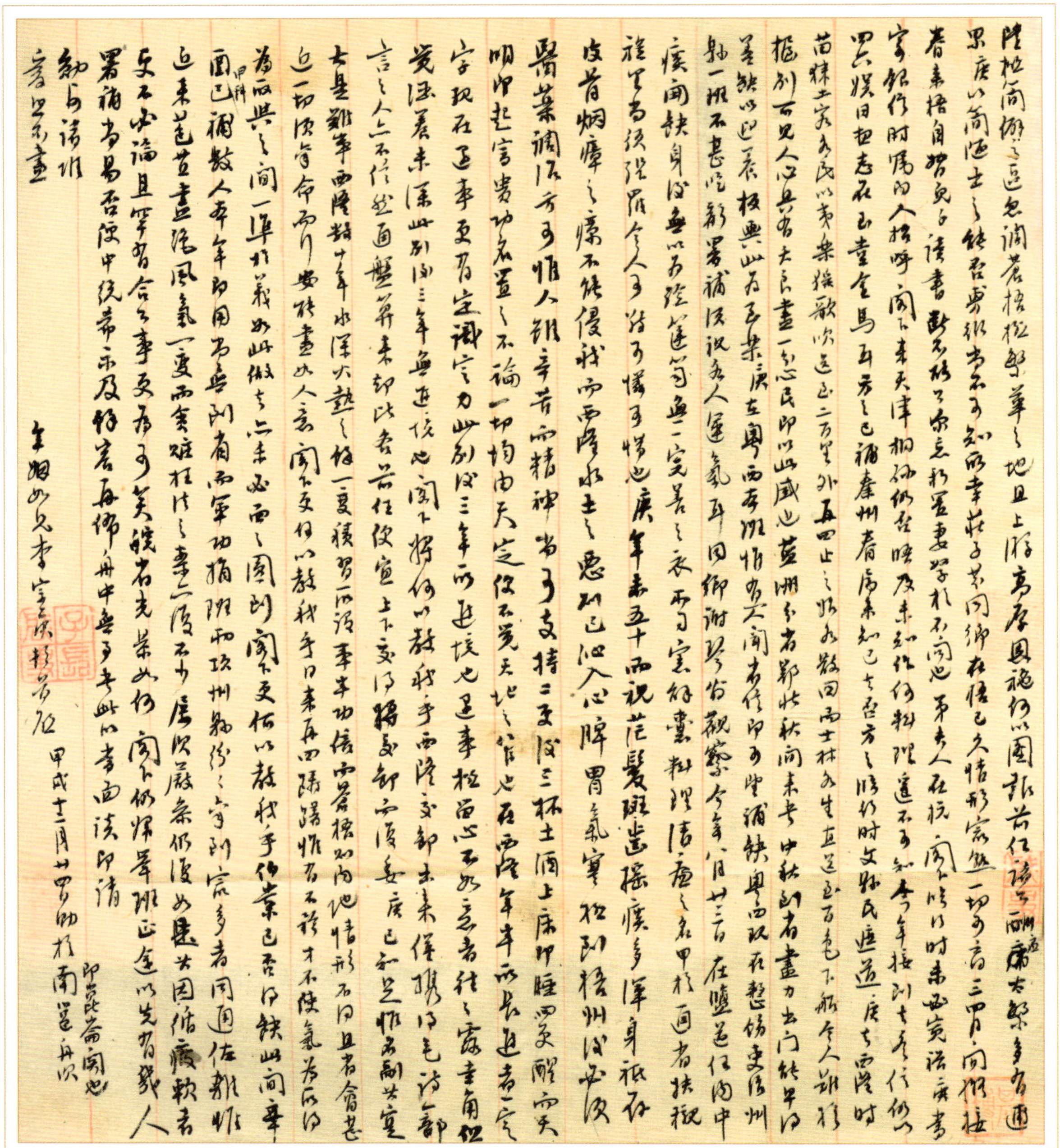

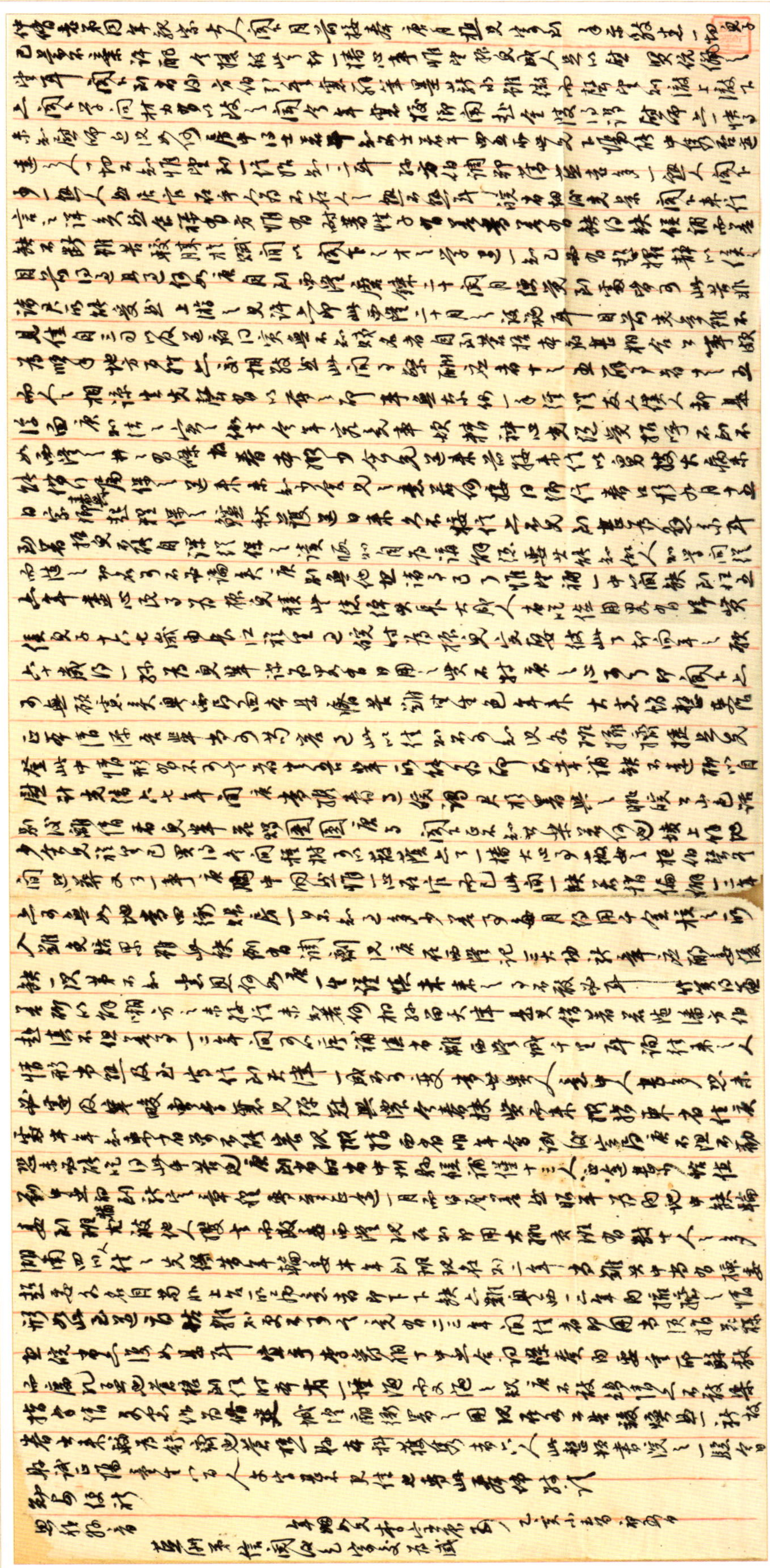

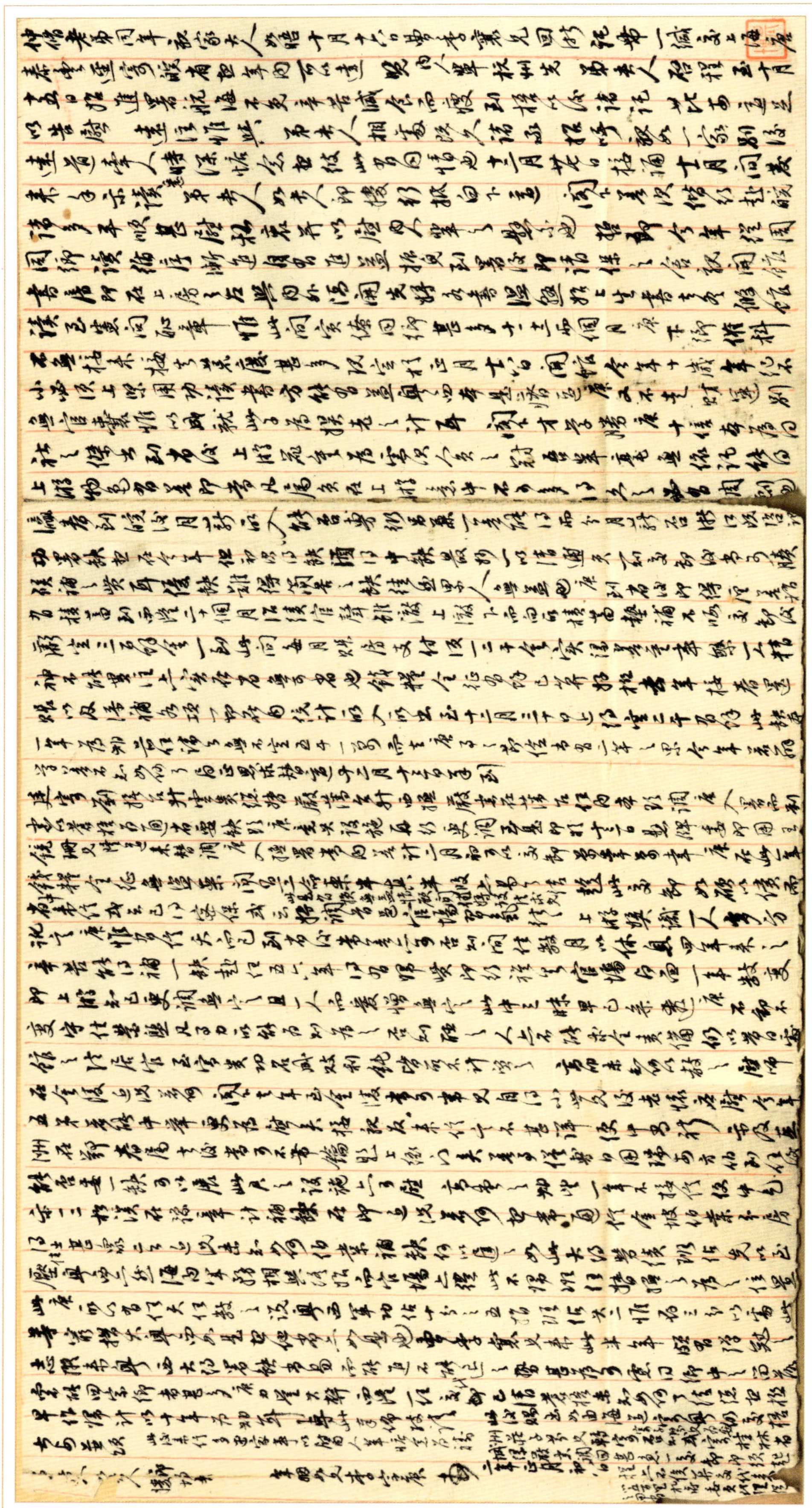

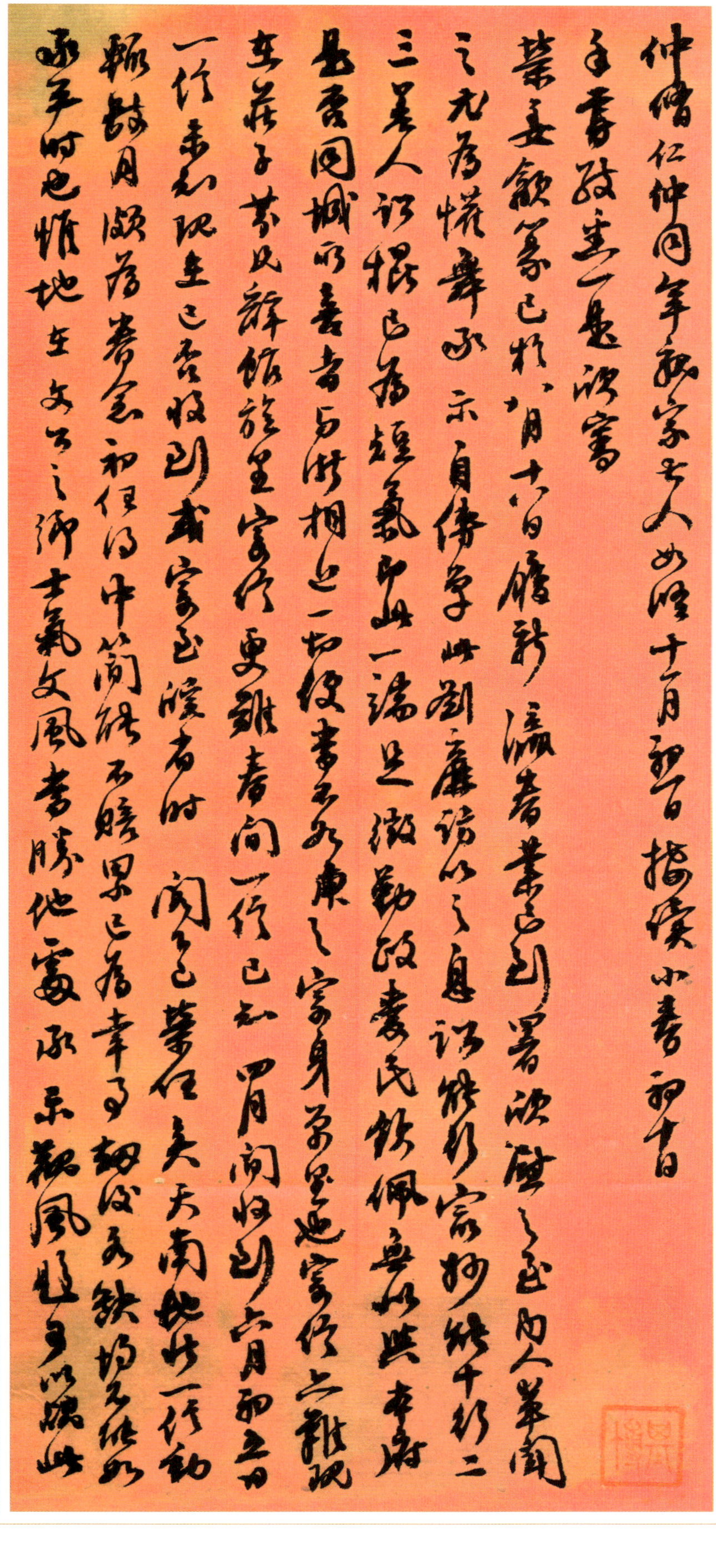

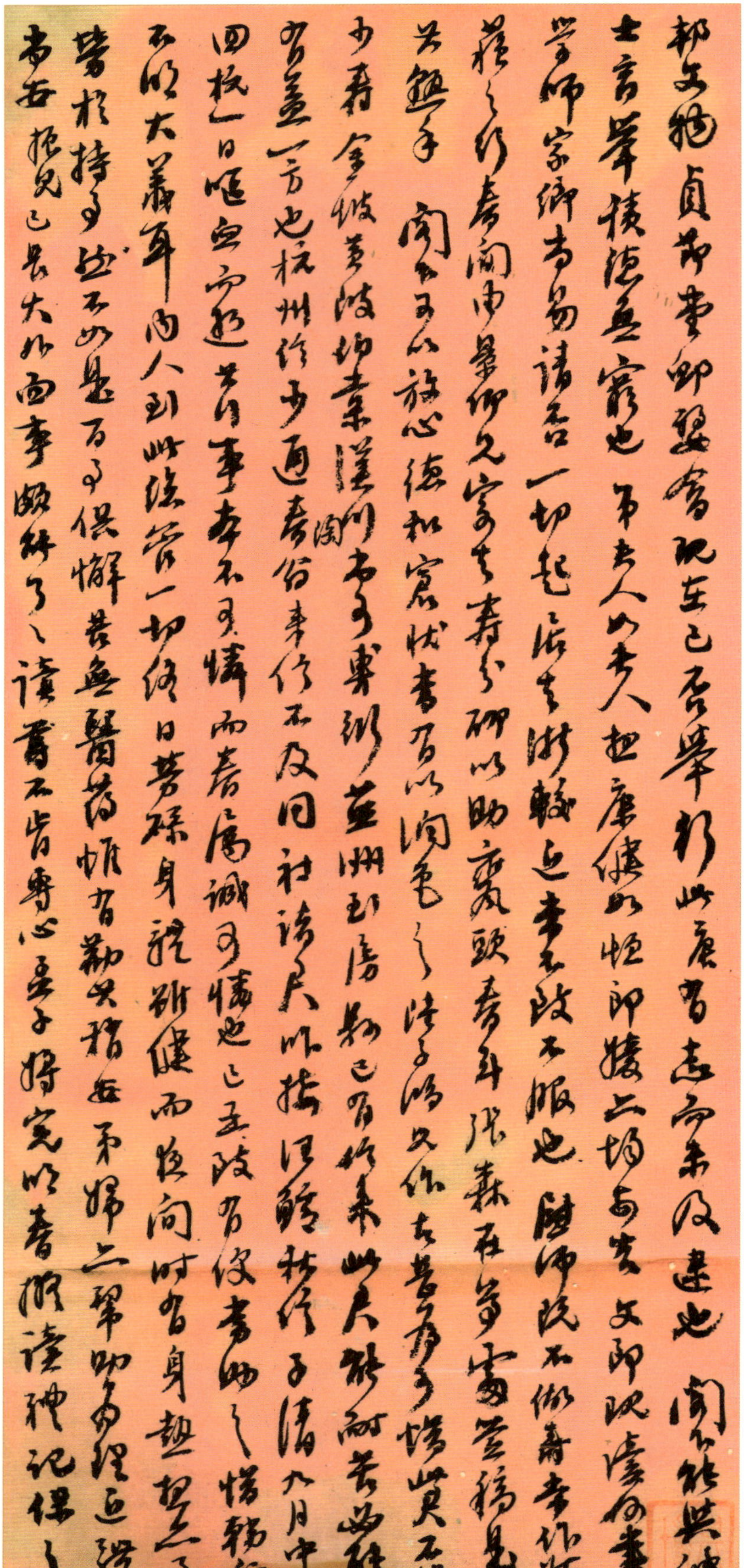
郁文抱貞節重卿契會現在已為華行此屢有志而未及遂也　閣下能與沖
士言華積德無窮也　弟老人如老人也康健如恆即請上坊安文即頌達安書
學師家鄉者多請吾一切起居者將輸近年來政不服也　附呈法不備壽序作拓
穫之行壽閱冊暑卿久寄者壽之研以助夜氣頭壽序張森在家寫並稿是
其無子　閣下以旅心德私寓此書可以潤色之請子賜文作古豈有子樣此贈不保
少壽今披苦波坤葉護州者可粟鄉並淵到居物已有作來此又能耐苦必能
有益一方也杭州作少通壽谷來作不及同社諸人作樹得暢秋作子清六月中
回杭也一日唯宜亦趕苦事本不可情而壽居識可情也已至政有修書與之惜輸翰
不成大義耳內人到此證管一切依日夢孫身體強健而旋向時有身熱想是函
勞於持身並不如是可以保惜甚無醫藥姊有勸其稍安弟歸之學助甫理近經
者否　姪兒已長大外面事頗能了了讀書不皆專心孟子將完以書櫥讀神記俟之

赴粤东，定于夏秋间到馆中间适检徐吴二君载来此机括可见精益求精惟保之
吉人不顾未以年资往粤东现已去彼少云先以年老未赓自到宣化将及一年
地方之事严以制辩宽以定案仲氏畏服地方安谧道府皆同织本是自御
更为认治省中三患之头便书札节人六月奉调嘗恒桂之任因此间一年
未满拥瞻极专办更调适接者信接悉九月初间来宣适阅旁众宗声
甚为优异此义水陆去马以及供应一切须用三千金本省供一手许理甚为
劳瘁幸接善道吾侪士二百里外接索极知理也一无遗误以宣化为畿地
宗要以承办理完善撰不足动帅书三谈瑞等晓专所贡较比阅尤甚然
较之恒桂之暗果而劳苦为精矇略补计早到现而皆不补未知上游将择
诸以真补即不得而知康御一日尽百心惟此间水土不佳未免太意秋间患病
今尚未断根饮食起居当极安健宽斋此秋自粤东回晨起晚渡在今年中

當局不能清理，師範學堂記性不好，惟精神尚好。現爲文學校外乖者，以事
頗稱順手，倦補得一缺。五十六歲，以書作歸計，尚擬見完姻，考試得意二三年
自顧亦不能返。實經書已於九月初到省，惟西三出甚飭，身後實不安，此中尤
重，正途又缺，俱不輕易，書中候補已有七千餘人之多，候者屢殿，此省已錯
如應之自愛，走粱五六年，以出後勤，蒙中得來，自向無從，惟不改舊時與意
而不知應官之業也。葆梅得以考來赴任，松溪近得缺，吾子實在撫台處，一年不通信
未審近狀若何，現在家作不良。華嵓官者，兩月前到此，以疾告歸返耳
十月朝試，縣并行，共考十場，接府試兼考武，縣試日來更形碌碌，幸而平順
足以告慰。專此奉賀
大喜，並頌
年姻如兄李宗虞頓首　根兄隨叩
弟老人如老人師樓均賀　內人弟婦如此均賀並請　安
光緒三年十月十四日

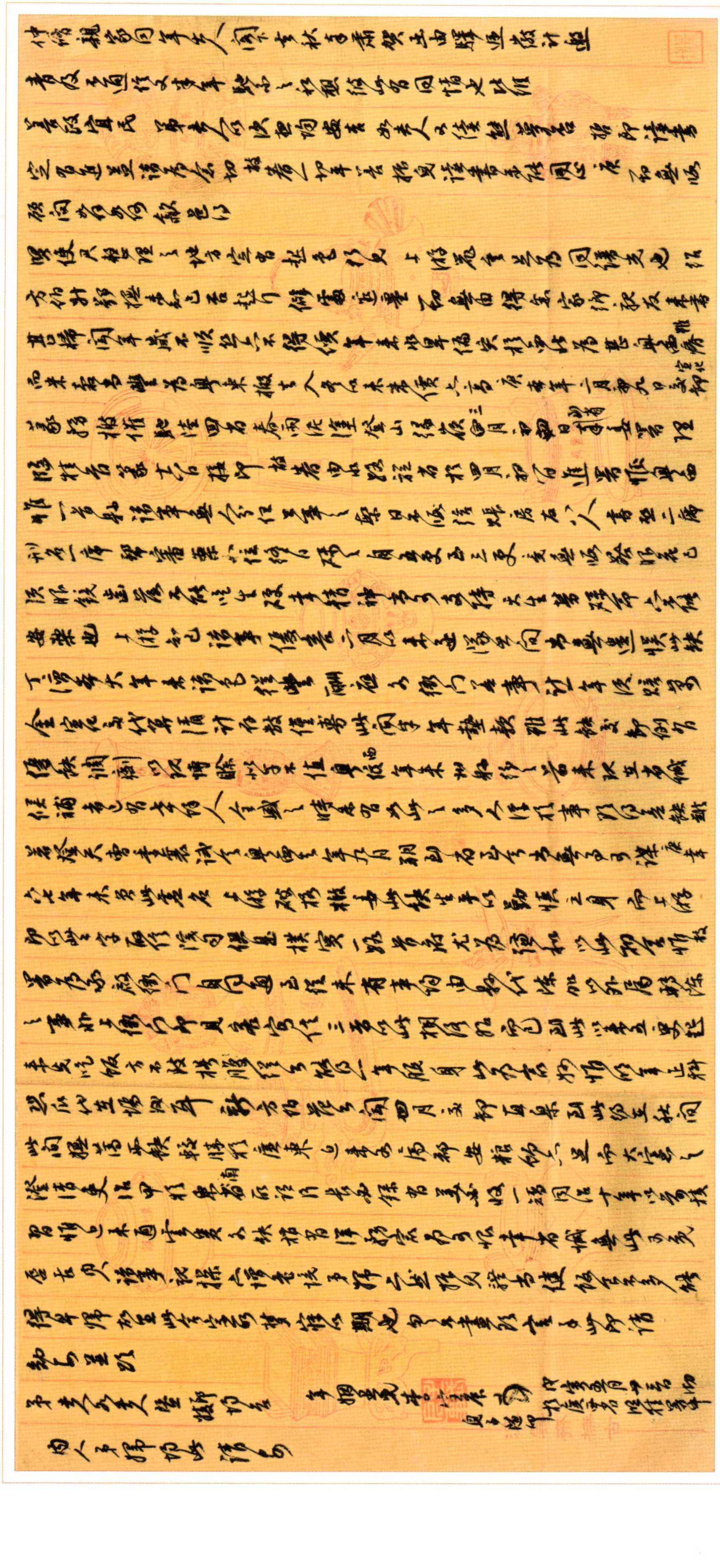

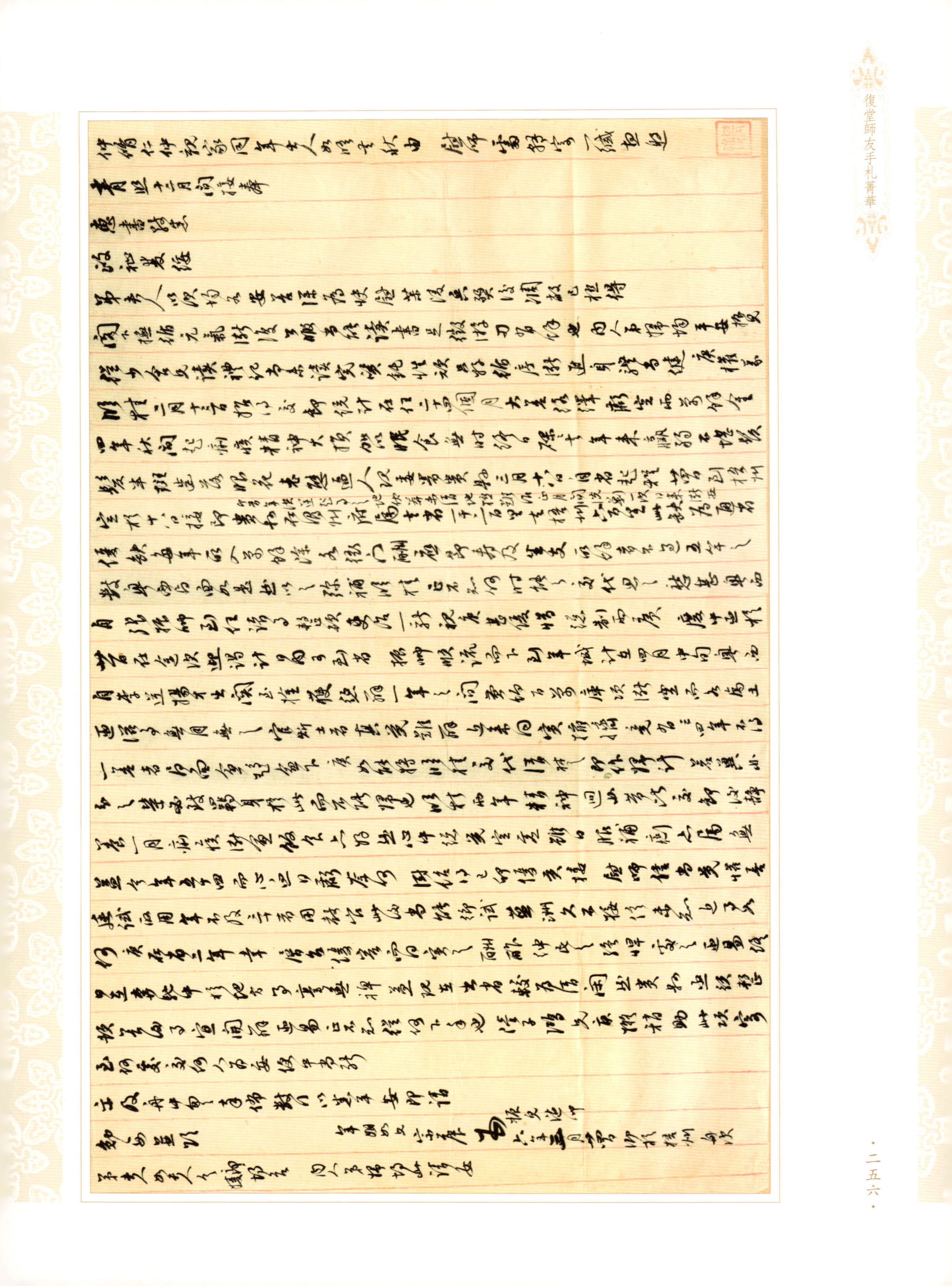

[illegible]

汪綬之小傳

新安汪氏系出唐越國公著籍錢唐者四世諱綬之字若卿考文
楑通經授受弟子籍至數百人稱曰宛亭先生君明習其家法
咸豐五年乙酉舉於鄉三上公車而罷且稔十年春方自清江
浦折回奉親二月二十七日城陷母郁太夫人率子婦孫男女
慷慨殉難者七縊者溺者與舍俱焚者宛亭先生則君與弟琴
甫護出火於是轉徙浙東至徽州哀瘁餘生奮然上書曾文正
公安慶幕府公留之仍謝去就禮部試教習期滿敘授知縣奉
父諱歸蔣果敏公方綜浙藩奇君才比開府廣東咨調以隨權
瓷釐稅民商安集蔣公薦牘有所格君乃赴部請分江西試用
時同治八年六月到省年四十二彊而後仕將以民物證所學
大府采文望庚午鄉闈充同考十一年秋署豐城為令二十年
歷豐城奉新南昌皆再涖授縣于調臨川改調南昌設施有久
暫而一於惠民循績尤勤治水再薦卓異升補寧都州知州未上
官卒於光緒二十三年十一月年七十一
右錄譚獻復堂文續汪府君墓誌

汪綬之 二通

仲修仁姻兄大人閣下：前月在省奉寄一緘，諒已收到。比維
勛祉增隆，
佩祺迪吉為頌。弟四月間奉差赴郡，此地山坡滿撥，此德消暑，可以
閒度長日。糧憲李觀察幸曾招弟往特餉，以經維持，適弟
藉有身倖來，愈因以未能放心遠出為辭，乃憲注特殷，竟未釋
念。弟恙弟病瘧，復以弟可遠出，札委領解輕齋餉赴通判倉督
衙門投兌，若再託詞，深恐又違憲意，只得勉力從公。前月廿三旅
稍後抵通，南雲狂飈，水大發，東江水勢陡增丈餘，城內蕭司前積水

三尺，繼之狂雨，該司城內外秩子苦。陳家花園亦賑井等處，無不坐水，現雖屬區累及墻地，勢將投高，幸免其盖，然相去亦幾希矣。本以餉須重務，且值前行站路半被淹浸，夫肩車推並雜施力，擬章寧請改由水路，挽請江段再入正站，護院竟未批准，只得在江省守候半月餘，見水已漸退，奮袂力行，於本月十一日起身。第一站到達易見經四渡站，雖在向北經渡之處，原不通河，現成巨浸，二里三四里不等，招雇只有限皮艇子，每載只容兩輛，而艇子亦僅二隻，裝帶七八餘輛，兩船經渡往返須十七八次，其難如此。此外如第二站到淀安，第三站到九江近城皆山，望匡洋(?)此年安慶令前人同年擬以結實九江郡綸(?)則談委李係水馬亂船隻，尚使昨經兒說驗達黄梅陸路亦不能走坐船五十里，風狂浪急，擔憂心已甚，而到訪尚早，即在城門邊趕(?)前經五話，水陸並行，節節裝卸，值此炎天長途勞頓，竊恐人即銅筋鐵骨亦無濟矣。而弟自赴程以後，精神尚覺耐勞，且似稍勝此行將(?)對說尊居而亦足自豪也。今午到宿松時，僅兩點鐘，路亦較走明日可達太湖，聞太湖距省不遠，因於土牆竹櫊間執筆作剞(?)揮汗作此奉代面談，弟解綸之級(?)並不盡書。余弟照其續擬進念，以伊弟律初

痊不宜再爲阿兄擔憂，弟擬俟到京後再告，勉弟也。尚望之之

兄於撫有餘度通達時，稍控兄杳如深遠，念杳如山，懷亭臨盈於九月

間，維時弟亦南旋矣。至榮家人之名其之本係詹用舊年

兄前須十分杯，弟已檢出肴屬，囑偉雲表弟府便寄，弟不甚陳少。

逸兄要有便，如榮之寄函，餘不要言，此故印請

勛安

襟愚弟汪復之頓　閏月十八日若次寓松驛舍師

五妹夫人以次均此問安

再，聞伯我弟安境，曾與錢表弟之傳擬，弟錢閒之年肆博張多借些，至雖無多，餘兩到痛，並脚痛並脚留二三餘全，備屬中支撐兩月，弟到京不數，所用再控，然亦是也，此是私情，亦是較要，到弟一行，以上年解員欠帳耳。

仲修仁兄大人閣下曠別忽歲初先後接讀賜書兩
函謹悉
台駕嘗赴皖城十丈堂之陛底我梓鄉不日
黃竹楣明府即係先人前於同安一切深荷關照兼之係以此
年兄特請六衙某九原也
惠治琴堂循聲卓越為頌為快杏安拂如仰
閣下視篆已出月之譽今四月內趕辦未及再展吉四月
廿日弟交使者遞去依已於月前函復陸子鴻兄請其轉
達沈府矣惟路長往復敝人處之一切禮文周備為難
弟又於婚嫁事宜在杭之日本未諳熟深恐屆時禮節
擬從疏畧只能俟畢姻後備禮致謝函一通以達
忱悃不能如約至備期肯允備東帖如何以聞便請
閣下酌示弟處並另函致意敝人處不責弟太涉疏忽

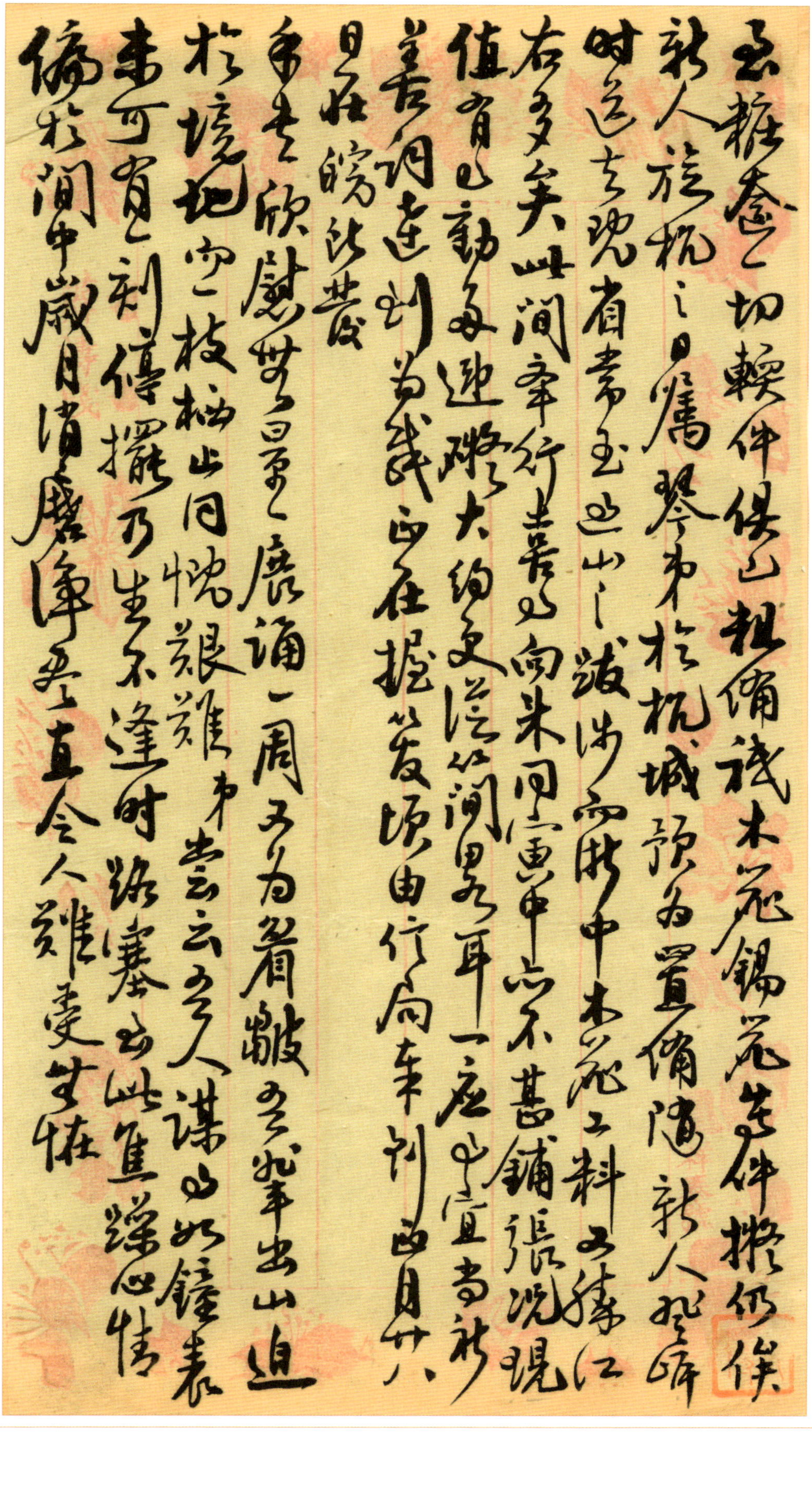

示敬悉一切。鞍件俱已粗備。錢木花、錫花等件擬仍俟
新人旋杭之日屬琴弟於杭城預爲置備，隨新人赴蘇
時送去。現有書函送出之後，此間中木花之料多緣江
右多矣。此間年行喜事向來用小西，市亦不甚鋪張，況現
值省之勤儉，每逢慶大約定從此間畢事耳。一應喜事宜書於
箋，[illegible]同送到為感。兄在揚發，順由行向來訊，函日廿八
日將[illegible][illegible]
承老欣慰無量。展誦一周，不勝眉皺。兄於年來出山，追
於境地，空之枝棲，此間悅艱難。弟書云書人謀之於錢表
未有之刻，傳攖乃生不逢時，寒素此集縱心情
偏於閒中歲月消磨，淨無一直，令人難受，并佐

來箋皆柳壽語也然爲今計之館中署缺其要不致難
措輪完備之款而尚圖韵找出名許多能有機會者
較爽利以江右情形論之凡向係調缺歸韵以間缺歸輪者
衡未能不平然初到者人員除即用班輪署快速其餘
無候十五六年僅得輪到而韵要一項缺既有定之爲數
不多凡得有韵要之實勞字樣者不下五六十人甚至
人有兩三次韵要字樣或批准韵要字樣五六年六七年
後方韵不到則以歸韵之缺有限謀之較難或韵或輪其
了而由然語不如舍缝刻權多由人力量圖之或隨運氣
碰之皖中差固難與江右較量差如在坐卡批請
鈔較要不得但請鈔有要揣時日先後輪要現較量偏冊

由鹽銷撥書而來，經書刻長年總有二十餘人，於鹽銷項
望書刻約計時日，六七兩年甚少，有鹽銷的書園經
差長其諸亦便宜可以接書處經務分局向省半歸於
拙替辦，令其書太守去年一二條卡向歸，收拙長今亦歸太
守，且不獨道銜亦已府搢而上之運司銜補缺後道員
用亦已府，亦不能坐卡也。其私人每年少日偏一日，其餘不
局書員收拙班附入不多，雖若此，然於大直者局內小并大
周之言嚴之甚可慮也。
兄奉母講時於懷，諸嚴急長，沒亦先閱差書，諸是而
宣春而北，開鋪總托久計，且之屬中照料，亦不需人也。
兒發言寄之次，若托微之屬籌畫，出之於當君真令華
雄用武之地，第其思不得保身為上，第事之剛直亦得深

防觸忌毋弟三鄉房不得屢屢出累之數長者深受其病
悔已無及大約第幾分歉頓卑謹慳吝之習氣偏
是順天心合憲眷之能負本省之代務由清結其
間被設任延推屢次寄催家代局均有案據乃大憲
不記設任之也而獨記本任大也然道出此者復何言闈
卷被議共之本年本房熊生卷第二闈第兩殊
卷有者亦不符確係謄錄誤寫乃屢訪以為首牘
試闈之本年中其情節至長者首首薦論內不符者七八句
之每例無牘由遵憲恩成全此卷在三場策內雜難
窮無且原本墨卷亦並無背謬中之字係誤生平
未識係不文識係自家者所牘之首因而熊生妻賢士

本地人見之聞之同此共云且又係丁卯科優貢即前此學使
何及本科以四鄉劉公考之門生也乃本屆訪察之黃
意欲陷本於不生試闈內以屆無例僅有蓋草屆之關防
定亦求我黨硃卷進闈備呈省轄定省硃卷究改而墨卷
不為改定以吾為去硃墨不符何以亦堂無憑得就辛墨卷不
到同考發其面前何由去其不符乃絕不推原一味窮詰究
其由來以其罗著高裁讀黃姓長六七月內經辭館而出其
人亦本屆將為此上瀛羅就湖此回鄉之官於江右長高
涞川資回人以為附書早發後本支詢去六乙卯同年甫皆
留有撥到資煩之十六金而去詳之屆訪以本為謀請目無
上憲究九之黃姓出無去會試亦為閱箇明白并或辭館
出來仍在江右就別姓長局自不能無將黃到署經面

論中英雅此段此不得請柳戴大張曉諭禁止人請外
省過長以不諱論俾人多以過依至則言宦合例雖不合
則散宦綽主之王綽官亦之欲其就此窮館之人而絕
其去路斯請搏執之至極之於其所往理耶情耶法耶
憲度御史從則其命意以斯任以責人之故避忌府
員又以府員之故褫恩某生考業延不結試問事師原為
培植之事起見但此在成全士子四字當為體念且為生
為此以年師其後處後難之道甯稿首求儲從之分安
府員只得忍耐有何大憲亦不乏長而力辯其人靜以俟之
而已中在此間不敢提及一字此文以中為誹謗上憲者矣
名處不能不論述原委也亦將以示外人千里照人提剔
捕風之談累易焉[illegible]而起也閱即付丙是禱 現在十九光

先經段部，僕宗之安吳段十九卷部內說甚紕別，則無生一
卷撕隨印之。見續選之段部，亦為頗全，先生甚見不敢
負載，至則先生雖一甚辭讓，而竟之阻難，越寓延擱官
境，去年直無痛哭，亦兩月以來為此心境大為苦，謹守三
職，只甚考也。嗟嗟。吏仲唯壹，毅手傷存，指陳惆悵，許令
甫合日勉之，搖髮自問，到江以來，今已比載，競競業業，一甚
須越，乃遭此波折。受者聞之，氣亦亂，幽美以目下不能使撥
豐城一役，去春已整頓，舊案新案，譬之而起，而亦不堪設
想者也。一松濱出於今月內掛牌，廣豐此缺，民情尚安，而先
榮上中丞雖仍留公翁，現仍同是老翁手也，徽郡歸儋占
四年，全此外則談亦看帳房出息，尋到些云云，江右局面
日壯一日，外間者觀最讓閱卷，僱賦之歸，亦僅只八十坐比

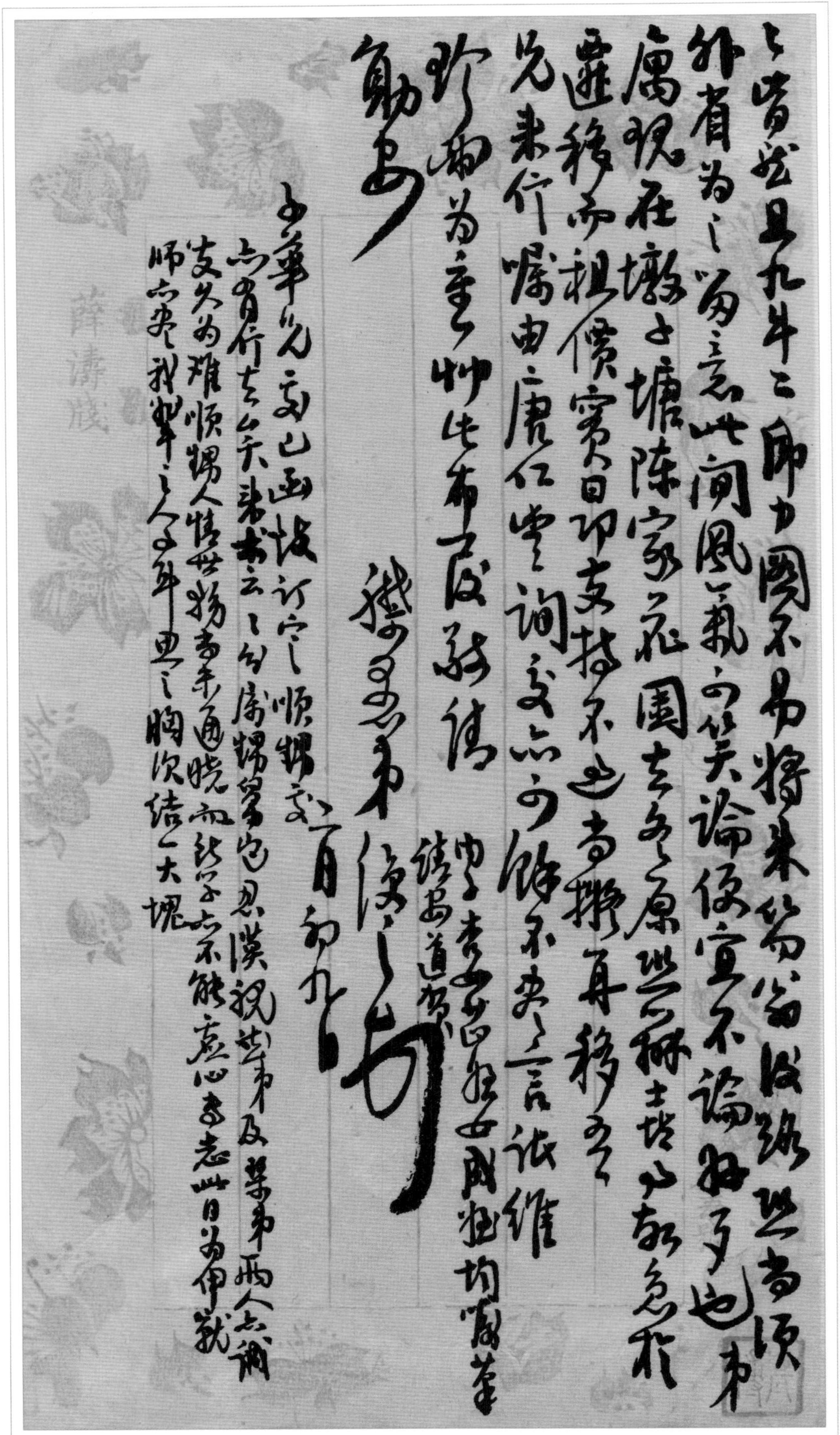

上皆茲且九牛之一毛師中國不易將來總當以路礦為當須
外省為之弟意此間風氣亦只論宜不論好歹也弟
寓現在撒子塘陳家花園去冬之原照辦士紳少數急於
遷移而租價窮日卯支持不足之書撤再移矣
兄來行囑由之唐仁堂詢及亦可雖未與之言談維
珍而為重妙先布覆敬請
勛安
鐵卿吾兄
弟復之叩
中秋前一日
諸希道照
上年見示函收訖乞之順構示二月初九
亦有行去亦矣來書云之處構留思漢親去弟不及篆弟兩人亦稱
支久為難順構人情世務者未通曉而然今亦不能忘心者志此日為一何就
師亦與我輩之人子年更之胸次詰之大愧
薛濤箋

朱世守小傳

朱世守字子鑽浙江錢唐人兩湖總督張之洞之門生也時崇陽譚繼洵為湖北巡撫義寧陳寶箴為湖北布政使而世守以進士授知縣分發湖北一日棗陽縣當遴員署理寶箴見總督總督朱世守可退見巡撫巡撫謂張請可寶箴回藩署即出二牌懸大門一書奉督憲諭棗陽縣知縣委朱世守署理一書奉撫憲諭棗陽縣知縣委張請署理闔城譁然之洞大怒而寶箴書至詳、千言歷、訴督撫侵藩司用人之權而又咎有私人一兩姑之間難為婦之洞且讀且怒擲於地徐又拾而讀之如是者再欲劾寶箴繼洵曰此事陳公直刻劾之必假他事設有以挾嫌奏聞者於公於我尤未便也時武昌府縣命吏三公之門欲息其事武昌縣陳止菴者寶箴所拔識也勸撤所懸牌寶箴曰朝廷設藩司吏治乃其專責今日督撫復知此遂撤所懸牌而按資深者一人委之督撫相率無言

右錄夏敬觀窈窕釋 加望隨筆

朱世守　二通

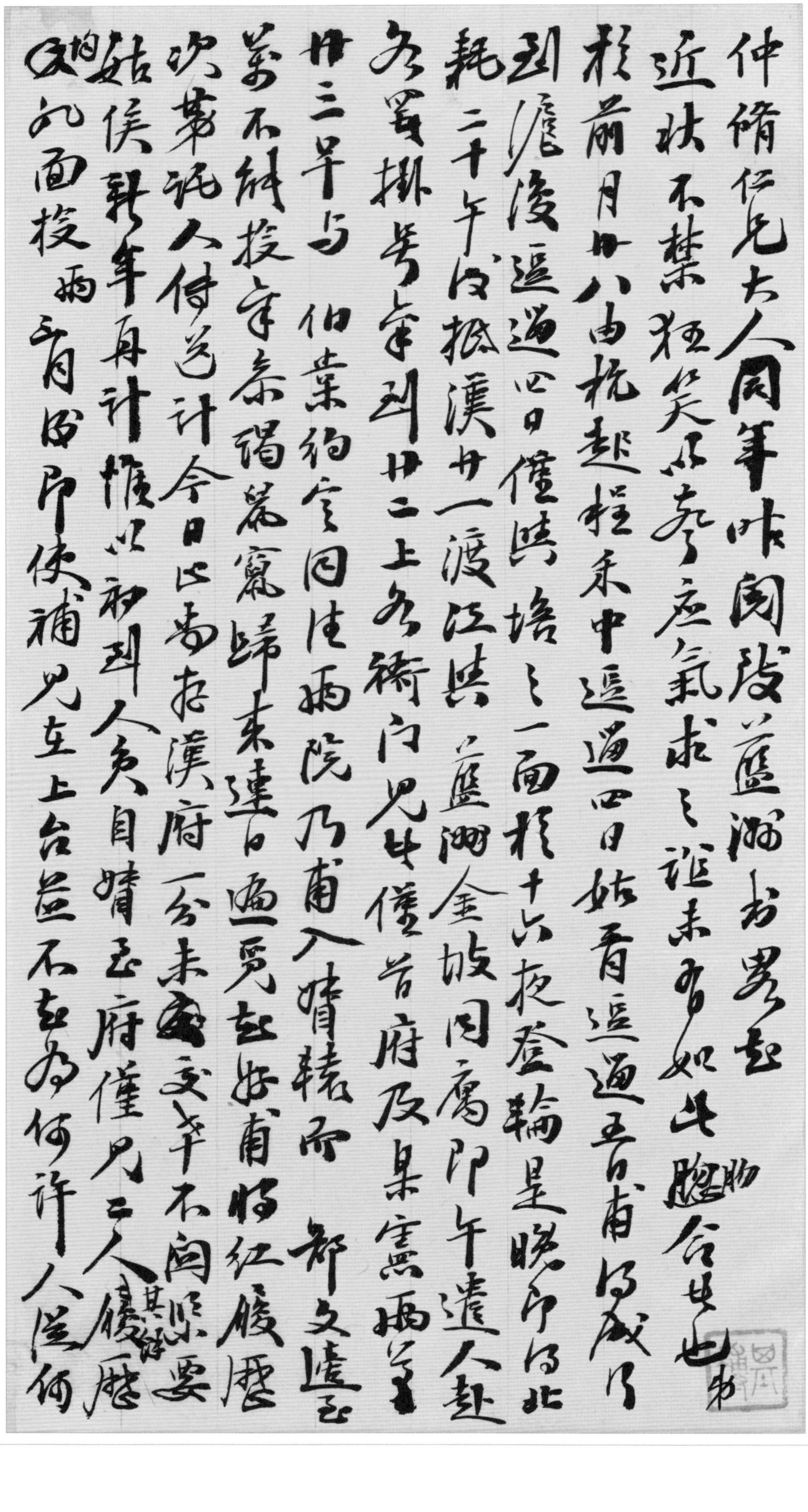

厠入其情形已可概想刻下此間定議已年示摘纓素服不衙參不動鼓吹不朝賀若有公事則隨事時穿元青則俱免至本年二十七日郡內向有定例可無庸置詞弟所慮者在百日以內設仍不衙參則弟年所請來此做官者不但官無可做并上司不可得見豈非千古奇談弟昨與汪瀾議論如果詔到後有百日不衙參之說則弟或俟月半仍如舊反至下行以清未了之事上有同心何不於彼時相約偕歸趁早息急湖山未始非計若

來信所說皖省缺瘠差少此間差雖較多而得之不易且得亦難以餬口若缺之瘠弟等似可緩計而較之來書所云則當以皖省為優中指之世路險巇已於百天心

仁愛早示，答徵哉筆，必以倒施逆行，摟括羅掘，拔身苦海之後，何尤。弟已自悔過計，惟勇於改過，半途遁歸，挈眷居鄉，課蒙自活，以作苟全之策。所難償負累，亦無面目終見江東父老之狀。然細思終不負人，只有於前了也。與吾逢面色憐於不相識之上司，不若逢面色憐於鄉里之親友。弟年力就衰，自問文氣，試之行事而若。閣下經綸滿腹，必當與濟時艱，異日銘勳於旂常竹帛，間亦多為吾黨增光，萬勿以貲郎末秩銷磨銳氣。旅人度歲，只好以朋友為春，屠蘇屏除鄉思，為國衛身，是為至禱。耑此布臆，即頌年祉不一。年小弟朱世守頓首。十二月夕晚。

弟服已初十前不移，二屬與仙

棠因吾以蘆含二云，有而歸

弟則只能作帶擱計矣。又及

仲脩仁兄同年足下昨從 伯棠書中附來

大報諸荷

函垂感感詢詢所可疑者

來書不滿尺幅而一片和平之音溢於楮墨豈腳韡手版聽鼓

門門鼓鑄自生平意氣耶抑左籥右鼗奏房中之曲收盡多名

葉大耶敢請禁之中闈差津貼向有否以新生贄禮濟之可

免挖腰包若能得一二豐贄並可望補苴方用須視財交何如最怕（弟今歲用情罣少投名廿餘字至多）

者珊網之中跳出黑鯉頭一尾則彼將以老師為搖錢樹說情攬訟

果且無屢出則過來所云弟今科所收士人能否多出當不可數也調（內有一人當來某兄或即係之果或者少保一果均有好料）

劑之說不能語竟無出名然聞上科入闈串詭者至今司冊者否紀叙

來賜所文印得叙勞亦孔多援不見實際蓋所語輪委各雅年樁久虧

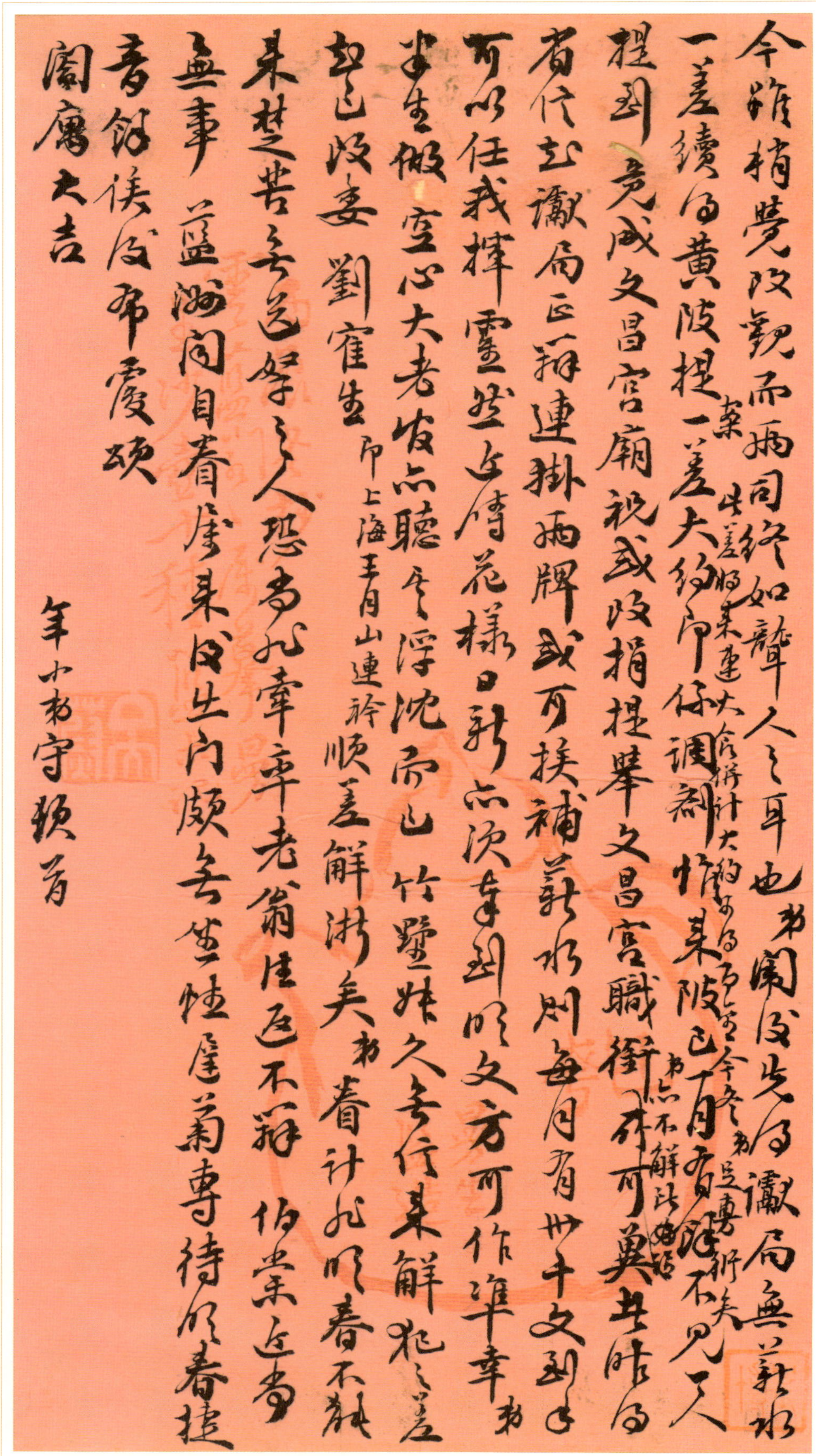

今雖稍覺改觀，而兩司終如聾人之耳也。弟聞及先為徽局無一薪水一差，續為黃陂提一差，大約卯係調劑（此差將來連大約將升大約可得百今冬弟見惠將矣），惟來陂已有月餘，不見一人提到，竟成文昌宮廟祝。或改捐提舉文昌宮職銜，亦可與其並昨為（弟亦不解此語）省代赴徽局正一稱，連掛兩牌，或可挨補，薪水則每月有卅千文，到手可以任我揮霍。然近傳花樣日新，六次季到明文，方可作準。幸弟半生做空心大老官，亦聽之浮沈而已。竹籬姊久無信來，鮮兆之差赴山改委劉霍生（卯上海丰月山連矜）順差解湘矣。弟春計兆明春不能來楚，甚無益之人，恐為兆牽率，老翁居然不辭。但業近為無事。藍溯閣自春屋來，改生內頗無甚恙，屢菊專待貽春捷音。餘俟改布，覆頌

閤庽大吉

年小弟守頓首

乃斌 一通

仲脩老哥先生大人閣下：去冬肖垣把晤，遂唱驪歌，飢溺之私，形諸夢寐。紙以江淮落拓，根觸羈愁，致稽鯉訊。昨日拜奉

教言，備聆壹是，欣諗

潭祺鴻鬯，

升祉麟彬，抃慰奚似。弟自去冬別後，隨同 宮保下駛，直至王營，承其函囑赴壽春差遣。 節赴程，遂即返棹維揚，會舟登陸，到壽已在臘底，深荷 曉帥寬推愛，嘗派文案掛名，素餐五月，慙愧交并。節後又蒙委辦霍邱鄉河口集厘局，並遂即

趲程到卡已於閏月初一接手此間局面本小開支過絀厘務弟本
生疏屬人條ゝ多難安置稍一脫略動輒得咎此河係淮流今支
到此已是截頭盈尾客貨往來厘金本依本地出產現在荒
旱異常民不聊生防荒閉糶商販裹足前月報銷甚不好
看盤川雜用虧空百緡兹久不雨日異一日未知伊於胡底此間正
好不過僅蒞薪水值此時歲真屬不堪設想從前不過窮而
安好今到反空而苦矣今年考試亦得作為嚴論到此不
久全仗轉灣交情值此時艱驟然乞假微識恐將來舊累難清

秋冬又須據妹家中三人照料，虛具毫無預備，寸衷時切惄惄。然亦鞭長莫及，無從兼顧矣。春間瑞庭、玉如兩兄來壽，備詢吾哥近狀，知為徽垣引重，領袖勵勤，欣慰之至。然省垣當路易招尤忌，同寅輻輳，酬應勞神，認真則招怨，備位則辜恩，日久遂成騎虎。安徽財部試用本無補，翻花樣一層，談何容易。權綰銅符，南當易治，北方强悍難圖。皖中壯觀之處，實不多得，然時勢不可失望。老哥善自為之。世兄是否仍從周先生課讀？天資若何？穎異忽贊。老出宰，有儒者氣象，皖中同事經濟文章從讀書得來者鮮

尚卿居

推此老東柯就蒼狗文衆得能勇術便好費有作來尚未暇作覆
賬晴包道念舜園依舊子華即能奄任亦了無意味春晴不知何
往子固宦興勃發究有成否子頗曾有作來擬踏場後出山並叢
垂詢一切答以運氣好不論何宦何地均可若運不好雖等準有
準總須走樣未識
高明以為何如爽秋竟捷南宮然分曹蟻磨總够一生忙碌
恐卅鴻少尚須六旬以後蘊梅墜落紅塵百里耗其長所長不知若
何設措趙敬翁自去冬別後音無消息未知其差況何若耳

時作何消遣弟亦前路更屬渺茫讀書恐無此福但求無事

不致勉勇（儻為投林得枝之幸）糊口一二年後能將破鋅甕好有覆浴抵窮通　紀敏

預計此願不知何日能償也舊洲在鄂何若子長鋒一有存

亦有陸清獻湯文正抱負自離粵後亦不知其近狀何若渺

中家行兩月僅得一通且不及抗垣一二事近來回孫外國告其風便

時惠好音曷勝盼切祈禱亦蓋此肅復祗請

台安治天存堅不盡縷縷　弟乃斌叩上　六月初二日自靈郎知何

日集庵尚肅

嫂夫人坤安　賢郎嫂均吉

此間今已得兩人心粗足堪以告慰此行仍由壽州馬遊

雞城五十里懂一不便集上別無分防等行私寄看不可乃及

陳豪小傳

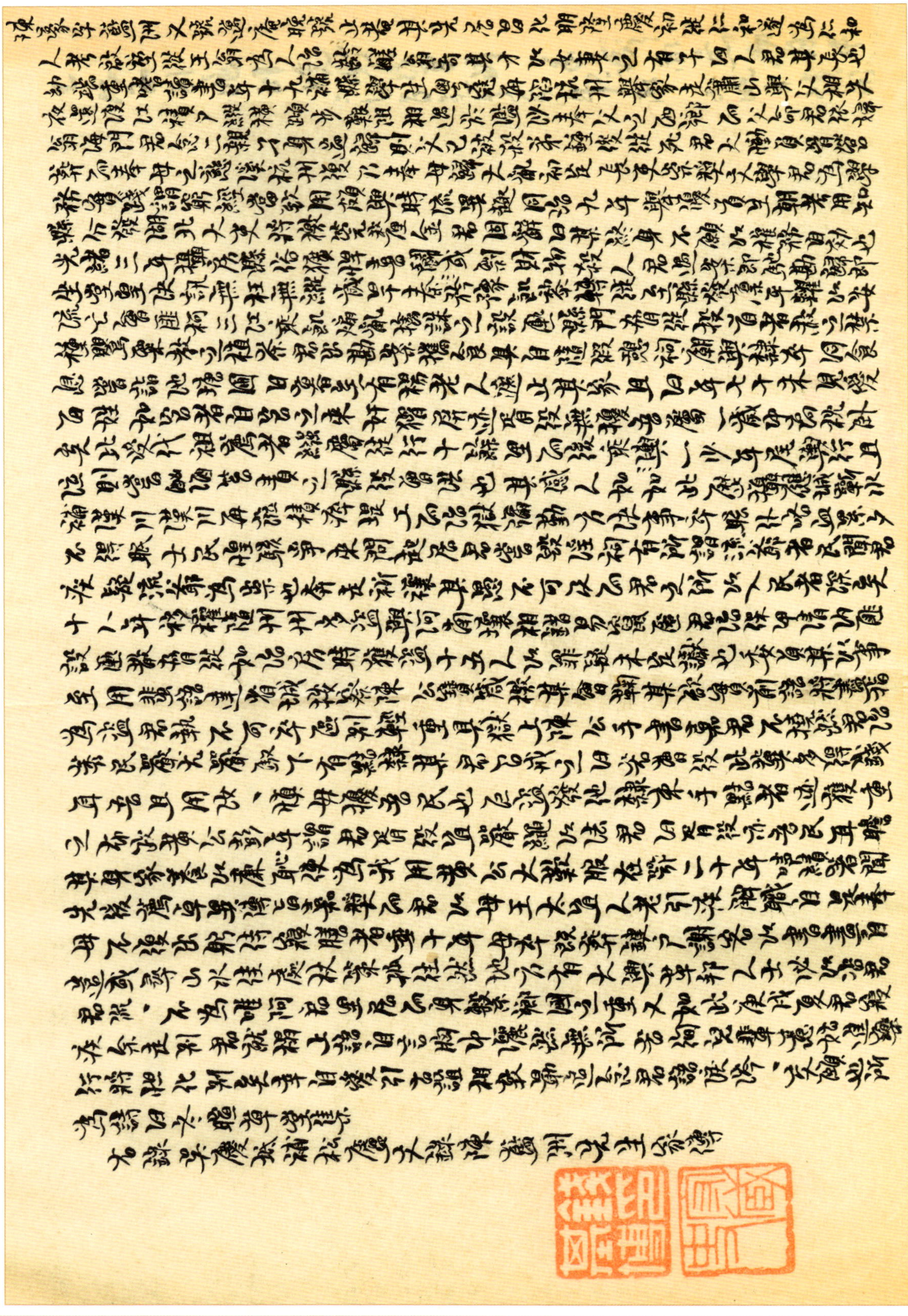

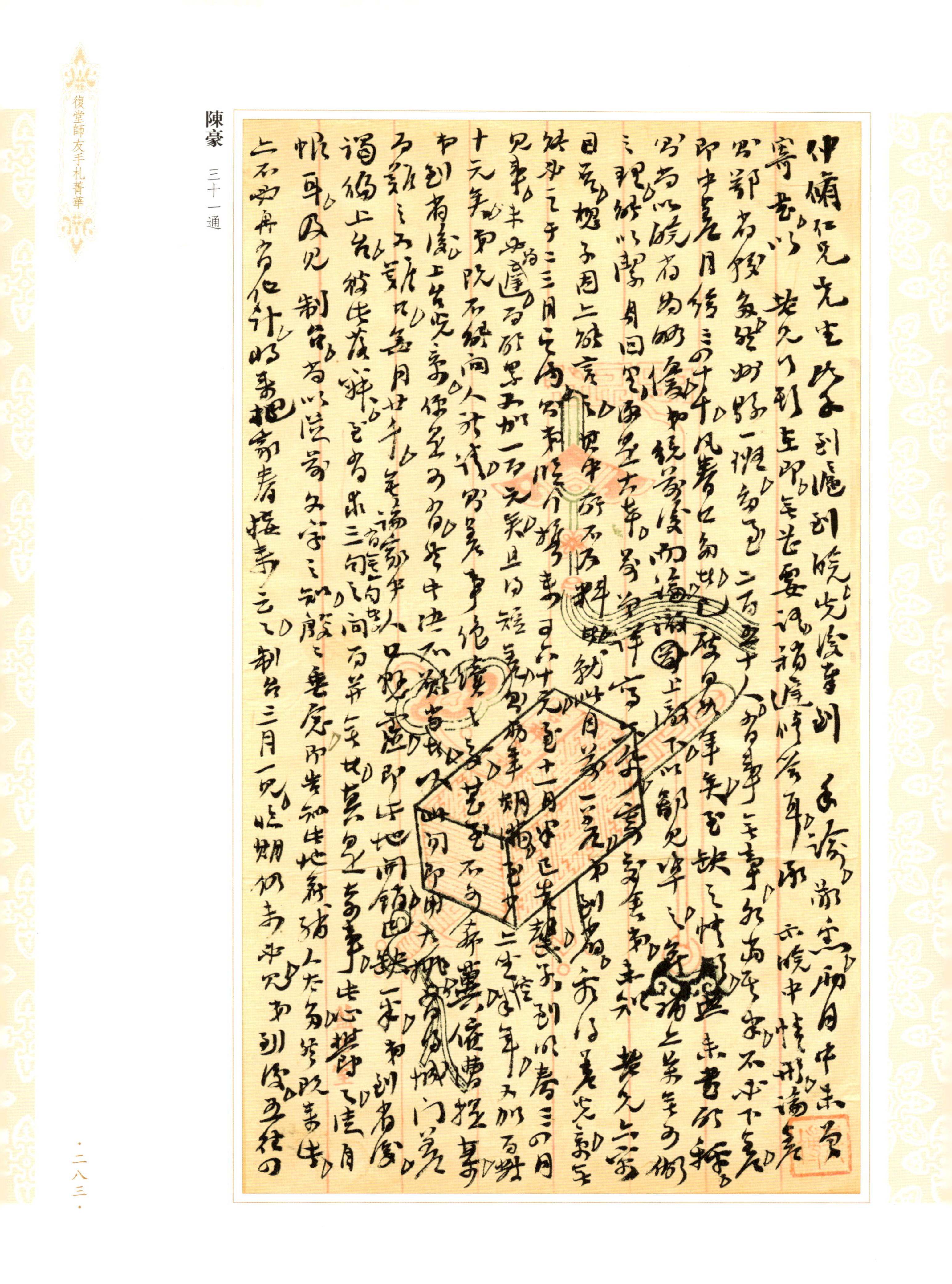

陳豪

三十一通

兄為避鬧初，第月廿六日手教，指示各案除尺調從詳閱，料各局告知見遵，以布
作楷人，月俸六十千，去年在湘此，正為通篇不多，多可上之，如無詳閱者
倘乃倍百千，四人而已，此事之差，亦不及大人也。至於平昔師友時，搞之力，及篇付一日之
知，豈有不計其[illegible]，不自行讀書，[illegible]不下，要緊師石師垂慶之首圖相萬者
石師之言，要即若得也，所差不在此，其間短處為大，以存全為宗，即惟乎[illegible]
算實明所長，今乃結了，當可統絡，恨無錢鈔，乎此皆例批發
間有特此須由[illegible]，蓋為中世年之理，除此理，不能不掛一子也，當有
者，難一人，陪館有權，從以[illegible]，逸[illegible]所為不在此，依一流為當
若事也，為實為[illegible]，是去名[illegible]等差之洞，于沈道去館[illegible]，訂[illegible]
[illegible]
[illegible]

指信先生何須堅班不為時諱，憂以二十年來求藥之資以為生者，且將移之[illegible]年而奉
冀以自傭一筆，上莫與師友之糊口，而今家用恆每月用銀卅二十餘千，不及半月直
用至四十餘千，欲之不能，安持正論，便辦使為中，寫二千千，亦可敷衍，盡有出來時。
者一向元一項也，明年不能謀為師條，舍弟為乾力，為使言之，助不有子
次來者，可笑之至也。書不可為者，明年二月間，可指畫于，且年此盡過，續工其已送，紉有自己去。
及家兄兩來用帳，連自己亦不好做，[illegible]年為具一人，能擔也，尸平人實不能
過信，即如在此，與人一二錢，是銖累不盡，實限于生性，第二學，[illegible]不能成就，信業
左氣，即居精心，[illegible]而[illegible]已有之不[illegible]，盡展，自向直言，半被，安用分文而家
中不來，管不已之，節也，其力寡士，規模已然，[illegible]振振，此中[illegible]，[illegible]日月，向不願以道
學取舒，十年之後，亦為加劫，且去生疏，[illegible]大向之，[illegible]來，均好，分為之，侍分卿
立不能過度，卿一日八卿一日喜吃一日[illegible]，[illegible]思，為看，[illegible]息，為[illegible]，[illegible]日之向
遍之心冀，屋旁安為年可自持也，知之而[illegible]，身[illegible]者，[illegible]近年先[illegible]
萬失其所以模樣入殺為愛怕睡，方老年情狀，家年，[illegible]生抗已甚，此旋[illegible]好去
自[illegible]，楚國憂文，從意如家，目近日精之，直道，蒲柳之質，[illegible]緩，有遠，也中年[illegible]自知之
致。家兄[illegible]內子，方不[illegible]來告也，為知已，殊之，上旦[illegible]如來了，餐也。
搔行[illegible]

身體度弱

五更後不睡

家兄[illegible]當健[illegible]，自得解，只十不為[illegible]

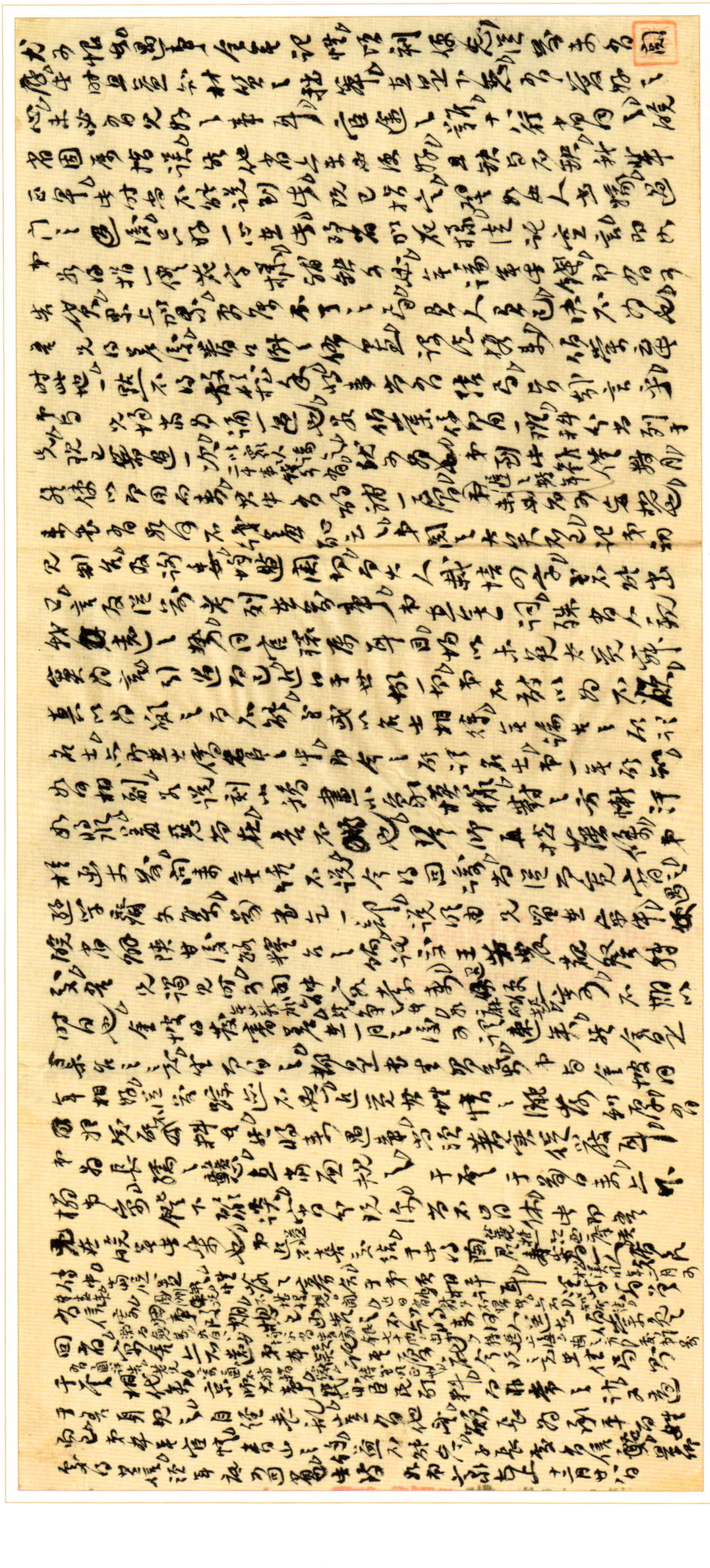

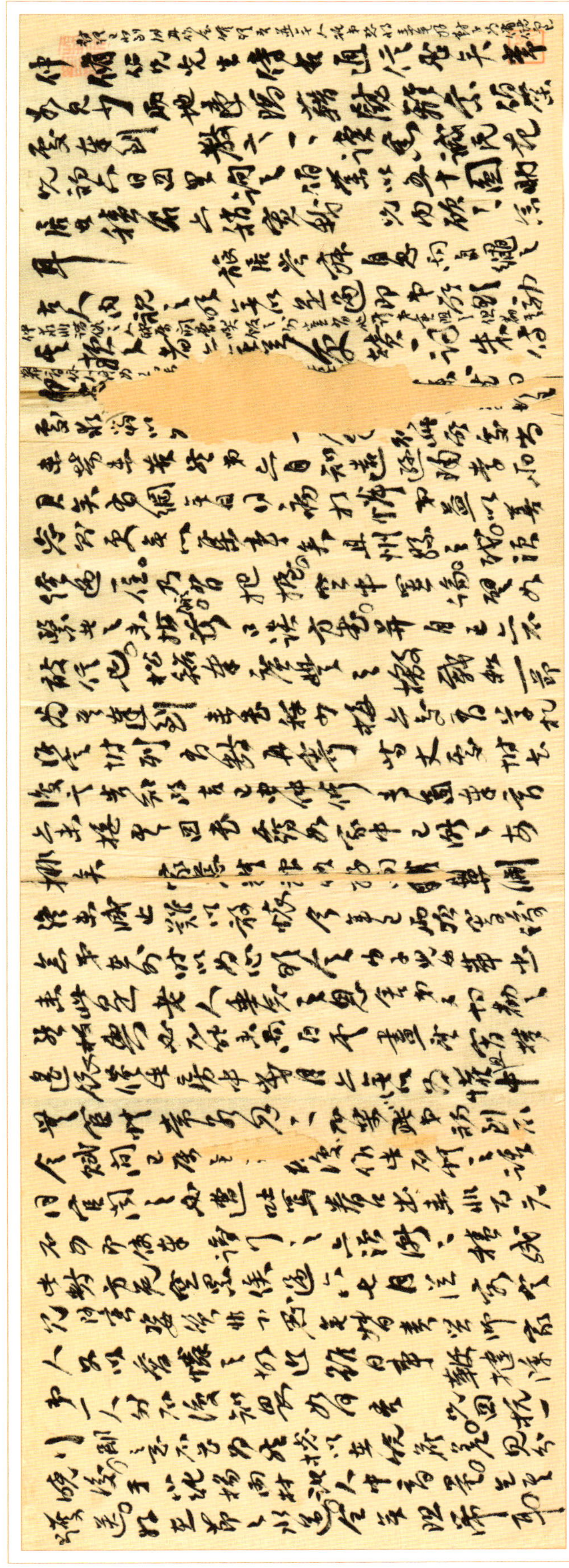

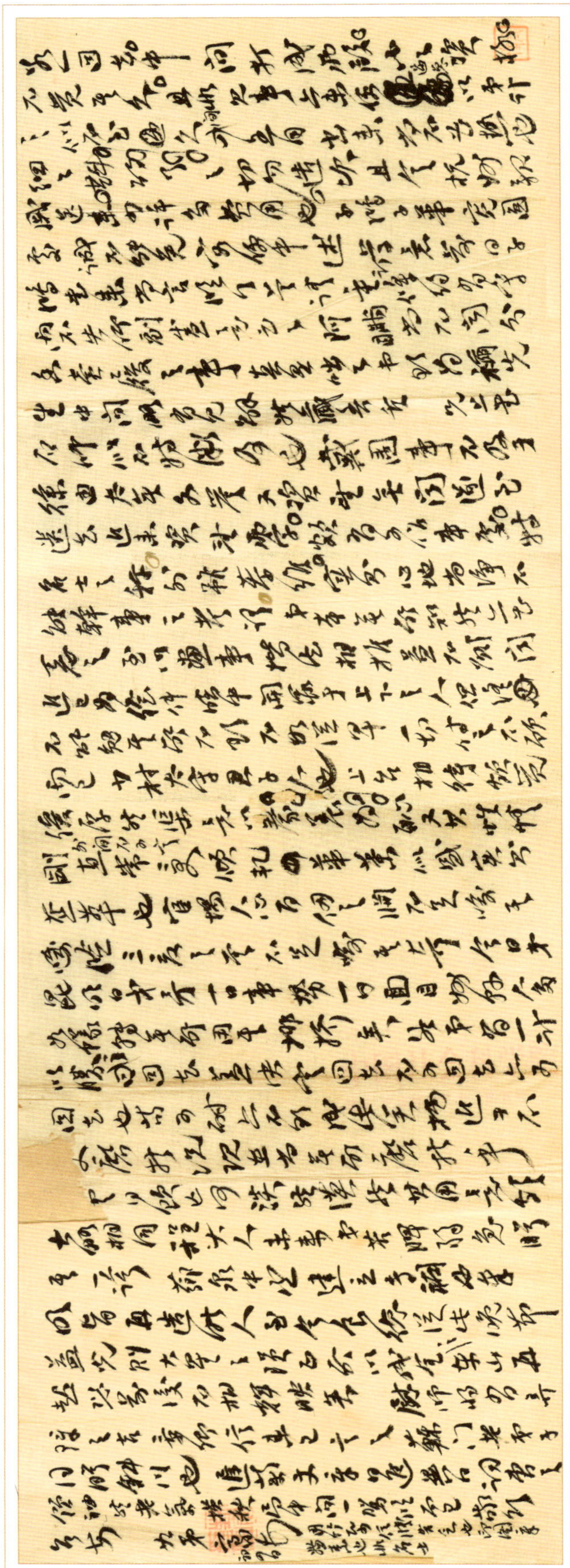

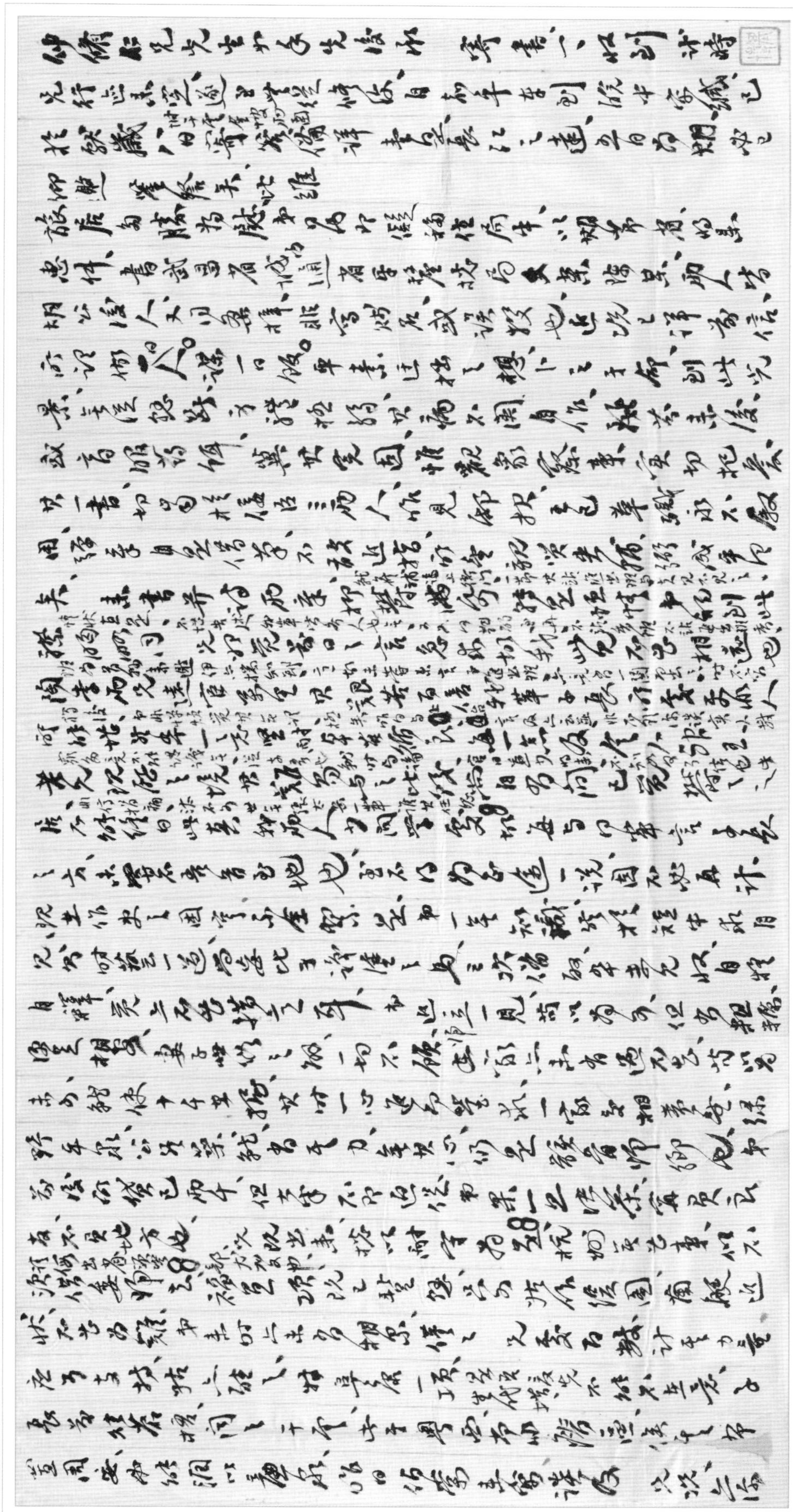

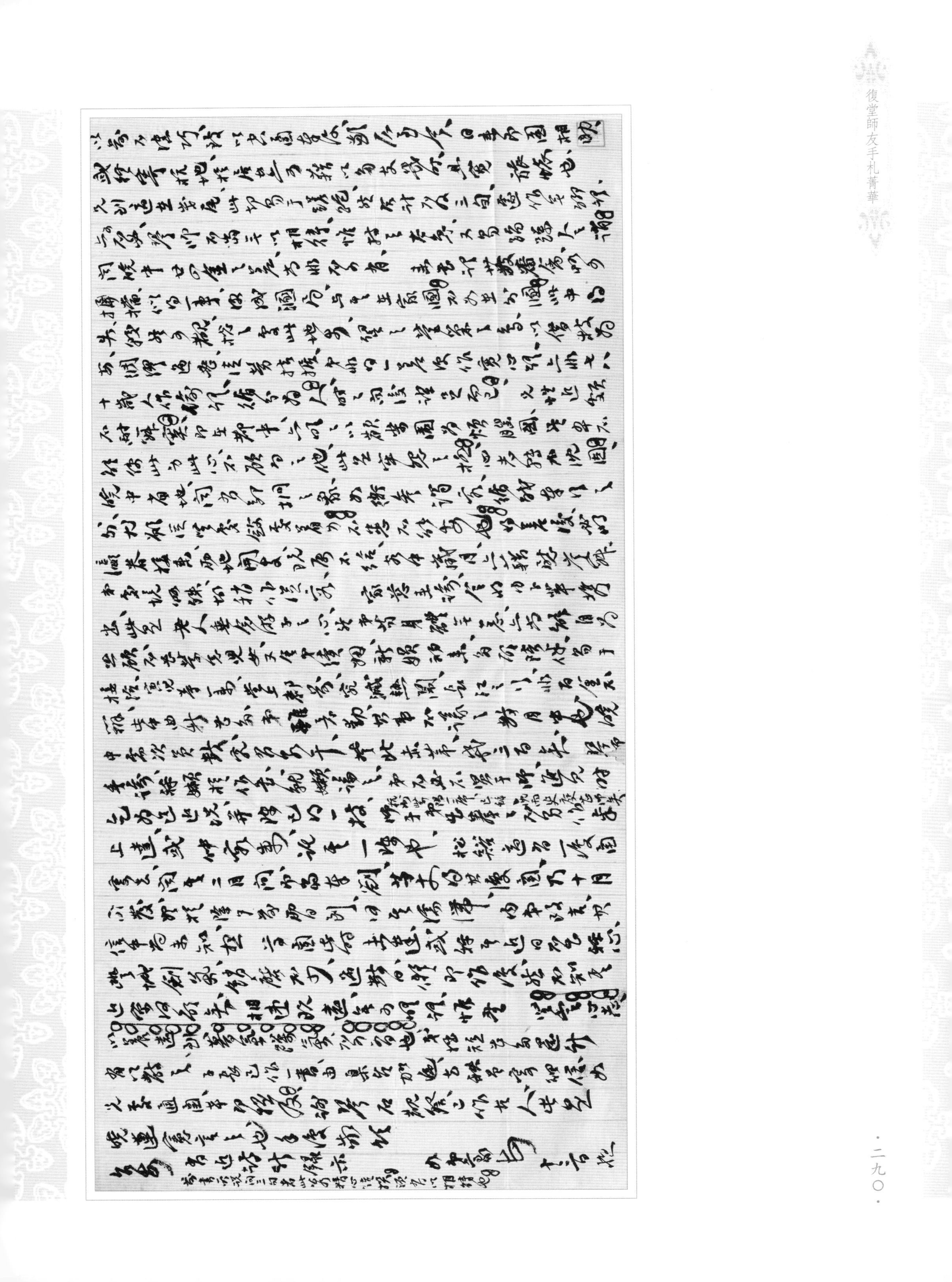

[illegible]

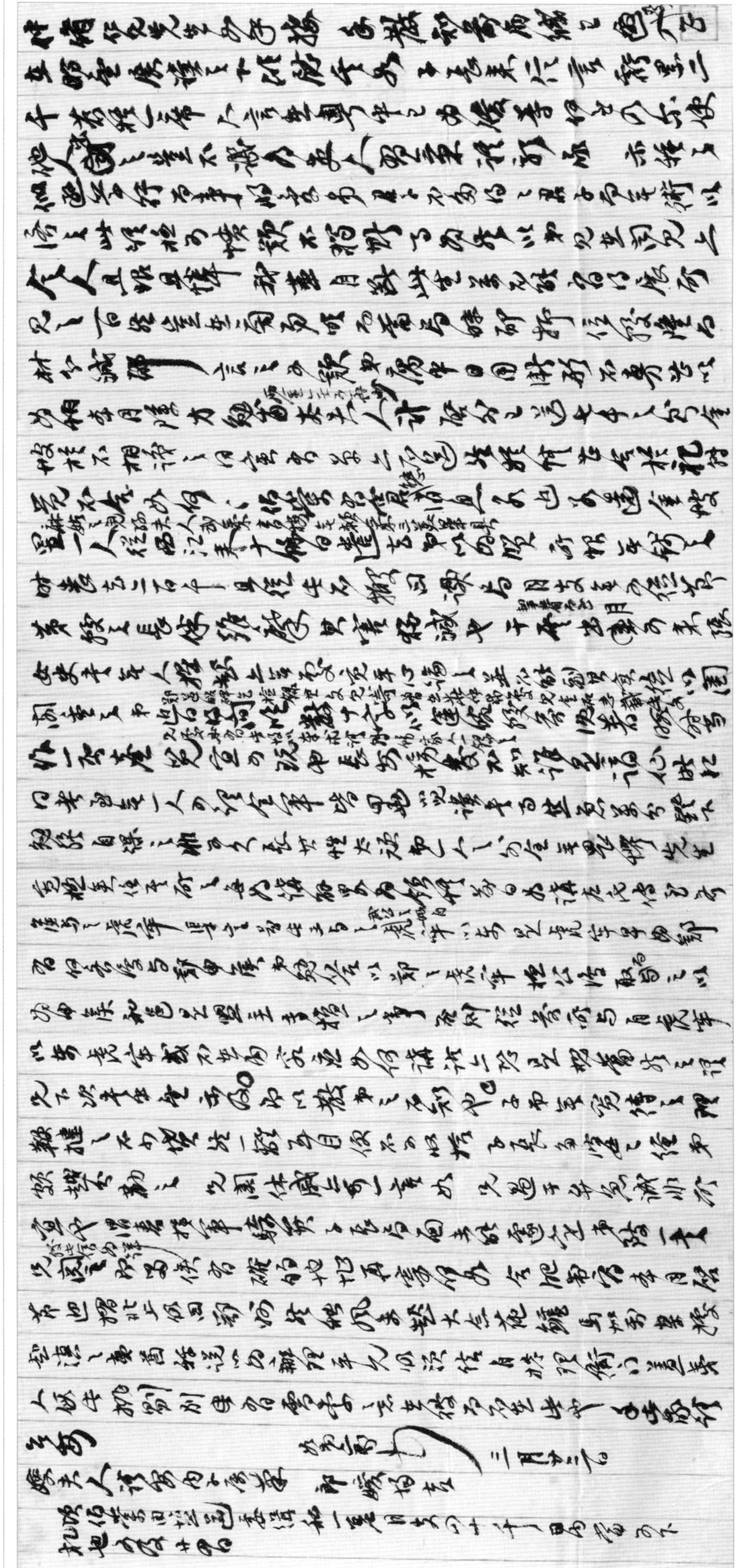

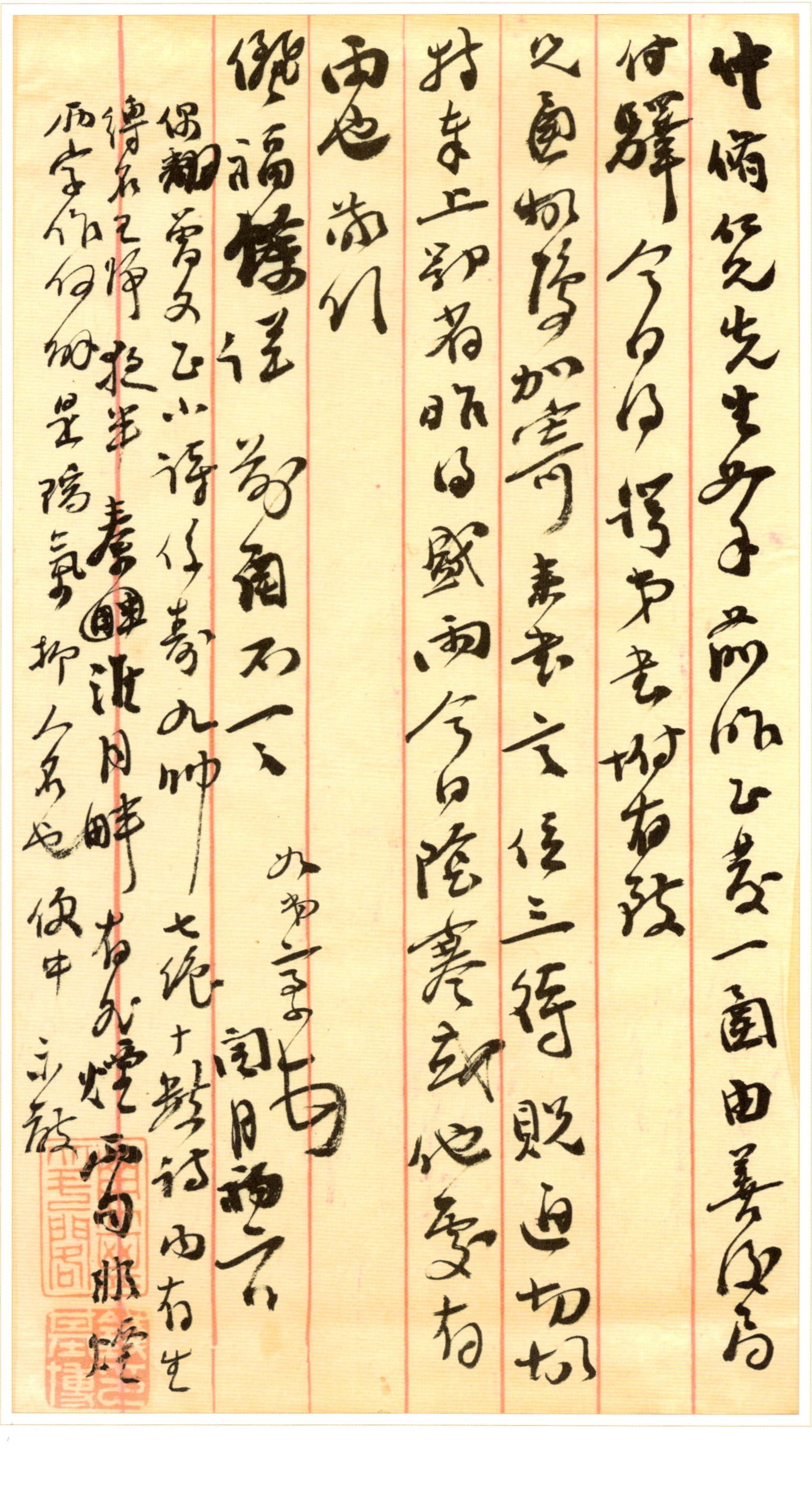
竹儕先生吾兄：前所以書一圓由姜便局
付驛，今日得節老椷有詖
之圓物條加審何。秉書文信三篇，既通切切
持來上，鈞著眼目。感而今日陰寒，或他處有
雨也。泐頌
儷福。復謹上 頓首 不一 閏月廿日
外加一葉 也
保翔學弟小詩任寄九帙 七絕十數詩內有生
傳名之作。持呈 秦國波月畔 有尖燈雨句腓
而字作何解？是陰氣抑人名也？便中示悉。

仲脩仁兄先生如手：得立夏日手書，語語深切，危於空虛無以自立，而求雖一句千古無以易之。春闈榜發，知交七八人，承明著作不乏選。平心論之，有一州一縣而不能舉其職者，爽秋才見任愈重，貽誤亦更大，然猶能有所白廊（至今思之，事業師古一言之路古），落無當而已（未有不大壞者）。昨得鶴弟書望日所寄，知家慈四月八日溯上歸來，鼻淵驟止，千里子心喜不能寐。若續得一書竟不再發，益可放心。自餘所

地人口均安乎可慰特白用文繼漸有倉卒愨
得過且過不容計較持之以儉更有何法
竊如侃儷甚閱九十月間須生子則
謹家中無暫責之嚴兼以貧地乎拙補
還若生存分已為淵量歇者別責授恐非
所能若人不能撙節於前外強中乾何以
支持代為眉皺千雲撥廿九日來擊着來即位
伯棠公館其令侄菶文郎邀至廁問課阿寅讀早

晚弟自揣之，求先生理書，不令走閱而已。伯堂年
行邑內豐收，可以閱銷中峯新刻十一人（陸補二，休二），
（段翔二，易補五）兄詩三首，名竟無恒，此缺專歸，即用名次補。
兩班甲科人材寥寥，伯堂應不見遺，弟自
問尚不為上台所棄，一以貲得，一樣於停例無
餘冀也。兄之銷次明春來擬須另籌，推撥後
吏游縣尚可安心，特不當以乞驕為糊口耳。
金陂胸氣清淨，於事實少語練，厚以貪好

已盡言規之乃光韻堂來尋館遁居堂者事
蕭台薦之重以熟人適屬其延請尚莫淮巧
之事承詢某太守此公兩曾往四還兩次似地平
正無不老矣至此當差非勇者引重之材也
不知又何所知而云爾鄂皖何術遠甚攏是人物
器認錢君手月初送來手示前日便道以一
刺答之不欲遽見吳君亦因陶冠園寄信人
見臨即薦為絳姓乃吳自處觀察拖位於瑞

安否？年家之好，中峯之切，寶蓋及國無以易之。此間事一統兩統，藏柏不甚當家。瑞安到後，須過午節分班接見，方以舊緣不俗過疏，往返不卻，歡洽如平素，一捐世俗之見，惟兩見無譏語及私，此則硜硜之所自矢也。來示以松鄰為例，尤固自知參差，兄言並非風月載和一節，今已屬伯棠鋪糧契稅兩樣卦庭藏編，或可得百千。松鄰聞已交鄭，或言上台懸以志爲相屬，豈天水明綰銅符耶。渠到省當有信，保當手寫。老年握反即屆也，自爲交寄。君卿丈手裁知事，究竟有無潤飾？問閻䟽西與古文痕迹甚深，絕無取尤之道，殊不可解。慰師問近得齦之痛，有數夙痺之症，甚爲馳念。前書今峯所知，枯腸搜索不得，如象罔著著究不多得，來以納交太少耳。且印如泉貨，百里之手遇此印遍吹毛之求，又蹤不能甚殷，擾之

朝廷每簡重任，或畀顯節鉞，以待之，以見
帝心眷畀之材之意也。合肥制台於朔日抵武昌，
專差批摺，以為進退。初三日進見，似有陳情之
意。石泉師近愈寬大，或將息肩焉。杭案派
審八人，翁叔平孫子與焉，事皆仲儀之人持之
也。天氣入夏，文郎安好否？附去摸幅一函，鄭人碑考助經碑，收久矣。
承示作久于古大曲中，治經年而歷，抗已未免學人習氣，古民學博若
兄觀之，錢餘沈著，手以聯請安。
老師筆法之簡，此雖老筆又世中論斷，恐未盡是也。
甚佳，嫂夫人閫安，內子屬筆。
如弟陳豪頓首 端午節

樗僊先生撰四月廿六日手諭兩通奉悉一一
隨師精舍康藤閣之詩鐵拳學使師
道山後事竟不知於老五何如耳　又堂徒淺
數日一留老五草草墨見過所攜去此事尤佳
乘興只以搜錄國秀前集之冗也
先師求上人遺墨　隨師之小照佚稿　示及
不必師之大照哉　後香海的孤詩稿
如公多作係言量半年後將出來定見

去待今冬來鄂，謁姻中，乃擬上師門一書，以
均安。赴贛戎幕，於申浦晤鄧翰彌綱，距十誼
孫鄭氣象人，懷其事，謂不特自謂僕步一代
對。在師成，若置方伯，真令人撫懷之也。
救一時，不便作辭也。從此人撒手正二，御史知矣。
論何事。之戲名談與聞矣。此事本
兄輩所不能於是也。以才氣友誼，詳詳之也。何得
明作此教者。之旦初六日。伊犁華面以　陳遹弟

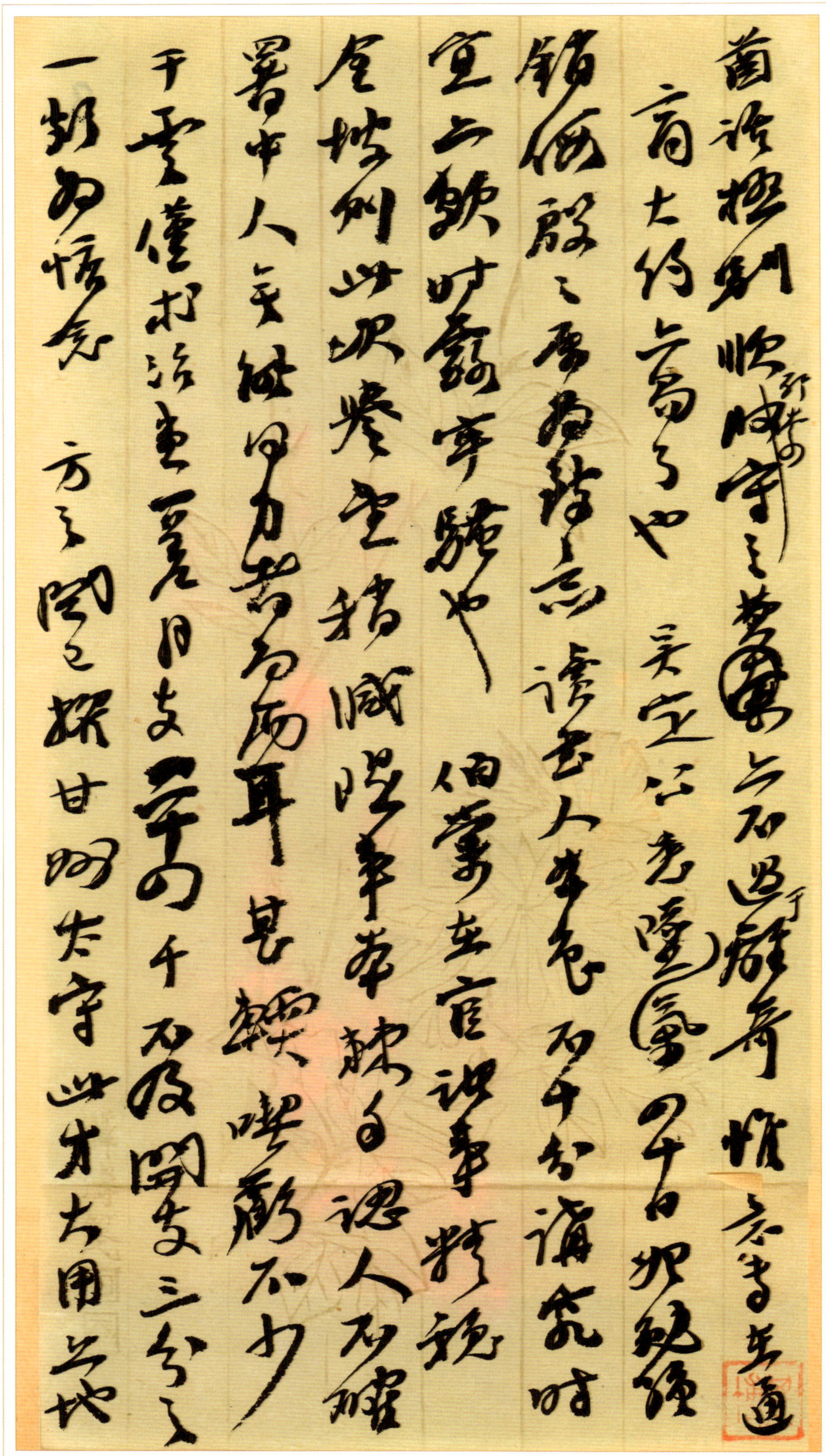

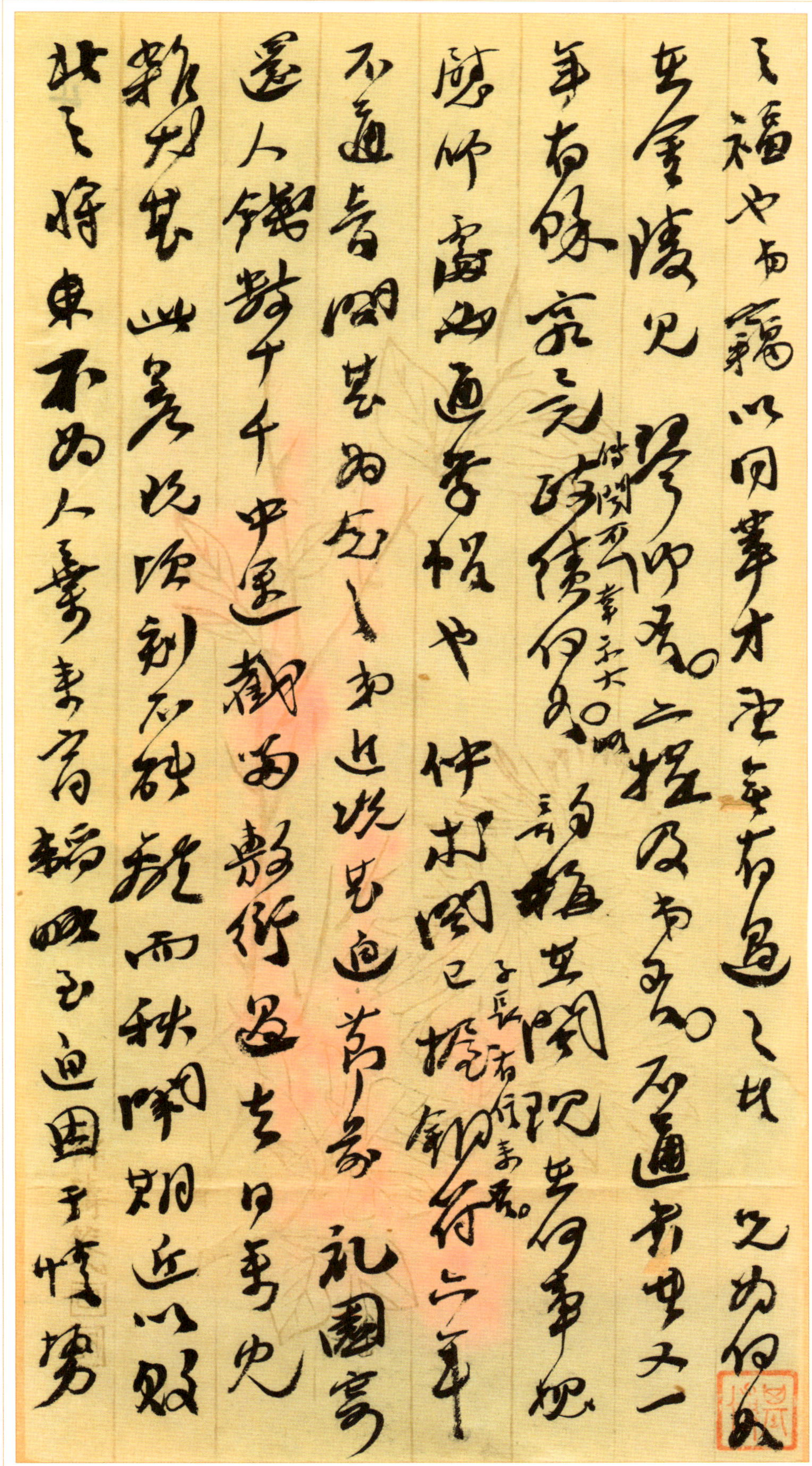

弟近即偷閒踏霜，乃爲暑閣青天殊與即用
設公日過從，只好恐忘書弱筆出身之人，蓋亦令
料且借用足下收藏，今問先生云云，書目陸孟要料
目婚姻與一笑，室攜大著之事也。仲冀參外
禪前日過從，祀藏皆遺，不以先書云云爲勸，祇速行
有辛楣跋之一二，附上，圖中毛漸已援以
光之力，蓋統他及於論人情，語不學見諒，或有
他意也。　露如已由君回城，世夫人乃郎均寄候

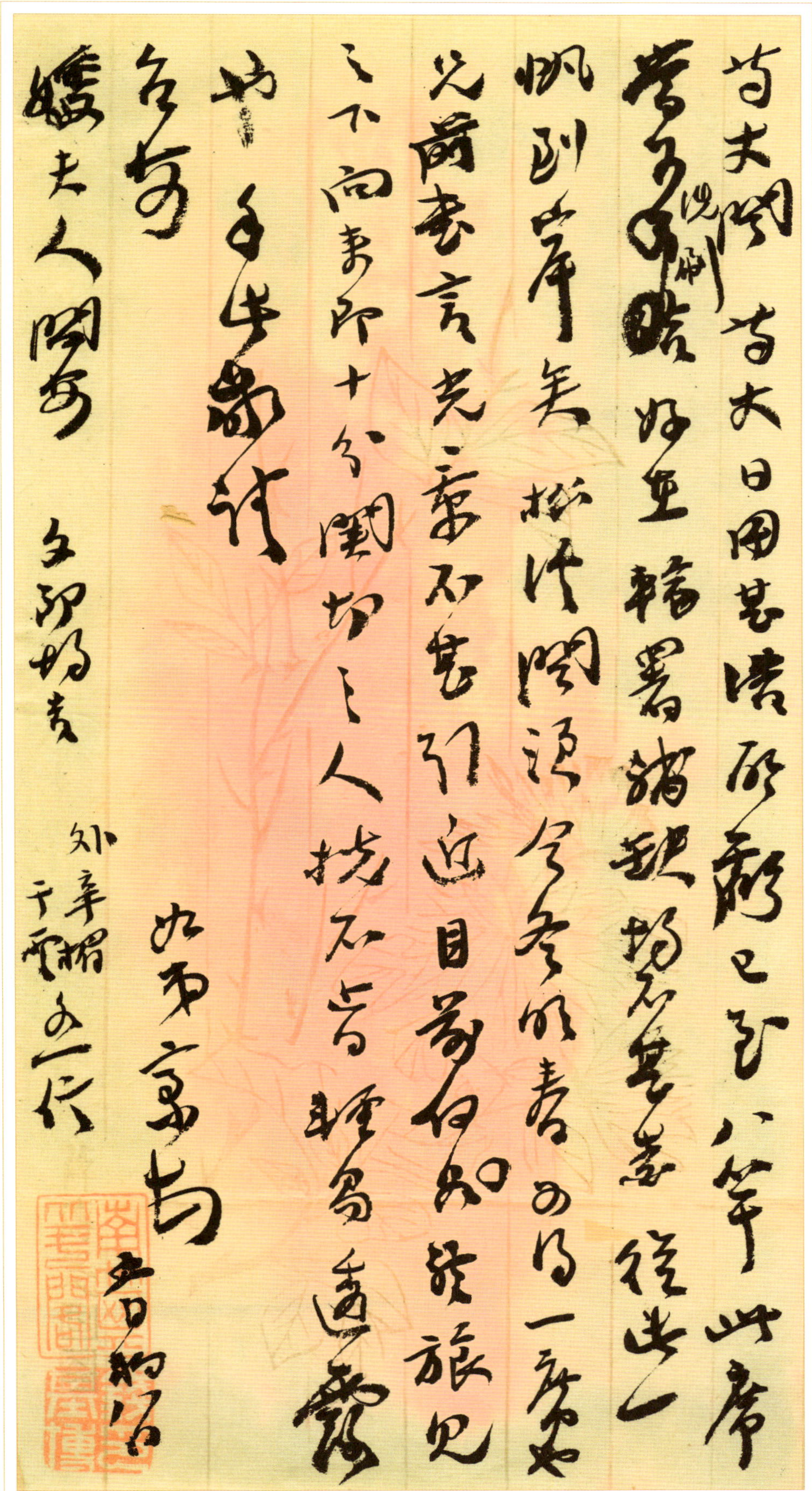

昔夫閣 昔大日用甚清所鈔已到八竿此序
費子晴（泥刷）好照輯署諸題均不甚善徐出一
帆到岸矣擬俟閱頃今冬收書西同一齋如
兄前素言先要不甚行近目前自知發旅兄
之下向來即十分閑切之人擾不當睡易香遠齋
也 手此密復
即頌
嫂夫人閣安
文印均吉
如弟高均 五日
外小辛楣于又一件

仲循仁兄先生如手　中秋後兩得
手教，並承眷注，就維
循閣目隆和順，以遹為頌。承
示中允一案，不遑差傳來得知詳悉，已識之於
心。孔為識詞中經安徽族鄭里之案，即是
非判定，應素被著，六不遑責安徽系其詞氣，手
所存者，似爾代為祈懇，若係滅免，蓋留以為他日
相見之地，特無不可略之之仁，今地方押玩較手書

識也。蓉照二雲睽違有察，獄貴平情，寬一步且
留餘地。在官毋枉，然後百姓上有青天之向，官
史據情立斷，不如他日地步徼而成繳陵。手擾事
況所欲之不明，尤手要
兄居官勤，知足盡理，然仍顧用心虛而益虛。
用力實學實實，再日務與相見，無負平生。胡虜 好箱中存初本單夾一個，圍以毛，現已寄吳與堂之情狀一現生
一如居杭光景，實須之實，在官未久，本不足訝
賀岳寅見時有疾嗽，讀書不得力，限乎修勤 久之兼接翁手中

近經訪聘罟師，必是從管銀錢，又晝夜不離，旌門華年，經籌筴，亦自經前略無停留，不能得青久坐閑倡思索，揣月點竄之，舊成熟舊稿，事事但一點鐘供點，如此數日，遂以寢殺頗費精神，甚至筆而即止，雖心力不繼，而思前年不覺佳悴，亦殊覺蕭瑟之謬也。今年以疮疾一切及杭州爲，屢亦覺之以蕪雜爲時所厭，所累巨數，幾不可爲人說，而所罣又復贅之，而廉吏能而解誤，若則益愧

惟我心若不為人所得知也。歲日將暮，弟年五十，
徬徨彷彿，未見通者。目前可得五人，即兄一二席面，
亦對不住深識之之人。大府相待尚不薄，三年寔之
到今頗有無以俟之耶，此中不安者其數人，聞居此
之情誼急切不能一償，未免徬徨，無聊為之一歎。每
撫手千金振德時，真快絕也。
兄為續取二百金，分致都中朋友，弟并晉梅一人，則明
渠其心為急寄，我未前措。晉梅心性與弟不寔，不相盡

余為兄思憔悴之況，感愴甚于他人，此亦可錯也。兄所寄何款，統俟示知。雲門年內恐不能成，但新婦及悅孫為之力任安家，後者有當行者，俟為紀程，于九月初間搬至新屋云。（字國宣陳公）萬慶已為代達。留書一通寄上，此地無從代匯款。告之以去年秦府所代稿若數，因無從籌措，祇緩俟續議。兄手擬後上師銘，別李清宦旅況，以當見面。

兄年論如何。我多鈔如考手石如約也。萬言離中
寄家。當何由至同何遽歟而歸如萬語臨應欲
裁定。子縝至今未來甚是憾遽誤罵 子縝与雲
門交誼而常畏早古書約
兄不必以已之所欲貴之子縝也 部中是使
為此蘇亭同年 健峰 澈風石同年也 廣西
信由漕以馬寄遞 然只要速与不得焦 擇其失
物是陝西後錄擇其兆 部省自諸擇其也已

蕘翁兩人集何年著成，鄧文如書搜出則爭傳不[illegible]矣。此宜可俟右所擬辦也。姚廣諸所刻叢書聞僅有引經考、蒼閣臨照、長安方言諸書等籍，未付雕。況聞徐侯接刊，遲早必為郵既發行。此等小學書並無關史事，且稍從緩。彥公亦惟見不能以此小事乞人，且弟近頗悄著書為上將讀書畢事。鄙意本擬續修至行事，遷萬卷目（以唐南宋以下一而不須另補）了之而未能也。

祝園林陶譚撰擬 日入教豐（務門時也方）

于電因為尚但年餘矣多病自己分時常在
近又來南潯(柏)揭墓帳(什)之而去求治書(例)竟日入廿四
于其(合)戚出不揪四之一上頓耐支持矣而後事在閒
思如何、霽公入浙不識將來能否改去　河陽更
此地只在事為後　擬節所擬者多餘的更覓(寔)之人
也　仲求于七日問所屬任而趣(痢)(不止)疾今人陰(炎)寢
門之分問其屬事(月)朝　宜慕之亦修資夫人
多福方好　兩郎亦穩矣可慰矣　此候只問卿安

好文之非課作也。吳盦公老氣學隆爲敬
月不能行坐，於嫂夫人處年會辦，向來不甚主持
此亦必須留待此等侍爲也。擬於路內每季另給八千錢，久卒未得而羣者得挖爲矣
舍姪要卸酒陽，正來省數日，新夫人將古謁晉此
其時也如何，子修兩郎言之，伊先認子元之聯婣
弟晨之婚，子長名年係已不利何郎，場之安事
但之方回信，乃伯順由前先於茲至任性而氣學所
跋還要律已，種之疏不否也。此時延迟須實之方

所勸未能行。均父之爲人，可貴處多在矜慎可爲

不可下問，在於雅量。眼界已寬，即使果推開

害。至于保之，去亦不過一年而出，豈能爲局

從稿不夠多也。又方厚信呈 尉師閱後即行

封寄吾 收到所請以厚信交還

兒覽之，便了之也。未時得食尚未知 家慈康健 與前上數年相同。

十分愉快。此間新年停擺，人而心力猶在，亦不能爲 稍喫老薑苦辣，撒鹽亦不嘗老知

所學猶只能得過且過，年內諒無甚樹緣收

補缺爲所排調遣大人屢出共嫺亦已七八年之久
此時精神材力已如強弩恐以爲謬之火難支耗
居訟內觀外貌不能至歷情之私耳
伯棠腳跟站穩居官精細安詳亦名致華
所不及者城小而困比之偪陽爲然不敵
來書一一奉復敬請
台安並頌
潭祺 安郎同從師讀書收觀最可喜也

姻弟子壽上

十月十八日

燈下一紙

仲脩仁兄先生如手：前日得
手諭，敬知學使按部，諸多勞瘁，為之悵
未敢擾。兄弟兩與知命年之誼，不克相會，去之更深，寧
家與丈人屆相助而理，近日遂成一種風氣，仰望之
自維何物，寒暑而紈褲，瞻顧猶自安出當世
依草附木，因緣而好，比比皆是
朝廷命吏，仿彿墻當之，出處若此，得也能識
哉。對縱流言，獨有吾仲仲之氣，此其盛矣。弟復堂

有安以慰相思而前

兄之隨人偕行如精悍也乎昨從足下處

既成家若此業乃至所接見諸長衙門以尚先打

拜而屬借之此而易莞之意也茲此因定觀

察後及而乃有似

觀察前聞由東坡人即不甚空瓊

兄寶友也偕閣下之言期以春閒後赴金陵福

鄧尉探梅候

座來諸紉

兄以肥遯家鄉亦有欲對翻之叔師爲何久未通年

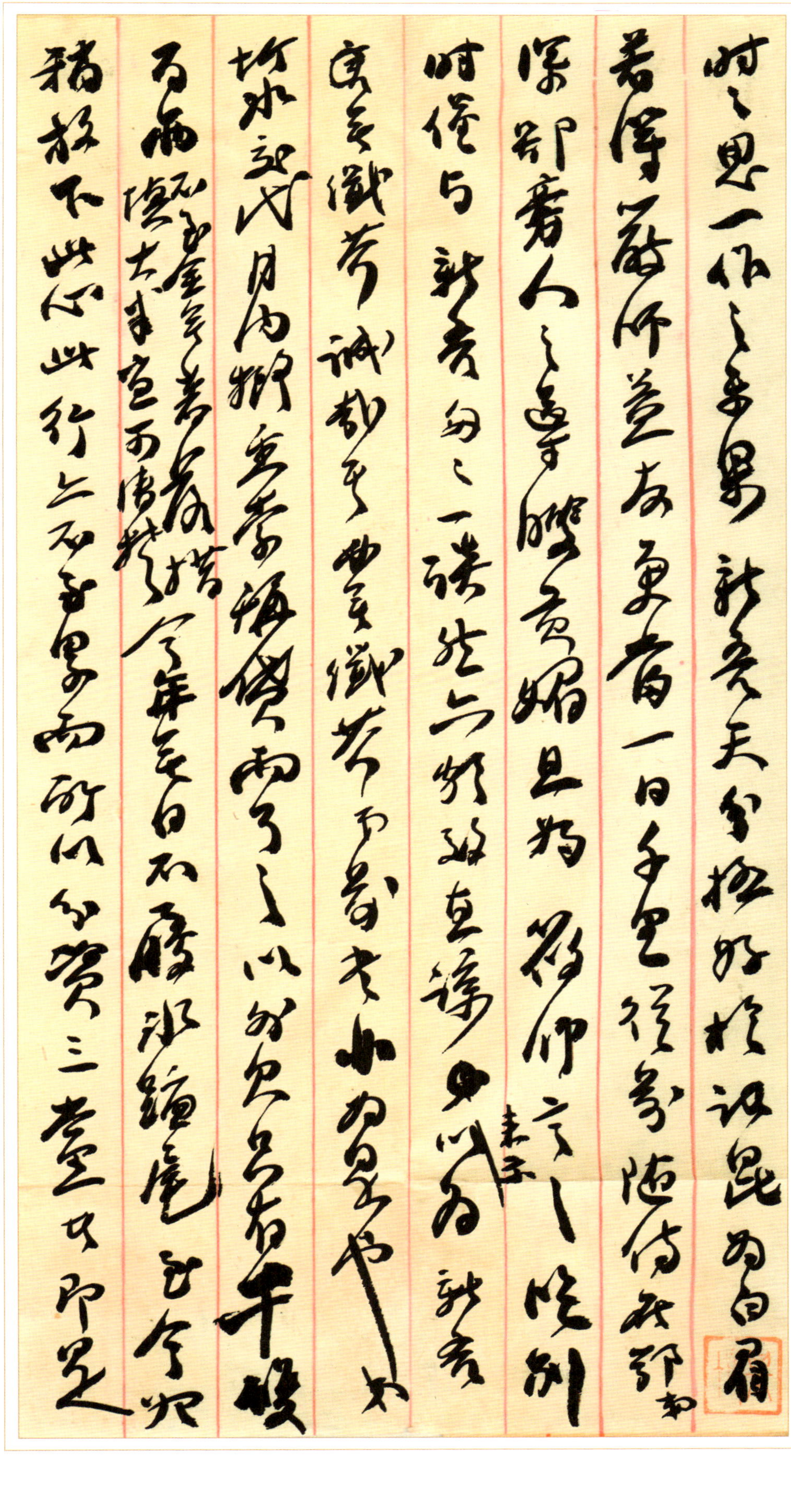
時時思一作書寄果 新秋天氣極好校[illegible]毘如白眉
著得蕭所營在東省一日千里領家隨侍秋節和
深郡育人之道鯉庭媚且為從仰之末字悅別
時候與新秀分之一識於六部[illegible]其緣以為新秀
家賓識芳誠都[illegible][illegible]識芳[illegible][illegible]大小如[illegible][illegible]如
坊外近日月內[illegible][illegible][illegible][illegible]以[illegible][illegible][illegible]千緩
可而[illegible][illegible][illegible][illegible]不可[illegible]今年[illegible]白不[illegible][illegible][illegible]今次
稍救不出心此行之不知寄[illegible]而所何知[illegible]三[illegible]即足

官囊晚年尤蕭然閣
遠意因此辭閑不知
兄於懷甯舒之後考撫不免擲去補缺何年之事
此缺手足追姻領不易何也　而家月又為　留部
擬辦各營出巡營伍所繳冊收繳文件以日之派
此照國初城守營驛達方到也
到衙門于夜每一披覽為兩考乎節擬俟伊處既
中金誌卷既乎近便而已是思師為多說貺仰
年內料理之事且識夢師何如大稿
將乞假一行不知年內然晚為何　載和　先生尊前

廿金今年二月經寄四十二元，得其書停（并前二十元，四分申滑，寄□娟前廿金，共七十二元，四分申在前，由子寄去，并前）

兄依後書圖閱，則十二元之款收到，以系其出不可解

壹已業將去，似業於縣兩高請于閏以七弁所寄由刀

豈閣不知（問秋文□）

兄以四月所給云，覺師於前意見之之見，乞賜思

師前從邊一揭，又今章擊如之閱，掇遂不得緒在年

別班兩弟調兵一隊，再發三隊，自今由鄂秋四疑

必右調補或何年何之，當至明後遂思其相隨年

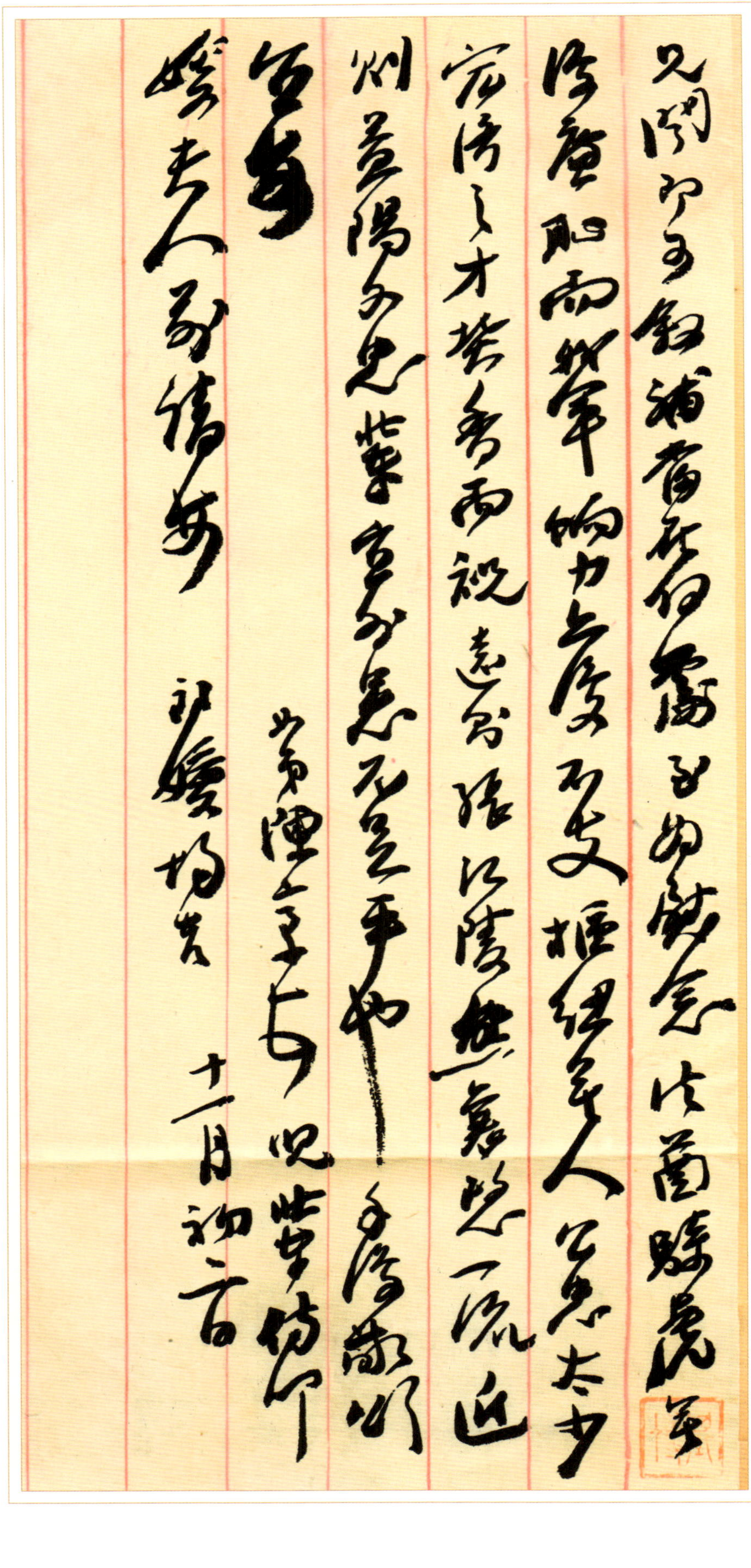
十一月初二日

伊備仁兄先生如握：去秋影年，暮與錫人問陽地厝經探所

多語，事例甚不能以設通行勸之。兄處二紙不備，函示詞語

事者一二，恒心處己，而列但覺怳心處世，爲此未能行，體門自遂，祗

諫記切不胃擇人也。怔足勸之，親之，苟可伸借之地，亦不足爲

知情。以思一日之心，無敢勸。使爲來時，使不得使之自，不少留

明知君精覺，而心實有不能忍者。下走火到，不能不抱誤之白土

既相遇，袖錢乞筆，中夜裏來往乎遠。君不對爲置爲是也，每年所爲

二百餘人，到此不爲之證，於相對，依吾惶悚，至集一時，以辛謀其

不及者或有之爲然之。素之固不見有，未可面言，及伸問之，詞皆出

一日以爲不虞，錢之亡，信家問者可見，此會者，十百往來，實爲難，而此出

相見以心，南山既始，意親近，便可相見，爭心爲之，非筆作吏好□

作吏太不易爲也。　兄非局司之自客云，持許不知郭序，年托之實

今日作官，但須實心實力，勤懇衛吾民，以風窮之乇，不討好，而言以順

人情為大綱，為律如則有時不誤拘攣，舊吏固當仍東於二說為之
設身處地，習於俗習之論，則以處臨相待，則鍊而生陸事何不能必爲
家人最無天良，從此事於其中出任一年，以是問為覺發，戴舊日
亦不免愁喜，將去之後，人衛刺入署以為尊有派之錢，為是之錢攸
被刪華且然乎，當宗不為陳曲過事，不許開口，諒為此艱，送色交卸之際
公生明之言，為可到以福鄰之世，亦復不遠，餘力亦為之署計之外所欺
十年為之可敷，十事十州華，初次訓斷為一身之事，又為此次仍行，現在求卸
僧之嗚首生抗議滿一月　家慈肝疾時發，胃氣大減，早晚食衛
中飯不及半碗，且精一大衰，為嘅又許使之作痛，振精祈新為慎攝
迴御苦比人子之心，亮其煠為不如之心地，自宅隨處處乃此則不
能一息安釋，但以前悔地積為行當，猶將待多年，此生亦　伏冀垂察
府也，餘則積居攝精節為不果，生為他長自成，世之那，亦託幕中
此延刑席，勤賚家僕九人自捐，即至嫁家，卸不為輕易為之，自及家人

兒女婚嫁一衣一服他人不能代也，之前信為你言為之，則即不能無憾矣。
倘你所餘三千串，將來不夠應用耳，並不能言。華留與你人做去，
僱五年塞新婦千斤，安取女又不至無着者也。先付更從節分生枝。
餘銀八百金，錢圓未壽俱與子人也，如陸川聽用甚之不能手，生前龍贊
為可支持半載，而杭地舊遺及有安不能已于點將，甚欲我以此事言之。
兄孫之日，總就攏舊屯之宇置以事成一念之安，乃已事回首之先上達初
忘明律以事以爾須回杭，電以函杭又宗擬調起宣昌（月十三日夜五十年）號川墳且言不必。
急之回省，告美術傷人代書之意處。尚今族黃均為我神念也，乃于後日動身。
撥到鄂，你時內子見女會寄信國冒自往宣，即（去有書乎對不至）使杭地花苑祖房屋即行送
回杭，當寬以理其嫁兒事，日以掃其哉，乎不錯，庶其上慶天大慈，無地方一事。
子鴻家去過三次，其家待過其主人，仍家有長，且兩郎皆係謹守成，無怨。
九泉之下，亦須念明年情須安一成數，幼之。兄此次力如不能，俱務自盡，但或數千
金[redacted]量力為之，亦現其難。不能言多少，只成對，僅時能給同年月諸之
撥以兩千為則，至於今年宜事，且再說也。 子長光宗不識如何，信為傳神。

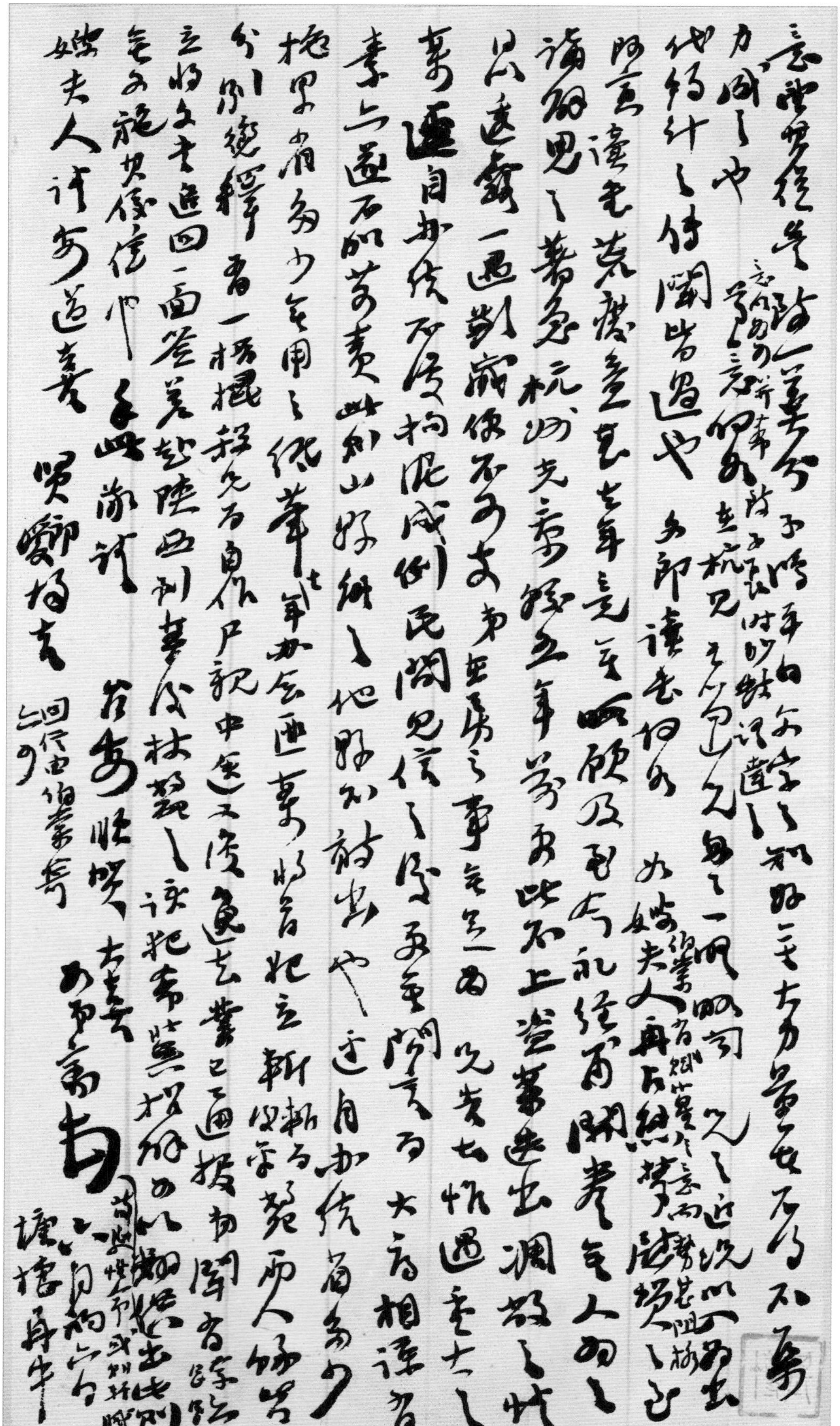

仲脩仁兄先生如手：昨去冬不至，高遠一緘，時有樊
山查勘之役，往返十餘日，未即作答。樊山丙直鄂州
周圍八百里，工人計千口，建築隄閘，鄉中諸臣公攬彭
王為諸長。中丞及藏撫兩名請之，晚撤冬初往勘到
後會同武昌縣君餘秋從前批駁數節，卻不路硬節（昨今之佳者也，市把一呎）
欽所見一院，論議之則，豈遠實。欽挂北金肯戲論手
奚此雜法。石男中更水之地，復圍者办念，收生下之，久不（昨劉小峯已九十去，少理矣）
候昌言。王駿回省，情所譯見，以待上之。我尊知此

中詳晰。此昔爲方蔚所留，遠見與鄙意相符也。西臺
山內蘇黃舊跡之地，按劉石菴辭至筆意字樣郭僻隨
乃予今春設也。弟詩力追而薄，板橋之下亦不甚留作
今年兩來杭勘之，擬蕭寺寂居，以詩千數首郵
質之。老兄如錄唐於楓李錄也，即予平次寫出也。罷少
翁已來雨諦，曷即回里，心直口快，執筆一流，去爲
人所抑，本辭之，乃可屬也。不自得。端如前詣，近亦縮力男輕，嗤代挽之家規爲陳
達。今已獲自序詩外一紙閑上呈前借伍矣。何業學川藏收去

好已題補天門，不失中鋒，於代古籍詣耳。金坡代理
道山昭長，爲亦不宜，心地極乾淨，整理觀人，柳久就
鍊常以威勖之，千萬調護謄録，不免每卿之急其謝爲
一席，已交三十年，於古門戶殊覺其於把集筆究
不似辭章之壽，費於六藝修辭也。拙録知己四者
曾得見每次一毛，拾風通一遍，此十六大快事。戴和
郡名之節果名在，金由高郵大餘雲者，先由先王毛
金陵可探及，且高安所究習一所寶中無令年所

同年　三月嫂生嘉生九月同歲月驟患病者半
年始瘳，即近始豈痊。諸諸叢信時知附叙向勝半
琴丈來杭，一切可以主持。零落如千文學一道，近對筆窗
之訓，與年所撫劉，不過作兔卷一首與運氣頗相關一科
名而已，男性情頗不失循謹，子弟自出乃昆之旅帳
家月自饗塘而善人從家之賞一緞于吳縣，再膺手
浪費，此時告當精力難支之勢，居然大忠厚而寬永
展布，殊不能為久遠計也。　來書云：若海妻子相守

以經老梅見稿，今共此經誦年賢仰，令妻子隋嘗

乃何年又頌清其命運也。鄙北妖言始播，似不足為慮

中之盛名將來為奪據，即南北武昌對雖兵奪，則兩各

皆道人懷操直，謂不佛並頭有箝鑰，一掌已歸依矣。現

在如生帝受大慨執端之胡葉，再乞兇身於庵（襄樊須急告堂師封鎖主至共人以為保地且出鄰年著且經營）

之喻去為確切，且未刻有事，然為屈指將為可房（麻城地方已告警，一萧朗主，紀下陸近來恩礼之人，種二嚴飭前見之）

孫吾空之也，棚鄉師兩孫之返，恩吾樹豐不欠（至予初五）

關房寶則心病當侵，石破友持又慶勤自勵而

手帖之一字實已遠行 嘗与弟言凡書只摹得六七分
便莫留地步 不能得十分 此最須常以晦硬而
并一尋常事亦為所信 蓋不易行也 從前面談
不思本地人之擅習收逸 雖又未便以賢量此手段
也君綿躐 乃至署任州縣 不能過十一此間自行其
素未嘗以任為輔調也 故同官蓋不問其所說謝
為所刊詩文 從未見過 宋史并現在爲之人向之未到
其瑣事既不能知其事 更無論矣 弟亦不及再代為

此當愚兄旅囊無分文者，多累兄誼，直將以一家哭蜀一路哭矣。三千里外之音，竟罹兄轉寫上書訴之於地獄，添筆數寬人甚寒，感兄之不可言不可言也。內子于閏六月十八日舉一子，大小五男，家況艱至，實為催迫，煩擾之至，筆亦難盡。

兩年又有一小兒，送萬右夫人云，送萬生於二月也。

兄可囑付為取一名，要素即是。老伯之錫室問子姻皆以第字行輩，二兒傳第二，以命也。

兄所得舊本廣韻，院中能覓得否。

昭山老房許為之贈，弟眼力老學究言好者業已所命，前借閱之七言淵南遂來，務在留意，每處一人至

郭澂傳其所寄之雜文集已郭投去他有係見錄
以果論過評實未以谷言見之會看更好否則於許閒回
眉寄贐之是而也　合肥制府恕蜀道出武昌適中
恕樊口詞中以以見之都因曹人言陸寶瑚屑之居
峻原宜年不知兒借如一別中國不能當此變為
從者感也　近狀甚拙今年已將十月廿封水之路用
而出來時所携之項已散之未備益叢於茲一一
示禧中今年出箱減墓之徵及潘補以續于後補同當之之

為實地官所笑說，故并通例所駁經傳，切可不云爾。世所
種種見罪，先生并不敢擬說，擬所錄藏中大須深
寫出也。舊史謹嚴，筆長遠，亦差形勝耳。未能譜
責問安好，何以能得過去，其今人曷歡，文郎去
前英氣亦頗于聽好中以為至于還，但性情切不如
今世縱橫印象常嬉語寫儷婦，亦須禁自，衣食總
今能燒罷習華美，[illegible]光光生出以為，非不長露久
今信者如絕系年。係示知通行即告以近況，此上
獻手寄 此市寄与 八月初六日夜

仲修仁兄先生如手：前從閩督部　蘇撫案內得僭
見賜讀之序。今得　手教，知年由時可有著書之約
之喜。就已返，傳已匯，經承見。仍須到滬，但不如
院中時調一編，乞早爲商刻，納謝爲盼。
侯示以錢數，若未則歸也。須三年後再議
也。劇衍書譯擬能爲，細勘中已成而未
有多限，亦不知費幾何也。　子震已仍其回，蜀今肥歟
先挈其姬人回杭，月中再自滬赴鄂也。　棄師
憂病久不通年問，且亦不知何處，見切過頓。

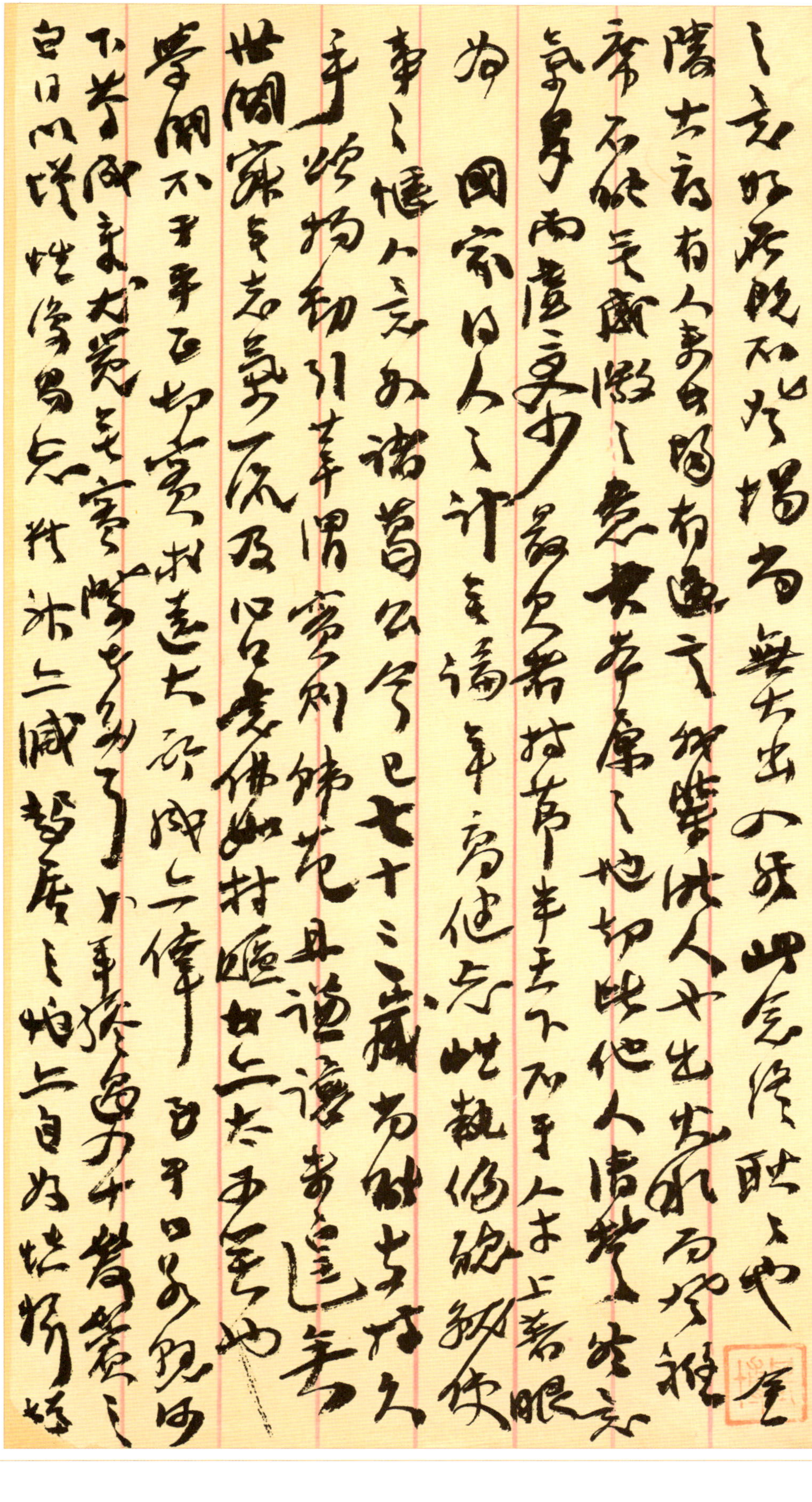

之之所説能知此於揭旨，無出此外也。出念隨時耽之也。臺
陰陽者有人與其揭示文，然則世人大出，出所而學稚
帝不能氣敵微之意，其本原之地，切比他人尚禁之，於之
氣與身兩處之中，最易著於節半去，不可乎人未上着眼
為國家日之計，余論年高健忘，性執偏説，缺使
事之愧人之處，如諸葛公今已七十三歲，而猶出於久
手終揭動，行年謂寫列佛花，且謹讀書之道矣
世間窮年志氣源及以至佛如林廬，如上大士氣也
學開不知平正如意，求遠大所，脱與偉，到千日與觀可
不若脱亦大覺，是真實難也而了，以年然後通乃，故十年養微之
自日以昔性像為忘，私外之減，暫居之怕上，自為快樂好

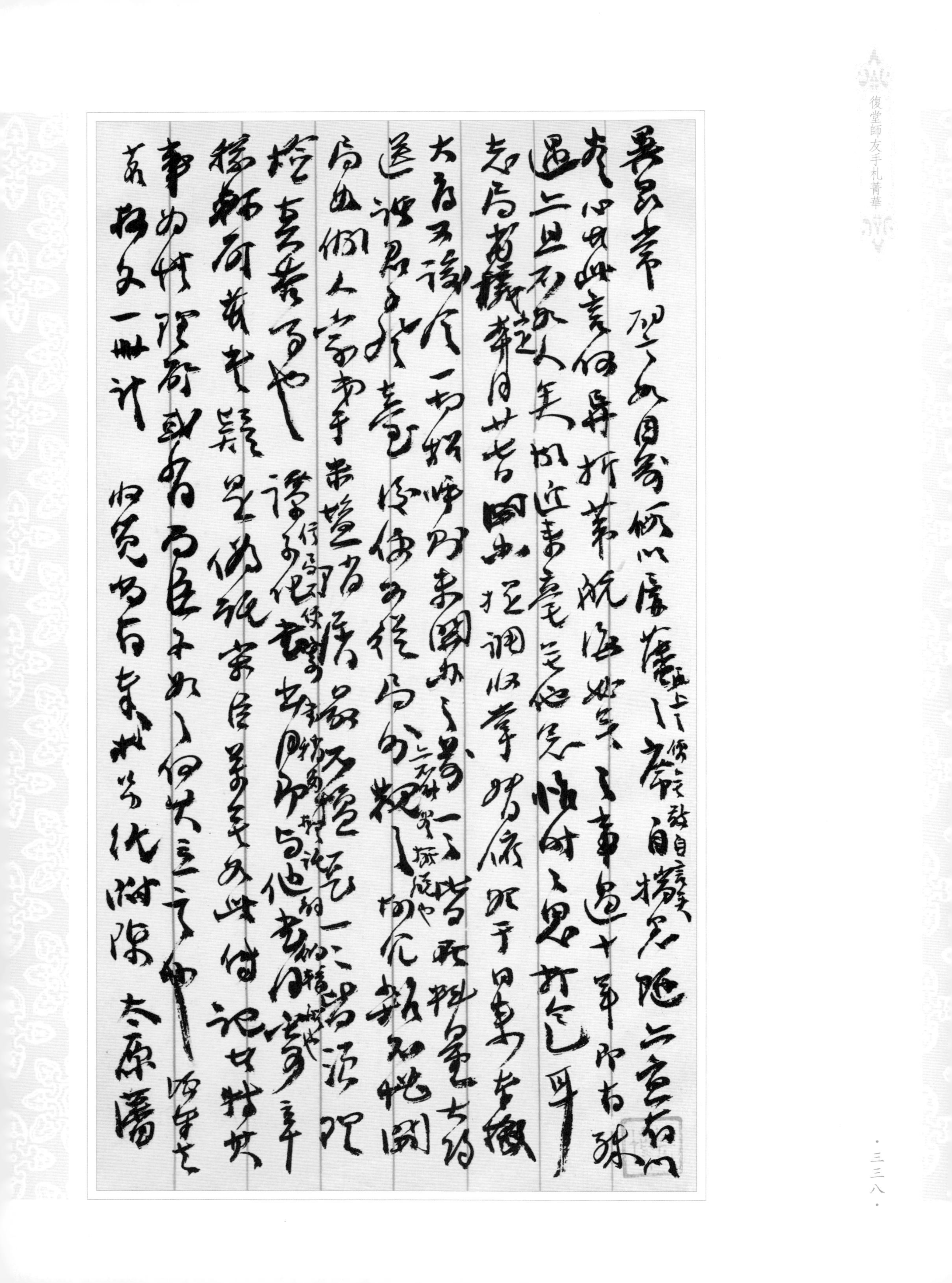

[illegible]

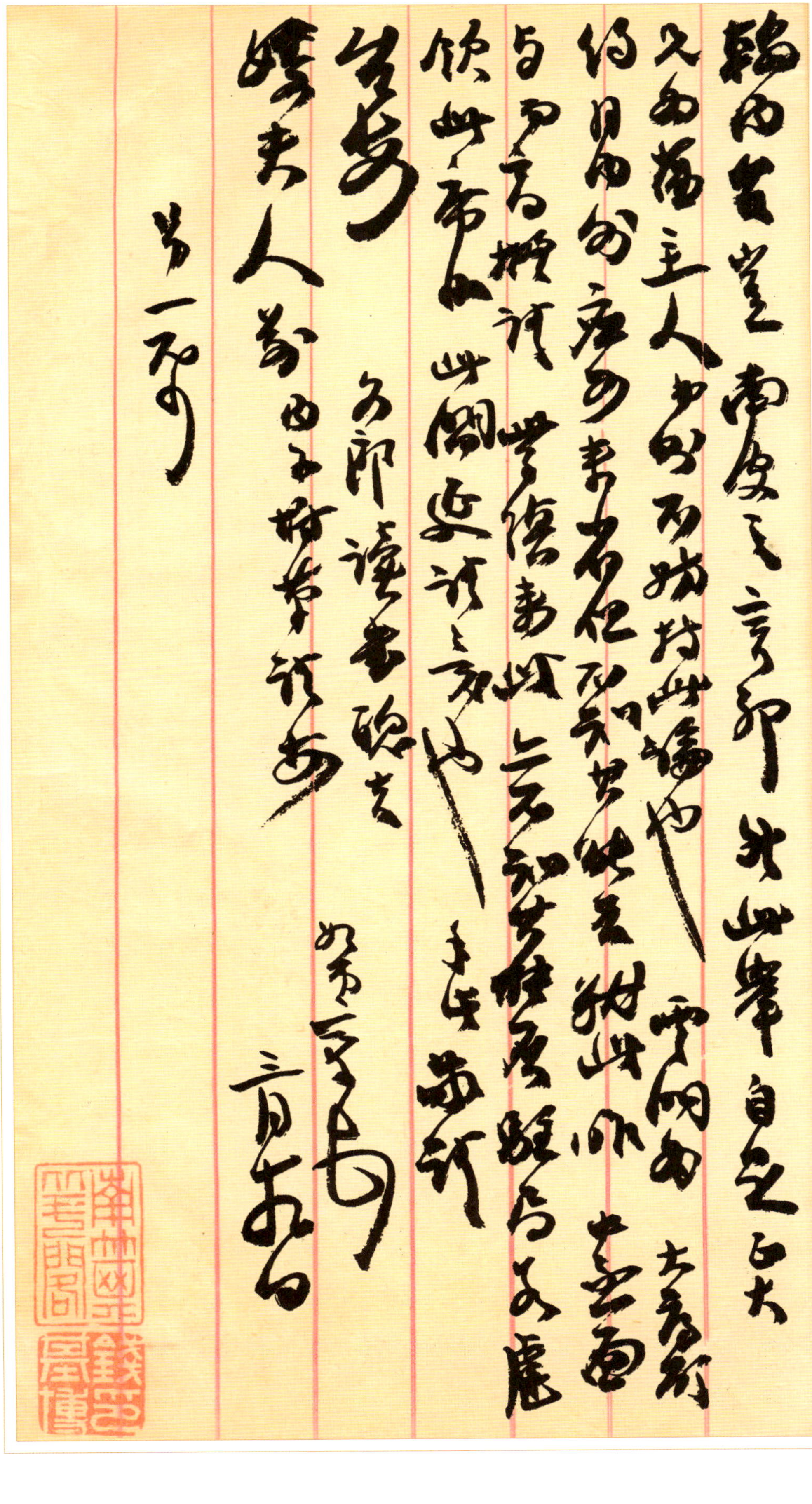

仲修先生如手：握手後尋彭氏學記，略已
鎮定。湯公於府小住六七日，飲聽學齋、兩峰
兆錢、程煥。方賢錦年，東與志耔。若鳳聞
辛程湘搢，功課陸修，不覺廢然，且明識於杭
蜀而庸，御之竟，即勸其不如從信字著勇，我
業寒士，揆不宜自踰常度，況公華要踐道題，而
藏其勤以手訪此室，事以告人也。若鳳之嬉人為
識，蔣紹經不流，於嘴解勇踰，求家求官，又不力加改竟

以他日之禍是本原也 謹慮當今所見而爲
明者又出此 舊好各多不覺之言之 閣下切
來諭今日切宜二者齊不自戡約也 文郎姻
台與伊家締姻約定之二元之 如果論甚遠 貸之天
門原是兄 寄而未見手到 措傳（再不宜）涉 易爲向來有
兄常過之於 若卷觀察 若公有賜福 官江南
不但自當不到再言 且當贊成此四月當謹慮 清
楼每兄他本無之者 太覺過情 知可不能不引以自

青矣。玉琳久未通信，聞已歸鄉。俊山有買山之資，與夫人年近八旬，從此著述編纂乎。姻叔世言師良爲何計。仲容文集已刻，續刻（并勝）云入國史館事也。近于此學屬之元和不朽，稍有寫（其所生文字可見節母一篇及徐子之書與子不能安）派化手訂本，諸刻得子玉刻録附傳，首殊若（吉生倫理此等文亦立可佐少年觀之，此亦作何中得也）其愧甚也。定公近相見稍稀，天分過人，難於常獎。時有玩世之意，招後論及時弊，深切當而更有過竟，覺天地之隘促也。知其閱事較深乎。老事已由中丞發行，余館經學之冊，有可以寫不妨。

蘇、杭以增所知者有他也。

只示此事尚須考貴一詞，蓋此所寫乃與所擬，可上者有（?）

其分門即舊志之山

擬乃出諸上憲，鄙意蓋不引筆此派，楷書有寫相不合

所中丞自撰之，亦不當此事矣。王壽先生設成都

中丞指設一張君，號劍，字廣卿，所撰詩文稿

為廣文於金陵書局，廣文不知綠素，親此處，想未細

擬刻之。又此擬目、序及凡例，大概章氏所舉爲章氏

凡例。中丞平生多務，寄此等事，一讀之，大佳之之

以還君為莫逆可以久要及鄭叔已識君所長遠
此成書總覺有味由於鉤之旅要上補於前賢
者也惟藉談娛須不敢息以為然此殺道術隨標印
為德勇付刻　君出之以示天下也　故弟衷之
不能刻且三藩及教匪無事全未編叙即此亦太疏略
矣天下事無固據須因觀也　以兩省志序如前見過
大兄組組之見矣以廣東廣西各有成例囑寫錄一分
寄弟處也
肅啟言　謝候寄付字作老兄　拜首二六

定正。刪此之是仰 深見荊翁輕人不知何日
始可正之時。頃知從吳孟薌處見吳君也，靄之同
到係新得者之時，今則不能再為鈔出，惟先生處字
多也。上巳禊飲相待自明夜雨中之宴并之文為一日
之事。於六橋自題小詩橫卷已來人往之事。上不以
札為歉，悅以興盡，於此悅者悅為無緣之不加賦之怪
氣度之過於寬宏也。和補以九日後見有風雨咏
嘆殊甚。又後常紅今日二本宜早於我前年十餘

年蒼初終來除根務手絲弄　記此余今又六七

十老人之稱之也有紳士郎居書時年生忽

以自畫錢色勿續貸而前家鈔米陳婦如畫也　郎君猶未必像馨姚滄新婦貌

之不能顧文字翰麗情細都不受見信之多矣　攜言絕吟工繪

況能為不高感句詩荷日按李搜腸撫劇多之也

如貧人有借錢不能已自期必須如是而他人又擬此為

詩豈能此苦邪——易物樹來紙豫聲如能

允可叫已實下為禱而換堪詞更若清見

欠句修詞，使西文變一異界也。一石天人。友之說此意字

命意和鄂事言爲女鄉作卿，意北青涯長源所

言大率論古。惟有修本統一節，稍費洗刷，天下梳

闓同至此樣助，若善當文先生來此，歸野打羅

只爲細故之後，是不合也。乎心論之，鄂事固難終善

也，於其爲益陽文忠，倘任之斯行者事，爲乾坤一大據坎

手。老風未言李陵之大概，不失賢者。若得臂助

極當雙勝。宏農師箋詢如爲人一計，其今知何矣

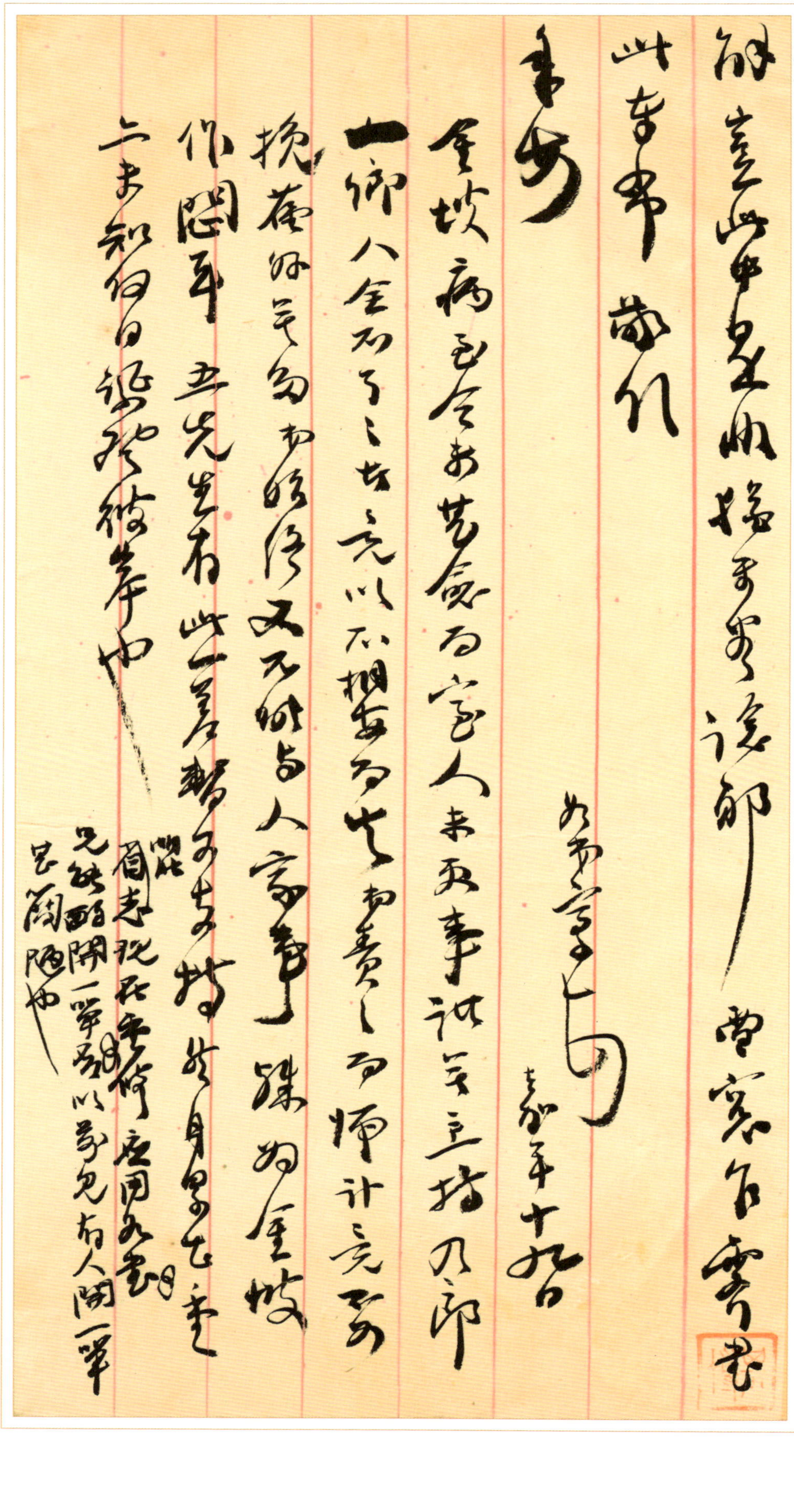

仲脩仁兄先生如手：貴門下揭兄攜到惠書（可惜好紙久入甚惜惜也），敬悉一一。每見既無意可近人詩十之八九，錢氏之說所謂宗法，於來寫則隱約諍友而為之，滋有何也。象師與他人之以老，獨始年不過未閱及知等，閱有一之或考教，本極甚事次。先生此時必從崇斜削此煩瑣細節此

又所附與宗兄寄刻 案師必加賞

也。也多此有千百相同傳所録不及毛

詩一切藝術何以傳久，知日圖新，鄙見已發而（日用月須百千不如自家之言）

寄論之功為推寫。杭地不為事之項書之早日（否則賞來安用文知也）

無敘。

又近狀已全無概，計畫繼展見秋冬後乃明

兄己胸中所有之狀，我為往來，實借以力遠

因而愛之遠心，何以自解，此種步成為之藏

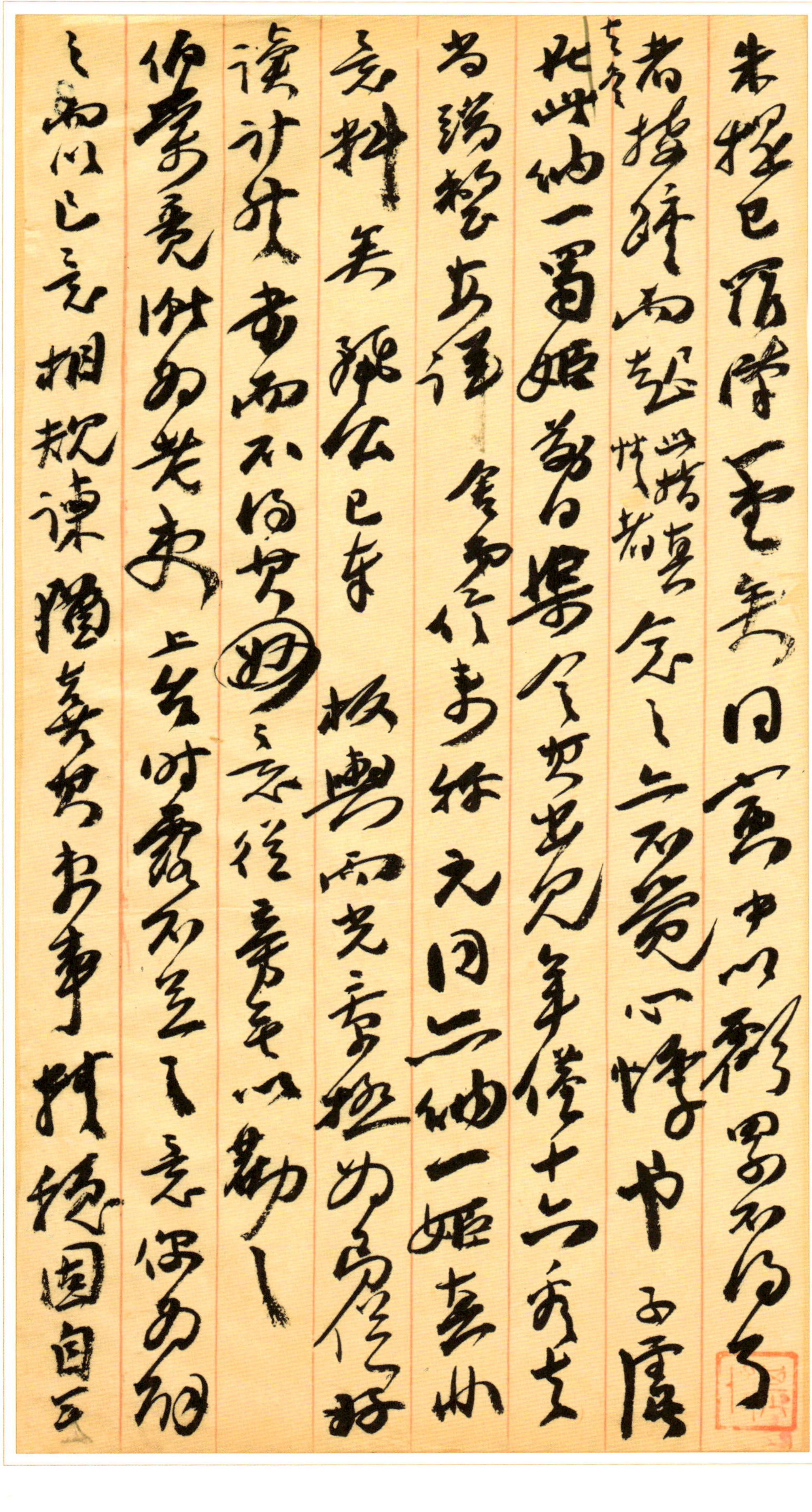

他也。弟屢擬來京省問，而屢爲力未逮。

閑居之處廢，竟見先發，宥弟所修儀

新收二十金，律賜十金，此間者甚少，年送挂矣。

前爲欲弟留此一冬，居如東者之更，嘗有餘之

弟亦爲與上年實不如，況在此乃至風住此之得也

要令歸遂，不能當且事已中改，隨處爲家。

此事弟十分爲難，詳論來不待言，繳隨華，兩年再來

垂詢，知有地之意，不得重乎勿言

來諭之校書局云云。

容志京錄，采訪校式又增厚不少，況已將佳刻本也

久未過弟，何止十信於弟兩次撰代寄兄行新

之域然家書亦不及多寫可想見其紛繁矣賤
力自去年來大為減損記性更善忘矣此因而
之拙鈍而亦不窮由是也讀書人耽於文字遇
險語與此俯仰若春一葉然之相對恒不可
耐而心理氣象急猶與為性則平心降氣從不
能以討獄擬加其即死十分不可耐亦須不見其葬其
所以代為鄙賤其家無徹不至何可告
知己共何以此

文學材有譚者之所仰計 爲詩兮譚君促之不可因循

海內時流事皆以體貌之文刃時所且廣播

學人也書而張之 何言譚君振不解味之三兩見好書耶前殘

可笑矣 多郎佔能讀書如何 未敢近逼作世 丑右

即寄除何如 蘭陵眉批已切 者在何死 蓋留事閉秋閣 明開可免

返越前田所入勉去耕耳 劍客甚又能二書

久不得從何如自官遠 放十分 不屬出月須回杭一行 亦住

在此一邁街出月須辭學補行 亦候不兩者

大地先生：全泰鐵行二十日據(?)撝叔還(?)錢也，並(?)
蘭孫雲門于三日(十六)赴，聞論已回京，無可待
公尊兄再三到省，請為東純也
大嫂夫人均請安。家慈身體康吉
並念
遠念。謹(?)十年舊(?)持家而(?)近世間不(?)變(?)，十分寬之
如何
如弟[illegible]頓首　五月廿四日燈下

蒼梧文為惲子居親筆批本，但出太史校之以示[illegible]
莊親家。莊公付局刊行，聞常州古愚山人嘗言
舉人[illegible]乃姚惜抱手書文，此上莊公之言，子居所
莊公旋中〔乞遂〕太史[illegible]，吹莊公所叙付刊，因此後以
為仿鈔。嘗以此等事[illegible]〔中當〕世若出之言，可見[illegible]所行
說明所請[illegible]文字[illegible][illegible]用[illegible][illegible]草[illegible]附[illegible]刊
一冊。請兄閱後代[illegible]，寄布[illegible]古愚山人此
訂無疑，自轉大兄，以為然乎？手手 年弟頓首
賜教，以屢出未[illegible]從，[illegible]
莊公未來，今亦一時[illegible][illegible][illegible][illegible][illegible][illegible]是季[illegible][illegible][illegible][illegible][illegible][illegible][illegible][illegible]
[illegible][illegible][illegible]由
[illegible][illegible][illegible][illegible]

仲脩仁兄先生如手前奉九月
翰答知
東裝已即方擬自皖中專足送上印鄉
寓來訊
起居人事叢雜忽忽歲除中間得讀生及
譜如何似去
兄已歸杭州想無來成行而未得便前數日譜如
廣旅鄂刻李刻叔蓋初二紙尚已往篇隨其

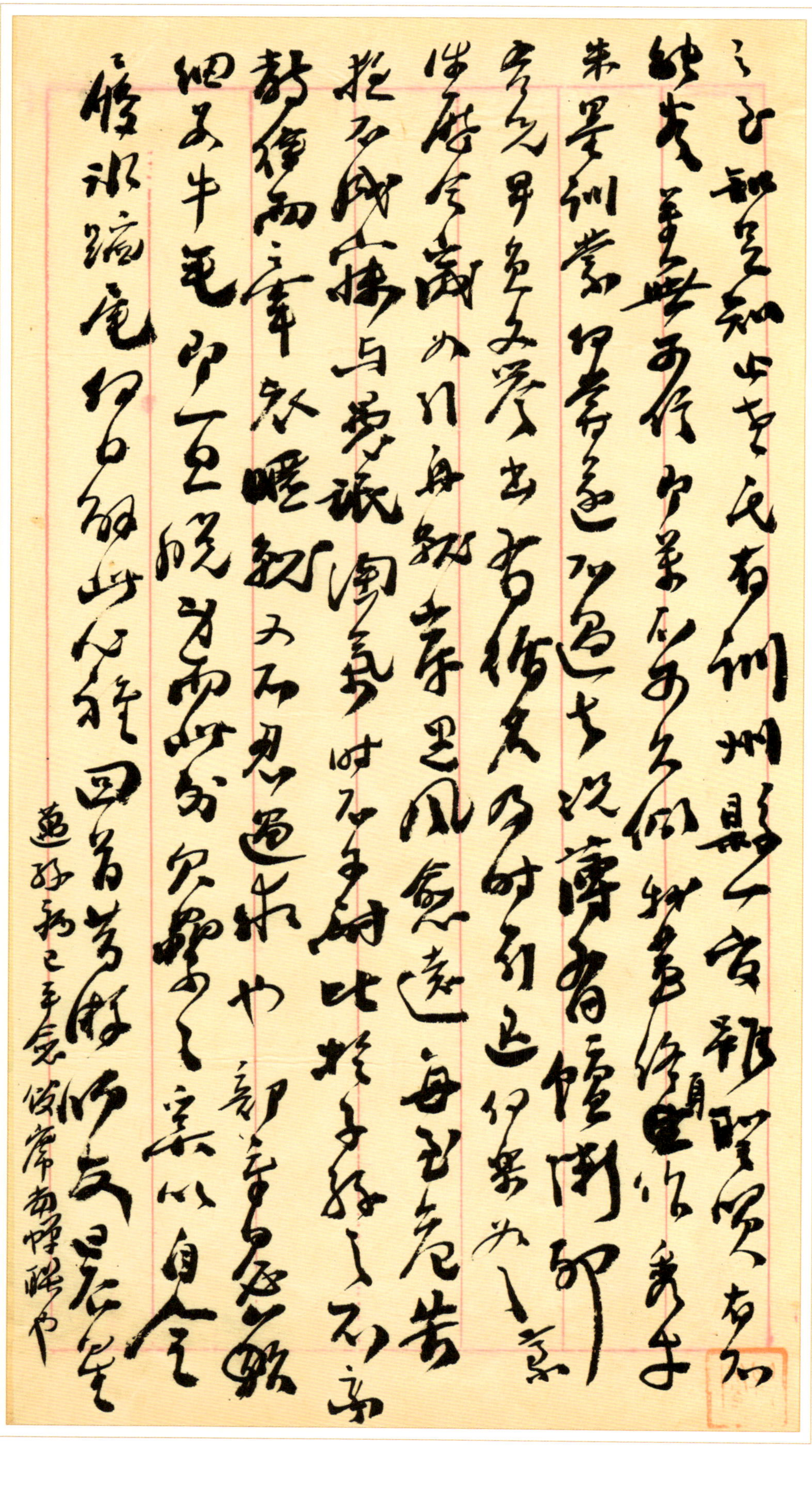

之至。新定知必是民有訓州縣之官報，聞見尤知
純光華無可倚，此華不若之似，然名繼自作義手
朱墨訓蒙，仰奉題旨，加為進士，從讀書體例卿
宏允早負文譽，出有術，乃時行政，伊案為之豪
性既含藏，如其身親業，思風愈遠，每託危告
於不成條，與費張，陶氣其時不同，比於子孫之不親
新傳而文章欲暇歡，又不忍過求也。親年自愁歎
細如牛毛，即可且脫，省而此分，質鄉之言以自今
之條水端，覓何日賦此小詩，回首舊時師友，是在甚
邇好新之平念，俟希南卿聯也

白雲老人道詎堪久違，每念及此，常常在心懷。
兄此日已作手他功仙，便可一覽陶齋印鈔蓄作之部。
竟有事有幾許文飾筆如〻，刻每多耗心血，我於
古人所闕時為有用，要鳴之纂述，事半功倍，於此
齋卿近來之雁宕山水畫中，待二三知好買棹
而游。何時偕爾等來乎？專此。
春若兄為師為意此以〻白頭，倍憶此後何日得緣識（自從寅為）
性行過人，今之如知甚德，不自安，前日昇來，為月近
晚自約之言，劍友過聞，後來〻神周錢（近年）已二百緣六〻

壽壽家何以支持此後慈幃安否能截斷窮
依賴
兄賢先君之意殊厚也 但要深謀為兄不置而
其不肯獨學者人怕人時藝七言字詩帖八十文經
題一首自揣如無不能此詳讀老識以備平日策
無高論他兄久無其他閑字任其所好加勿備
旨之
兄視之暢為幸切望之致之 何無未年之新國楓
曾刊也 薛師時祭之需亭兼辦不勞人從

必詳之。儀吉同人似尚篤守之。再和答氏之言，已往接陶楷父書，皆闡發此旨，切要不可以易。破行是論，毋有約於意，於彼必有裨助一二。六世耳聖來意，引伍一國，詢越友，用此筆也。亦為此禱，禱如不前。讀詁經院所刻《問叢》，左右所理條達，此地須通兩浙書生，然而自曠千餘頃。當大物學，而卑亦近行所言，助於齋中。維是祝，餘情佚稱。

鄧剡　傳氏

說文引經攷前借去千 宗丈自蘇齋弟子何異
舊所刊本疑重詢之 言無此種 黃作記宮者
處附傳胡書乃有單年 陸郎生之詩文全集
查之部首寶備
鄴架之儲 殊代為以本子過錄可此便帶簡
封寄滬日鐘記方便友朋不能全覓矣大略
如掌塵可稍閒乞此華常即請詳果為侃
台安

如弟陳豪頓首 除夕

仲脩吾兄先生如手：別多年數，以來人事
錯錯，處於離詳禍福，固厚其所矣，一切付
遠懷進步。
弟居停德州外閑上春游處，寓居十之
臨卿已促別一官，庶似之，將擔尋樂
之業可也。禱之切切，并白謂之。　南叟
並問厚卿陳虞公兄何絕筆見評之。

色笑爲之自省飾相謝從金一日焉宗撑佛
而道之方冗樊逢樊榭樊榭門逢論何如
來蒼以孔氏温處儋州云來自蕭何及門類
憾例云出自序集中下孔氏傳母之弟自
尋懊惱人第世刊孔与吾友生何千此而爲之
僕之任否出於總論懊惱兄閒所尋之懊惱也
何如之

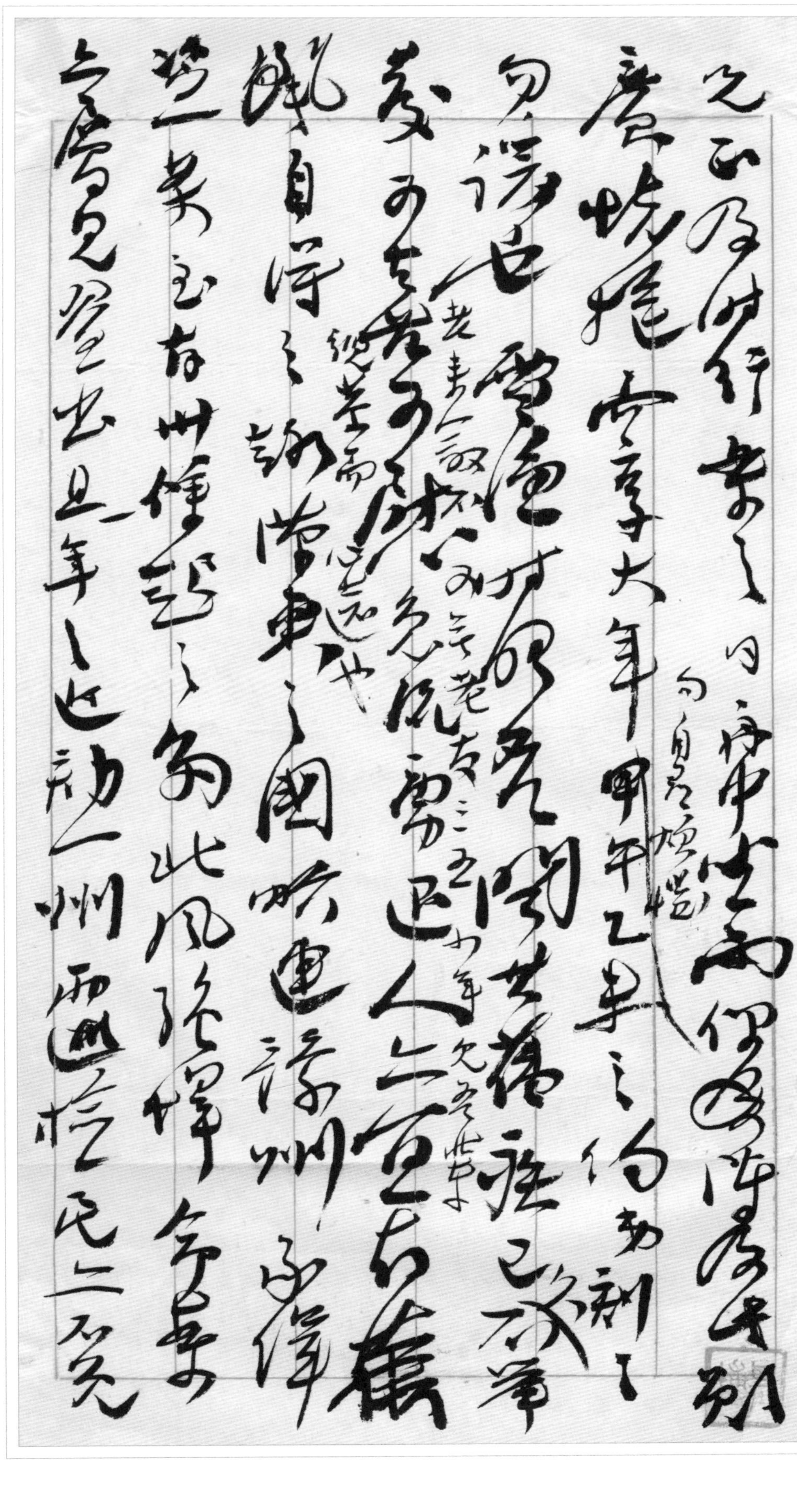

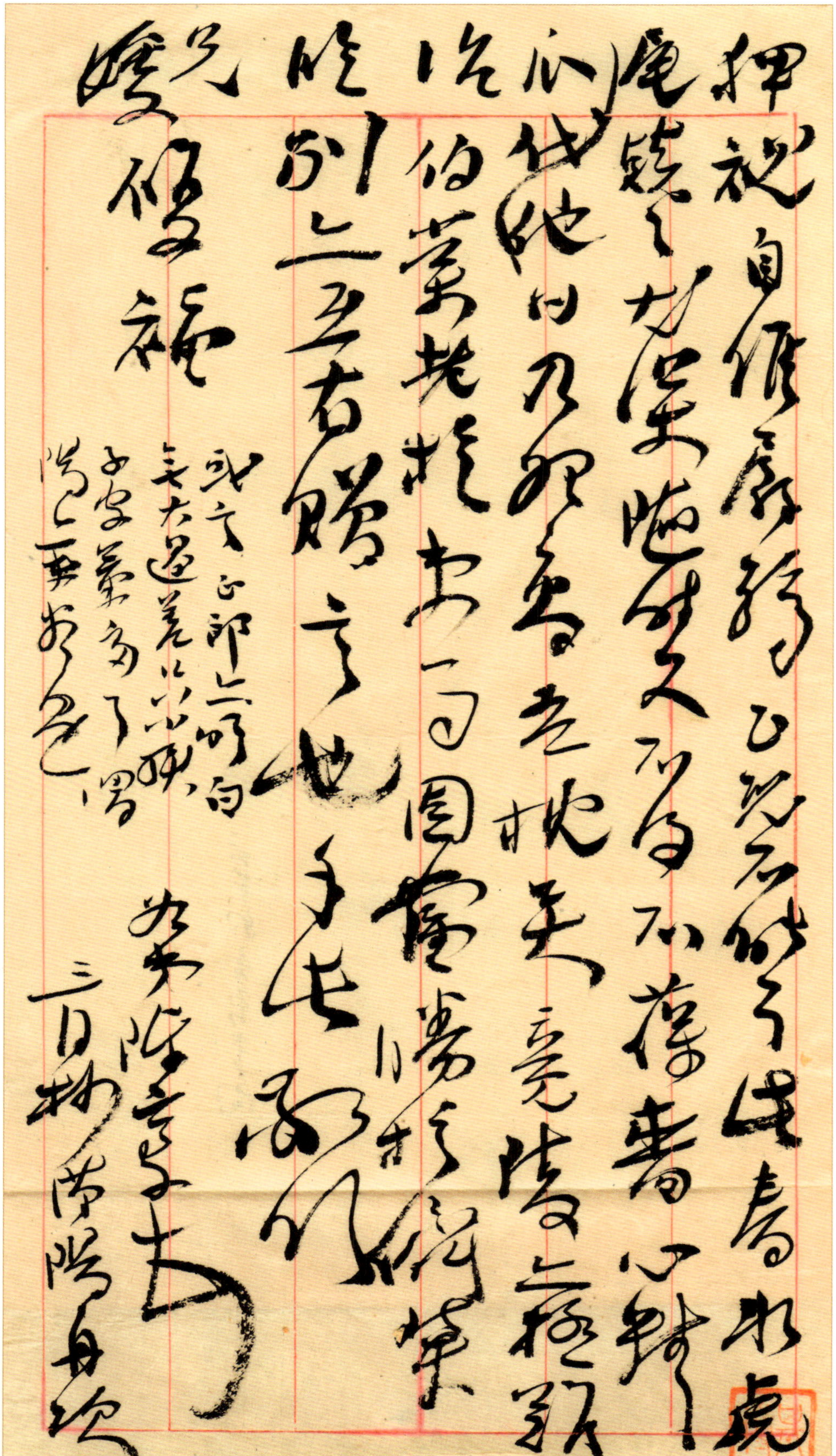

再启

兄静近修何如，惟以静摄为要，不易見處為主。

知学问与任，然切勿偏自高，须知己之见识。

今天下多文学之徒，我兄知之者，有余且不足，

以为世界文学，独陷其所图，俗文之自

求翔足，欲由此之言，一自可理其即

远计，未必便寒微也，而况其家善遂境之

地，数不能遗止，於一言能久别多年之意所

寓之甚將附[illegible]出談何容[illegible]書未知如何[illegible]不以為可[illegible]

[illegible]久[illegible]即任羣材日月一歲中[illegible]民[illegible]觀情下情上民[illegible]與少了

余弟心苦開[illegible]風甚者真境六用[illegible]不[illegible]擴者

先生之教千也

不[illegible]問[illegible]之深自[illegible]是

久望隨附[illegible]完研之而[illegible]之[illegible]富光景[illegible]

此出來不可識知天[illegible]婦[illegible]機者如足以明[illegible]

老人而[illegible]于季[illegible]鄉之[illegible]先生與人也[illegible]

也請以

台安[illegible]頓首

仲脩先生侍者：晤自不審
敬石泉處七月廿七日寄一手札，由郵局遞
覽否？茲於八月廿日
論畫新至一入
叢稿詩於梳洗時俾一翻閱，持論
甚確，即一字一珠，與前見又加出一人
亦於此徵，自一絲之何因無成，此所謂有
以自組之不能忘此之不能忘此
懸企欣勝
深福當知殊勝，既之也。筆力時有老手氣 老人氣體
以六以來，六書無遠，尤足大系，是何謂念矣 子長紀樣
即問起情殊勝 吳苕勤務世兄似聞擬仍通

別來指南，
肅敬致謝，並候安否。去歲禮心均之安錯不先生手覆函（謹奉之若笺好精力）
對之撥錢鍊閑草葉以自樹於業踐不聞之。
子厚既來，參觀甚遠出拜。
又將奉信家書之之卿藉手假以為實生計，同意
之之遷其詩與年許。竟宦計答其鄧小子
印於明春擊安回杭，本欲重寄為閑之可至年
傳奇計成來轉寬，兩箇年，去者而寫其略以
於一經，群有出和聖施出，亦為姑人者再而三耳。

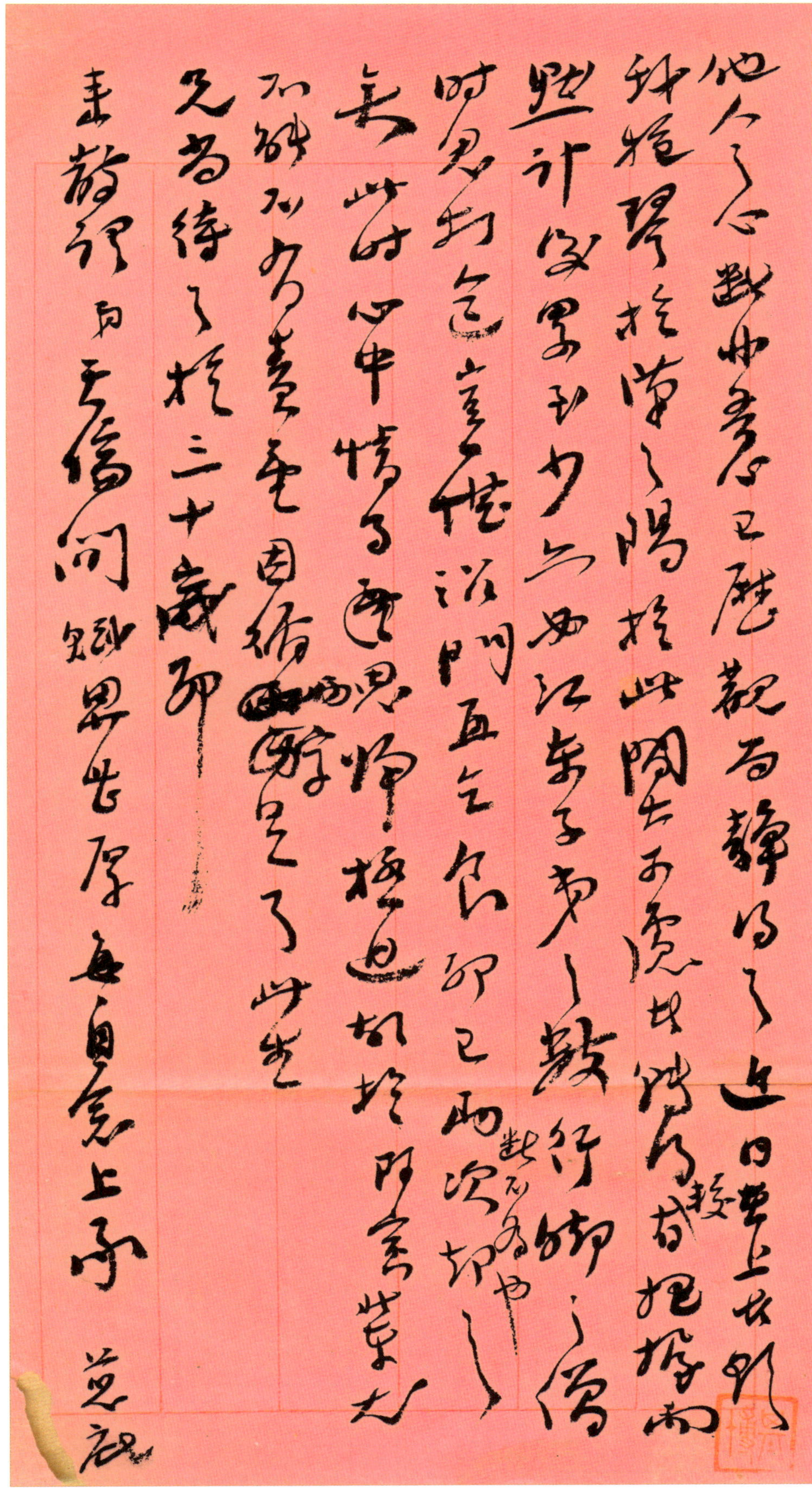
他人之心數十年來已歷觀而靜得之近日世上長明
研精理於管之隅於此間去不覺其然何者挨把握而
熙計自男子年少之如江左弟子者數行脚之僧
時思身念言從門直至今日已而次切之數不為也
氣此時心中情意無思慮披道切於所容苦者
不能不有畫並因循以遣之此生
又為待之於三十歲耶
來靜得 與 天倫問訊 娛畢其厚 每自愛上承 慈啟

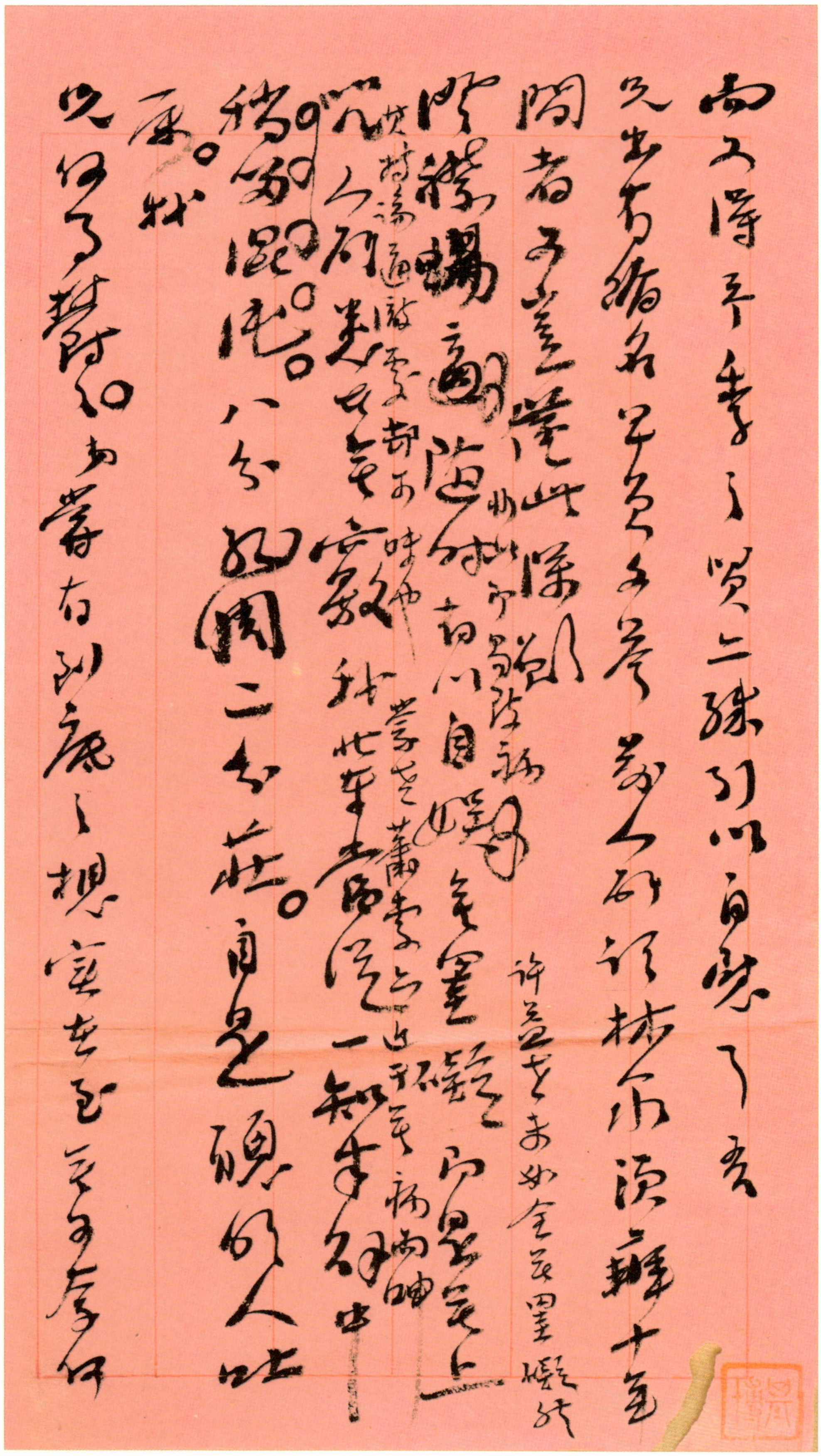

承示以首葉已壓縫，已不及粘補，隨下補

又喬梓宋芸閣、小如、芳叔年譜稿

又第通問（閩）寄畧。又此心迫切，竊撰樹之甚覺

經刻，恩追隨，甚快

闓掌深何

言：中官亦意到

舊。智捐，鈔此候，隱白雲天，朝露兮，陽雨

吟。鈔著十面，請人，可貴異乎，得意者也

（旁注）爲先閱軍籍序，如有書聘，當以自負。亦不甚自知也。

（旁注）但知而無意不與其人

（旁注）尺之不能出此兩端也，雪逸大吉，行情如卻之印，又不[illegible]

志峄

他他言於晚，馬來之事報尺[illegible]，在此如金鍼安穩（曷弟）

尚屬魯鈍，二兒常（叶）[illegible]弟之（余名某陸增也）程厚，三兒諸弟（千之增也）心，靜[illegible]，或

成就過於乃愚者。（心之氣）（此為[illegible]開）（不易言又高，其將來城府也）

余年經詩而[illegible]至上焉，無[illegible]澤，文章之論

的孫二家學太之誤也，係稗有可觀，再隨便寫

教者全之將[illegible]攝彌文字者，可二疑可偽作者。劉君

言此自當出文，僅以平日[illegible]，有後勞此易

可思出于[illegible]（厚言[illegible]）

如世恐出其年名人，敢破一切，以知其鍼治[illegible]

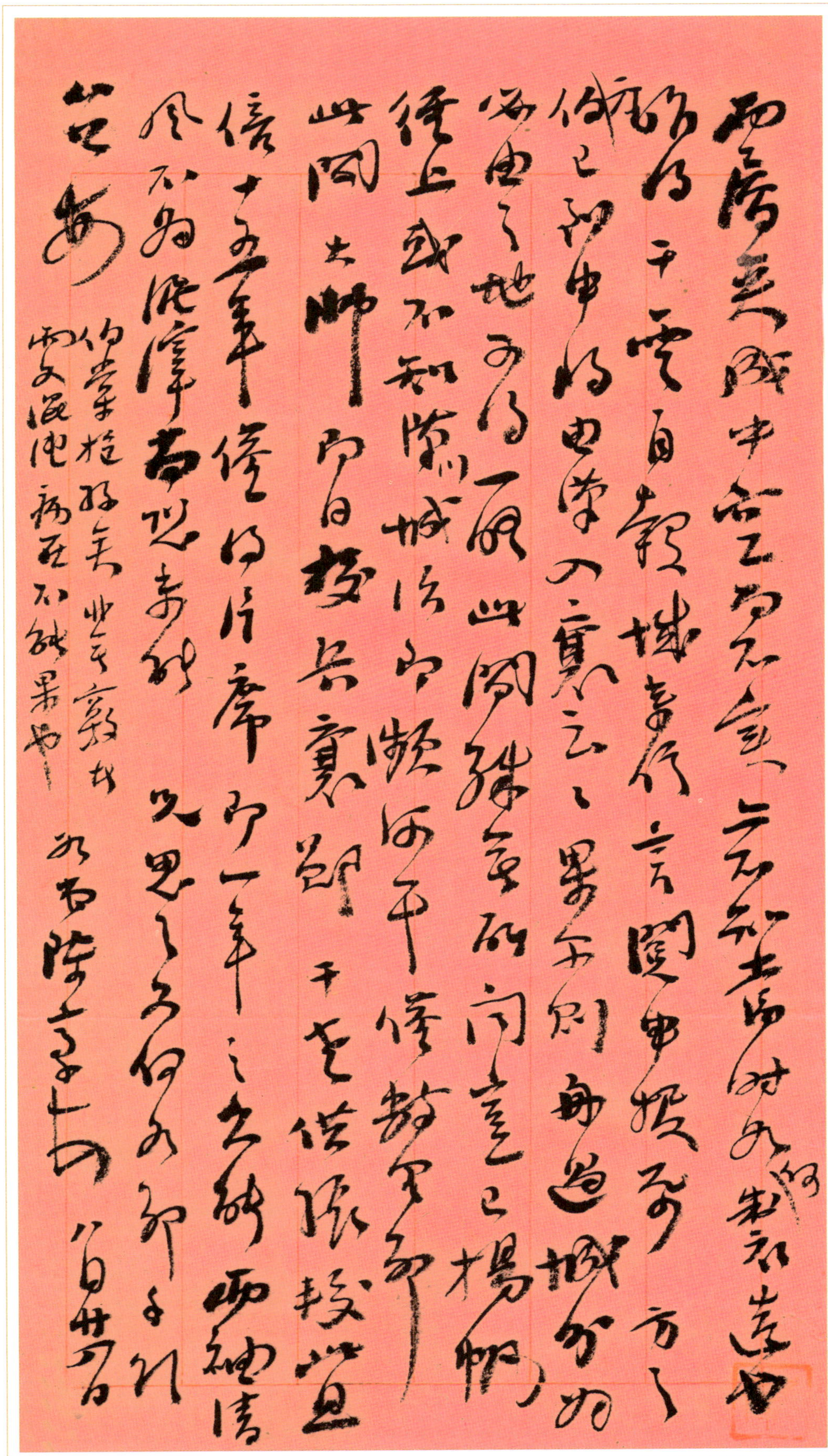

仲脩吾兄先生如手：前此正深馳系，接奉
手教，大鍵誦知書來論聞
喜從門庭，力崇丈夫子學，嘆之甚
老來勸
閣管禮捷，誠以學問當務勝緒者之壞，
遂高談不如無書，此時積人之言固然

湘南仁兄親家
先生為吾黨作手執業三十年前老輩也
流離之自為而下之後來益修郷三阿此
兄
嫂部所諸院二年面不了大過門所
兄言意之但無幽未而之中讀書者造
與何如一了味唱此書本已於官況黃英
御不能與挽回寶而歸者此後兆心以

手墨敬悉此時藏書所係舉世一代他向
無有不知而自是本師者書盡歸頭已祇
有此人寫也鄒鄒云
此間得譚先生書不來會試之
虛此行耶
舊書一百稿家錄二帙須寄此可通時
相度錢無或買得但不可少候上城之 李
家報既即來寫去我人言實心地已復
明白請說不能全受保重宁以自出人

前然不甚决裂緒紙中如此矛盾之作右
一生能讀如緒者如公子韓愈賢而知大體
上而隨地照為殘圖
大暖之何以言之成梅手亦託意屈子乃
千秋之賢助識自知其美禍不當切齒
常而不敢言遂決之室中寫生死存亡年
勉强支持等至明春第一了然七人之

弟前允以便道再談而前此遭患
之觀悉仰荅至於他日之所處不能則
不能再與時賢共計矣不能盡陳
便詢詩而自課去後三日而擬
自謂笑卻之欲歸無從然後去後
已不能自若蕭然思得心氣作此（又憂不能起，不能睡）
此兩日閉房而作擬箋中清也

久病成癡也

金陵之夢陸廣陽別後矣與一比歲石
相望者
只二四糧自鏡房老禮與錢樣陸西使
人扶以輝惠上奉老親垂念此大
悰惕不能寬鄙意太西如常御而不必
府帝執職則未有論緒從整藏後
所不繼遠請上殊不多勇人於當

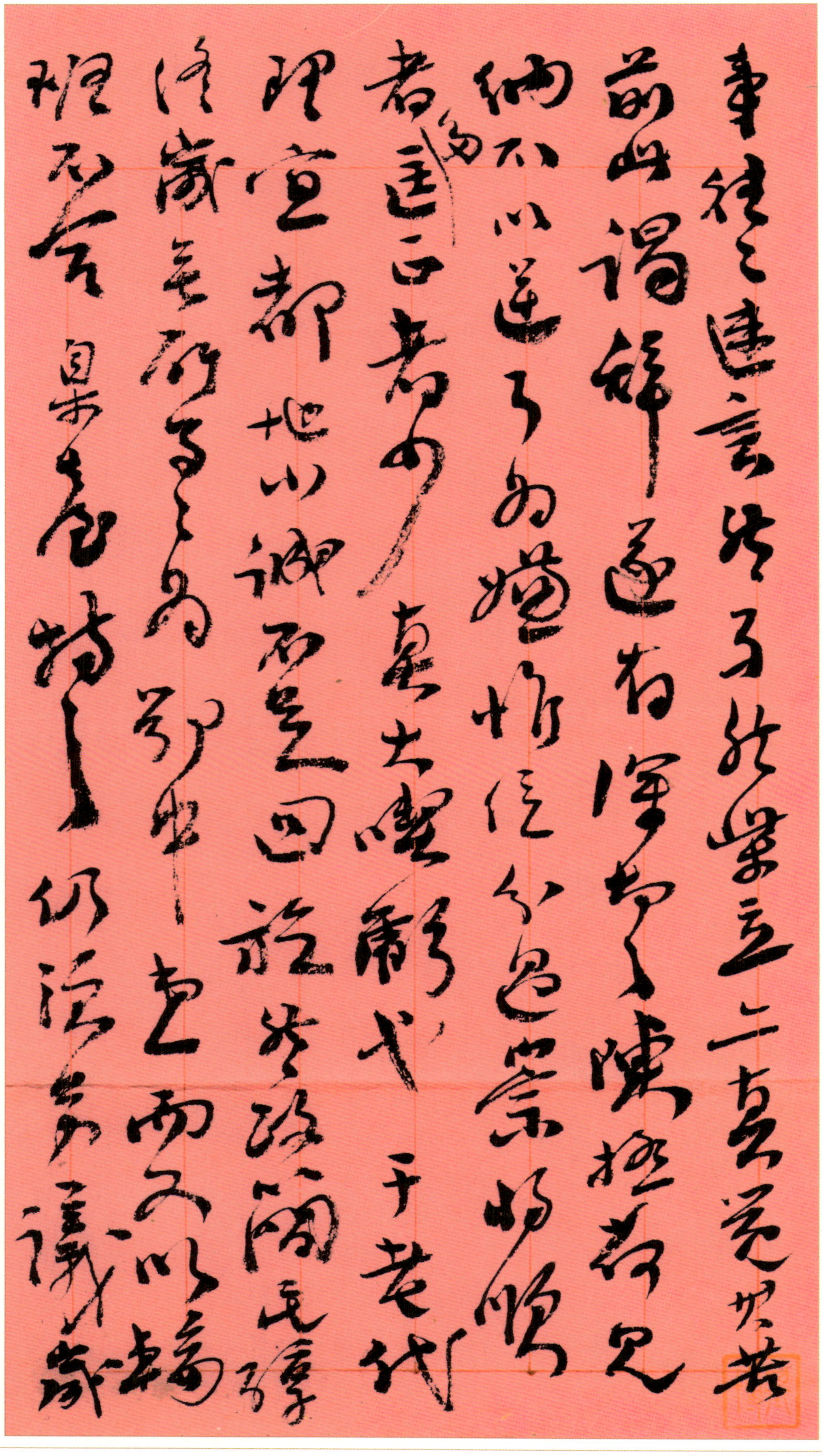

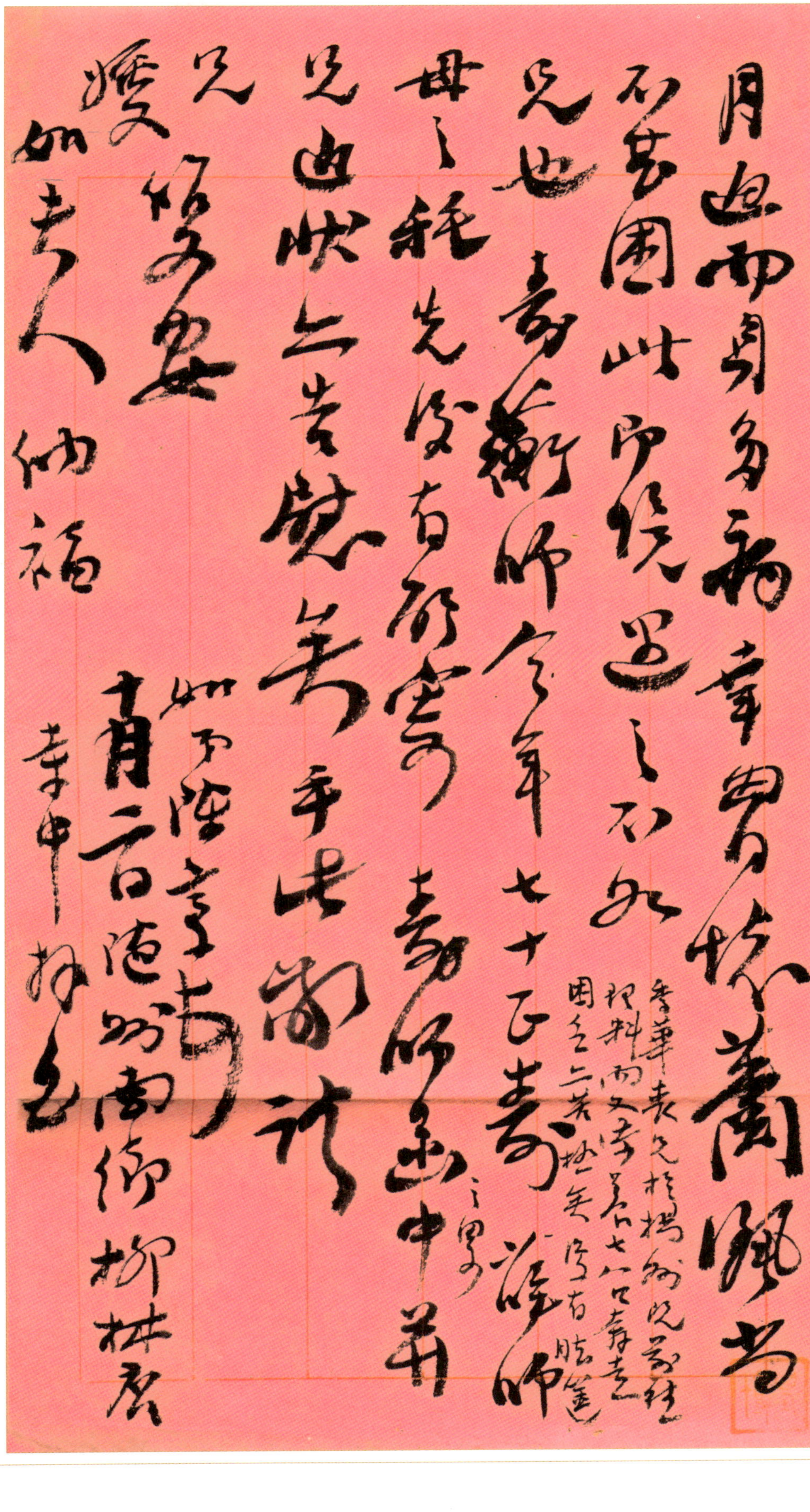

月出而歸，多病章男於蕭閣風為
不安，因此即從先遲之不如
兄也。壽衡師今年七十正壽，蘇師
母之稱先後有所宴壽師函中等
兄函狀亦甚憾矣。手此尚請
兄侍安
嫂如夫人納福
如弟陸韓頓首
青二日燈下卿 柳林居
季中拜上

季華表兄托檔鈔既承經理，料兩文壽昌於七八日壽筵，因手二卷托金僑有賤筵（？）之用

復堂先生吾兄如手：別後隨侍渡江，
若人於稿所改，於律僕所氣絕之迹，
由滬而杭，小稿綫帶以明安擡，才十二月午刻，
於舍出時向日中——放下一大塊而最亦立，
自從進門，跟由公諮時，權衡此意，也覺安慰，
並念在上海停泊一日，不訪他友，惟往與
閑季樊一談，歎髮蓬心，秀老顏笑極

華自六月歲久不健，今日竹間捉筆，
有時大嚼，去歲霖然，與主人南游自急，
少近名作竹所有，而亦思謝去，頗疑凡俗，
即見所以札傳，季老之今人所難，實乎家
之風學也。季老甚念
先生再三屬之寄上，以養之資，就嫗不棄[illegible]
也天保祿，即通諸隱老方以之交錦[illegible]
謁南皮詢以南菁講席，得知其底

迺審陂一穫久如此使貴人擬作與傳符
印藏埋名此時遥聽之矣即爲擣人而
南書院卷何當定封遂閩則無之矣
遥聽之文殊近許草逆者恨其見兔遇之言
近狀其於十指書嫁卻纏　此卷
質疾自固無息後不能成篇乃大默後不
能親義　想卿一稿輾轉發安送寄花

翁美　雪漁健好如常，久別，吉何自得，
境遇寫出兩古詩成，當以詩與
公之，相城後文諸以君為城局不便發兒
一切匡南作揆偶或闕入印與姫深居或去
古之地常為未出矣
先生今為守城府之主人，前年　恩施筆了。庚
兒之歸，疑如病然之苦狀，悵莫報之
也。僕意甚惡，阿三日為生開其為何所為自

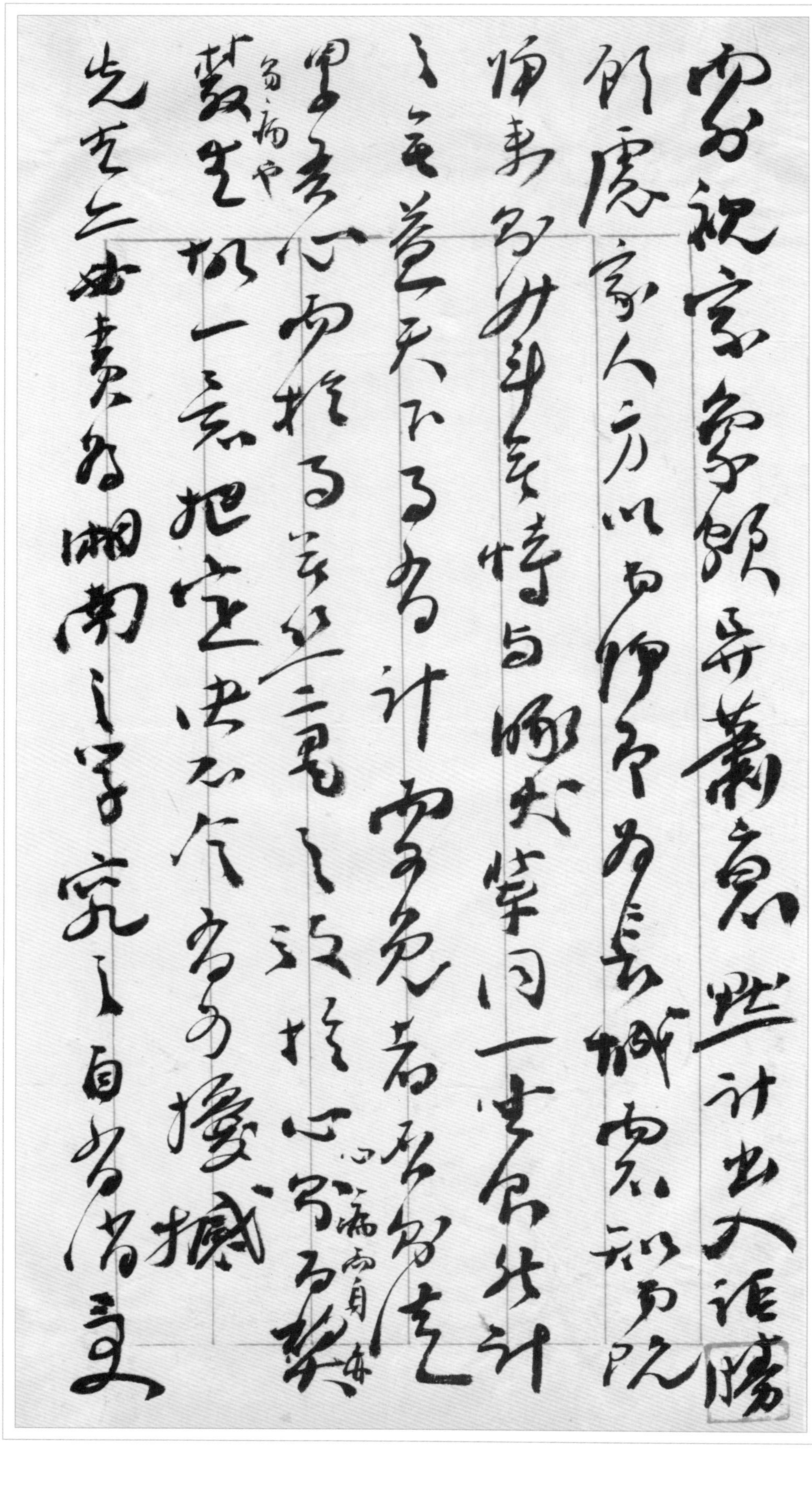

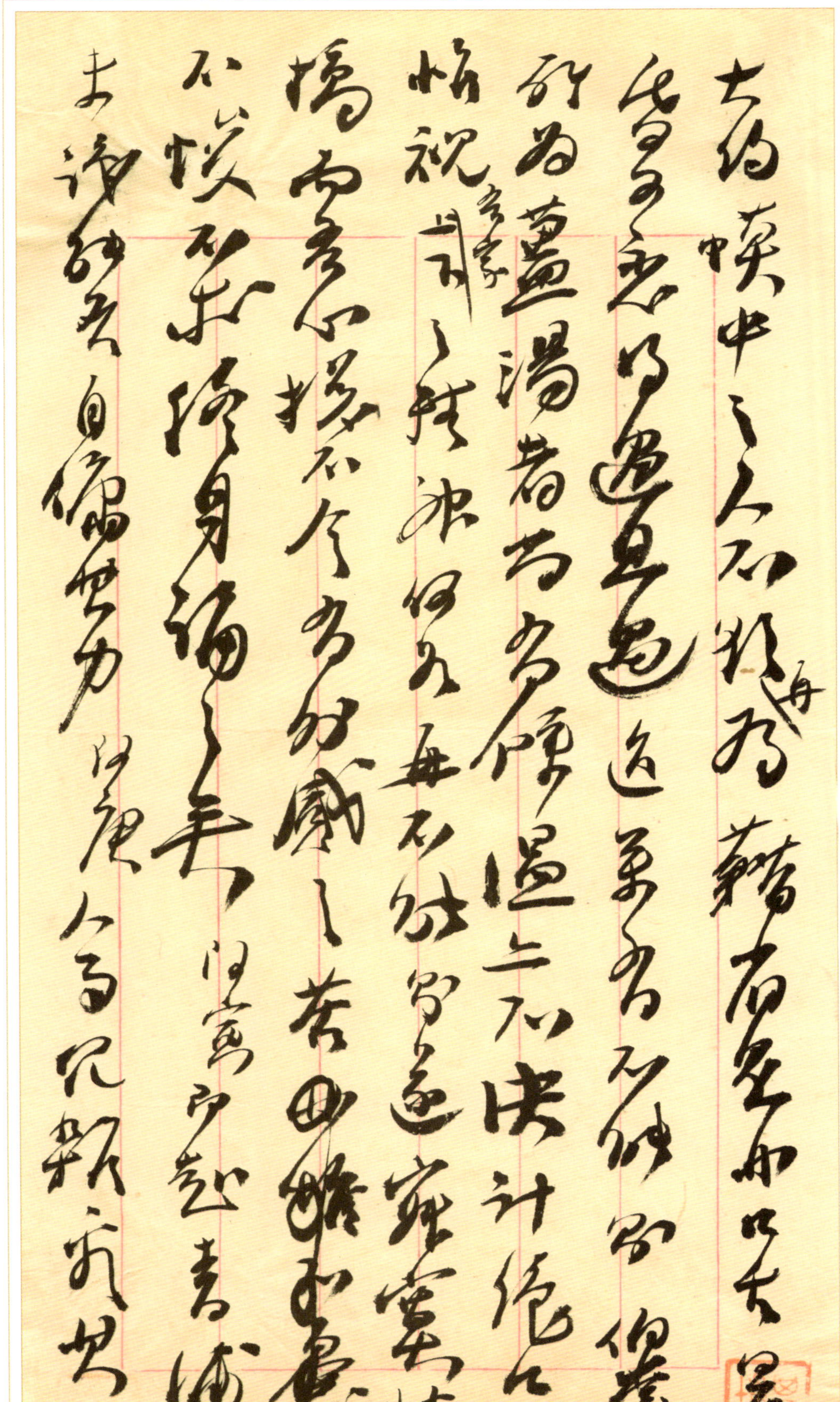

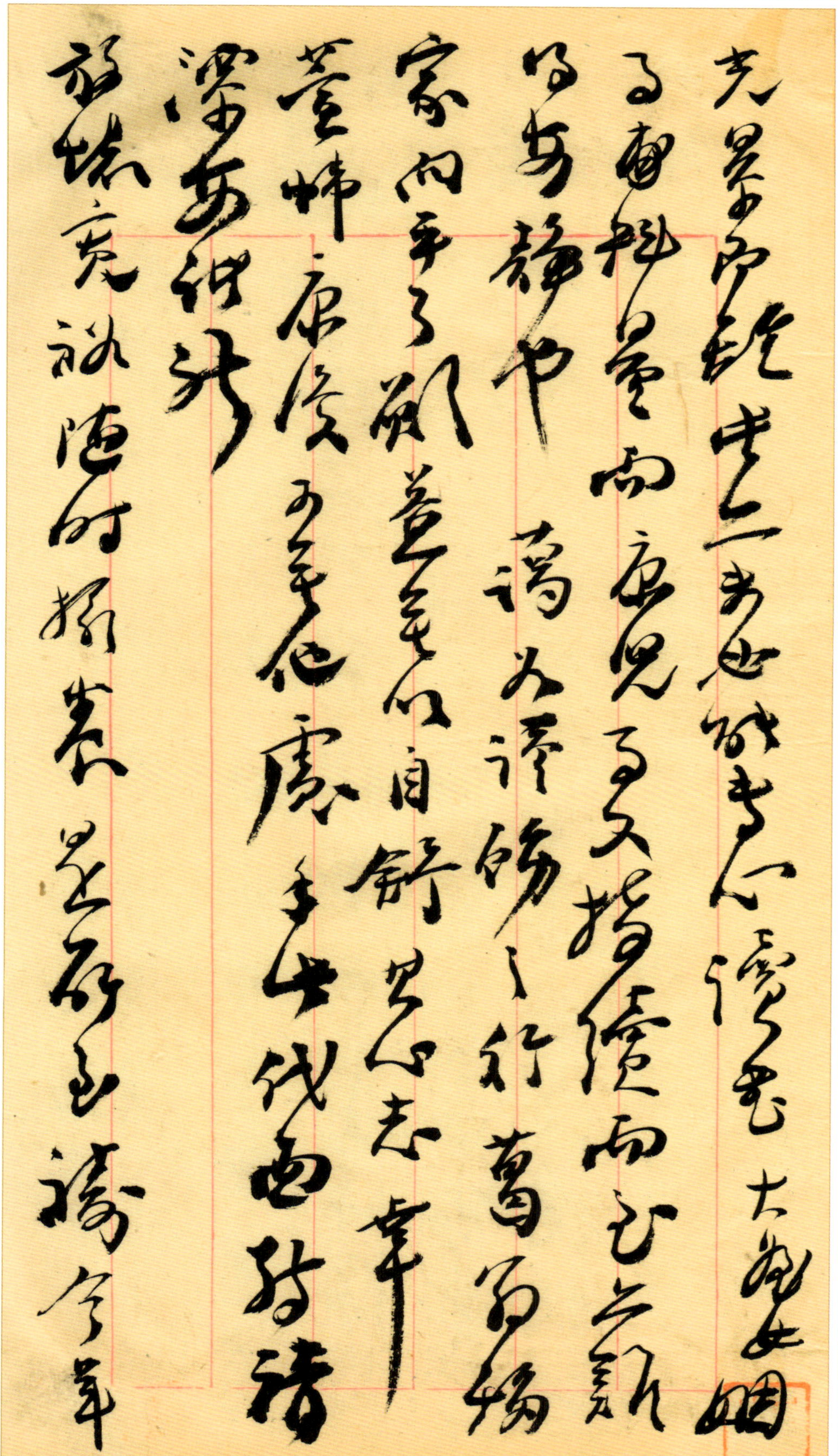

敬民兄偕康遠且留部度歲以待來年
出關則如
指迷弟留京借有相當之處何時告
緣壽伯丈幾出上下擬隨緣意之識也
孔網受又識台久有待之甚之將有圖為足
讀佳之
九月十六日 弟[illegible]頓首

前日承惠書不勝感謝
芝齋吾擲便交　雲屋西台許也
兄見示大譯錄分圖要遞所藉
逸民之意見兩月十日八年時書妥
鑒由不詳譯語録寄西二閘書遊思嗟
奉詞為其書跋限之未出旦日拔
寄函　橋園閒而過譯之極明抵掌

面告未終　楊園初六七即便出而自寄

已寄至大睡　聯韻鈔　十六七可來請

而高攝之行至　鐵見二三十日即歸　有未

答鄉館　而已也　餘亦不外　乞便賜

爲莊秀才　人代一二行　而面交　可也之

不能刪　此白須奉存毛國書　仍以兼寄

請吉士吉昔　大安　時又一箋　句不盡

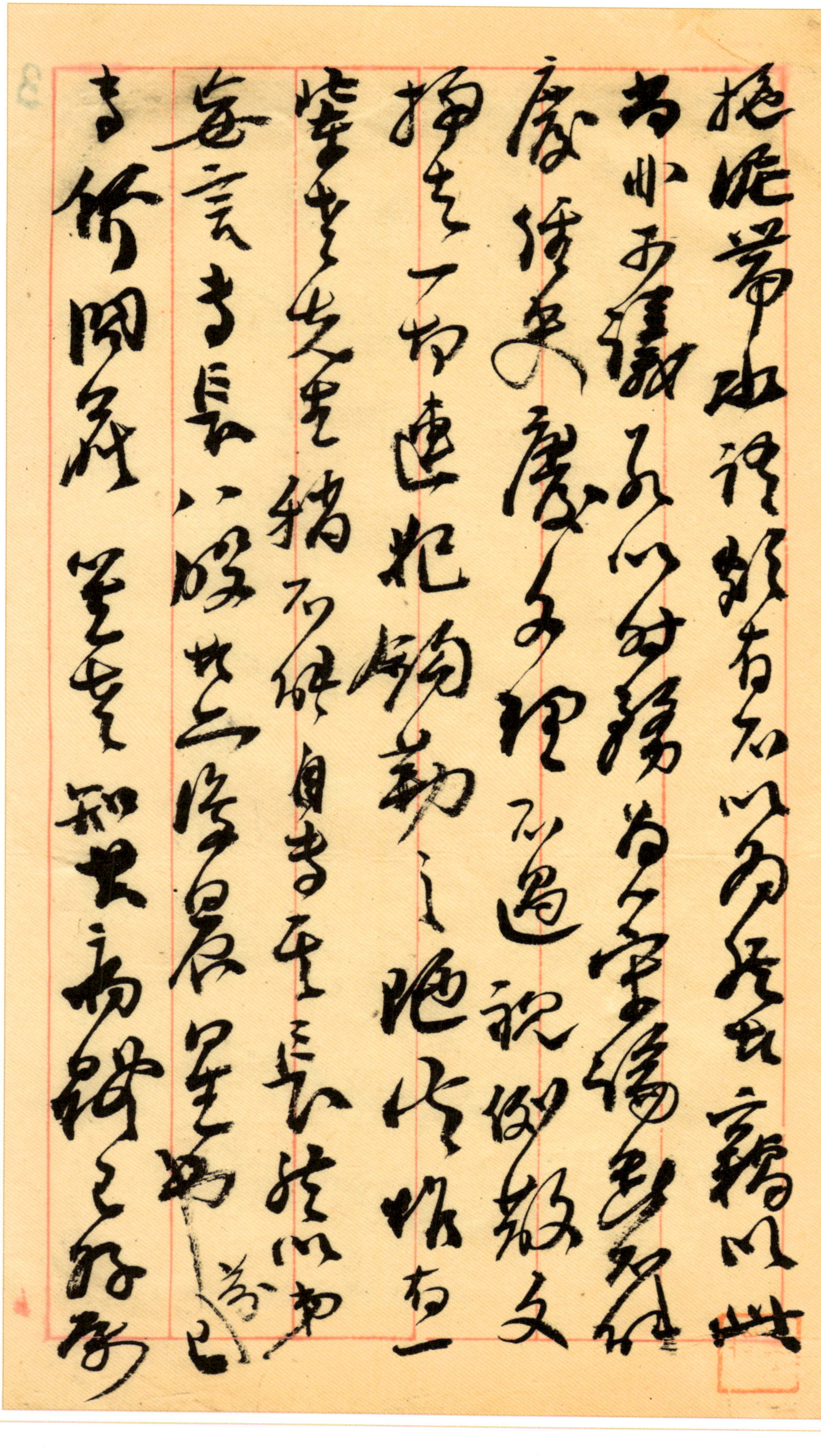
拖泥帶水語類有[illegible][illegible][illegible]氏[illegible]錄以此
為非正[illegible]又何[illegible][illegible]生之[illegible][illegible][illegible][illegible]
[illegible][illegible]矣[illegible]之理不遠[illegible][illegible][illegible]文
[illegible][illegible]下筆遠非[illegible][illegible]勒之[illegible][illegible][illegible]者一
[illegible][illegible]先生[illegible]不能自書至三[illegible][illegible][illegible][illegible]
[illegible]言者長八股其[illegible][illegible][illegible][illegible][illegible]已
[illegible][illegible]問[illegible][illegible][illegible]知其[illegible][illegible][illegible][illegible]

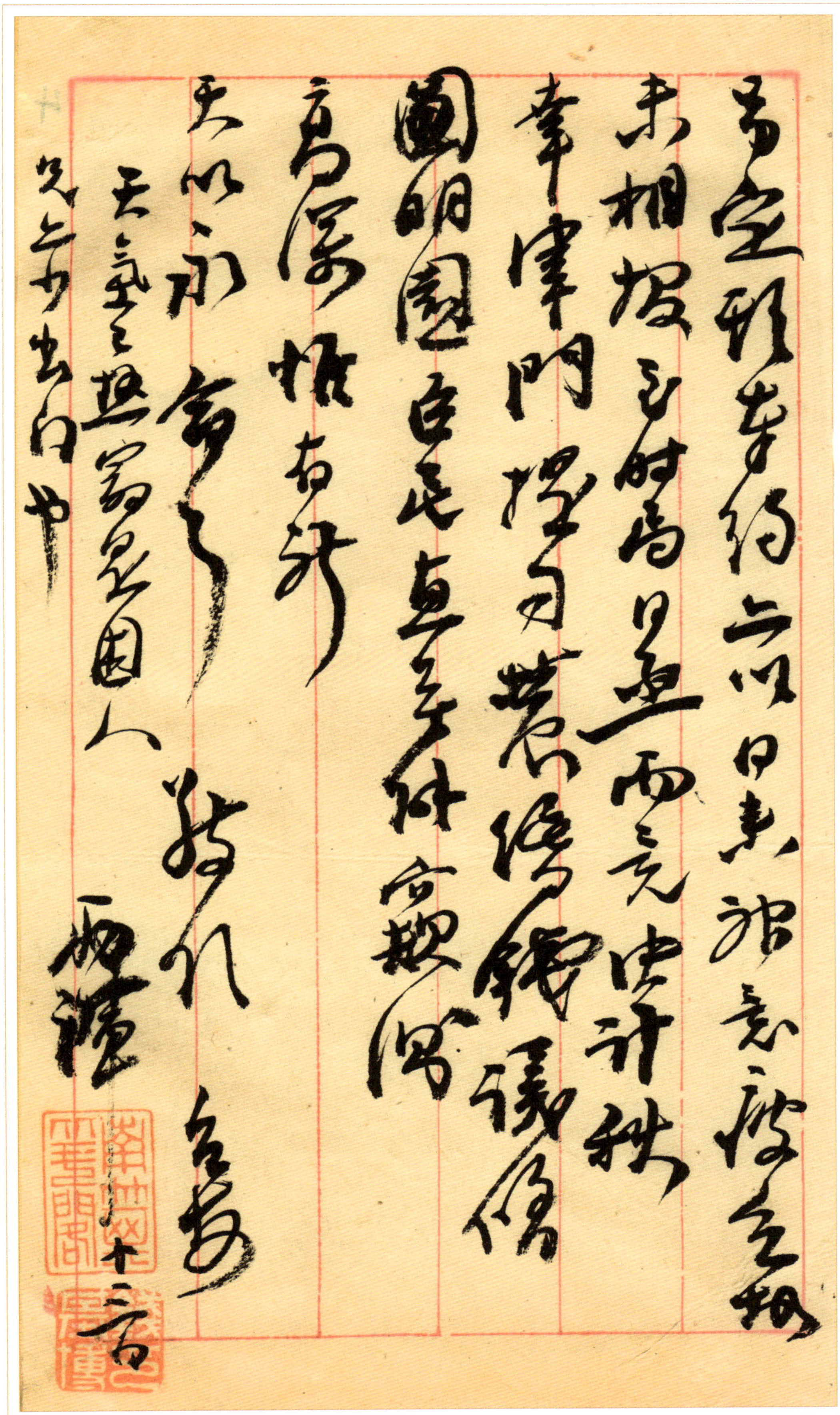

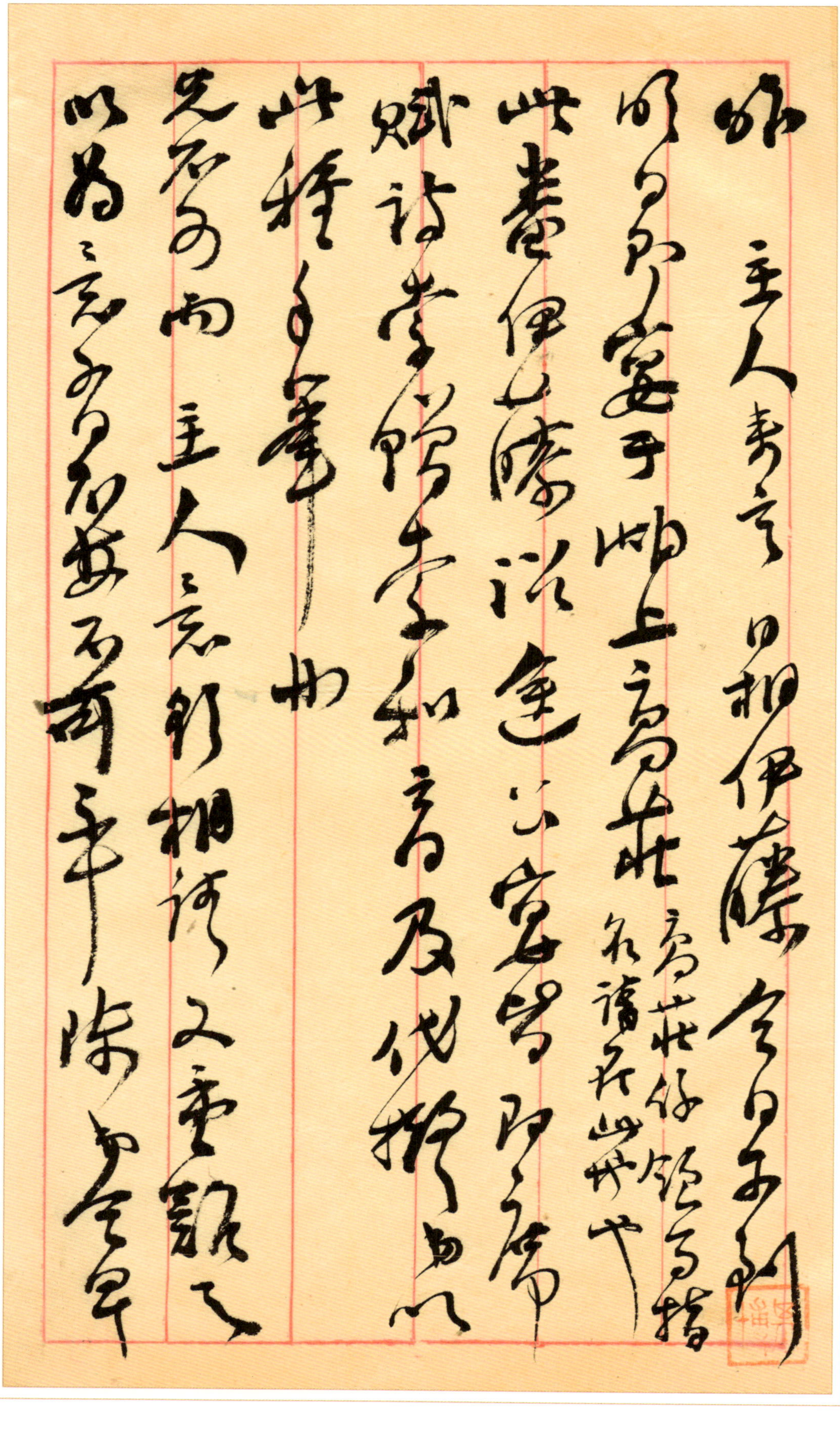

昨　主人書云：日相伊藤今日午刻

明日即赴宴于此上高莊（高莊係館名，猶言此地也）

此卷伊藤所請詠，遂以宮紙即付帶

賦詩，尊贈手知言及代擬者以

此種手筆也

先君所而　主人之意，則相謂又重觀之

以為之意何如，安否耶乎。陳如全具

撰示七律，似予用此意行
險路，窮力尋山謝公句纏之法，古體
作七古或得詩倍
兄能於今年為復，以此為新作為一（不稱古詩得詩）
代撰四詞與言如何作何付言吃（又有所作紀要，李紀兄文）
錯為秀美，五五精為道致，應
付擬。主人那須中言念不將手統

壽〻石世兄也。伊藤與傅思孝

兩人可謂[illegible]人傑，而傅相更高

於伊藤能詩，而更能過之

矣。有鐵琴銅（似謂宋元之藏）劍樓藏書目全冊，

欲請寄與吾兄求售，每部六元，

屬為詢之。需價若，乞即惠之。請上

復堂先生大兄左右

初五日 上 翔仲白

再懇者：劉君泖生刊[illegible]偶學[illegible]生行[illegible]

粹為忠介裔孫，家中藏有忠介遺[illegible]（先世於祠中大書楹聯，[illegible]）

不欲諸名人之題，忠介原題四字亡[illegible]（以此欲付[illegible]，其欲奉借，奉祠中也）

[illegible]先生吟目之，即將乞五年以[illegible]付

石刻傳播，多謝兩[illegible]由此莫[illegible]亦[illegible]以其

所識之不敢，則[illegible]行冊[illegible]附其

世節如[illegible]其勞[illegible]文六十四件[illegible]

先生務令不敢筆以相煩也。不[illegible] 又祝[illegible]一[illegible]

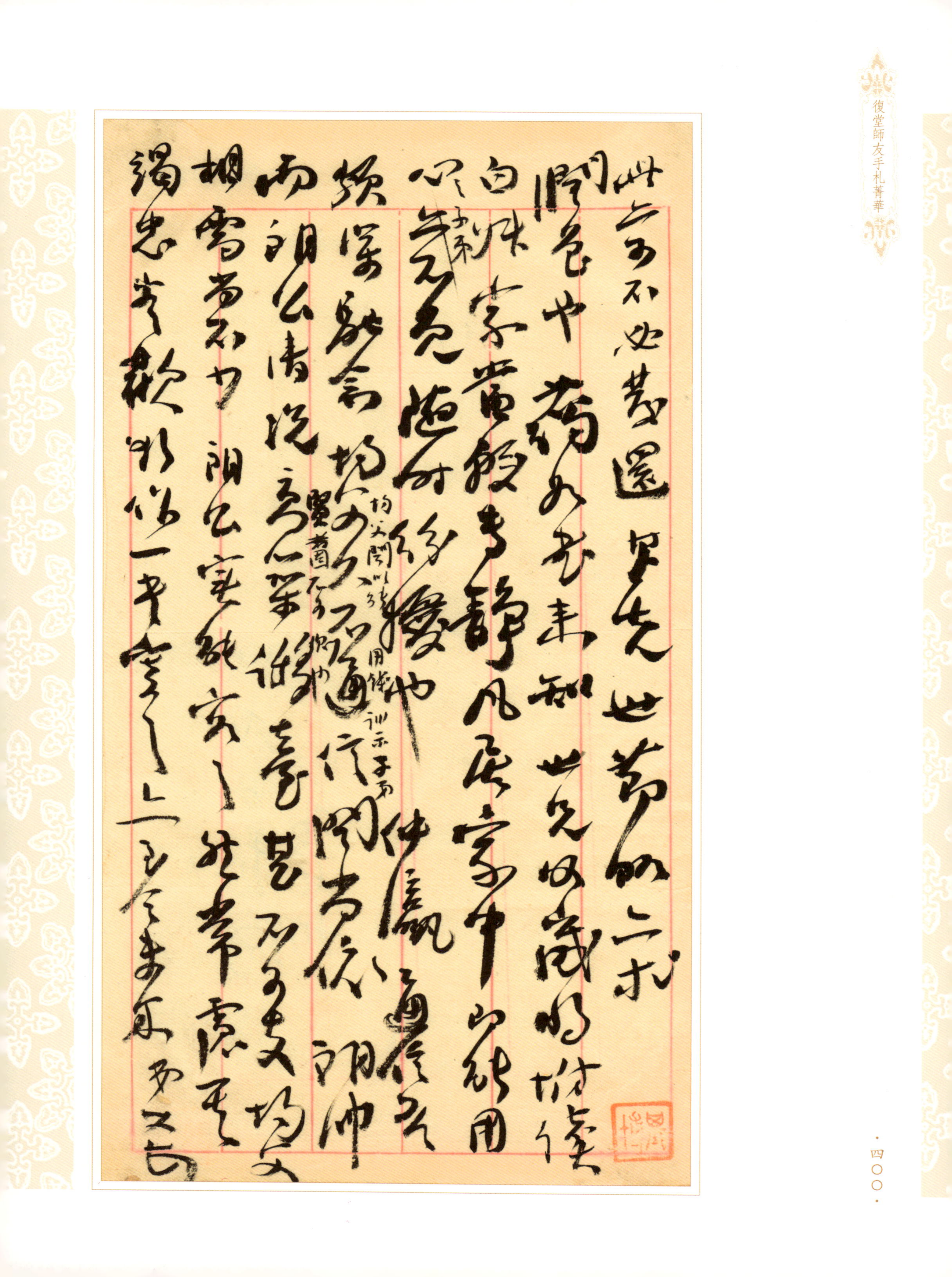

[illegible]

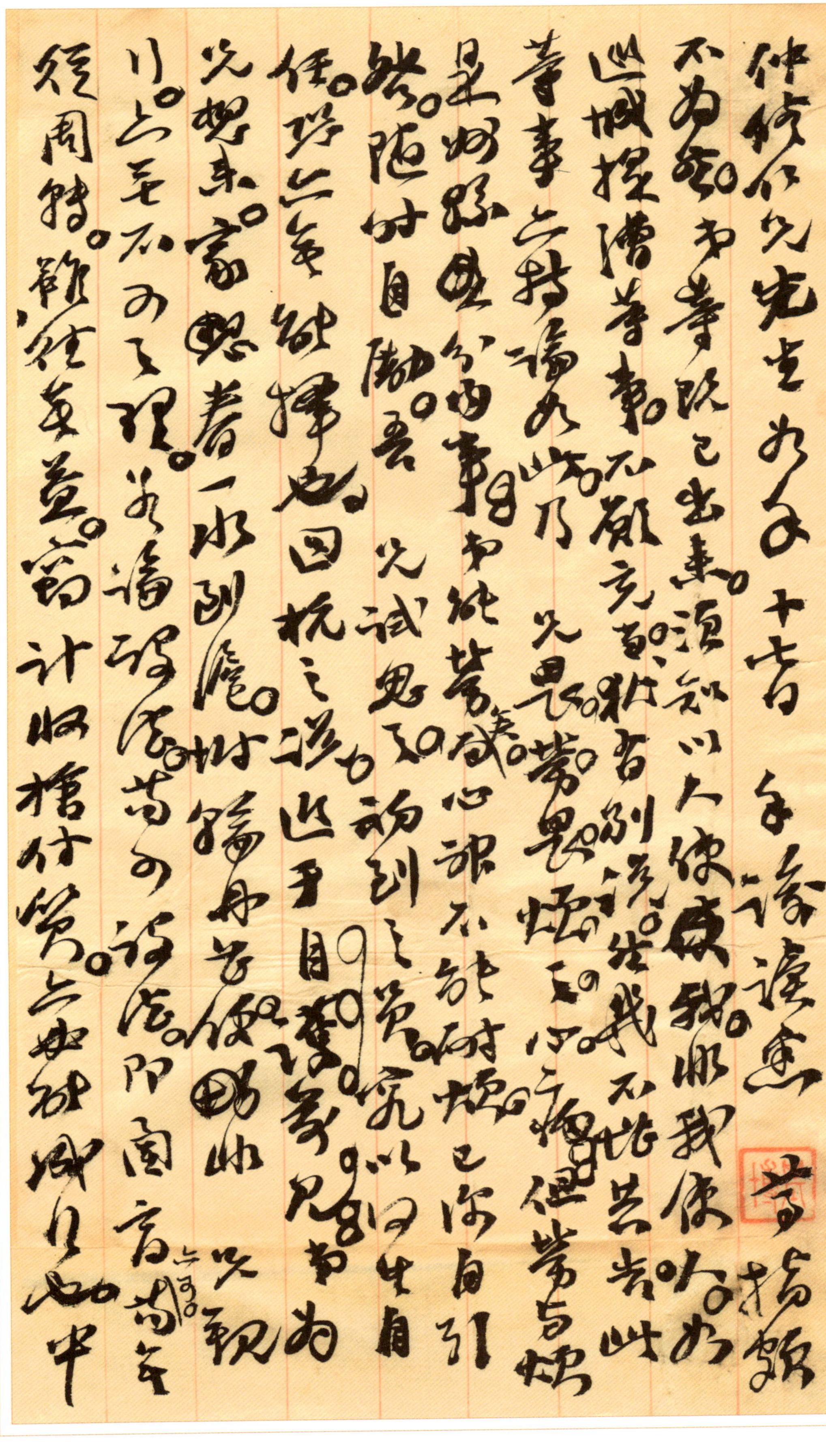

間多年時於帶足偽財。告多不知。

次其分。且萱道

事郎歸一一錯手手人。年論如今而手自先已多又黑不

不如了。今日時勢，詢到二月。二深旨費我又事。已至事

華。知難時了与 次詩多別。從風氣土石之盛之言。答

一正之安旨命意也。 空所於 次事萬足著力。前見時

即与而言之。十分接續。今以一書詞悟。況許多力氣且

近來旨人流於海別海勤。十分切實矣。言 次此稱兒。

縱美之不可使。蓋木問之已手師偏旨之說。絲簡語立一兒。

之路之不用味為 [illegible]

適如所言。亦則私議甚殺輕，即欲出一篇，蓋藏耶之故
字。其議論亦從淺也。然此中筆錄難處。劉不能詳，似因
不能欲及。此什說不輕出，識日也。千里家書。至為相知故
耐煩耐勞。罔松滬苦任。為路晨。你緒筆日年。所為殊
出人意表。松先以仁厚言典聚承世滬南間之言
滔像飢飽事之當然。若世修來。亦無甚。印君與
閱問事。日母囑之告之太過。深印切勸之。見如。窮如
姻事。抗如正以不得肯心滬其歸。已馳書江西從之。時說同時
其佳也。以為即園者。惟如近于筆告事處。亦不能為聲等
墨也。論其文字把兒一路修整。官途尤不易。甚于章上之道
儘當據手為字。深于待任去。當以為急。則掛氏搖牌。因不知今日急

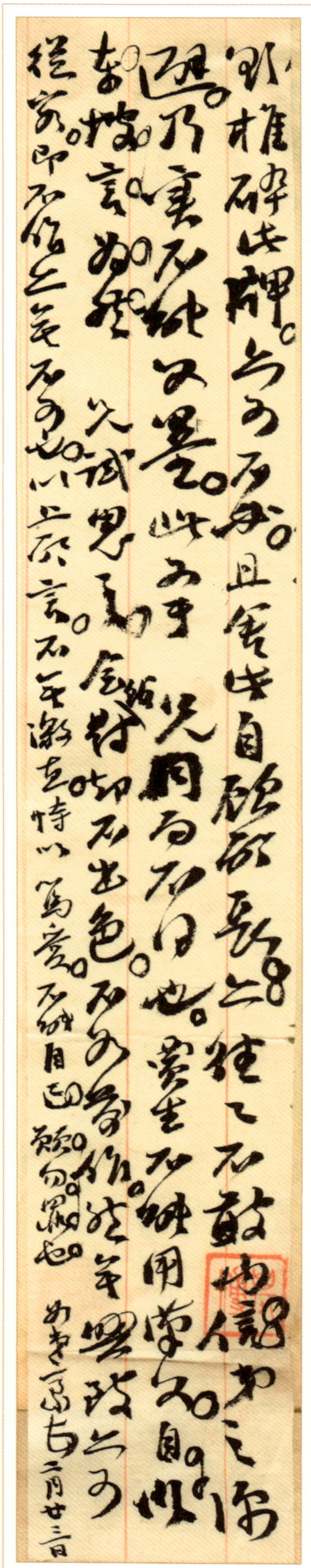
二月廿三日

仲修仁兄先生如手：前得手書，拜讀之，還且歎。何如
兄詞洪所重而能範，不以古人量天下已之，此事正宜病能留中也。
不為吳都藏之，醫術不能輕示於人也。日來為事所苦，碌碌，遂久
未得將數白之。兄壽蘅師過此，兩次匯寄，讀其輔筆一千之民
惟述身病，不發馬頭，惡聽遮言。
兄一兒，蕭兩個傳，蓋已靡前中之其竟也，傷悼續撲
教之，知
藝質未能速並奉通考收贊之分，撥為辭秋華出來原宥
廬筆之把，但朝夕之計，亦不能不謀，當此日經乃許相待，且晚中指而

琴師文集某字一冊，前上云及之。
胡陝甘之的員子訛其文陝甘
後錄樣各王君書概經
事也

行程隨定，知烟年月，殊足虞歎，今冬出頭地乎。世間花事，逆旅不
可方物，重以碑版之術，手何當曲術逢字，摯事上三已，不能安適，尺寸尚
有識編，三五年後，許以攘折，飯飄，抄適或以自厲，亦足而已。明以鈐許
諸鐵新龍年程切不了之詞之人之似中等不㮣括諸䅣為傾筆修書七八 紛綢將論
年候先可到，西去發遂集，閒書安字探述，敍不可知，但即過從後得留 安貧之事
指先字所從發出，鄉長年生信，但師友之力，究矣哉。先所列已無紙
冊此皆囊苑定也，均有書信，云以知師園稱作時，並附先後之出，少氣佳
士心殊不樣之知，師門手書數人，大快之也。以發揮所以選擇其六冥氣美 味
于回亭來，知日發識同卿一帶，即寄之我。先如且以雜辨隨先向郎中送
館於呼之翠重鐸，官廨冷茶一盞，吹不知何處也。附仰金撫山中被蓋
一樣而去，自以此耗悼感發寫鳥馳去之方，於鈔錄讀書，歲之不便，碎語
微如蠅動，松若此他比如緩，直尋於尚未書盡，笔寂之借抄久以脈之於
尚未之知，不意豐城劍氣，西鋒磨遇，書智風期，久而未遇，幽大

爲此謝也　兄前寄書侄之子襄已得其長牘一書，歡快之至，如此此俯官職，貧無一錢可寄，這書寄去之，阜台加速來，御往達否？想求男女稱華，或後可展拓。兄亦當以函大事告之，望于子長之爲人，其送與君，不必我輩參之。但告以垂老江湖，潦倒生計，自知不量力也。陸莊氏荒矣，以自己所不能，無而責之，自學好友，慨許如聚，豈止請皆仍舊，額六百送侍之意者，從于老五起，試就誤二十元，將寄到，尚費安排，可笑之至。此月當會能措二十千，壽卿爲送去，差一席，後另所寄去，據緣身雖佳，可望此卅千，不可得也，則頂地填補之題，甚于院中，剝以人數，論民減却三分之二，攜冩方事可計，皆未得一例也云。兄微之已甚，此山又到那山去，由又氣矣。　大姨出來，自足可擁抗地之人，亦料何如？多長財耳，怅亦能，以請人做送如是，不知。兄之雅何如小純諒之。兄前所寄之言，即仲儀氏家宜與篇之，或在于至之，常與條累矣，當題之，手爲不可也，力散議論之方，所究斷與鈔，而人甚勉之，累一幅蓋此千與群碩篇戳手，不得種出人心，不同於西家，據之問，尤須慎細，截可爲于人一見傑辯，旋皆速世所料。　弟舊當此病，近媛娩之二次，爲娩兩之也。　改八月廿夜燈我

古人歎美爲詩者以爲奇碣而已也，至宋時當一道以自娛。仲修直接不可
換，而師思日趨，人不能其選子。疼張吳張文芷翁腴麗，以私之處其妙乎
湘御幕中不爲甚，至小代游雅信篤相尚而不得，既離此地再不得世，然其常之
家兒之人，于新筆也而不論可也。是二先生今論者置於渾之，雖相論者可
許一人偏有行，乃與吾於天性者知，老二月廿日病卒，痛悲慟之至。纓老此
良材，其性情和厚，明兼中沈，少交十九年，年中過一別，死生經歲，如何可
中目右秋來，與君石路，其有感日附文叔春歸，既感離緒之苦，情物少無一條思
如雅如夢，好將然跡頗多，紀年圖之所見，索書詢之，如得其稿
專有紀爲生平帶可訂，時遠石樓，此生信當撫官平生，總細仿古
長于秋華，上將相說之，書好此未可生，諸不如快字，緒說之說于五七謂
息忽甚思成太常，作古達秋對月，俳無時，情懷理氣，研證出
道中不差氣平也，全投冊來，讓何不再委一人，可生細才於此千世難
見手書，敬請
升安

弟階高頓首　三月廿九日

得十九日書，讀之喜甚。近日亦有兩書奉寄，未一得否？因以所
贊來書，兄子固未能作第一切
獸意，華亭當行為和佩，惜之而無館獨氣太重，動而
不察，又絕無怪性，並自向上，無從奉行道路，說致計窮，
太多誠相見，了然也。家岳處有信去，既已允諾，日前已快
事，福州既不能去，恐上鄰侯亦不能全望，為歸計。岳丈亦言為當舍館云云
老兄援師來函，誠急須申布之，示歸之方。惟我亦已于前日
發信，明附一箋，亦所兩他人，比言
兄不宜自是，對於凡事須代做，先以大衍，寧志亡，務約
本性，作何樹也。子長近有信來，鄭家信言，聞有一大時
機，人性求藏而此一二處知所
示範，以古人言，君不此者，秋事之不等，零陳兩分，自向上
不能說之，己于文字媚上，實為本不及，其免于庸俗而盡

負無一念之殊可慨竭力打通已不是矣僞以到杭近
狀因如何此番能後顧否前段仲瀛書誠不足于潛能
光先能如此作手情詞如祇自為消釋不煩慮及
訓之者近日精頗卽挂前人手寫得細之緩略使見識附
之他個為東不知可有動意擅賦一節續又來一華嵩當
又才地方二三家遠撰已月為世俗缺塞貴意
兄來動手亦作一新論樣之擬多大遠條求出紀不為信
未當供吾見之知以
閣下新作文識不當挾此為媚於世者如今為序上不可過于抗
却也吾師受久別作一書未果甚悔也宜為其為慨
此一切好在有師參見又風末厚待其諸事不可二
擊著之詞甫告李勸行當一年更無容緩矣
家荒糧殆體難當年衣料與學閣不滅條件集打聲中
先生殁于家書無煩贊之鄂士尚能施送子陰家之

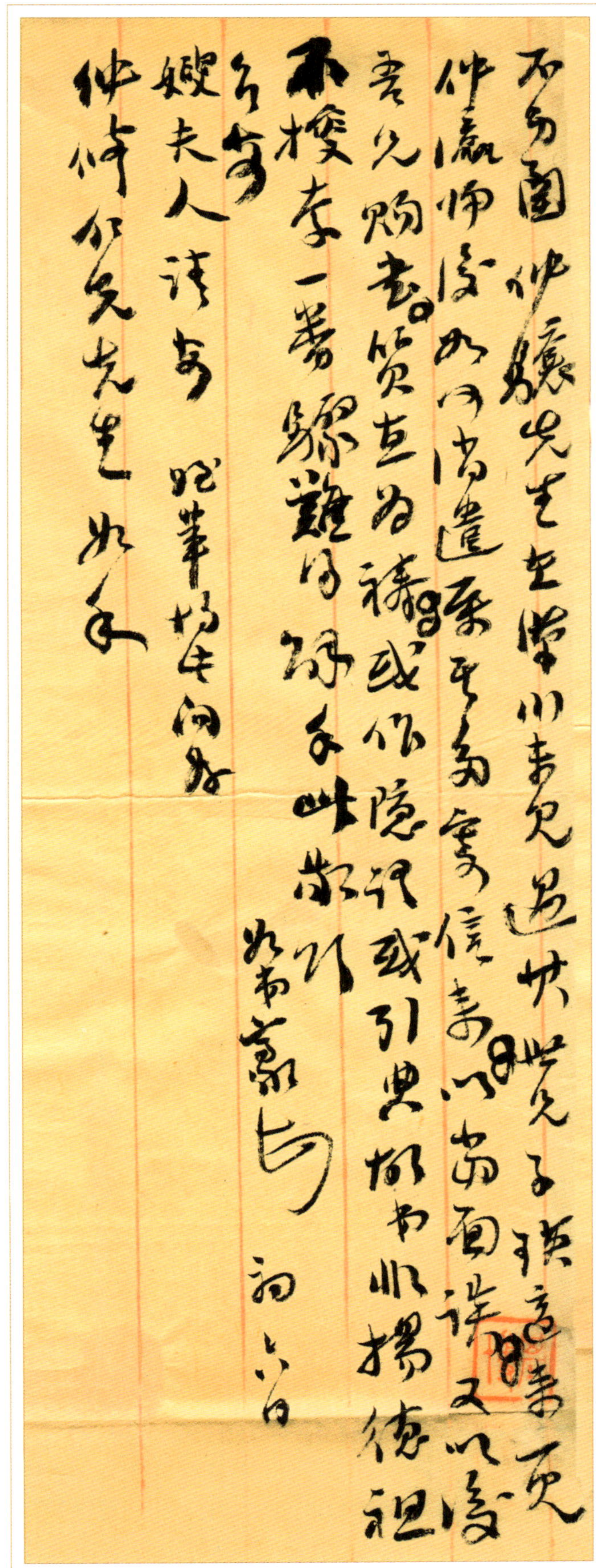

不見圖仲穆先生學川表兄過此世兄子撰言□表一冊
仲脩仁兄為之刊行遺集千為嘉信幸以當面謁又以後
吾兄所著笑直為補或作隱訛或引典擬書以楊德祖
不揆本一番綴鄰日詩手此敬行
至安 如黃蘭與
嫂夫人請安 晚華均□同叩
仲脩仁兄先生如手 詞上白

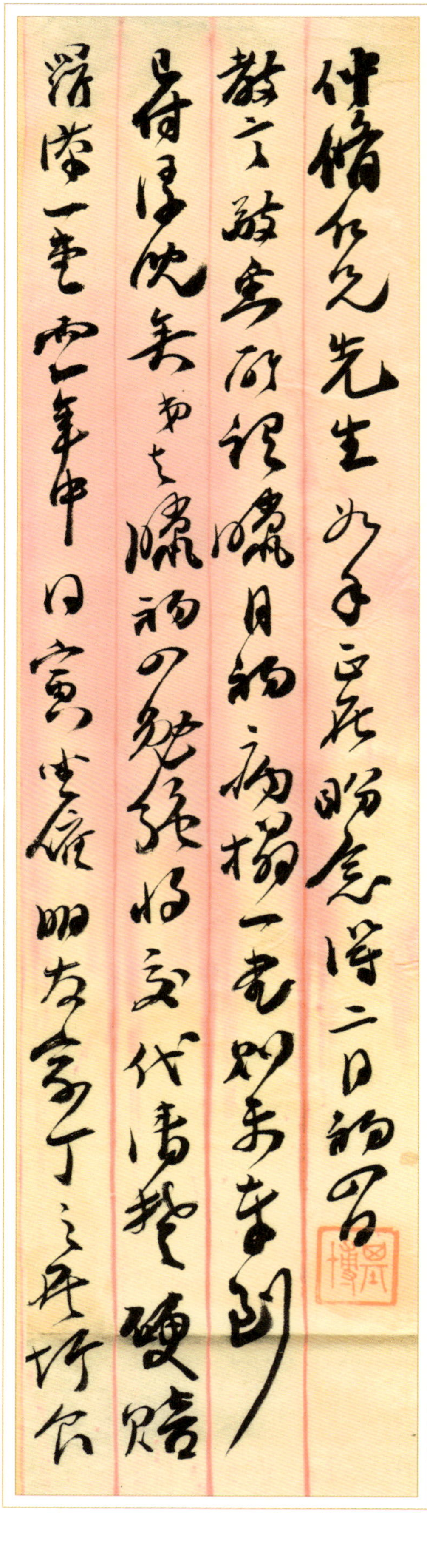

仲脩仁兄先生如手：正在盼念，得二日詢函，
敬之。敝寓所經曠日詢病，榻一載，如來弟到。
尋得候矣。弟之臨詢何號結，得交代清楚硬賠。
辟除一切，悶年中日寅出座，明友家丁之兵擇含

用當再為也，幸擇錢藏回杭，多住幾日。而南陽地方
竹石園說以屢被人言，來請敝師南陽府覽，當
部議允行。而（以南陽府不能有缺也，月餘共辦成五千金）
諭旨俯以該中書成就總辦南院公撥款往郡
同揆查院所託長且如嘗安之郡第一切為新
又念歐師病狀而將者之說已懸之一年，決計
力辭，職事口告乃允以宁門而已，月抄出郡郎
赴蘇並經再說，遂附輪先赴金陵，福八到（見面後不甚長久勿經也）
[illegible]十三日頓別，芸甫要之，[illegible]前此未顧行不[illegible]

十六日不能食一飯已知其不能久支故旋即勸歸而以
一函促老五。一函告母舅。氣喘日少並不能久談
師亦彼此亦知不復再見 師之寡母以後贍養費累
而此間擬請金奉母當為伊何擬之 師母之館又不
便於他往此事如何相見恐江此間何時能知說後再
托之伊何惜 師友證向來呈寫其意能有心為此亦定
而如何只好隨以待之 師言老五之婦擬留而老五
代深惜之語之先寅。即如 師母在蘇可不回寓
某何夫婦擬留秋亦有園唐先勿信我[illegible]日[illegible]

兄以為有意不援戩加以不孝之名此不能不為分剖

其他細已畢諒於竟粗此呈家卿覽習戩亦從頗

之於我所寄又何有此事耶何嘗越神卿至此又不受

老五以贄後人為其咄嗟猶片刻與老四同晚在南答

深恐諒得何賬其等來不發自鄙耶只仍令其自前述

戩先則加勉以戩煙丸兩顆信一年紀如此可見亦

兄為我云之而耶　兄曉醒中所謂無隱事師

如亦所亞者能謝從前性情何援暮蒞為物之所逼

不見十四年哉　竊以　兄之何責亦祇有鳳愫　勿文

于家慶担所大辭。頃和又以後究老丑。劉把戒
不摘從薇。而于他人尋常叢。不如担盈。似多而多。
師昨別言升一步勿人氣之如手地雅似其室州六親
無常知。此地數人知之。[redacted]見之[redacted]改沈擁。而年与萬
（何名呈纤十八元金陵動身四隱。得自部之）
仰世一三元只屢明談之有出夫不受之言相去無端看行
未信到是猪遠二日只好號之而若指批出。不過歸補
備以到現。上海以而到扣宿不不糊而出詳民此年二年。
不被人投指傳光篋去。只此後無諸缺之叨。闡相相從。
極不便還浦。 来教所訂到滬若鮮世似無弟行中

未詳悉也。在杭從任二十日，匆促之至，又是年歲
忙極忙極。而竟以會友先歸，場前應酬之事
甚今亦自況。縱出來及雖出來，而亦不以為得，只好說秋
冬間再來言。家兄之氣體精神，較六七年前為健意。見錢
盈到送之之心，亦無以自安，而又一身一家攜之以來一
身一家之所。得是遷里貴。大有不安遷延之期。是遂
專推目前一差甚好，所刷章而題跋到銳身為
直不可得了，唯付月內題者，待書報欲以上小六七石可題
與某異也。然所家事無從代為速拯想勸金

隱□此等言語已是經綸在所當然自然可了 野木

可撫太太處未母尚同居掛念而師母乃老五子弟無皆

又曾次函中所及拙弟暨纂之也

望託令讀照料務數日接老四則云廿六日即捷

鄉試撫師薨而先乃載知之年今年奉以十六元與之另費二十兩取到共十二元為應知之年記昊師

中宮丁日所存也

伊達爲分子千元印播寄師又按其寄目前則算 宮信已

另寄挽聯寄更不得補句挽之在其東生之畫舫花

弟聞之已秋其書而已均勤方熱竟報息母以一面

約其晚間來審之差而間其能及居家必須到則云不失

佑三嘉前川嘉昕一則嘉時一對送

上史□意於撫明此事好借息知聞之撫慰快先我

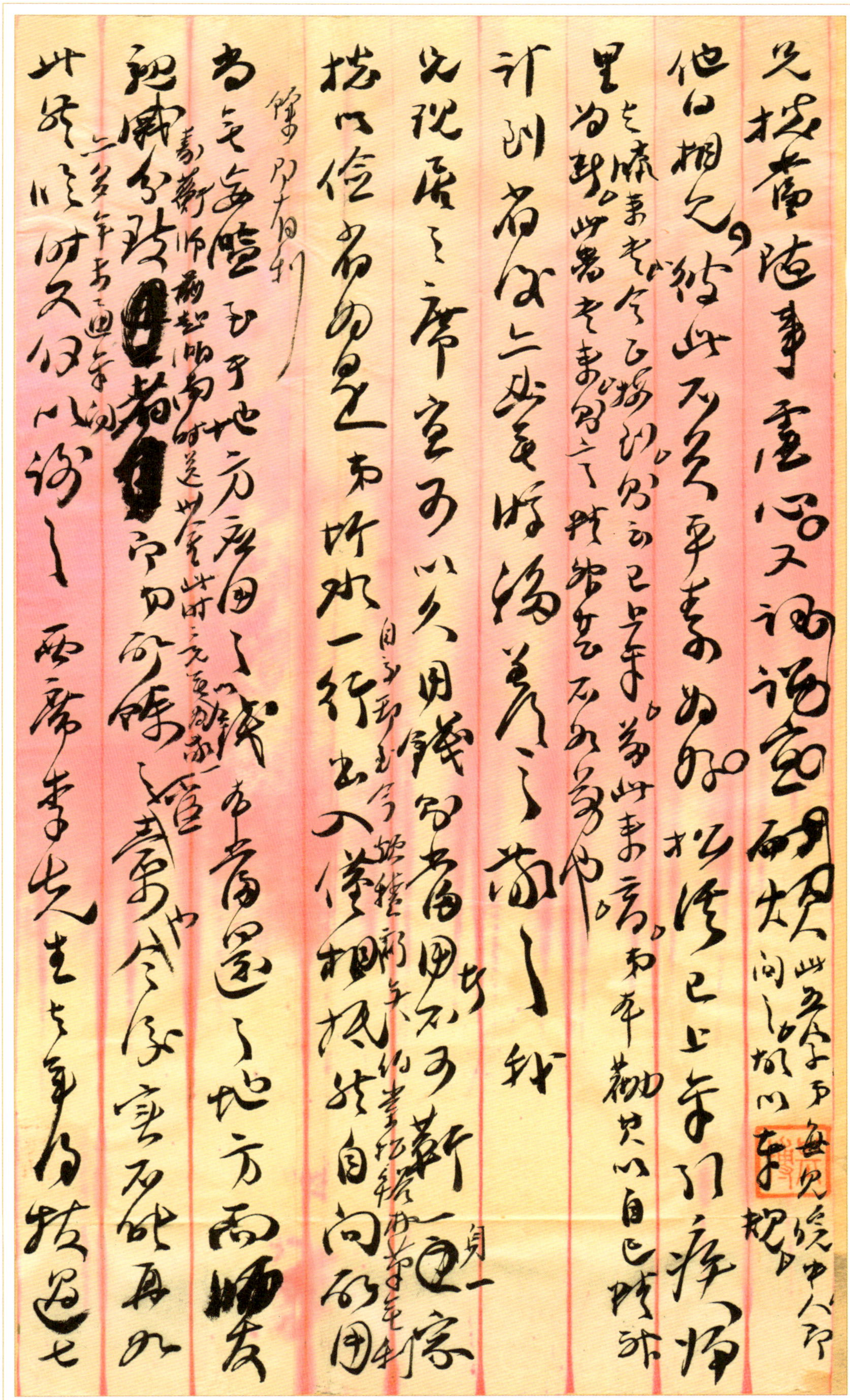

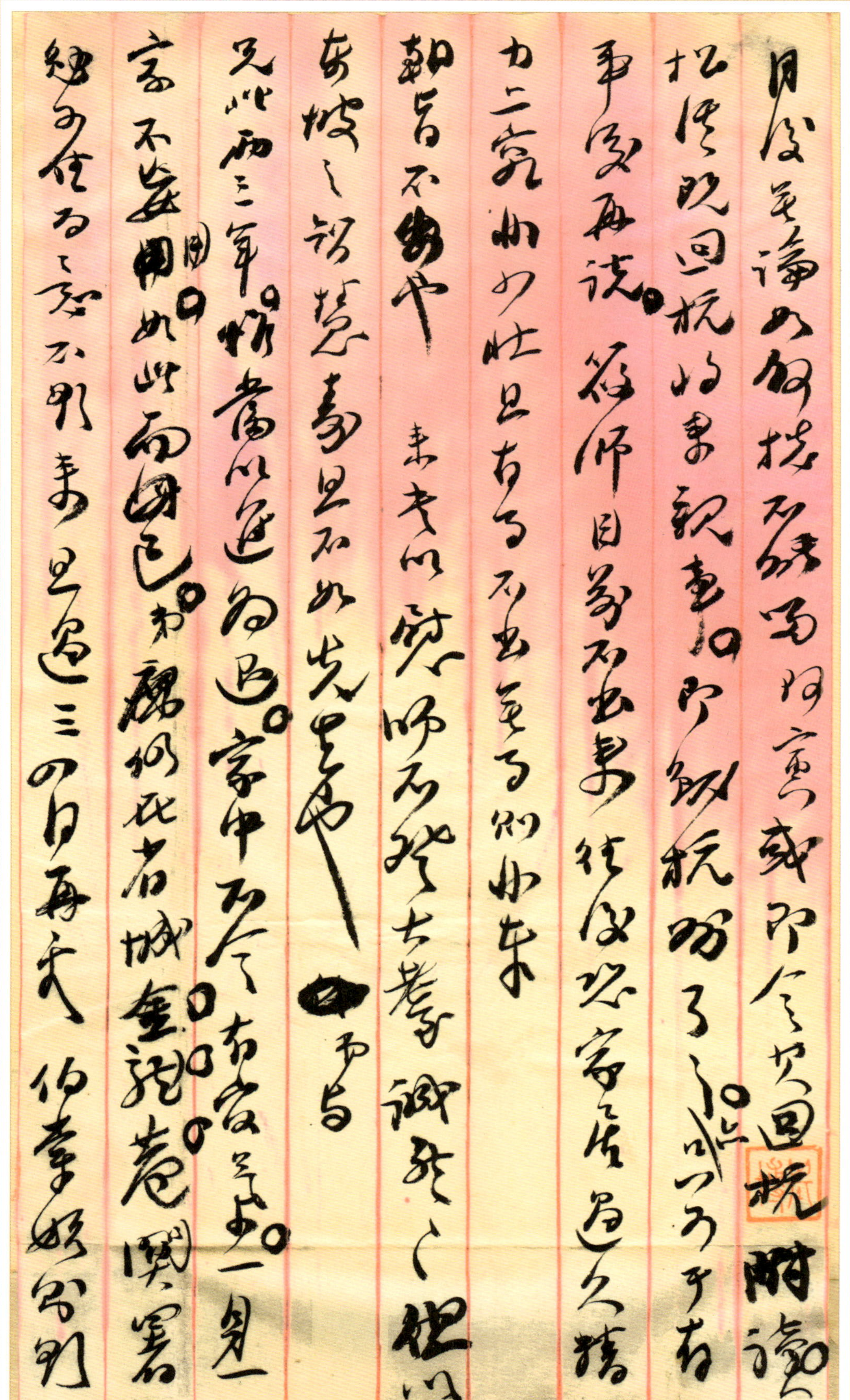

以卑與行，久回杭一行，近以海陂不靖，又作罷矣。

論矣。子長去年臘月接到一詳，行已到桂平任

也。手此敬叩

箸安。

蒞讀書爲頌。世姪文卿頓首。同寅以目翁當莫安。

習氣屬爲已去年杭州所據者，亦隱了古人之艱

二世兄所贈之叢書數爲有靜氣。餘子亦甚習之

也。時以爲此種叢書殊可用，所以此以詒其同好，不佞究

屬平九代爲作書與石竹，便爲寄也。

姻弟陳豪頓首

二月廿七夜

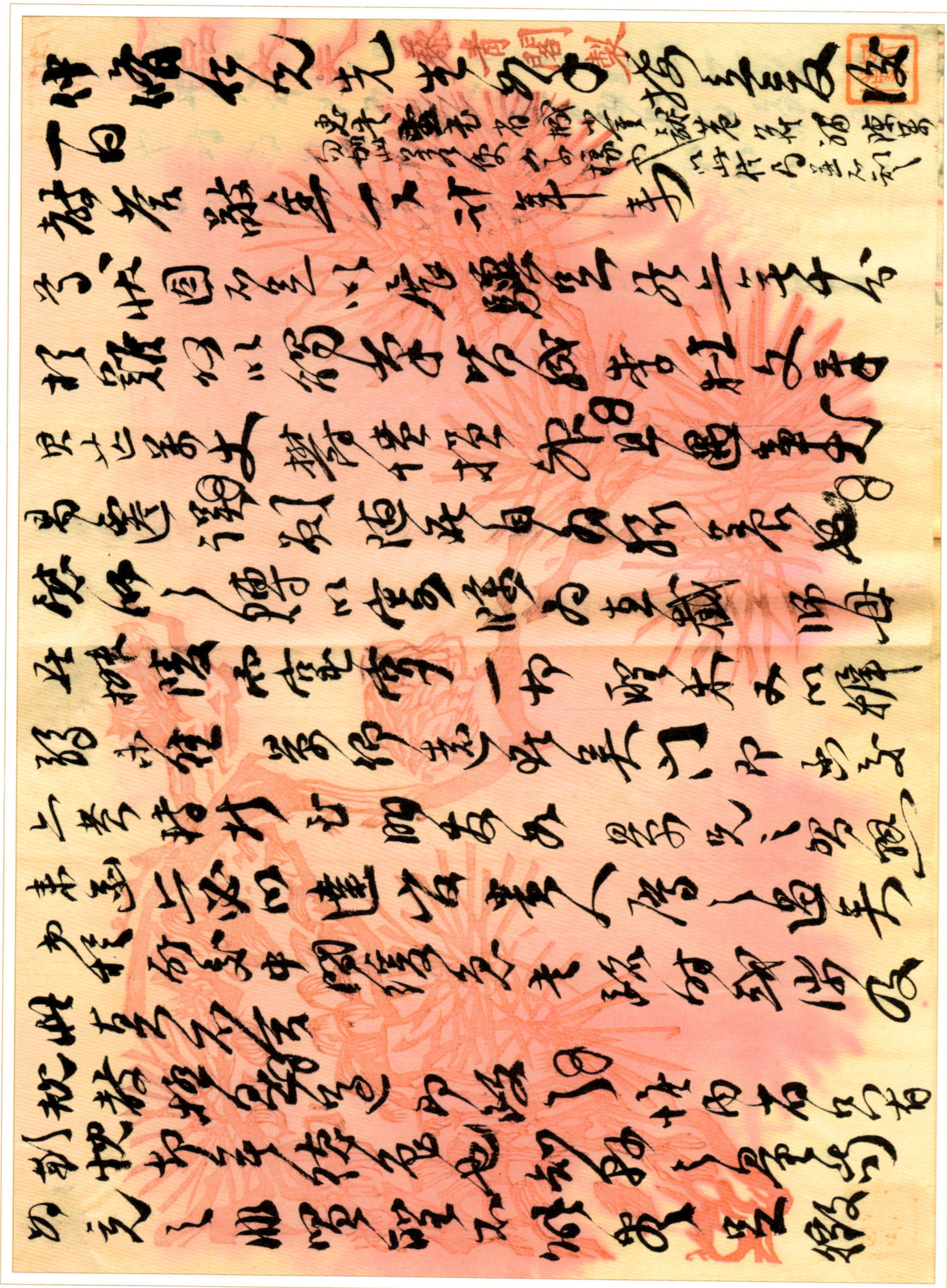

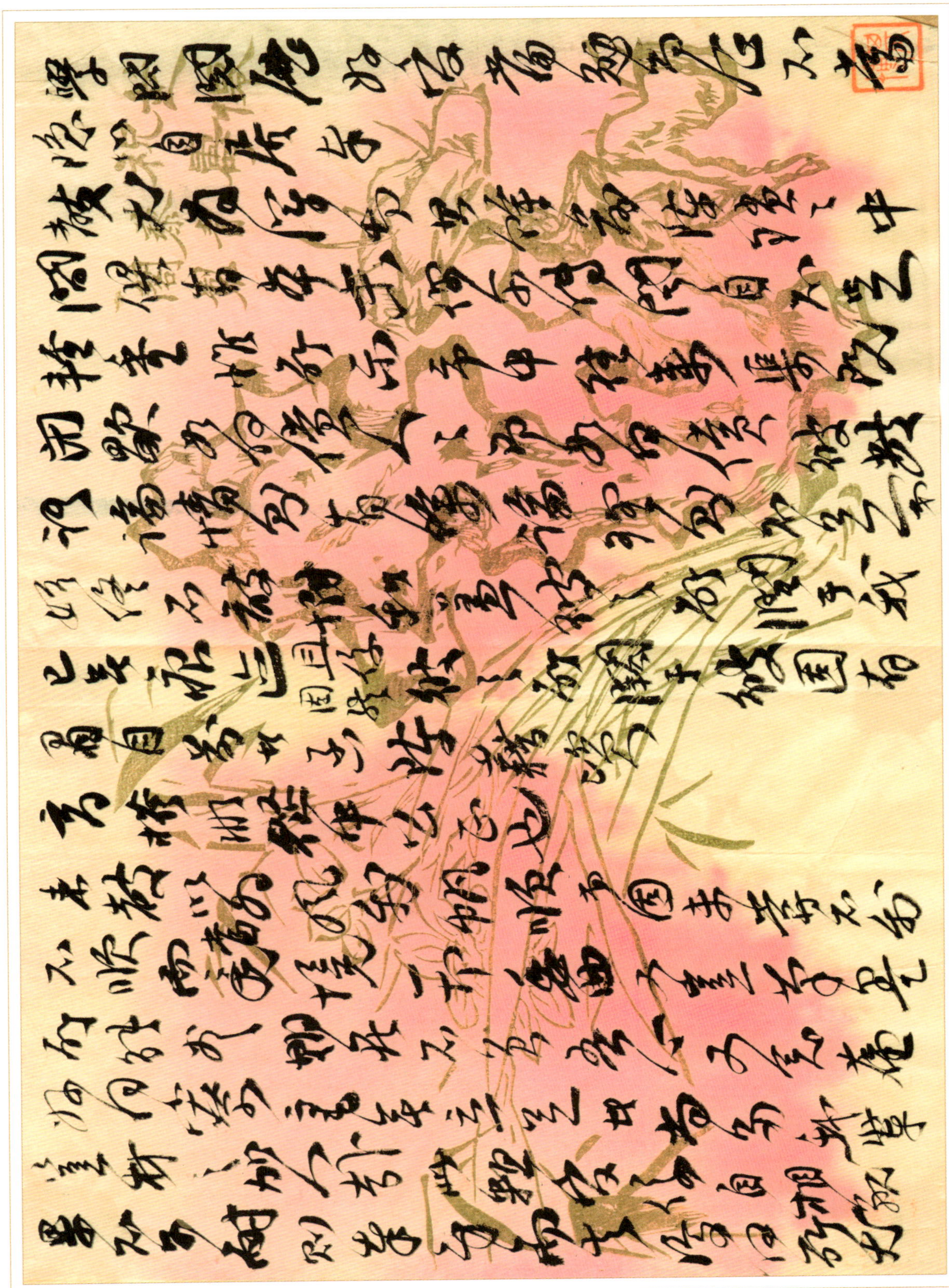

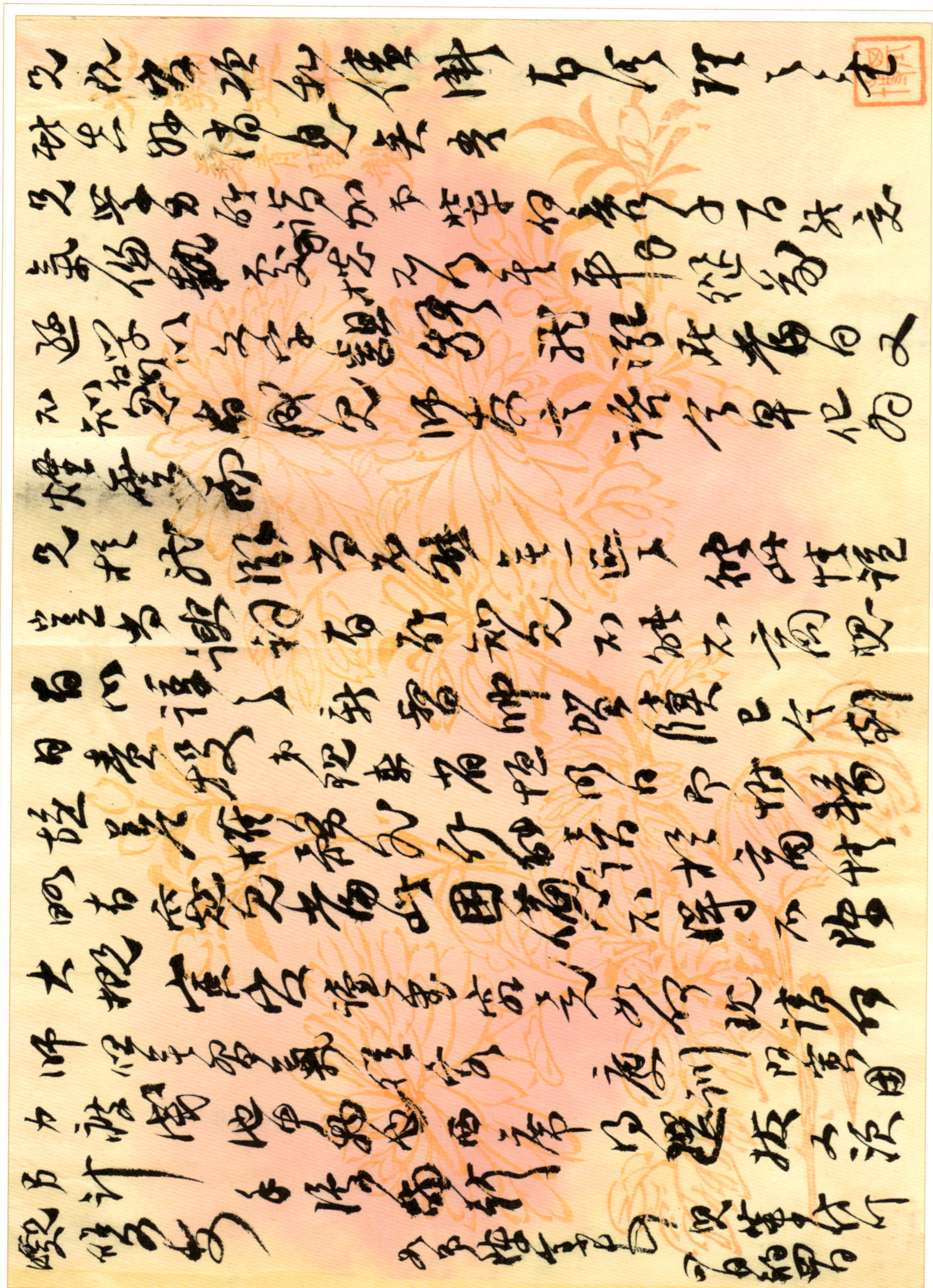

仲修先生吾兄如手：吾從方得
手諭，欣悉
旅居康勝，瑜院陪侍，下好皆吉。
貴詞宰灝
裨撝，罔不甚儀風。蜀撫天和先生，
如杭薰閣吳穀人詩老時主書院講

宗郎姻老境好，[illegible]得況當闊給
蝦寺侍養文律，然清極不知寒燠
前歲張布過之，兩
年乃自以為天涯已良[illegible]暢
母兄過與嵩之以為相南道學耶
及時刻不忘先生之日
郭之心時，正不謀安。秋華明叔已發

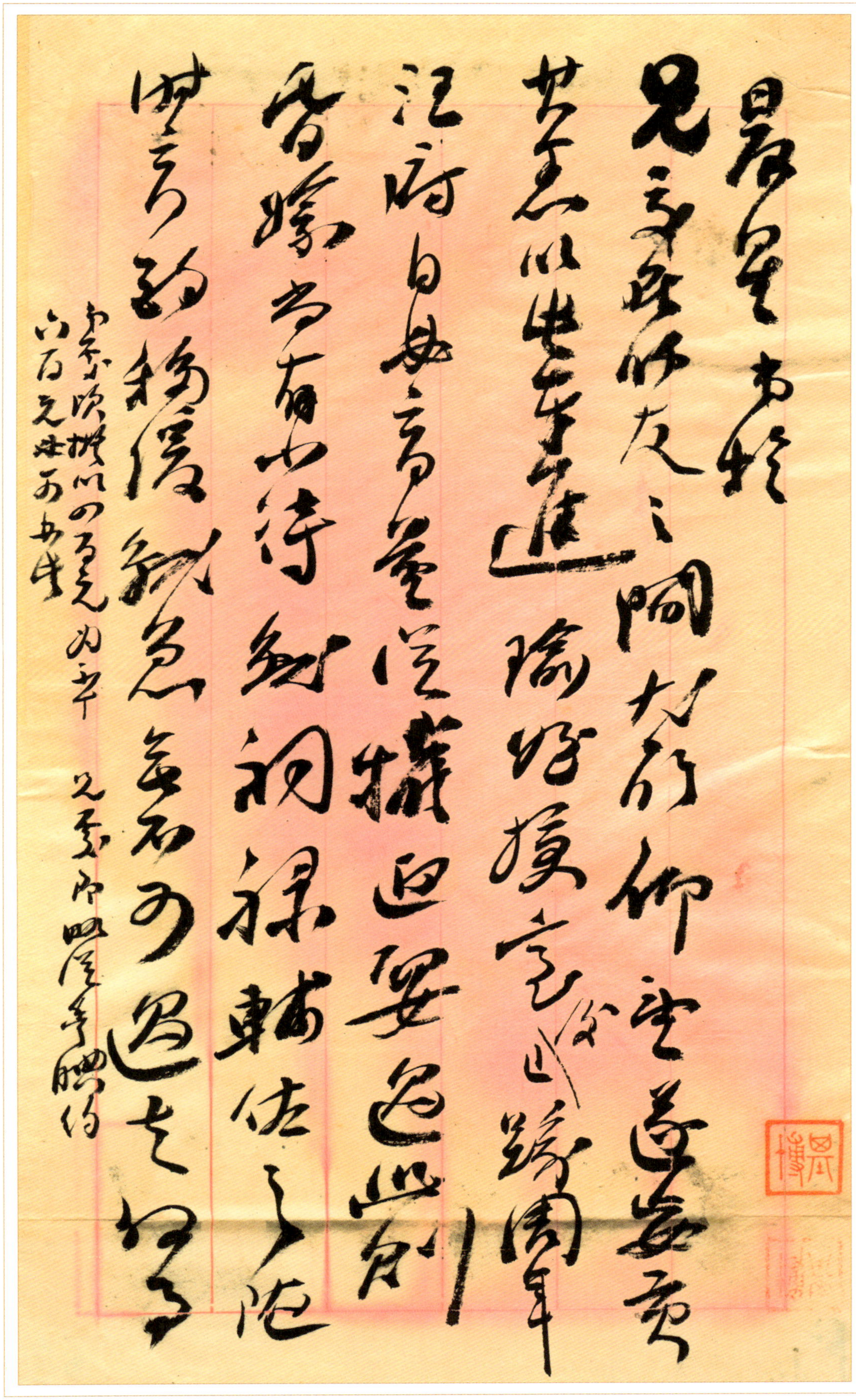

此過計為也。方來山計已何若今年春為

家中甚長，又寸寸細心中事了也。二十六一夕

如甲戌拔佉仲翮摩盧今始居壁

是我破後望也，湘名訓飾而兜不時。

但散亦好詩，至情出，詞大家如謀果也

生民所以貴予此等者，已為不能為

夕陽之感，庚之援公名與政為易季逢

視恩一人為教果了。白香山之何可多耳

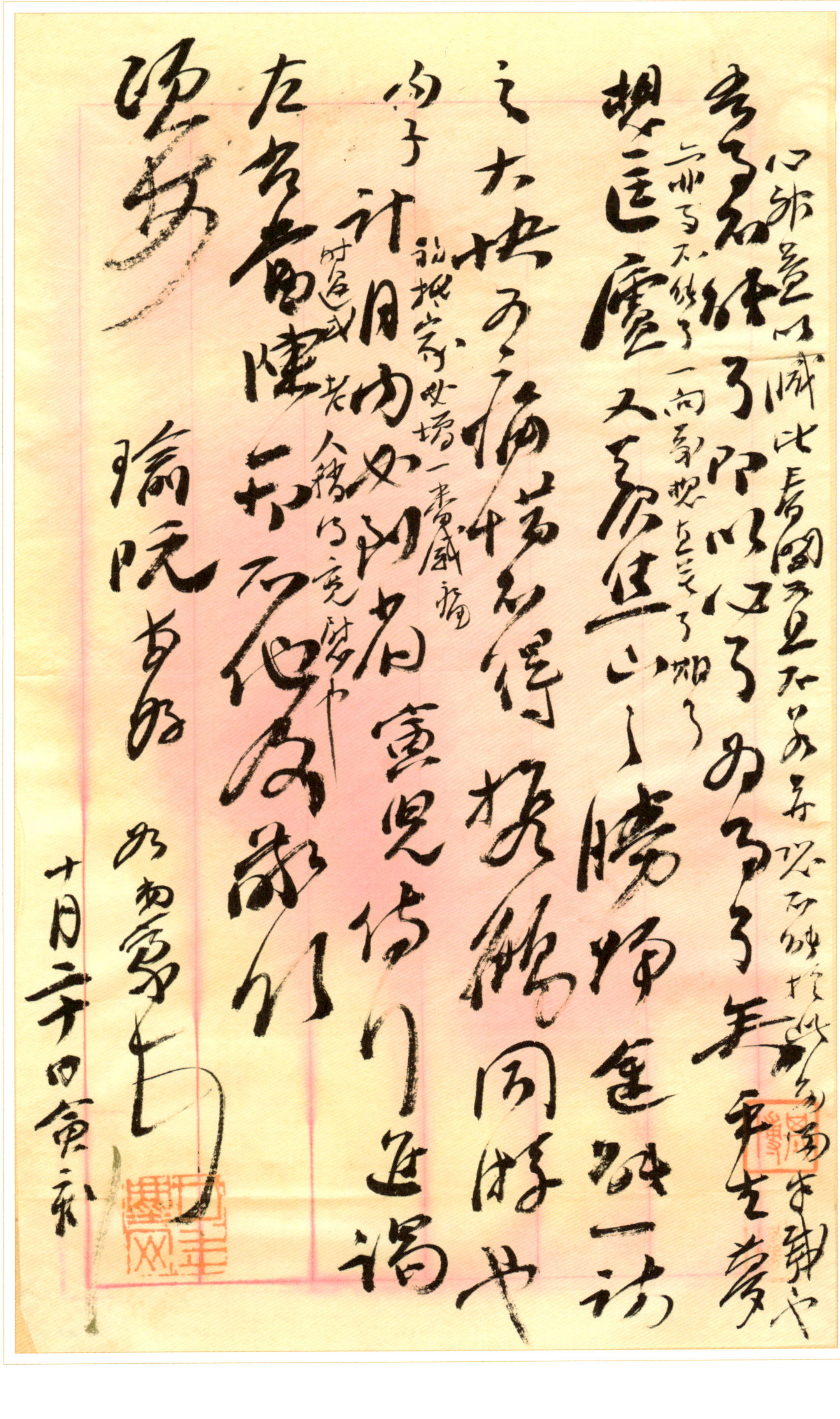

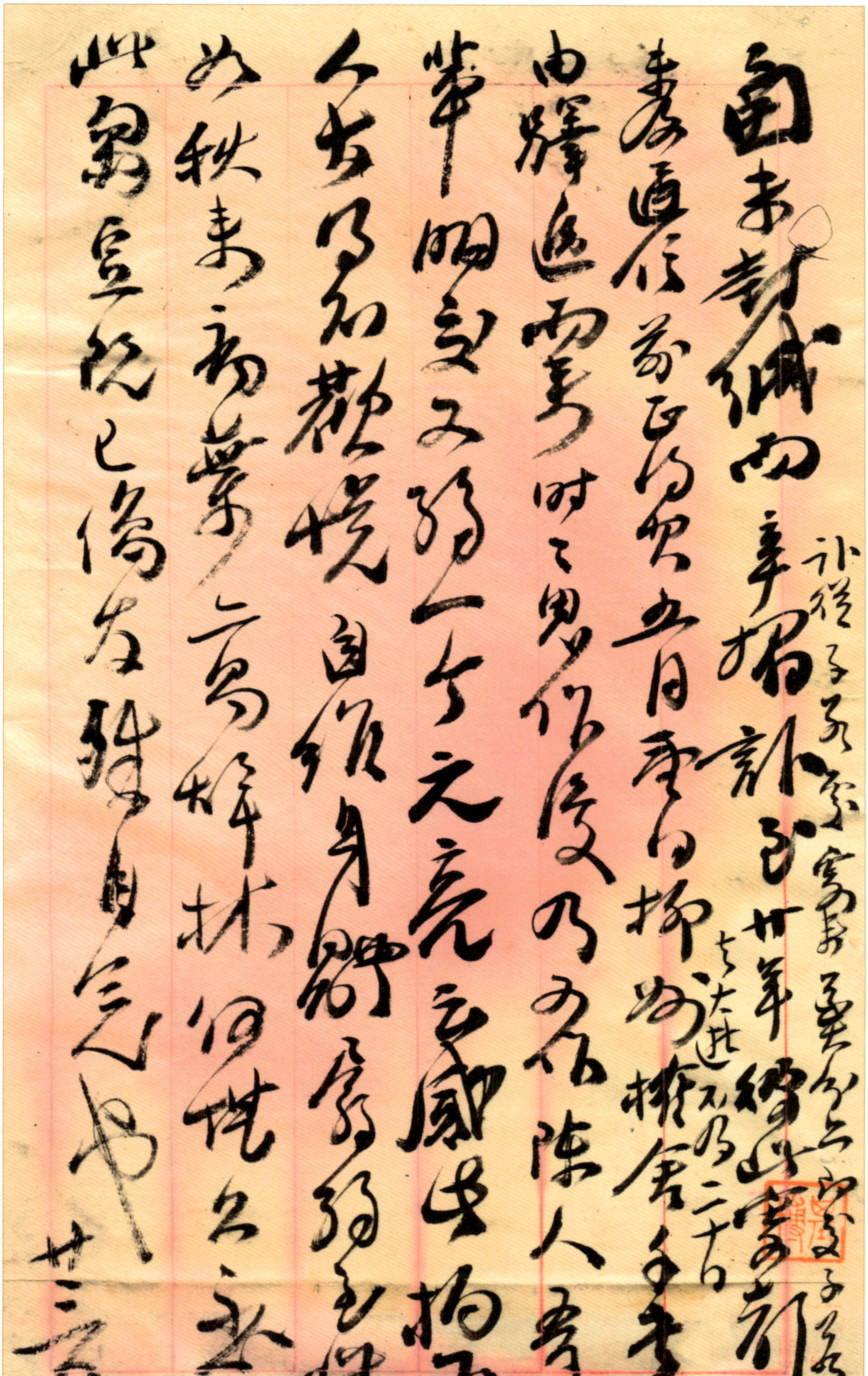

敬奉讀尊著，德為大國而文學一道向
少關係，要仰有入余先生封三一筆，祝年
已六十，表明以所作詩冊見示，入而以
病目伸紙翻閱，且亦如首者之盡
其內力詠而還之。集頭有
諸君題辭，予即筆以相贈，余先生讀之
如貌者之游宣山，竟驚喜不知所自

兩所作屬求

鑒定，精示大略，然則難乎其難，俟遲之

以時諦覆，常苦隱晦，既承所賜之文，

念其垂老，知吾循循不已，

一為指出，則勝其里閭中之得失，

隨時附上改詩

時時一一批閱，惟可取則引據之，如其仿

石卿年丈雲詩
叨謝了。此等又寄出之可以圖
達覽。煩教之。押韻只家有石知將祝
唐宗壽圖稿當於後也。手民代
鈔再行
送去。西臺不執
分歲詩冊譜又不與選。吉壽之也

陶模　一通

藍洲仁兄同門大人閣下两三年来音問罕通而馳慕私忱無時或釋側聞
循譽翕然良用佩慰伏維
高堂萬福
政履安和至以為頌　弟
濫竽州郡無善可陳數年来所可自信者惟平易近
民四字而當此流俗波靡之時非壁立萬仞終難与古循良抗行自分駑下扶
墻抹壁處多特立獨行處少過蒙
奬借益切悚惶承
詢均父事適因謗議紛騰雖近在咫尺亦幾為羣言所淆茲略諮訪得其

大槩敬為吾
兄陳之闌展楊巡檢者　石師從弟其平素亦似矯〻自好者惟閫外官吏
本非易做俸入無多而食物昂貴公私費用与應酬過客較內地更繁往
往侵蝕公項科派小民以取給于一時其不肖之尤甚者又藉此為自肥之地
楊巡檢因罰一漏稅商人商人費至百金又因查辦保甲派取經費為均父所
覺察當面申飭本不為過既而均父由闌展至吐魯番吐魯番同知奎綋與
其巡檢某亦有不妥事為均父所持而楊巡檢者慮均父發其事又因官況
太苦謀欲交卸遂帶印至吐魯番謁奎丞奎拒不見遂至吐魯番巡檢署

宿巡检某嚇之謂尔我所作事俱為施某稟揭不日禍至矣是晚兩巡检
猶痛飲明日楊巡检户不啟視之、自經矣奎丞處均父之稟已也遂張皇具詞
謂均父需索供應凌辱官吏致楊巡检氣忿自縊究之闢展与吐魯番相去二百餘
里均父申飭後距楊巡检之死又相隔多日死由自取于均父何尤其時哈密通
判彭倅先被均父稟揭已奉檄撤任矣衆恨均父甚合詞攻之　中堂信彭倅
奎丞言留彭倅不撤而撤均父營務處名號且委雷觀察查辦觀察稟覆似
尚未能為均父申理　中堂批有見好纏民以市德凌辱官吏以示威之語飭
均父自行稟覆且咨請　張朗帥查覆事固未嘗不可轉圜也有運使銜知府

張怡堂者湖州人也　朗帥委辦嵩武軍駐肅轉運局均父与換帖以兄事之密致書　朗帥謂均父在營早為　中堂厭惡　中堂恨均父甚勢難緩頰朗帥信之反致書　中堂謂均父非辦事之人云云均父上書自辯又觸　中堂怒必欲以白簡從事然猶遲遲未發想　相度恢宏自有卓見固不以眾人之喜怒為喜怒也竊謂均父此番獲戾實閫外大局之不幸而在均父則為大幸何則各路善後本無實濟文武員弁競工粉飾上下相蒙幾成錮習他人不能言而均父能言之均父言之而　中堂信之則烹阿封即墨而全齊震悚新疆諸事尚可有為乃一言乍發人已閟其口而奪之氣以後

誰敢言者吾故曰此閫外之不幸也均父為人䟽闊闇于世故所用人多不當其彈劾人未必盡得其實據而已之所為則人或一二䟽記之且從而鍛鍊之周内之羣怨所歸人人集矢焉禍發愈遲其害愈烈不至于身敗名裂不止今以微罪去則人方為均父惜而均父亦可欽其豪貴之氣折節砥行以期于有成異日樹立尚未可限量吾故曰此均父之大幸也弟与均父不多通信往年聞其兼管支應處 弟聞支應處最易滋弊嘗致書詢之均父答書語甚和婉至去年聞均父好自尊大州縣之往見者必用手版稱大人弟固疑而未信也今年交卸秦篆至蘭州即聞闢展事其時 石師新從肅州回

其論均父無貶詞且云　中堂亦知均父正派闢展事不能罪均父也既而見
臬憲史绳之廉訪見甘涼道鐵紹裘觀察見甘州提台周渭臣軍門皆
佩服均父譽之不容口至肅州謁　中堂無一語及均父見幕府諸君見
肅州城內諸同寅則無人不識均父矣他省人固識之而江浙人識之尤甚
嗟乎安有志大言大如均父而果如是乎今均父在　朗帥處禮貌甚隆并
其從人亦厚給餼廩然無所事事　弟擬致書勸其入都應禮部試即可
藉此離營斯亦吾儒出處進退之大端諒均父亦不以為忤焉　弟於六
月初一接甘州篆大約九十月間實任到省即可交卸交卸後擬請咨引

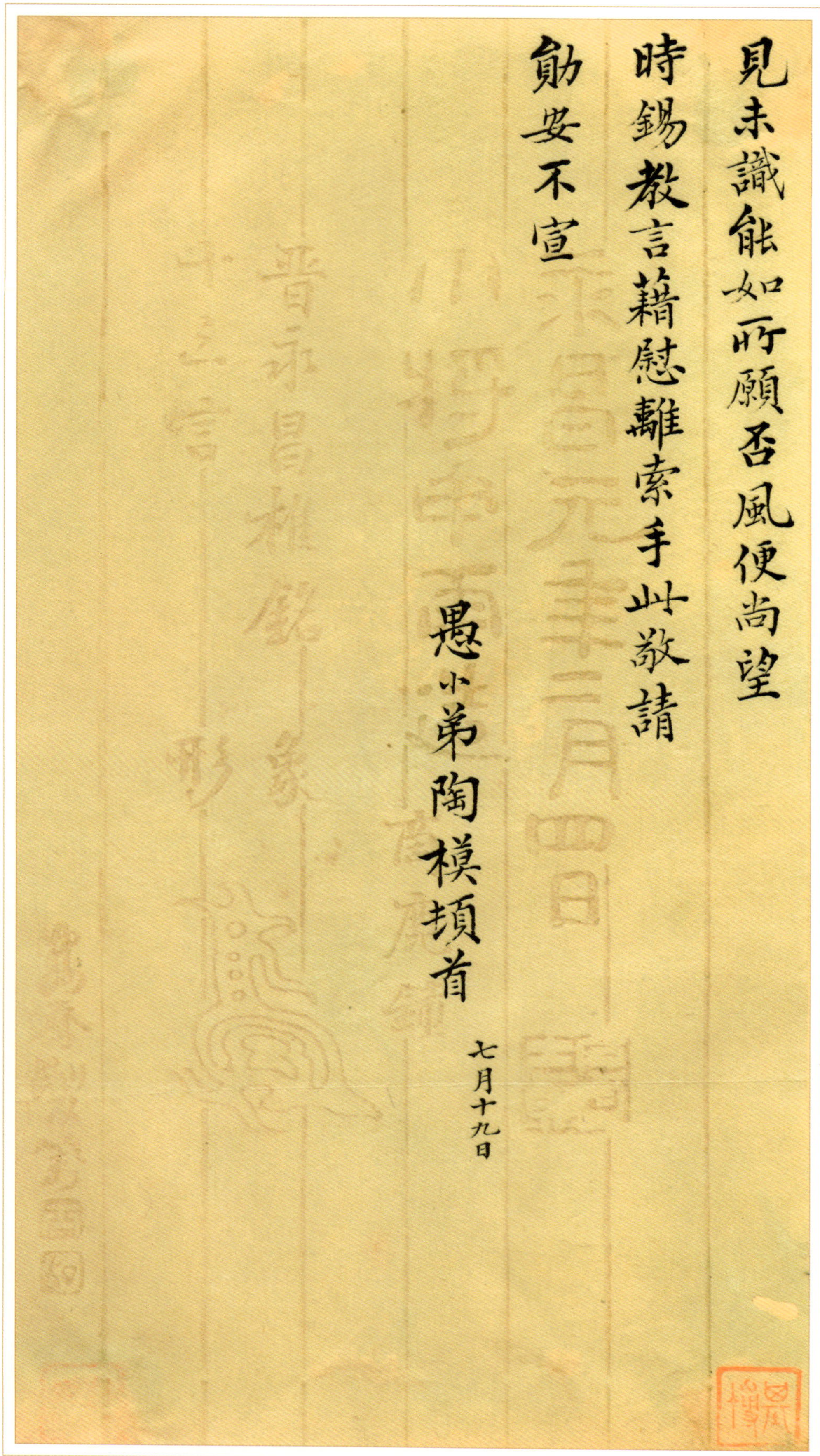
見未識能如所願否風便尚望
時錫教言藉慰離索手此敬請
勛安不宣
愚小弟陶模頓首
七月十九日